第三届河北禅宗文化论坛论文集

生活禅研究 3

黄夏年 主编

中原出版传媒集团
大地传媒

大象出版社
·郑州·

图书在版编目(CIP)数据

生活禅研究.3,第三届河北禅宗文化论坛论文集/黄夏年主编.— 郑州：大象出版社,2014.12
 ISBN 978-7-5347-8206-0

Ⅰ.①生… Ⅱ.①黄… Ⅲ.①禅宗—文集 Ⅳ.①B946.5-53

中国版本图书馆 CIP 数据核字(2014)第 263706 号

生活禅研究 3
黄夏年　主编

出 版 人	王刘纯
责任编辑	吴春霞
责任校对	裴红燕　牛志远
封面设计	付锬锬

出版发行	大象出版社(郑州市开元路 16 号　邮政编码 450044)
	发行科　0371-63863551　总编室　0371-65597936
网　　址	www.daxiang.cn
印　　刷	郑州文华印务有限公司
经　　销	各地新华书店经销
开　　本	890mm×1240mm　1/32
印　　张	12.125
字　　数	326 千字
版　　次	2015 年 10 月第 1 版　2015 年 10 月第 1 次印刷
定　　价	36.00 元

若发现印、装质量问题,影响阅读,请与承印厂联系调换。
印厂地址　郑州市金水区柳林镇马林工业园
邮政编码 450046　　　　电话　0371-65642565

目 录

深切悼念净慧长老圆寂

净慧长老与"三僧" ………………………………… 黄夏年（1）
怀念净慧长老，发展佛教学术 …………………… 邢东风（16）
净慧长老与禅文化的海外传播
　　——介绍《生活禅钥》日文版的翻译与出版
………………………………………………………… 何燕生（26）
净慧法师对太虚大师的评价 ……………………… 韩焕忠（42）
开启众生悟境之门钥
　　——以《生活禅钥》为蓝本的净慧长老
　　禅学思想浅析 …………………………………… 金易明（50）
净慧长老与黄梅四祖禅寺 ………………………… 纪华传（64）
净慧法师与当代中国佛教 ………………………… 习细平（85）
净慧长老的佛学思想与生活禅实践初探
　　——人间佛教在中国大陆的新发展 ………… 朱彩方（93）
净慧长老与河北佛教发展 ………………………… 崔红芬（113）

当世慧公　再世万安

　　——回忆净慧大师在邢台 …………… 刘顺超（127）

犹忆当年立雪传灯人

　　——净慧长老与河北禅宗的四个时期

　　………………………………… 能仁　通贤（138）

净慧老和尚"守望良心"观念探论 ………… 魏建震（158）

生活禅研究

论净慧法师"生活禅"建构的思想特质 ………… 陈永革（169）

净慧长老生活禅的思想特质与时代意义 ……… 黄连忠（176）

觉悟人生是大智慧，奉献人生是大慈悲

　　——"生活禅"与大乘佛教"悲智"思想，

　　兼怀净慧长老 ……………………… 喻　静（188）

人间佛教思想与禅宗优良传统的结晶

　　——论净慧法师"生活禅"模式的创立 …… 邓子美（203）

历史上的一次寺院体制建设潮流

　　——兼谈生活禅之历史源流及未来进路 …… 王仲尧（212）

诸子禅与生活禅 ……………………………… 吴　平（223）

生命的禅境——认识"贪"

　　——生活禅的认识原理浅识 ……………… 释坚意（229）

天台止观与生活禅 …………………………… 李四龙（245）

生活禅的修行体系 …………………………… 师　领（255）

行善止恶：一种生活禅的实修路径 …………… 段玉明（264）

生活禅与幸福 ………………………………… 梁世和（278）

我看生活禅教学 ……………………………… 韩凤鸣（287）

生活禅与生活儒 ……………………………… 郝晏荣（299）

"生活禅"乃"快乐禅" ………………………… 陈　坚（313）

佛教"生活禅"的人生启示 …………………… 祁志祥（325）

"以法御心,不觉痛苦"
　　——记对生活禅的一些思考 ……………… 中观法师(336)
论生活禅的"五位一体"性
　　——以"中国梦"为探究视角 ……………… 施保国(343)
解脱道与菩萨道的完美结合 ………………………… 张　平(357)
文化建设视域中的柏林禅寺与生活禅 ………… 郭君铭(377)

深切悼念净慧长老圆寂

净慧长老与"三僧"

黄夏年

净慧长老圆寂的消息传出时,我正在普陀山参加中国佛学院举办的论文发表会。圣凯法师告诉我,净老刚刚圆寂,我不相信。因为两个星期前他老人家还打电话给我,我们谈了十多分钟。净老在晚年时有很多想法,想做很多事情,尤其是在学术研究方面,他有很大的志向。他让我继续把已经连续办了几届的河北、湖北的禅宗研讨会办好,《中国禅学》与《禅文化》两刊也要继续出版,还提出要编一本"禅宗与廉政"资料集,另外他已经组织其他人编纂与禅宗有关的编年史以及《四祖寺志》等书。现在突然听到净老圆寂的消息,真的不能接受,然而我们无法改变这个事实。在证实了这个消息之后,我马上决定离开会场,在最短时间内到达四祖禅寺。下午6点,我辗转到了四祖禅寺,在净老居住的房间里,我拜谒了他老人家。净老静静地躺在床上,身上盖着陀罗尼被,我向老人家双手合十后三鞠躬,从内心表达我对他的崇高敬意。

一、学问僧净慧长老

《高僧传》是我国记载僧人传记的著作,这本书首次把中国的僧人贡献分为"十科",即"大为十例。一曰译经。二曰解义。三曰习禅。四曰明律。五曰护法。六曰感通。七曰遗身。八曰读诵。九曰兴福。十曰杂科。凡此十条,世罕兼美"(《高僧传·序》)。现代佛教可以把僧人分为经忏僧与学问僧两大类,前者以做法事为主,后者主要在学术文化方面作出自己的贡献。若按古代僧传标准,净老属于"二曰解义。三曰习禅。四曰明律。五曰护法。八曰读诵。九曰兴福"之六类中。若按现代标准,他属于"学问僧"。因为净老在许多方面作出了特殊贡献,我在这里只列举他的"三僧"事例,供同行参考。

众所周知,净老是我国改革开放以来,佛教事业恢复后,中国佛教协会机关刊物《法音》的第一任主编。他能担任这个职务,并非因为他是中国佛教协会理事或者是出家人,而是因为他具有系统与广泛的佛教知识。净老曾经在中国佛学院受教,佛学院的学习让他在佛教教理方面打下系统基础,使他对佛教各宗都有深入的了解,知识广博。他从小在佛门生活,曾经追随过当代禅门高僧虚云老和尚,拥有正信,精通戒律,修持精深,加上他曾经有过的艰辛的经历,并具备敏锐的观察力,以及与时俱进的眼光和全球化视角,使他能够胜任这方面的工作,成为当时佛教百废待兴之初,堪当此任的不二人选。后来的事实证明,《法音》在他的开拓下,在宣传佛教、落实宗教政策方面起到了巨大作用。正如古人所言:"惟夫经论道业务在清心。弘护法网寔敦遐志。志远则不思患辱,心清则罔惧严诛。达三相之若驰,识九有之非宅,未曾为法,徒丧余龄,岂惟往生,乃穷来阴。于是挟福智而面诸佛,睹形骸若委遗尘,腾神略而直前,鼓通博之横辩,但令法住,投鼎镬其如归。既属慧明,处浊世其如梦。故能不负遗寄,斯传之有,踪乎已矣。"①

包括我在内的许多后来成长起来的学者都赖于《法音》发表的文章,从中受益匪浅。我最初是在《法音》编辑部里认识净老的。1988年,导师杨曾文要编写《当代佛教》,我负责撰写南亚与东南亚佛教的内容。当时我对现代佛教不甚了解,更有许多资料不知在何处可以找到。于是我到《法音》编辑部拜谒净老,在净老住的院里,净老详细地介绍了几十年来世界佛教界的历史与发展的趋势,让我受到了一次生动的教育,并对当代佛教有了系统了解。同时又蒙净老的照顾,在中国佛教协会外事部借阅了英文版的《世界佛教联谊会会刊》,最终我在净老的支持下,顺利地完成了写作任务。此书作为改革开放以后出版的第一本由大陆学者撰写的介绍当代佛教的书籍,在读书界产生了影响,开阔了读者的眼界,对了解世界佛教的现状起到了积极的作用。

以后,我与净老一直有着密切接触。净老的睿智眼光非常独到,他系统地了解与掌握了我国佛教的历代经录,深知学术资料编纂的重要性。他曾经安排整理与出版过许多重要的历史资料,撰写了当代中国佛教的大事记,并分期刊载在《法音》上。这是我国佛教界最早介绍新中国成立以后佛教界的大事,对总结现代中国佛教的历史起到了钩索的作用。他看到佛教学者在研究工作中苦于资料不好找寻,便在任河北佛教协会会长期间,安排慈善功德基金会影印了《大正藏》与《续藏经》,并且将这些经典无偿地赠送给学者与寺庙,满足了学者研究的需要。他对禅宗的史料非常重视,曾经主持出版了《中国禅灯大全》,将历代灯录收集统一出版,此书现在仍然是研究禅宗史的重要资料,对禅宗史研究功不可没!

1983年,中国佛教协会赵朴初会长曾经指出中国佛教教育存在的不足:"对思想政治教育重视不够,教学要求不够明确,教学内

---

① (唐)道宣:《续高僧传》第二十四卷,台北:文殊出版社,1988年,第795页。

容缺乏规范。"①佛教教育不能充分发挥作用的瓶颈就在于佛教教材不够用,佛教界没有合适的教材用来培养佛学院的学僧。净老鉴于这种局面,于1991年夏天,曾经专门约我去赵县柏林禅寺,向我谈了当时佛教教育存在的得失。他认为培养人才一定要得法,在当前佛教教育工作中,重要的是要有合适的教材。现在佛学院使用的仍然是一些几十年前的教材,这些教材虽然是名家编纂,但是对现在的学僧来讲,语言不够通俗,内容不够完整,需要编纂新的教材才能适应现代佛教教育的需要。他在柏林禅寺创办了佛学院,愿意以佛学院为试点,使用新的教材,因此他提出要编一套适合于现在佛学院学僧文化程度的河北佛学院教材。我根据他的要求,组织学者经过两年的努力,最终陆续出版了8册本100万字教材一套,即《中国传统文化与佛教》、《中国佛教文学知识》、《中国佛教经典》、《中国佛教制度与礼仪》、《中国佛教教义》(上、下)、《外国佛教》(另有一本系陈兵教授编《人间佛教》)等。这批教材皆为学有专攻的学者所撰,虽然可能有这样或那样的不足,但是它的出版改变了佛学院使用几十年前旧教材的情况,对佛教教育起到了推动作用。

  净老对佛学院教材的独特看法,最后被佛教界接受。1992年,全国汉语系佛教教育工作座谈会专门就教材问题做过决议,指出:"高、中、初三级佛教院校在课程设置、教学大纲、编选教材等方面没有做到标准化、规范化、系列化,以致三个层次院校之间在教学上相互重复和脱节,影响佛教院校的正规化建设。会议经过讨论,对中国佛教协会拟定的《关于设立中国佛教协会汉语系佛教院校教材编审委员会的意见》一致表示赞同。会议要求,教材编审委员会在深入调查研究、广泛征求意见的基础上所形成的文件和规定一经中国

---

① 赵朴初:《中国佛教协会三十年——在中国佛教协会第四届理事会第二次会议上的报告》(1983年12月5日),《法音》1983年第6期。

佛教协会审批下达,全国各汉语系佛教院校应遵照执行,具体落实。"①虽然中国佛教协会对编纂教材一事极为重视,但是始终没有根本扭转佛学院教材不统一的情况。到了2005年,在峨眉山召开的佛教教育座谈会上,圣辉法师还在强调:"教材极不统一。全国各级佛学院的佛学课、文化课教材各行其是,极不统一,造成初、中、高三级教材重叠,课程重复,缺乏渐进梯次,学僧在初、中、高各级佛学院课程重读现象普遍存在。"②这次会议还提出:"各级佛学院的教材,除政治教材由国家宗教事务局统一组织编写外,佛教界爱国主义教材和有关佛学课、文化课的教材由中国佛教协会统一编写与部署,在教材编出之前,各级佛学院参照教学大纲进行教学。克服教材相互脱节又相互重复的现象。"③经过几十年佛教界的不懈努力,现在佛学院教材的瓶颈问题已经基本解决,而净老在这方面所作的贡献无疑是最突出的。由他提出并且在他的安排下编纂的河北佛学院的教材,开辟了中国大陆佛教教育首编教材之先,也为佛教界树立了学术界与佛教界共同合作,一起培养人才的榜样。抚今追昔,净老对中国佛教教育的睿智不能不让我们感念,他对佛教教育与人才培养,以及教材编纂的良苦用心,至今都让我们永远珍惜,激励着我们去更加努力地办好佛教教育事业。

"昔如来在世,躬治院门,大集僧务,非圣不履。迦叶之营五寺,恒预蹋泥。目连之任月直,常供扫地。是以福事之来,导引逾远,下凡祖习,故是常科。……是以福智二严,空有两谛,大经大论,盛列纲猷,即可师承,难为排斥。"④净老长期在佛门,他对佛教的未来发展倾注了心力,始终关心这方面的资料建设。净老不仅关注古代佛教,而且更关注现代的中国佛教。他曾经对我说过,现代的佛教资

---

① 《全国汉语系佛教教育工作座谈会纪要》,《法音》1992年第3期,总第91期。
② 圣辉:《继承传统,适应当代,面向未来——中国佛教协会第七届理事会佛教教育和文化工作委员会工作报告》(2005年9月24日)。
③ 同上。
④ (唐)道宣:《续高僧传》第二十九卷,台北:文殊出版社,1988年。

料的整理非常重要,学者缺少这方面的研究是不完整的。在他的关注与支持下,中国佛教协会成立后曾经编辑的《现代佛教》(1953—1964)被重新影印出版。这份曾经是当时中国佛教界唯一的机关刊物的重印,还原了当时佛教界的真实情况,使研究现代中国佛教史的学者有了第一手可靠的资料。笔者因研究的关系,曾经在一段时间里对我国近现代佛教的研究做了一些探索。几年前曾经编纂了《民国佛教期刊集成》套书,书出版以后,净老马上打电话给我,提出要购买两套,并且利用这套宝贵的资料,编纂了最全面与最新版的《虚云和尚全集》①。这套"全集"不仅更正了以往出版的虚云和尚资料集的讹误,还增补了相当一批原来没有收入的新资料,对佛教界全面了解虚云和尚提供了最完整的资料,光大了虚云禅宗一系的历史。

近年来,净老对中国佛教的资料建设心力不减。他曾向我提起要编纂一套禅藏,委托河北佛教协会秘书长肖占军先生与我联系,我与学弟纪华传博士一起提供了禅藏的目录。2010年,他又提出要编一本中国古代禅宗史的编年史著作,体例依照《宗门正统》,但我当时事情太多,无法应承,此事最后委托了一位浙江的老居士进行。

2012年,黄梅会议上他又提出要编纂一本《禅与廉政资料集》,并就此事专门安排了一次座谈会,净慧长老在会上做了长篇发言。他以禅宗史上保寿库头卖姜②为例,曾说:廉政建设是一个老题目,反腐倡廉,廉者清廉,清者清净、清贫。总而言之,清廉要做好,确实有一个吸收我国儒、释、道三家的传统思想,不管是从政、学佛,都有一个做人的问题。怎么做都要提倡廉洁奉公,洁身自好,做官、做学

---

① 净慧主编:《虚云和尚全集》,郑州:中州古籍出版社,2010年。
② 《正法眼藏》载,宋代法演五祖弟子瑞州洞山自宝禅师在寺院担任库头,负责保管寺院的财产。五祖生病,差侍者到库房要一块生姜煎药,自宝要侍者回去禀报五祖拿钱来买。由于这件事,五祖了解自宝的为人,后来筠州洞山缺住持,郡守托五祖举荐,五祖曰:"卖生姜汉住得。"

问,乃至方外之士,要做社会道德的表率,至少要做一个在大众中过得去的人。所以,必须爱惜大众的劳动成果,爱惜已经通过汗水制造出来的一切生活资料和生产资料,这是人类生活不可缺少的物质保证。要做到这些,首先要有道德修养。古代做官提起勤政爱民,在政治上要勤勉,对老百姓要爱护。怎么表现?要靠官风,清廉节俭,古代称清廉之人是布衣之士,这是贫民作风。黄梅县曾有一位县长,一辈子穿布鞋,有节俭的风范。由于佛教在寺院管理,在领导修行,在引导社会大众中处于特殊地位,有特殊的修养的要求,故对于清廉之风,历代僧人非常重视。我给大家讲一个故事。五祖寺在宋朝时方丈是五祖法演。五祖寺号称五祖中心、临济中心、禅宗中心,人才济济。有一次五祖感冒了,吃药不方便,想到喝碗姜汤就会好了,于是他想叫侍者取一块姜来,侍者到库房去要生姜,但是管库房的保寿和尚回答吃药要用钱买。侍者听到此话回禀法演。法演说我一定拿钱去买。古人在公私方面是分得特别清的。这个故事,成为"保寿生姜拿万年"的著名公案。由于保寿在生姜一事上表现了特别的人格,法演认为他是可用的人才,不久就介绍保寿去做住持了。有一家寺庙来五祖寺请一位住持,法演说我们这里卖生姜的汉子可以去就任。这说明执行者的严格态度很重要,保寿因为态度坚定,法演的态度也很清楚,就是因为保寿执行严格的管理制度,不计较任何风愿,成为被推荐当住持的依据。所以,一片生姜,在丛林看来辣得很。……我们老和尚虚云大师,要把信封翻开再用一次,这样的信封我见过。印光老和尚给黄冈的老居士写信,用的就是这样的信封。弘一大师是书法家,人家爱求他写字,寄宣纸给他,他写好后连同剩下的纸一起寄回去。这是我们认真对待工作的态度,很了不起。这是寺院之风,是传统。这种传统与物质不发达有关系,但是无论物质怎么发达,都不能浪费,浪费是没有德行修养的表现。这是道德行为,是丛林经常讲的课,经常进行教育的一个重要内容。像这样的作风,用在今天,我想还是很有意思的,还是有作用的,而且能够带动社会的好风气。所以我对县委领导真心诚意说,我们反腐一定要从自己开始。我听说每年喝的酒像几个西湖那么多,这是历史上没有得到好评的"酒池肉林",是一种奢侈之风,可以作为反面教材来看。今天是非常好的开明社会,物质非常发达,但是我们经不起浪费。这种浪费之风,日常之中举目皆是。这张信纸,放在这里,没有用完,是不是收回去?但是对于佛教来说,私人不能用公家的信纸,如果用了,客堂会找他,问给钱没有。这种规矩至今仍然延续下来,所以寺院管理与社会管理一样。如果我们从节约出发,这种社会财富就取之不竭。我经常讲,我们在餐桌上浪费的东西,是老百姓一辈子没有吃过的东西。我们有了惭愧之心,就有了希望。禅廉如果仅仅是说过,就没有意思了。如果黄梅老百姓都有节俭之风,把保寿生姜公案贯彻到社会上去,我想这样社会就改变了,大众就受益了。我是受过很多苦的人,回想起过去那些事情,眼泪就会流下来了。看见现在浪费之风这么严重,好像感觉到不该这么做。……禅文化与廉政建设是一个非常好的题目,如果在黄梅推动下,在社会上产生广泛影响,那么这种作用就非常大了。[1] 净老用禅宗里面的廉洁事例,来解读社会上的腐败之风,其意还是在于帮助国家与社会克服腐败,增强反腐的信心,他的爱国爱教的苦心比比皆是!

《高僧传》云:"是由圣迹迭兴,贤能异托,辩忠烈孝慈,以定君父之道。明诗书礼乐,以成风俗之训。或忘功遗事,尚彼虚冲,或体任荣枯,重兹达命,而皆教但域中,功存近益,斯盖渐染之方,未奥尽其神性,至若能仁之为训也。"[2]净老就是善于将国家的利益与佛教界的社会责任结合起来的人,他强调佛教为国要有助于社会风气的改进,为教要改变社会的人心,并以此作为当代佛教的主要责任,从而作出自己的贡献。佛教是一种历史文化现象,在中国已经有两千

---

[1] 此处的讲话是笔者根据当时的记录整理的。
[2] (南朝梁)慧皎等撰:《高僧传合集》第十四卷,上海:上海古籍出版社,1991年,第96页。

年的历史。漫长的历史时期,中国佛教徒留下了大量的珍贵史料,是我们取之不尽、用之不竭的宝贵源泉。净慧长老重视史料的收集整理,鼓励学者要对佛教进行深入的研究,并把这些研究成果与现代社会相结合,以史为鉴,总结得与失,为我们作出了榜样。当前我国的佛学研究繁荣,特别是在资料的使用上得到了缓解,都是与净老的关注和参与分不开的,所以他是学者的挚友,是我们信赖与尊敬的导师。

二、解义僧净慧长老

《宋高僧传》云:"诵经不贵多,要在神解。"①所谓"神解",我的理解就是要正确地理解经文的含意,尤其要重视经文与社会相结合以后突出的现代内涵。"但以去圣久远,时接浇浮,专宝文词,罕会幽旨,所以大小诸圣,悲大道之将崩,广采了义,制明论以通教。"②净老在佛学方面的特点是,他不是死读书、读死书的僧人,而是一位有眼光、有想法、有见地、学以致用的学者型僧人。多年来的佛教理论与实践的结合,使他善于将所学到的知识用在自己的弘法事业上面。在这方面最典型的例子无疑就是1991年净老创立的生活禅了。

"生活禅是禅在人生日用中落实与运用。其宗旨是觉悟人生、奉献人生;其要领是在生活中修行,在修行中生活;其着力点是在把握当下一念:觉悟在当下,奉献在当下,修在当下,证在当下,受用在当下,保任在当下。"③生活禅的创立,最能体现净老善于读书、"要在神解"的特点,也是他勇于思索、与时俱进地走当代中国佛教界与社会主义社会相适应道路的深刻表现。

我曾与净老讨论生活禅的特点。当时我对净老说,生活禅在契

---

① (宋)赞宁撰,范祥雍点校:《宋高僧传下》第二十四卷,北京:中华书局,1987年,第613页。
② (唐)道宣:《续高僧传》第二十八卷,台北:文殊出版社,1988年,第994页。
③ 净慧:《生活禅钥·自序》,北京:生活·读书·新知三联书店,2008年,第1—2页。

机的层面已经完全达到了目的,但是从传统来看,生活禅在"契理"的线索方面似还不够充分。因为在生活禅的理论中,许多说法都是针对众生当下的"热病"而设置的"妙药",却没有说明这服妙药是不是有传统的依据。现在看来,当时我也许是过虑了,因为明尧先生已经开始对这个问题做深入的讨论了,明尧特意从禅宗传统禅法的理论做出讨论。古人云:"然则教为理依,理随教显,附教通理,弘之在人。"[①]从佛教的历史功能来讲,予人安心、善于治心始终是佛教在各个时代最能发出的对社会群众的正能量责任。禅是中国佛教的特质,禅宗是佛教中国化里最有特点的派别,在禅宗的基本理论里面,强调的是贵在取得当下的安心法门,这是禅宗禅法的特别表现。生活禅是净老根据佛教"契理契机"的原则,在对印度佛教史和中国佛教史深刻反思的基础上,提出来的一种新的修行理念。它既是对太虚大师所提出的"人间佛教"思想的落实和深化,同时也是对祖师禅精神的继承和回归。从某种意义上来说,生活禅找到了佛教与时代相结合的契入点,找到了佛教与现实人生相结合的新的对话方式。应该说,它抓住了佛教的根本命脉,代表了中国佛教未来的发展方向。与之相应的,生活禅夏令营则是一种在新的历史条件下,充分体现了人间佛教精神,积极进取的、全新的弘法方式。这种弘法方式,不仅深受广大青年佛教信众的欢迎,同时也为佛教积极参与现实,从而达到化导人心的目的,提供了一种新的途径。

净老创建生活禅的法门,在弘法理念和弘法方式方面,是基于对佛教历史的深刻反省和对中国佛教现实的深入观察。人间佛教是未来世界佛教包括中国佛教发展的最好的道路之一,对这一点净老是非常赞同的。净老认为,中国佛教要真正实现全面振兴,必须坚持走"人间佛教"道路,这是中国佛教的唯一希望。太虚提出"人间佛教"这一概念时,是以人间净土的目标为基础的。现在要走人间佛教的道路,就是为了将人间佛教的理念进一步具体化。这是基

---

① (唐)道宣:《高僧传》第十五卷,台北:文殊出版社,1988年。

于佛教与现代社会的关系而得出的共识,具体地说就是当代佛教要积极参与社会,要为社会改造人心的目标服务,要为国家的经济发展服务。净老创立的生活禅,强调以积极生活的态度去面对社会的各种压力。"所谓生活禅,即将禅的精神、禅的智慧普遍地融入生活,在生活中实现禅的超越,体现禅的意境、禅的精神、禅的风采。提倡生活禅的目的在于将佛教文化与中国文化相互熔铸以后产生的具有中国文化特色的禅宗精神,还其灵动活泼的天机,在人间的现实生活中运用禅的方法,解除现代人生活中存在的各种困惑、烦恼和心理障碍,使我们的精神生活更充实,物质生活更高雅,道德生活更圆满,感情生活更纯洁,人际关系更和谐,社会生活更祥和,从而使我们趋向智慧的人生,圆满的人生。"① 禅与生活接近,能够进入每个人的生活当中。这就把佛教与社会的关系一下拉近了,从而改变了传统社会中人们认为佛教是一种出世的宗教的看法,也将太虚大师提倡的人间佛教的实践落实到当代社会,特别是对太虚人生佛教的思想做了更多更好的诠释,较好地发展了人间佛教的思想。净老提出"将信仰落实于生活""将修行落实于当下""将佛法融化于世间""将个人融化于大众"②之"四句偈"。这是在当代社会一些人以个人为中心,只追求个人的享受与感受的背景下,提出的一种建立人与大众融合关系,消除因个人主张的扩张而引起的各种心理的不适的努力,将个人与社会联系起来,也就实现了大乘佛教菩萨的普度众生的大愿,因之这也是大乘佛教对当代社会作出的最好抉择,为社会主义道德的发展提供了新的切入点。

值得一提的是净老提出的"在生活中了生死"的生活禅态度,这对我们如何认识生死提供了积极的借鉴意义。他指出:"学禅的目

---

① 净慧:《生活禅钥·自序》,北京:生活·读书·新知三联书店,2008年,第164页。
② 同上,第182—186页。

的,一般来讲,就是要了生脱死。了生,就是在人生旅程之中怎样活得更好;脱死,就是在走完人生旅程之后,怎样死得更好。"①他主张"安住当下,一念不生,从容面对,死生一如"②。传统佛教视人生为苦的过程,生不如死,要人离生去苦,离苦得乐。但是净老的生活禅却指出了生比死更加重要,提倡死不如生,就完成了现代社会佛教生死观的转换。这就是生就要好好地生活,死也要好好地死去,这样才能保持人的尊严,不负众生,不负家人,不负社会。生死并不可怕,可怕的只是我们众生畏惧生死。生死问题在禅宗高僧眼里显得如此轻松,这是依净老的境界而提到的。净老不仅这样说了,而且这样做了。他的安详示寂是如此的轻松,他知道大限即将来临,但是他并没有任何恐惧,反而以轻松的态度坦然接受,为我们演示了生活禅是如何对待生死的范例,值得我们去积极地反思。

《续高僧传·序》说:"言行之权致者也。惟夫大觉之照临也,化敷西壤,迹绍东川,逾中古而弥新,历诸华而转盛。虽复应移存没,法被浇淳,斯乃利见之康庄,缺有之弘略。故使体道钦风之士,激扬影响之宾,会正解而树言,扣玄机而即号。并德充宇宙,神冠幽明,象设焕乎丹青,智则光乎缣素。"③净老对佛教义理的积极挖掘并将其用于社会的态度,就是历代高僧"激扬影响之宾,会正解而树言"在当代的典范,他所创立的生活禅成为当今中国大陆佛教界最有活力的现代禅门之一,乃是"德充宇宙,神冠幽明"之写照。故净老于1991年提出了以"觉悟人生,奉献人生"为宗旨的生活禅修行理念后,针对具有较高学历的青年佛教信众,在河北赵县柏林禅寺率先举办了生活禅夏令营,之后每年举行一次,从未间断,至今已是第22届。生活禅夏令营在海内外佛教界产生了广泛影响。

---

① 净慧:《生活禅钥·自序》,北京:生活·读书·新知三联书店,2008年,第295页。
② 同上,第307页。
③ (唐)道宣:《续高僧传》,台北:文殊出版社,1988年,第1页。

三、兴福僧净慧长老

净老对佛教的挚爱,对社会的责任,让他从高僧的本怀出发,在建寺安僧方面,演示了当代高僧兴福利生事业的榜样。

本焕长老104岁生日庆典举行之后,我和净老一起从深圳到黄梅,一路上我们聊了很多。

我说,对当前的佛教,应该做主流看,虽然现在佛教里面仍然有很多不如意的地方,但是与过去的佛教相比毕竟已经发展了一大步。明清时代的寺院小庙很多,我们现在的丛林则是大寺庙集中,许多新建的寺庙气派宏大,富丽堂皇。这是过去所不能比的。有人认为我们现在的寺庙在数量上远没有达到过去的水平,以此来说明当前的佛教发展依然不如过去,你觉得应该怎样看?

净老说,从数量上看,我们的佛教寺院远远没有达到过去,许多地方现在还没有寺院。过去在乡村有很多小庙,这些小庙为乡村百姓的宗教生活提供了方便,小庙所发挥的宗教功能远不是大庙所能代替的。大庙格局恢宏,历史悠久,在佛教界影响大,吸引了人们前来朝拜与旅游,这是大庙的特点。但是人们不可能每天都来,佛教徒过日常宗教生活还要在当地的寺院,所以小庙是不可缺少的。也就是说大庙与小庙各有自己的特点,其所发挥的作用也是有所侧重的,抓大放小不对,同样抓小放大也不对,正确的做法应该是大小兼有。如果每个镇上都有一个小庙,一个城市有几个大庙,那么我们的佛教就能够覆盖到整个社会,影响到更多人的生活。

佛经说:"又善男子,假使有人出现世间具大威力,为四方僧营建寺宇,其量宽广等四大洲。"建寺修庙是出家人的本分事,更是佛教徒的皈依地。净老继承了其师虚云老和尚的遗志,以建寺安僧为己任,中兴和驻锡河北赵县柏林禅寺、北京房山云居寺、河北邢台玉泉寺、湖北黄梅四祖正觉禅寺、湖北当阳玉泉寺、黄梅老祖寺、当阳度门寺、河北邢台大开元寺、黄梅五祖寺等寺院。他所建的寺院都是历史上著名的祖师庙,曾经有过赫赫功绩,地位崇高,影响深广。这应是他看到了历史上这些寺院曾经在中国佛教中起到过表率作用,如何发扬佛教的传统,让佛教走向更广大的空间,寺院的表率作用是不可小看的。从释迦牟尼到当今的本焕长老、净慧长老之历代祖师与高僧都是在佛法衰微、法权相轻的时候,开始发挥高僧的作用。他们振兴佛教,所产生的作用,非他人可比。高僧们生前驻锡的寺院是一所佛教的大学校,由于他们有很高的感召力与特殊的人格魅力,让佛门中的弟子门生竞相到门下受教。弟子们在寺院中完成了佛教教育,学到重塑人生的知识,坚定了对佛教的信仰,使佛教能够代代相传,佛日常晖,永远传承。但是面对当时佛教刚开始恢复的情况,佛门的人才与财力是有限的,不可能一下就将所有寺院恢复,当代社会的信众也需要有一个培育过程。如何做好弘法利生的事业,还需要一个调整过程,这就决定了要有步骤、有计划地进行。选择大庙的重建作为当务之急是中国佛教界的必然选择,受诸种因素的影响,小庙的重建并不能一下就全部实现,所以对中国佛教界来说,充分利用各方的资源,先把大寺院做好,让佛教能够发挥应有作用,这才是最好的办法。僧传说智者"故知道藉人弘,神由物感,岂曰虚哉。是以祭神如神在,则神道交矣。敬佛像如佛身,则法身应矣。故入道必以智慧为本,智慧必以福德为基,譬犹鸟备二翼,倏举千寻;车足两轮,一驰千里。岂不勤哉,岂不勖哉"[①]。净老的一席话,让我如梦初醒,使我对佛教的发展有了更深刻的认识。

四、结语

净老对佛教的贡献,正如古哲所言:"何能舍所重于幽林,为依救而终世,诚可美矣,诚可悲夫。详观列代数贤,则绍隆之迹可见。

---

① (南朝梁)慧皎等撰:《高僧传合集》,上海:上海古籍出版社,1991年。

藻镜则日月同仰,清范则高山是钦。……异世同风,不屑古也,莫不言行同时,死生齐日,故得名流万代,绍先圣之宏猷乎。"①可惜因为篇幅和时间的关系,在这篇文章里我不可能一一介绍出,只好以俟来日,再详细书出。

最近,我去了柏林禅寺,其景色依旧,佛像端坐,然而故人已去。坐在方丈室里与明海大和尚相谈愉快,然又不时地想起净老。他曾经在这里接待过我,向我介绍当前中国佛教的得与失,畅谈他的学术理想及如何关心学术的发展,其情其景,历历在目。虽然人已故去,但是他的音容笑貌仍然留在我的心中。

净慧长老,愿您乘愿再来,中国的佛学还有待您再多多关心!

(黄夏年,中国社会科学院世界宗教研究所)

---

① (唐)道宣:《续高僧传》第二十四卷,台北:文殊出版社,1988年,第795页。

怀念净慧长老,发展佛教学术

邢东风

一、净慧长老与佛学者的交流

在河北第三届禅宗文化论坛即将召开之际,深受大家敬爱的净慧长老离开了我们,令人无比悲痛,无限惋惜,深切怀念!

净慧长老是当代中国杰出的高僧、佛教思想家、实践家、佛教学者,他的人品、道行、学识、智慧、行动力与感召力,皆为世所罕见,他生前为中国佛教的保存、恢复、弘扬作出了巨大的贡献。中国佛教在历经多少劫难之后,得以兴灭继绝而延续到今天,能够有现在的繁荣发展,与净慧长老长期不懈的努力、思考探索、弘法实践是分不开的。他的业绩必将彪炳史册,成为中国现代佛教史上的重头篇章;他对中国佛教的多方面贡献,需要我们认真地回顾和总结;他所开创的事业,需要我们再接再厉、发扬光大;他所提出的问题,需要我们继续思考、不断探索。

作为佛教学者,我们曾有幸蒙受净慧长老的启发教诲,我们的学术事业也曾蒙受净慧长老的恩惠。因此,只有铭记他的教导,继承和发扬他的精神,为佛教学术的发展而不断努力,才能不辜负他老人家对我们的殷切期望,并为继承与发展他生前未竟的事业而作出贡献。

回想笔者与净慧长老的接触,最初是在1990年前后。当时台湾的耕云先生及"安祥禅"访问团来到北京,有一天中国佛教协会在广济寺举办欢迎座谈会,出席会议的有赵朴初、净慧法师等佛教界人士,还有中国社会科学院、北京大学和中国人民大学的几位佛教学者。会议由净慧法师主持,他对耕云先生及其"安祥禅"给予了高度的评价,并就如何使禅的精神融入现代社会发表了精辟的演说。笔者在会上也作了发言,得到净慧法师的赞许。那次会议虽规模不大,却使笔者第一次有幸近距离接触到佛教界的多位顶级大德,而净慧法师的赞许,对笔者来说更是莫大的鼓励。

1999年春夏之交,笔者陪东京大学教授末木文美士先生参访柏林禅寺。刚到方丈院门口,恰遇净慧法师出门,当时他正要出发去北京。还没等笔者行礼,老法师就认出我来,热情地呼唤我的名字,并要我们多住几天,然后便出发赶路。这次巧遇只是匆匆一面,却令笔者感念不已,因为这次见面距上次见面已经时隔八九年,可他老人家对我这样一个普普通通的后辈晚生竟然记得那么清楚,而且那么亲切热情,一点儿没有大和尚的架子。这个微小的举动,可使人感受到他的人格魅力。当时在柏林禅寺内接待我们的是一位日本僧人,名叫木村礼道,他跟随净慧法师学了六年,对净慧法师的道行、学问、传统佛教的修养以及行动力与感召力赞叹不已。他认为,中国佛教与日本佛教的最大不同,就在于现在还保存着许多传统的东西,而佛教事业的展开主要是靠高僧大德的人格魅力和社会影响力。这些看法,都是从他对净慧法师的观察而来。当时我们还参观了方丈室,通过净慧法师的生平照片,具体了解到他在现代中国佛教史上所起的承前启后作用。通过木村的事例,我们也了解到净慧法师不仅是中国佛教中的领袖人物,同时也是现代日本来华留学僧的导师。

第三次接触净慧法师，大概是 2002 年夏秋之际在广东的云门寺和南华寺，我去那里是为了参加这两个寺院的法会活动和学术会议。当时净慧法师时间比较宽裕，心情也很放松，所以我们得以有机会在会议之余一起散步聊天。当时聊天的话题已经记不清了，唯一的印象就是他和我们聊天就像朋友，温和随意，谈笑风生，我们从他身上感受到的是春风化雨般的温暖，丝毫没有"高屋建瓴"的压迫感。

再后来的接触，就是近年来分别在河北和湖北举办的几次禅宗文化论坛。这两个论坛不仅由净慧长老发起举办，而且他本人自始至终坚持参会。且不说他在会上的发言包含有多少对社会有益的金玉良言以及学术上的真知灼见，仅就他为举办这些学术论坛而连续不断地投入大量的精力和财力，就足以看出他对社会、对佛法、对学术的那种高度热情和无私奉献的精神。对笔者个人来说，正是因为托福于净慧长老发起举办的历次论坛，才得以有机会经常回国参加学术会议、进行学术交流，从而也在学术研究上取得了若干成果。对于我们这些佛教学者来说，净慧长老不仅给我们提供过许多有益的启发和教诲，而且还为我们创造和提供了切磋交流的平台、学术论文发表的园地。他对佛教学术的大力支持、对佛教学者的关怀照顾，都是真切实在、见诸行动的，而且他的支持力度大大超过了许多专业性的学术机构。此恩此德，令人终生难忘。

二、净慧法师提出"生活禅"的意义及影响

从佛教学术研究的角度来看，笔者认为，净慧长老有两项特别值得注意的贡献：一是他所提倡的"生活禅"，二是他在佛教学术方面提出的许多真知灼见。

关于"生活禅"，多年来，特别是在近几年的历次论坛上已有很多讨论，笔者并无新的见解。不过笔者在此想要强调几点：

第一，"生活禅"的提出，实际上发自净慧长老拯救世道人心的

深切情怀,它既体现了一代高僧大德济度众生的佛教精神,同时也体现了净慧法师本人高度的社会责任感。记得净慧法师当年在欢迎耕云先生及"安祥禅"访问团的座谈会上就曾指出,现在人们一般都讲佛教"现代化",这个固然重要,但是还应该强调佛教"化现代"。所谓佛教"化现代",显然涉及我们应该建成一个什么样的现代社会的问题。对于这个问题,净慧长老的回答是,应当利用佛教的宝贵精神资源建设我们的现代社会,换句话说,现代化的社会也离不开佛教的精神。说到佛教的精神,可以列举很多,诸如清净自律、去恶从善、众生平等、慈悲济众、追求真理(舍生求法)、淡泊名利、追求高尚的精神境界等。其中有许多是人类共通的普世价值,是凡有人群之处即所必需,不会因时因地而"不合时宜",更不因特殊国情而贬值。对于像我们这样一个拥有两千年佛教传统的国家来说,佛教不仅仅是中华民族传统文化的一个重要组成部分,同时也是现代中国精神文化的一个重要方面。因此,不管社会如何变化,佛教的精神都是必不可少的,而要建设具有中国特色的现代社会,那就更不能离开具有悠久历史传统、至今仍为各族人民广泛认同的佛教精神文化。这样的话,我们在今天可以理直气壮地讲出来,但是退回到二十多年以前,要提出用佛教"化现代",不仅需要高瞻远瞩的见识,而且需要相当大的勇气,同时还需要捍卫佛法的精神,以及强烈的社会责任感。净慧法师就是这样的人。

经过三十多年的改革开放,我国的经济建设事业得到了巨大的发展,国民生活水平也有了明显的提高。但是另一方面,我们的精神文化建设却严重滞后。造成这种状况的原因多种多样,其中之一就是没有积极、自觉地认同、重视、继承和发扬包括佛教在内的中国传统文化的精神价值,没有充分地让佛教发挥维系世道人心、净化人们心灵的积极作用。净慧长老所提倡的"生活禅",无疑是一剂挽救世道人心的良方,尤其应当提倡发扬。

第二,"生活禅"的实践,必须本着契理契机的原则。所谓"契理",就是要符合佛法的基本精神;所谓"契机",就是要适合当下现实的环境与条件。这个原则与佛教所说的不变与随缘的道理是相通的,其中不变的是佛教的真理、佛法的基本精神,而随缘表现出来的是适合现代人的根基、适合当时当地条件的说法和做法。一方面必须"契理""如法",一方面需要"方便""当机",这两个方面如车之两轮,缺一不可。要达到二者的和谐统一,既要有对佛教基本原理的坚定信仰和精深理解,又要善于对佛法的精神加以活学活用,还要对现实状况有清楚的了解,并要有化导大众的巧妙手法。要在这几个方面都能做得出色而有效,并非轻而易举,而净慧长老恰恰在此方面树立了杰出的典范。不管他举办生活禅夏令营也好,还是提倡人生的佛教、社会的佛教、世界的佛教也好,其中都清楚地贯穿着佛教特别是禅宗的基本精神;而这种基本精神的表现,则或为修行体验,或为演说开示,或为学术研讨,或为图书杂志,或为歌舞戏剧,或说"觉悟人生",或说"奉献人生",其展现的形式多种多样。总之,不管他横说竖说,如何化现,总归不离佛法;而他说出的佛法多种多样,有真有俗,或深或浅,但是都能当机对症、因病与药。

作为一个深信佛法的人,锲而不舍地深研佛理,恐怕相对来说还比较容易做到,而将佛法的精神活学活用,特别是善于把握适当的契机,相对来说就比较难了。净慧长老的弘法事业以及他的"生活禅"的提倡,始于20世纪80年代以后经济改革开放、思想禁锢逐渐松动的时期,可以说是把握了恰好的时机;他把弘法的基地建立在河北赵州和湖北黄梅这两个禅宗祖庭的所在地,既是基于他对中国佛教历史的深厚了解,从而可以有效地利用当地佛教历史文化的资源,同时也是出于对当代社会现状以及地域条件差异的敏锐观察,从而使弘法事业获得有效的环境保障,并进而使弘法事业的成果更好地贡献于社会。一言以蔽之,在"契理"方面,净慧长老始终坚持佛法的精神,从不动摇;在"契机"方面,净慧长老凭着他卓越的智慧,善于把握各种时机,有效地利用天时地利人和的各种条件。这可以更清楚地看出,"生活禅"在贯彻佛法契理契机的原则方面是一个成功的典范。另外,在"生活禅"的理论阐述和语言表达方面,净慧长老善于用通俗易懂的表述,从来不故弄玄虚,也不靠花里胡哨的新名词来作装饰。他对佛教思想理论的把握,能够进得去出得来,即把经过自己深刻体会和消化的佛教思想学说,用大家都能理解的、民族化与大众化的方式表达出来。功底深厚而不哗众取宠,深入浅出,寓深奥于平凡,也是净慧长老"生活禅"之"契机"的一个重要方面。这样的做法和学风,尤其值得佛教学者学习效法。

第三,"生活禅"不仅是当代中国佛教的一面旗帜,而且也是当代中国精神文化的一大亮点。自改革开放以来,随着宗教政策的落实,佛教界的许多高僧大德都在为新的历史条件下弘扬佛法进行各种各样的探索与努力,同时还有从海外传入的各种佛教书刊、讲说、宣传等,佛教弘法事业也逐步呈现为千峰竞秀、百家争鸣的局面。其中有的昙花一现,影响仅限于一时一地,或较小的人群范围,有的经久不衰,影响跨越省区,甚至传播到海外,信众越来越多。净慧长老的"生活禅"无疑属于后者,"生活禅"的信众,如今已不限于僧俗信众的范围,就是很多对佛教多少抱有兴趣的人们,也对它有所了解,有所认同,有所信从。经过多年的考验,可以说"生活禅"是在当代中国出现的既符合佛教的基本精神,又适应我国的社会现实条件,并且能够为广大民众所喜闻乐见的一种新的佛法形态,它的确是一种"契理契机"的佛法。

"生活禅"作为当代中国佛教的一面旗帜,它对广大佛教信众固然具有强烈的吸引力。但是它的影响,它的社会效益及其改善世道人心、促进国民道德提升的功能,远远不限于佛教界的范围,而是既符合广大人民的需要,又有益于提升全社会精神文化品质的精神食粮。"生活禅"的传播基地在河北和湖北,因而它已成为这两个地区的精神文化的响亮品牌,但是"生活禅"早已具有全国性的影响,而且影响到了海外,因此它也是中国现代精神文化的一大亮点。因此,说"生活禅"是当代中国精神文化中硕果仅存的亮点之一,丝毫不算过分。在需要大力开展精神文化建设的今天,"生活禅"这面旗帜更是必不可少,应当宣传提倡。

三、净慧长老对中国佛教史研究的影响

　　净慧长老一向好学深思,对于佛教的各种思想学说,以及佛教的历史文化知识,有着深厚的素养和广泛的了解。而且更为难能可贵的是,他在佛教学术问题上也独具慧眼,观察敏锐,见解深刻,经常为我们提出具有重要学术价值的思考课题,或为我们形成学术研究上的问题意识而给予有益的启发。加上他对佛教学术研究的热心支持,以及他本人的号召力和动员力,通过举办学术论坛而大大推动了佛教学术研究的进展。

　　作为从事佛教研究的专业学者,或许著作较多,研究较细,但是不一定像他那样独具慧眼,也不一定像他那样善于把握问题,用治史的话说,就是可能有"史笔",而未必有"史识"。这里所谓"慧眼",也就是通常所说的"见识",在学术研究上主要是指问题意识。这种见识的形成,一般来说固然与相关知识的积累和资料的掌握有关,但又不是仅凭知识的简单积累和叠加就可以形成的,而是往往还需要综合判断能力和高超的悟性,以及对未知领域的敏感。净慧长老虽然不以佛教学术研究为职业,但是他的见识远远超过很多专业学者。因此可以说,其学可比,其识难及,而且他的见识,对于我们的佛教研究往往具有重要的指导意义。

　　例如,就河北的禅宗文化论坛会议主题来说,第一届是"三禅"(赵州禅、临济禅、"生活禅"),第二届是辽金佛教,第三届是河北佛教,通过这些议题的讨论,人们从不同的角度对唐代、辽金时代、河北以及华北地区的佛教进行考察,从而加深了对中国北方佛教历史文化的认识。从这样的议题设置,可以看出净慧长老对唐代以后北方佛教历史发展的总体线索以及对华北地区佛教在中国佛教史上的重要地位的清晰把握。

　　就中国佛教史研究的总体来说,迄今为止,除了一般的通史多少涉及辽金佛教及华北佛教,还没有从特定的时期及地域的角度对

这一领域的系统研究。就断代史的研究来说,由于辽金佛教的文献资料不多,因而关于这一时期的研究,成为中国佛教史研究上的一大难点,以至于到现在还不能清楚地把握辽金佛教的全貌。从地域性的研究来说,由于长期以来以宋朝作为中国的正统这种观念的影响,以及对于地域性研究的重要性还没有充分的认识,所以关于华北地区的佛教,特别是关于少数民族政权支配下的辽金佛教的研究,就更成为明显的薄弱环节。事实上,华北地区的佛教虽然历史悠久,但是其真正的大规模发展,恰恰是在辽金时代,当时这一地区佛教流行的程度,丝毫不亚于其他地区,因此它是当时中国佛教的一个重要组成部分。不仅如此,辽金佛教在中国佛教史上还具有重要的承上启下作用:一方面,它在很多方面继承和保持了唐代佛教的遗风;另一方面,由于受少数民族文化的影响,它又形成了许多新的特色。这种重新整合而成的佛教,为后来佛教的发展奠定了基础。关于这一点,从至今保存在华北地区的佛教历史遗迹中可以得到证明。因为这一地区的很多佛教寺院都是始建于辽金时代,撇开辽金佛教,就无法想象后来佛教的发展。辽金时代,华北地区成为北方地区政治文化的中心,以后历元、明、清三代,这里更成为全国政治文化中心所在地,所以辽金时期以华北地区为中心而形成的佛教也潜移默化地影响到后来中国佛教的发展。

无论从断代史的角度考察辽金佛教,还是从地域性的角度考察华北佛教,都是中国佛教历史文化研究的重要课题。净慧长老在几次论坛上都号召我们加强这一方面的研究,期待我们拿出更多更好的研究成果,充分表现出他的高瞻远瞩和敏锐的学术眼光。顺便一说,差不多与河北禅宗文化论坛同时,2011年在北京广化寺也举办了"辽金佛教研讨会"。这些会议虽有学术界参与,但是这种问题的提起,这种专门会议的召开,都是由佛教界发起的,他们的学术见识不能不令人钦佩和赞赏。通过他们的积极倡导和推动,必将促进这一学术领域的开拓和进展。

再说湖北的禅宗文化论坛。

湖北的论坛在黄梅——禅宗四祖、五祖的祖庭所在地,也是禅宗的实际发祥地。由于禅宗是中国佛教中流传久远、影响最广的宗派,因此,黄梅在中国佛教史特别是禅宗史上也占有特殊的地位。这个论坛也是由净慧长老发起的,已经举办了三次。笔者参加过两次,印象最深的是:净慧长老在论坛上多次提到,黄梅地区孕育了禅宗的三代祖师,四祖道信、五祖弘忍、六祖慧能都曾在这里修行传法,从而为禅宗的发展奠定了基础,这样的情况在中国佛教史上绝无仅有,非常耐人寻味,值得思考。

自改革开放以来,禅宗研究逐渐走热,至今堪称"显学"。相关的论著数不胜数,但是很少有人思考过这样的问题。然而净慧长老独具慧眼,凭着他长期弘法的实践经验、深厚的学识素养和敏锐的洞察,提出了一个引人深思的问题。这个问题可以启发我们从地缘关系的角度重新审视禅宗发展的历史,从而加深对中国佛教特点的认识,因此具有重要的学术价值,应当引起学术界特别是禅宗史学者的重视。

关于这个问题,净慧长老没有指定最终的答案,而是希望大家思考。在笔者看来,净慧长老的问题是从黄梅这一特定的区域着眼的,因此从地方性或地缘关系的角度来思考这个问题,应当大致符合他的原意。数年以前,笔者曾就禅宗的地方性做过一点粗浅的探讨,后来受到净慧长老的启发,将考察的范围扩展到黄梅的早期禅宗。研究成果以"从地方性看禅宗的形成与发展"为题,在去年的湖北禅宗文化论坛上发表,作为对净慧长老的回应。文章首先对早期禅宗史上的地方意识进行考察,认为这种意识在四祖和五祖那里表现为避开都市、住山修行的选择,在此前提下,结合黄梅一带特殊的地缘条件,建立了最早的禅宗传法基地;慧能从黄梅继承山林佛教的传统,在更为偏远的岭南建立南宗,并把山林佛教的趣向自觉地表现为"南方意识"。然后结合慧能以后南宗发展的大势,认为禅宗的发展实际上经历了类似于"农村包围城市"的道路,最初在远离"城邑聚落"的黄梅扎下根来,然后又在更偏远的岭南建立基地,以后逐渐向外拓展,最终覆盖全国而成为中国佛教的主流。最后的结论是:地方性的佛教虽然显得"草根"、"边缘"、非"正统",地处偏远,不居主流,难以享受皇权的恩宠和庇护,但是它以本地的地缘条件为依托,具有顽强的生命力,同时因其避开过多的政治权力干扰,可以更好地保持宗教上的纯洁自主,从而对广大信众构成更强的吸引力,这种特性正是禅宗得以发展壮大持续不衰的一个重要原因。

笔者发表的不过是一点浅见,据说也得到了净慧长老的私下认可。果真如此的话,笔者固然可以增强在研究此问题上的自信,但是并不因此而敢得意自满,而是为净慧长老对学术的认真态度而感动。因为笔者的文章只是一篇小论,笔者本人不过是一个普通的学者,老人家对我们的看法发表评论,说明他对包括我们这些无名小卒在内的许多参会者的论文都曾看过,作为一代大师,作为八旬长老,对待佛教研究如此认真,怎不令人钦佩感动!

笔者深知,无论是我们的研究成果也好,还是我们的学术眼界和水准也好,离净慧长老的期望还相差甚远。正是因为这样,所以才需要我们不懈努力,不断进取。净慧长老离开了我们,我们再也无法向他老人家请教,但是他那开阔的视野、深邃的洞见、高超的智慧,还有他对佛教学术研究的热情与认真,永远是我们学习的榜样,在我们今后的探索中,永远是一盏指路的明灯。

2013年5月2日 于日本松山

(邢东风,日本爱媛大学教授)

净慧长老与禅文化的海外传播
——介绍《生活禅钥》日文版的翻译与出版

何燕生

净慧长老生前特别重视禅文化的海外传播与交流。中国佛教协会会长传印长老在净慧长老圆寂追思法会上的悼词中对净慧长老的业绩予以高度肯定和赞扬,指出:"净慧长老曾经访问四十多个国家,弘法足迹遍及五大洲。其著作《入禅之门》《赵州禅话》均有英文版。《生活禅钥》被译为日文,是当代中国大陆僧人著作翻译为日文之第一人,受到海外学者的重视。特别值得一提的是,长老顺机应缘,于2009年将临济宗法脉第四十五代法卷传给德国本笃(Benediktushof)禅修中心导师威里吉斯·雅各尔(Willigis Jager)。净慧长老的对外交流,为当代中国禅文化向世界的传播作出了他应有的贡献。"因此,净慧长老的圆寂,既是中国佛教的一大损失,同时无疑也是国际禅佛教文化交流事业的一大损失。

净慧长老圆寂的噩耗传到日本后,日本临济宗和曹洞宗等佛教团体和个人纷纷发来唁电,表示深切哀悼。净慧长老生前好友,东京大学名誉教授末木文美士先生在长老圆寂的当天,第一时间发来唁电,表示哀悼,并回忆了他在20年前于柏林禅寺与净慧长老促膝交谈的法缘关系,其中特别提到净慧长老主要著作《生活禅钥》的日文版翻译及出版的情况。唁电全文如下：

忽闻净慧法师圆寂，不胜震惊，深感茫然而不知所措。对于失去一位伟大的佛教领袖，不仅中国，我们日本的佛教徒和佛教学者也都同样地沉浸在深切的哀思之中。

去年，经以何燕生先生为首的四位学者的合作，净慧法师的主要著作《生活禅钥》的日文翻译工作得以完成。在此之前，生活禅的思想和实践在日本并不为人所知，因此，该书能够介绍到日本，非常难得，意义重大。我有缘将该书推荐给山喜房佛书林出版社出版，并撰写日文版序言。欣闻该书日文版付梓出版后于去年12月呈献给净慧法师，法师对此深感高兴。

本人曾于1994年访问柏林禅寺，亲自聆听过净慧法师的慈悲开示。法师坦诚而又和蔼可敬的品格，全身心地投入佛法的实践和布教活动的形象，令我深受感动。此后，在参加会议之际，我们常有问候，但却再没有亲切交谈的机会了。然而，对于法师作为一位最值得信赖的佛教领袖的认识，在我的心目中从来没有动摇过。

净慧法师生前对于日中佛教界的交流，倾注了巨大的力量。而今，生活禅终于被介绍到了日本，我们正期盼着不久的将来，法师能够亲临日本，给予指导。噩耗传来，不胜遗憾。

今后，我们在继承净慧法师的遗志，积极推广生活禅的同时，还应该加强日中佛教界和佛教学术界的交流，我深感这是我们义不容辞，应尽的义务。

国际日本文化研究中心教授
东京大学名誉教授
末木文美士
2013年4月20日

本人作为《生活禅钥》日文版翻译与出版的策划者和译者之一，对净慧长老的圆寂无疑深感悲悼，且深感突然，有如晴天霹雳。因为，在长老圆寂约一个月前，即3月24日和25日两天，本人陪同以驹泽大学石井修道教授为团长的日本曹洞宗访中团在黄梅四祖禅寺受到过净慧长老的热情接待。当时长老如往常一样，非常健谈，当日本朋友拿出从日本带来的《生活禅钥》日文版请长老签字时，长老满面满意的慈容，给我们一行留下了深刻的印象；在访问五祖寺时，长老还特别介绍说，我们一行是他就任五祖寺方丈以来接待的第一批外国友人。临别时，我们还相约今年秋季再来黄梅，向长老请教"生活禅"的一些问题。然而，万万没有想到，这次的造访竟变成了永别，特别是想到这次对我们一行的接待是长老所做的最后一份工作时，我不禁潸然泪下！

　　为了表达本人对净慧长老圆寂的哀思和怀念，以下拟对《生活禅钥》日文版的翻译与出版情况作一介绍，以此窥知净慧长老与海外禅文化交流的一个侧面。正如传印长老在悼词中所强调的那样："《生活禅钥》被译为日文，是当代中国大陆僧人著作翻译为日文之第一人，受到海外学者的重视。"该书于2012年12月被翻译成日文并由日本山喜房佛书林出版社正式出版发行，在日本学术界和佛教界都产生了较大反响，同时也标志着净慧长老所倡导的"生活禅"开始正式向海外传播。

一

　　我们知道，中国佛教在20世纪60年代至70年代约10年的时间中，蒙受了沉重的打击。然而，随着改革开放政策的实施，80年代以来，佛教的复兴与发展，成绩斐然。除许多遭到破坏的寺院陆续地得到恢复外，宗教活动也在一定的制约之中充满活力得到开展。今天，无论走到哪个寺院，常能听到各类法事需要排队等候的说法。而且，随着市场经济制度的引进，近年来，一些大寺院大年初一的"头香"被拿来拍卖,甚至还有的名山大刹主张应该实行股份制,让寺院上市等;加之,以试图探讨寺院的历史和文化意义,或者以提高寺院知名度为目的的研讨会,在政界和学界的配合下,几乎每个月都在全国各地寺院举行;与此相应,关于佛教的学术研究也欣欣向荣。在步入大变革时代的当今中国,佛教也在发生着急剧的变化。

在如此"华丽"的盛况中,近20年来,以禅为中心,兴起了一股在大学生和知识分子中颇受青睐的重视实践的佛教思想,它就是本书作者净慧长老(以下称作者)所倡导的"生活禅"。比如"生活禅"提出:"禅在人生日用中落实与运用","在生活中修行,在修行中生活",日常生活中最重要的是在于"把握当下一念"等。由此可知所谓"生活禅",其实就是试图让禅融入到日常生活之中的一种主张。作者净慧法师在本书中,对"生活禅"的这些主张,从各种角度进行了阐述。

《生活禅钥》自2008年刊行以来,曾几度再版,发行数万部,这在近年来已出版的佛教类书籍中并不多见。作者的目的,即在于探讨"禅在当代传播过程中如何面对时代、贴近生活、觉悟人生、奉献人生"的问题。本书即记录了作者对这些问题进行探索的一段"思想轨迹"(自序),而"生活禅"就是其中的重要课题。通读本书,读者便可了解到,"生活禅"是身处当代中国佛教领导地位的作者,基于日常的禅修和禅思所体会到的深刻禅悟和洞见,使禅如何适应于当今中国社会这一核心问题,通过"说法"这一思想方式,运用通俗易懂的语言所阐述的一种"活生生"的佛教思想,而本书正是如实地记录了这一佛教思想的一部精彩的结晶之作。

本书传递了当代中国佛教界崭新的思想动向,其中的部分内容近年来被译成英语等,在欧美的参禅者之间受到关注,但遗憾的是,在日本并未看到介绍。为了加深中日两国的佛教交流,两国佛教界的领导人物平常到底在思考什么,到底在关注哪些问题,对此,我们似乎有必要进行了解。鉴于这样的考量,此次在同窗好友的协助下,我们便有了将本书翻译成日文,在日本出版的尝试。

二

正如作者自己所指出的,本书"结集了从1991年至2007年这17年的一些文章和讲话稿"(自序)。因此,本书每章原来是独立成篇的,并非一开始就是在明确的构想背景下撰写的。不过,从目录结构,我们便可发现,为了编辑整理成为一部专著,作者对其进行了一番取舍与选择。依笔者看来,第1章至第10章相当于前半部分,概说了禅的历史和著名祖师的禅法,以论述"生活禅"的思想由来及其脉络。与此相对,第11章至第20章相当于后半部分,进入"生活禅"的本题,通过设立一些层面各异的主题,阐述"生活禅"的内涵。因此,作为一部专著,可谓架构严谨。

第1章"什么是禅",论述了作者对于禅的基本看法。作者在开篇就强调指出,本书"所讲的禅,不是'六度'中所说的'禅波罗蜜'的禅,当然也不是'四禅八定'的禅,而是禅宗所提倡的禅",表明了作者在本书中的立场。基于这一立场,作者首先为了概述禅的历史,指出禅有印度之起源和中国之起源两种,认为前者来自"拈花微笑"的公案,后者指达摩西来,而中国的禅宗则始于由达摩授予"安心"法门的二祖慧可。接下来,作者在强调四祖道信的业绩后,总结指出:"达摩祖师开其端,二祖、三祖承其绪,四祖、五祖、六祖正式开创出规模。"作者进一步指出,禅有四种特征,即:第一,"禅是一种境界";第二,"禅是一种受用,一种体验";第三,"禅是一种方法,一种手段";第四,"禅是一条道路"。并对这些特征,引经据典,运用比喻等手法,深入浅出地加以阐述。在关于"什么是禅"的论述中,闪烁着不少的真知灼见,由此我们可以了解到作者对于禅的深刻理解和体验;其论述风格,与日本的铃木大拙(1870—1966)和久松真一(1889—1980)等禅者之间也有不少相通之处。然而,作者的目的毕竟在于强调禅应该成为我们生活的指针,试图阐明如何才能把握

"生活禅"的问题。因此,作者并不使用一般鲜见的哲学术语,而是依据禅的本来方式,运用日常生活中所使用的语言进行解释。读者每读到这些充满亲切感的语句时,作者那慈祥的禅者风范,便跃然脑海。

接下来第2、3、4章,依据禅宗传统的历史观,论述达摩的"二入四行"、四祖道信和六祖慧能的禅法。第2、3章频繁出现一些专门术语,对读者来说,可能会感到比较难懂。因为日本禅与宋代禅直接相关联,而与唐代的初期禅并不直接相关,加之近代以来日本对于禅的理解又是基于宋代禅等缘故,产生如此想法,无可非议。然而,与业已老庄化的宋代禅相比,其实,早期禅宗更具佛教特色。作者不厌其烦地对这些专门术语详细地进行解释,在这些解释中,蕴含着与当代禅学研究者相比,有过之而无不及的特色。当然,作者的目的在于阐明"生活禅"的渊源,强调"生活禅"的精神源自远古的初祖达摩大师等,延绵不断、源远流长,并非只是停留在对禅的概说上。特别是在叙述六祖慧能的第4章中,列举中国佛教史上三位重要人物进行论述,颇富意味。这是作者长期以来所持的一贯看法,相同的观点还散见于作者其他的著述之中。作者指出,在中国佛教史上,首先,东晋时代的道安(314—385)在佛教中国化过程中,最早制定了僧伽制度、讲经制度和共住制度,使得"佛教在中国得到生存和发展";接下来,到了唐代,禅宗的六祖慧能(638—713)主张"顿悟"这一简便的修行方式而正式确立了禅宗。作者认为,慧能以其"简洁明快的修行方法""简单朴素的生活方式""不作不食的劳动态度"和"潇洒自在的僧人风范"使禅宗风靡天下。另外,作者还介绍了凝聚着慧能思想的《坛经》在近代受到毛泽东爱不释手地阅读的逸事,的确饶有趣味。最后指出,近代太虚大师所提倡的佛教改革理念和"人间佛教"思想在近代化进程中的中国所发挥的重要作用,以及对当代中国佛教所产生的积极影响。关于太虚大师,作者所介绍的当时中国佛教界特别是一些保守佛教徒所持态度的点滴逸闻趣事,并不见于一般的文献,很可能是来自作者长年在寺院生活中的耳闻。总之，可以说它们都是如实地记录太虚关于佛教改革所面临重重困难的生动史料。第4章的主题，当然是讨论慧能"无念""无相""无住"的思想。作者对这些概念的解释，大多深得要领，而在作者既引经据典又使用明快的语言予以陈述的手法中，发挥了一位成熟老练的禅师所应有的风格特色，读后受益良多。

第5、6章对慧能的禅进行论述，具体讨论了《坛经》所阐说的"修""证""顿""渐"等概念。这些概念本来都很难懂，但作者基于自己的理解，对它们施以周全的解释，使得读者易于理解。此外，虽未被收录于本书，但作者所撰探讨《坛经》真伪的学术论文，针对历来所强调的敦煌本的史料价值提出异议，主张应该承认作为通行本的"曹溪古本"的意义。因此，即便从对待文献史料的态度方面看，我们也可清楚地了解到作者擅长文献学研究的一面；同时作者作为学者的学术素养，包括本章在内，从全书中，我们似乎也可得到一个足够的了解。

第7、8章探讨临济禅。《临济录》关于"无位真人"的说法以及"四料简""四宾主"等大机大用的禅，作为临济（？—867）的禅风，广为人们所熟知，作者对它们一字一句地、耐心地进行解释。关于临济禅在禅宗史上的意义以及临济禅在日本的人气，本章也有所论及，而且还抽选《禅海十珍》中所载录的临济法语，对它们进行解读。然而，作者的解读并未流于浅显的水平，通过其字里行间所流露出来的作者对临济禅的深刻洞见，使临济禅的魅力跃然纸上，深深地吸引着读者。

前半部分最后第9、10章，列举赵州禅和《无门关》进行论述。赵州（778—897）以柏林禅寺为舞台展开活动，是一位以提出"狗子有无佛性（狗也有佛性吗）"而驰名天下的禅僧，在日本的禅林中，也以"吃茶去"的公案为代表，极具人望。而且，《无门关》所讨论的"无"，众所周知，是承继了赵州"狗子有无佛性"公案以来的问题意识而彻底探求"无"的一部禅籍，在日本也被广泛阅读。对于赵州，作者在这里列举了作为大家所熟知的赵州禅法特色的"平常心"和

"本分事"进行解释,指出它继承了南泉普愿禅师的"平常心是道"的观点,其特色在于"以本分事接人"的风格。而且还试图从与赵州相关联的"赵州桥"中发现其特殊意义,认为它是一座精神的桥梁,是一种引导众生的菩萨的慈悲精神,也是赵州禅特征所在之一。接下来,在"禅的无门关"一章中,针对其中心主题的"无",照样列举各种生动的事例,一边介绍,一边用浅显易懂的语言加以解释。其中,还介绍了有关日本当代禅师与"无"相关联的逸事以及《无门关》在日本被广泛研读的情况,让日本读者可以了解到作者所具有的敏锐的感知力和广博的知识。

以上第1章至第10章对构成"生活禅"前提的禅的历史和思想的概述,成为其主要内容。以下第11章至第20章,是对本书的中心议题"生活禅"的主张,依据禅录和经论,进行全面的论述。

第11章"生活禅开题"和第12章"生活禅的四个根本",如章题所示,系统地解释了"生活禅"是什么的问题。我们开卷展读,便可了解到"生活禅"基本上是一种修行论、实践论。其要点在于把禅摄入生活,在生活中进行禅的实践。列举作者的几段话来看看吧:"应该把禅修与生活有机地结合起来,在生活中落实修行";"我们生活中有种种烦恼、种种痛苦要求得到解脱,所以要修行";"我们学佛、修行的人必须把佛法净化人生(利乐有情)、净化社会(庄严国土)的精神,完整地落实在生活中,落实在工作中,落实在做人的分分秒秒中";"要使佛法的精神具体化,要使自己的思想言行与自己的信仰原则融为一体,实现佛法的人格化,在生活中修行,在修行中生活";"我们的生活充满着禅意和禅机"。在作者看来,禅无处不在,禅与生活,生活与禅,密不可分。作者秉着这样的实践观,旁征博引历代祖师的禅语,以阐述作为"生活禅"渊源的禅师们的观点。"生活禅"的最终目的,无非是"让生活与禅打成一片、融为一体","我们的生活便如诗如画、恬适安详",这就是"生活禅"的精要。

上述这种观点,还在第12章中得到继承。在该章,作者阐述了"生活禅"的"四个根本",这使得作为实践论的"生活禅"的特征凸显得更加清晰明了。所谓"四个根本",是指"菩提心""智慧见""数息观"和"生活禅",阐述了"生活禅"的立场和修行实践。"生活禅"被置于四项的最后,无疑是为了强调前面三项构成为"生活禅"的前提。作者在对"四个根本"分别进行详细论述的过程中,谈到了"生活禅"得以提倡的时代背景以及生活禅夏令营是"生活禅"最为重要的实践活动的情况。关于"生活禅"得以提倡的背景以及在现代中国佛教中的地位,详见末木文美士先生的序文,此处从略。在本章后半部分,作者谈及有关"生活禅"的口诀,提出"将信仰落实于生活""将修行落实于当下""将佛法融化于世间""将个人融化于大众"这四个口诀,强调"生活禅"被浓缩在这四句口诀之中,必须成为修行生活和从事社会生活的心得而付诸实践。其观点十分明确。

接下来第13、14、15章,看似它们是在分别探讨不同的问题,但细读之后便会发现,其实是以阐述在生活中如何把握心理的问题贯串其中。第13章讨论《般若心经》,在解释《般若心经》中"空"的概念的同时,指出必须去除执着心,认为《般若心经》的"大智慧"是实践"生活禅"最重要的思想。作者指出,"生活的内容,禅的内容,生活禅的源头,《心经》第一段这二十五个字揭示无遗"。而且还说,"生活就是禅,禅就是生活",指出它们的根据,分别来源于《般若心经》的"色不异空,空不异色"的思想;主张"生活禅"与《般若心经》有着密切关联这一观点,作者表达得十分清楚。第14章,如章题所示,"心"成为话题。在这里,列举了《大乘本生心地观经》和《华严经》,认为如果不能很好地理解《心地观经》的"清净心"以及《华严经》的"一切唯心造",那么就不可能构建一个平安的生活,所以,"管理好我们的心"极为重要。第15章介绍了《十牛图》,认为它在调心的具体技法方面堪称一部禅的教科书。众所周知,《十牛图》是一种对禅的图解,类似今天的禅漫画。作者是宋代的普明(10世纪人,生卒不详)和廓庵(11世纪人,生卒不详)。据说,在日本,廓庵的作品颇受欢迎,而在中国则是普明的作品更有人气。十张图分别被配上一首诗,唱诵着修行在经过一定的阶段后逐渐趋于成熟。作者以此作为线索,"把心比喻成牛",阐述如何调心。在对整个十张图进行详细解释的过程中,还以作者自己日常参禅生活中的各种邂逅作为话题等,想必读者的心情将被这些生动的参禅生活所吸引吧。

第16章至第20章,与此前各章相同,分别探讨了内容各异的事例,内容涉及人格的形成、人际关系、人生修养、生活烦恼、生死要谛和伦理道德等问题。依作者看来,在人格陶冶方面,对"信仰""因果""良心""道德"八字的理解和实践至关重要。"信仰"被置于其首,是为了强调"生活禅"不仅是一个思想运动,而且是一种宗教。阐述人际关系的佛教因缘观,宣扬"一切众生皆有佛性"的所谓人人平等的大乘佛教理念,阐述万事万物皆有原因与结果的佛教因果报应说,以及作为社会生活正常运作的一种保障,孟子以来中国传统所谓的"良心观",在伦理关系和社会关系中道德的存在价值,等等,都得到了论述,并强调这八个字是有机相连的一个整体。作者认为,如果"能够按照'信仰、因果、良心、道德'这八个字要求自己,就会有一个幸福、圆满、尊贵的人生"(第16章)。

第17章在继承第16章的观点的同时,更进一步提出"做事的八字方针",提示了可称之处方的具体言教,即:第一,必须感谢父母之恩、一切众生之恩、国家之恩和佛法之恩;第二,认为在从事社会生活和家庭生活方面应该保持一个宽容的态度,保持彼此认同的"共有"精神,以建立良好的人际关系。这些言教,当然不是作者凭空捏造出来的,而是作者以对中国传统文化的儒家思想等的深刻理解,对佛教经典和禅的实践的体会与消化作为依据,用作者自己的语言所表述出来的。鉴于听众和读者是以中国当代年轻人为主的群体,因此,不难推测,作者之所以列举这些话题,是因为随着中国社会对市场经济体系的引进,人们的精神生活发生了各种变化。

第18章论述了在社会生活和家庭生活中"生活禅"的具体应用。根据"五蕴"的观点,首先探讨了"我是谁"的问题,即自我的问题。作者认为,对自我的执着正是产生烦恼的原因,断除烦恼的方法便是禅的修行,即所谓"在生活中断除,在修行中断除"。修行和生活的关系并非那么难以处理,"在修行中生活,在生活中修行"。其次,关于当代人如何理解禅的问题,作者指出,有必要认识禅("生活禅")就是"生命的自在和解脱",进而列举《华严经》所说"善用其心""善待一切"和"众善奉行"的言教,强调它们才是学习佛法的教科书,是"真正意义上的'生活禅'的教科书"。最后,将"生活禅"定位于"如来禅""祖师禅"的禅历史发展中,认为"生活禅"一方面汲取了这些禅的精神,同时也是为了适应现代社会人们的生活节奏而提出来的一种新理念。作者不胜感慨地指出:"通过十几年的努力,这法门不仅得到了佛教界的承认,还在社会上引起了比较大的反响。"作者强调指出,"觉悟人生""奉献人生"的"生活禅"基本理念,"是对佛教做出的新概括,它将逐渐成为佛教界的共同理念"。其间,还介绍了近代日本禅师铃木正三(1579—1655)所提倡的"职场即道场"的观点,阐说"家庭是道场,生活为佛事"。作者最后强调,"生活禅"的作用表现在禅的理念被引进到企业和家庭生活之中,给人生带来方便和幸福。至此,作者所倡导的"生活禅",得到了进一步的明确。

第19章,作为"生活禅"的一种具体应用,指出了"处理烦恼的方法"。现代人往往被各种各样的烦恼所困扰,比如常常将称赞与诽谤、毁与誉、利益与衰退、苦恼与安乐视为相互对立而感到苦恼。作者说这些烦恼在佛教中被称为"八风",并引用这"八风",将其与现代人的社会生活相对照,进行独自的解释,提出了处理烦恼的四种具体方法。第一是"严格要求自己",第二是"学会谅解他人",第三是"知道感恩和奉献",第四是"惜缘惜福"。这些方法虽然是以当代中国人作为对象提出的,但在当今日本,似乎也能够得到不少人的认同。

本书结尾第20章,论述人生最大的"生死"问题。作者依据佛教传统的轮回因果等思想观念,对烦恼的由来、人生的未来进行探讨,同时指出,生活与生死是人生的两大问题,而"佛教是把这两个问题糅合在一起,放在同一位置,同一个点上来思考和处理的"。而作为其解决方法,作者阐述说,"解决生死问题,就是解决生活问题;解决生活问题,就是解决生死问题"。因为,生活之中"包含着生死问题","生死问题就存在于生活之中"。此"生活"与"生死",依作者看来,其实就是"迷的问题"和"觉的问题"。基于这样的观点,作者最后总结说,"生活禅"的终极关怀在于"生死"问题的解决,以"觉悟"为目标,即是"生活禅"的终极关怀。这样,"生活禅"的目的,在本章中再一次得到了阐明。因此,所谓"生活禅",其目的并非只是试图解释佛教思想和禅宗理念,而是在于向当代中国人提供一个具有实践性的佛教思想模式。

三

正如作者净慧长老自己所叙述的那样,"生活禅"的提倡,始于1991年,1993年在河北省柏林禅寺举办的第一届生活禅夏令营上正式提出。当初采取了比较谨慎的态度,未作过多的宣传,但其理念很快得到教内外人士的认同,越来越多的人示以好感与支持,于是就开始在每年举办的生活禅夏令营活动中宣传其理念。柏林禅寺依靠作者的力量得到复兴,重建了宏伟的殿堂;以柏林禅寺为根据地,"生活禅"的理念在每年举办的生活禅夏令营中得到了传播和实施。现在,中国各地寺院举办各种各样的夏令营,在很大程度上受到了作者倡导的生活禅夏令营的影响。而且,净慧长老生前所住持的湖北省黄梅县四祖禅寺,每年也举办以"禅文化"为主题的夏令营,其理念当然是"生活禅"。顺便一提的是,在这些活动中,常常可以见到日本禅宗团体所派遣的年轻僧侣的身影,不少在中国学习的外国留学生也参与其中。现在,柏林禅寺因为提倡"生活禅",成为中国佛教的一个圣地,受到国内外的广泛关注。

对于作者的活动,我们知道,政府一直以来都是采取积极支持的态度。每次夏令营活动,都有地方官员出席,传达政府的宗教政策。在学术界,有关探讨"生活禅"的论文,频繁见于各类相关学术杂志,试检索一下近年公布的宗教学专业博士论文题目,便可发现与生活禅夏令营相关的论文的确不少,而且,在学者中,"生活禅"作为一个重要的研究课题,已得到广泛的认同。顺便一提的是,2011年在河北省召开了以"赵州禅·临济禅·生活禅"为题的禅学研讨会,国内外许多学者受邀前来参加。"生活禅"及其夏令营活动已经成为了解当代中国佛教的重要线索,今后必将更加受到关注。

四

净慧法师生于1933年,1岁半时离开父母,由当地尼庵的尼僧抚养长大。法师自幼聪慧,18岁时成为当时禅宗泰斗、后来当选为中国佛教协会首任名誉会长虚云和尚(1840—1959)的入室弟子,不久便被提拔为侍者。之后,作为中国佛学院第一批学生赴京学习,并升研究部(相当于日本的大学院)深造。不幸的是,在校期间,遭遇国内的政治运动,被打成"右派分子",下放到广东农村。当时29岁的作者,后来又被转送到故乡湖北省新洲县(今武汉市新洲区)。在这里,他再次见到亲生父母,但由于是"右派分子"身份,在故乡仍饱受歧视。由于笔者恰好与作者同乡,所以对作者的一些事情略有知晓;作者坚持素食,擅长诗词写作的儒雅形象,尤其给笔者留下了深刻影响。当时虽已进入"文化大革命"后期,但周围人们对作者的态度依然十分严厉。1978年,中国实施改革开放政策后,作者名誉得到恢复,被召到北京的中国佛教协会,担任重启佛教协会活动的工作。其间,随着中日邦交正常化,举办了唐招提寺鉴真和尚像回归故里的大型活动;鉴真像在北京公开展览之际,作者作为中方僧侣代表,发挥了重要作用。之后,作者出任中国佛教协会会刊《法音》杂志主编,作为中国佛教协会的发言人,协助会长赵朴初居士,处理会务工作。当时,作者因其出类拔萃的文采和口才而获得过极高的评价。

20世纪80年代后期,作者受命复兴柏林禅寺,并担任住持。在柏林禅寺,作者除提倡"生活禅"外,还设立了河北禅文化研究所,相继创办了机关刊物《禅》和学术刊物《中国禅学》,为禅学研究倾注了大量心血。此外,还设立了河北省佛学院,为僧侣的培养尽心尽力。2003年,作者将柏林禅寺交由弟子明海法师(北京大学出身)管理,自己出任湖北省黄梅县四祖禅寺住持;在该寺,作者创办了刊物《正觉》(现改为《黄梅禅》),近年还策划主办了以"黄梅禅宗文化论坛"为主题的研讨会,会聚了国内外数百名学者前来参加。

除上述禅学研究和文化事业外,作者还对禅宗寺院的复兴,颇多着力,除上述柏林禅寺和四祖禅寺外,湖北省的天台宗玉泉寺、禅宗老祖寺,河北省邢台的玉泉寺,也都在作者的指导下相继得到恢复和重建。作者生前身兼中国佛教协会副会长、河北省佛教协会会长等要职,作为中国佛教界的领袖,直到圆寂前,一直发挥着他的力量。

五

这里,特别值得指出的是净慧长老对日本的深刻理解。净慧长老曾几度访问日本,参访过奈良、京都、东京和仙台等地的寺院。长老将自己访日时有感而作的诗词收录在与本书同一年出版的《经窗禅韵》(百花文艺出版社,2008年)一书中,这里,引用访问永平寺所写的一首诗来欣赏:

> 再访蓬莱地,承阳仰古风。
> 青松长不老,祖德赞无穷。

这首诗赞叹了继承宋代如净禅师禅法的道元的禅风。作者对日本佛教的理解,由此可见一斑。如果了解到本书不仅提及了白隐禅师(1686—1769),甚至还对铃木正三和铃木大拙的观点频繁引用,给予积极的评价,那么,我们不难发现,在作者提倡的"生活禅"

中,多多少少也留下了日本禅宗的印记。

《生活禅钥》一书是笔者2011年受邀首次参加在黄梅县举办的"黄梅禅宗文化高峰论坛"之际,由作者净慧长老直接赠送的。在会议结束返回日本的飞机上,笔者打开此书开始阅读,很快就被本书的内容和独特的论述风格所吸引。于是就想:如果能将此书翻译成日文出版,在日本也一定会成为一个话题。笔者很快把这一想法告诉了长老,没想到当场就获得了长老的首肯。然而,由于东北大地震后,笔者所在的大学受到了核电站事故的影响,工作较之以前更加繁忙,感到自己一人的力量很难在短期内译完全书,于是便求助于笔者就读东北大学时的三位同窗好友,并获得他们的赞同。虽然三人的处境各不相同,且同样居住在地震灾区,但他们对翻译出版计划所给予的支持,使笔者信心大增,为之感动。井上负责第2章至第8章的翻译,渡部负责第9章至第14章的翻译,斋藤负责第15章至第20章的翻译,笔者(何燕生)负责自序、第1章的翻译以及全盘事务与联络工作。从设想到翻译,整整花了1年时间;2012年12月,本书日文版正式由山喜房佛书林出版发行,终于与日本的读者见面。

本书原来没有注释,为了便于日本读者理解本书的内容,在翻译之际,添加了注释。由于是在有限的时间内完成这份工作的,所以,给各位译者增添了不少的工作压力,对此笔者深感不安和歉疚。此外,也许是由于译者所学的专业各不相同的缘故,细心的读者在通读全书后可能会发现有些章节与全书似乎缺乏足够的整合性等缺点,还希望读者予以谅解与海涵。如有错误之处,其责任全属笔者(何燕生)一人。

本书的出版得到了末木文美士先生的关照。末木文美士先生拨冗赐赠序言,在序言中回顾了与净慧长老相识的经过及其与净慧长老交流的感想。在当代日本的学者中,与净慧长老拥有如此难得的因缘,似不多见。此外,拿到本书的读者也许会发现,本书的装帧与历来的佛教书籍有些不同。其实,本书的装帧是请著名画家同时又是笔者同事的久家三夫先生(郡山女子大学短期大学部生活艺术科主任教授)帮助设计的。我想这一定是他对本书在日本出版的意义给予肯定的一种表述,对此,笔者不胜感激。在此,对有关各位所给予的大力协助,谨表由衷的感谢。

本书在日本出版后,《每日新闻》《佛教时报》《中外日报》等报纸纷纷发表消息,特别是日本最大宗教报纸《中外日报》还特别向笔者约稿,整版刊发了笔者撰写的特约稿;笔者所在的福岛县地方报纸《福岛民报》和《福岛民友》也刊登了本书出版的消息。正如末木文美士教授在为《生活禅钥》日文版所写的序言中强调的,"生活禅不仅适用于中国,而且在日本也可得到充分的应用。此书不仅对于我们了解当代中国佛教,而且对于我们反省日本佛教,都具有极大的意义。该书能在日中邦交正常化40周年之际在日本出版发行,我由衷地感到高兴"。最后,笔者拟再一次借用前述末木文美士教授对净慧长老圆寂发来唁电中的最后一段话作为本文的结束语——"今后,我们在继承净慧法师的遗志,积极推广生活禅的同时,还应该加强日中佛教界和佛教学术界的交流,我深感这是我们义不容辞,应尽的义务"。

(何燕生,日本郡山女子大学宗教学教授)

净慧法师对太虚大师的评价

韩焕忠

从净慧法师的著作中,我们可以体会到,净慧法师对太虚大师的著作非常熟悉,而且净慧法师也一再宣称,他提倡的"生活禅"就是对太虚大师人间佛教思想的实践和发展。因此,考察一下他对太虚大师的评价,不仅有助于探讨太虚大师人间佛教思想在当代佛教实践中的作用和意义,还有助于深入了解"生活禅"的思想渊源。

与虚云老和尚一样,太虚大师也是净慧法师非常钦佩和景仰的佛教思想家。邓子美在提到净慧法师的师承渊源时曾说,"(净慧法师)1951年投虚云禅师受戒……1954年、1955年两次应虚云之召,前往江西云居山真如寺领受开示。1956年,入中国佛学院求学,得以受太虚弟子法尊、正果、尘空、茗山等法师耳提面命。由此他继承了虚云法脉,又接受了人间佛教思想;'生活禅'理念的提出,就是两者的结合"[①]。这就是说,从法脉传承上说净慧法师是虚云老和尚

[①] 邓子美:《两岸人间佛教主要模式特色剖析》,香港中文大学:《人间佛教研究》2012年第3期,第53页;相关内容在甘肃人民出版社2009年出版的《当代人间佛教思潮》一书的第102—103页有更为详尽的解说。

的弟子,从思想继承上说净慧法师又是太虚大师人间佛教思想的传人,因此,也可以说太虚大师的人间佛教思想是"生活禅"重要的思想渊源。

依据相关的论著,我们可以这样说,在净慧法师的心目中,太虚大师是中国佛教史的标志性人物,是中国佛教现代的促进者,是人间佛教的提倡者和实践者,也是一位慈悲和智慧都具足的高僧。

一、中国佛教现代化的开拓者

佛教作为一种外来宗教,自公元前后传入中国,迄今已有两千多年。这两千多年间,可谓是高僧辈出,大德如云。净慧法师通过对中国佛教史的深入研究,指出在诸多的高僧大德之中,道安、慧能与太虚三位高僧对中国佛教发展史的贡献尤为突出。

净慧法师多次宣称太虚大师是中国佛教现代化事业的开创者。1994年12月,净慧法师应邀参加香港法住学会第七届学术会议——"佛教与现代挑战"国际研讨会,他宣读了一篇题为"当代佛教契理契机的思考"的论文。他在文章中说:"回顾中国佛教辉煌的过去,我们不能不对历代高僧祖师在使佛教中国化、在以佛法化导群生方面的无上功德深表赞叹和感恩。以我的意见,在这诸多的大德中有三位大师的贡献最为突出,堪称佛教中国化、佛教化中国的三座里程碑。他们是道安大师、慧能大师、太虚大师。这三位大师的共同点在于:他们都回应了各自时代佛教所遇到的问题和挑战,为佛教继续发展开辟了新的纪元。"[①]道安的贡献在于成功引导佛教适应中国国情,促成了外来佛教的中国化;慧能的贡献在于实际创立中国禅宗,使佛教走出谈玄说妙的殿堂,惠及一般的社会大众,

---

① 净慧:《当代佛教契理契机的思考》,《中国佛教与生活禅》,北京:宗教文化出版社,2005年,第7页。

完成了佛教的大众化;而"离我们最近、对今天的思考最有启发的是太虚大师"①。净慧法师将太虚大师视为"惊涛骇浪中挺身而出的菩萨",称赞他"契理契机地回应了中国佛教在本世纪所遇到的挑战,为当时的佛教开创了新的局面,为佛教未来的发展指明了方向"②,甚至认为现在佛教界的所作所为都未能超出太虚大师的设想。2005年,净慧法师在为参加生活禅夏令营的学员们所作的开示中仍然坚持十多年前的看法,指出:"有三位划时代、里程碑式的人物值得我们中国佛教徒永远怀念,他们是两晋之交的道安大师,盛唐时期的慧能大师,近现代佛门泰斗太虚大师。"③

净慧法师意识到海峡两岸的佛教实践都是对太虚大师人间佛教思想的继承和发展。1989年的三四月份,星云法师率领一个170多人的国际佛教促进会代表团到祖国大陆来弘法探亲,净慧法师作为中国佛教协会的代表陪同他们参访各地。他在谈到自己的感想时曾经说:"星云大师素以追踪往哲、振兴佛教为己任。他将太虚大师倡导的人生佛教思想奉为圭臬,数十年来身体力行,使佛教与人生打成一片,同时代并行不悖。他所开创的佛光山事业,实际上是实现人生佛教和佛教时代化的一个系统工程,可以称之为'星云模式'。"④净慧法师对星云法师行业的这一概括得到了教界和学界的普遍认同,他也由此成为"星云模式"这一范畴的最早提出者。⑤ 在谈到中国佛教的主体——大陆佛教的发展时,净慧法师说:"一些负有振衰起敝历史使命的佛门领袖,过去的如太虚大师等,现在的如

---

① 净慧:《当代佛教契理契机的思考》,《中国佛教与生活禅》,北京:宗教文化出版社,2005年,第8页。
② 同上,第9页。
③ 净慧:《佛法·生活禅·夏令营》,《中国佛教与生活禅》,北京:宗教文化出版社,2005年,第129页。
④ 净慧:《应机施教与时代精神》,《中国佛教与生活禅》,北京:宗教文化出版社,2005年,第71页。
⑤ 学愚:《人间佛教——星云大师如是说,如是行》,香港:中华书局,2010年,第13页。

赵朴初居士等,都以他们高度的智慧,从一大藏教、万千法门中抉择出人间佛教的积极进取思想,以适应现代人类的根机,给现代追求佛法、弘扬佛法的人点燃了一盏智慧的明灯。随着时轮的飞奔和文化观念的不断更新,人间佛教思想的内容将会越来越充实,它的生命力也将越来越强盛。"①净慧法师自觉将自己提倡的生活禅纳入到人间佛教的范畴之中。他说:"'人间佛教'的理念是佛教现代化的理论基础,也是佛教与社会主义相适应的基本思想。我们提出'生活禅'、举办生活禅夏令营,围绕'人间佛教'的理念,旨在探索佛教在现代生活环境中实践的方法以及与社会沟通的方式。"②这无疑是从实践的角度上对太虚大师开创中国佛教现代化的进一步肯定和认可。

孟子曾经说:"五百年必有王者兴","其间必有名世者"。道安、慧能、太虚诸位大师就是这样的圣贤人物:公元前后佛教东传中土,到道安大师的时代,大约有400年;从道安大师至慧能大师,有300多年;而从慧能大师至太虚大师,则有1200多年;太虚大师入灭至今又过了六七十年。因此,我们完全有理由说,凭借着开创中国佛教现代化的丰功伟绩,太虚大师堪称"千古一僧"!

二、人间佛教的提倡者和实践者

太虚大师为佛教指明了必须实现自身形态现代化的发展方向,并为此在教理、教产、教制等多个方面进行了艰辛的探索,最后归结为人生佛教或者说人间佛教。净慧法师十分认同太虚大师对中国佛教发展取向的抉择,将太虚大师视为人间佛教的提倡者和实践者。

---

① 净慧:《人间佛教与以戒为师》,《中国佛教与生活禅》,北京:宗教文化出版社,2005年,第19页。
② 净慧:《佛法·生活禅·夏令营》,《中国佛教与生活禅》,北京:宗教文化出版社,2005年,第129页。

净慧法师对太虚大师作为人间佛教的提倡者给予了高度的评价。他称赞太虚大师"是 20 世纪中国佛教史上的一位杰出的思想家",认为太虚大师"总结、继承了两千年来中国佛教各宗各派的思想,剖析了佛教在历史的积淀中形成的各种流弊,在东西方新旧文化急剧的冲击中,陶古铸今,架构了具有划时代意义的、以人生佛教为特征的太虚佛学思想体系。他的思想,是现代中国佛教宝贵的精神财富。他从佛教流行必须契理契机的原则出发,经过全面而深刻的研究,认为以人类的生活和谐、精神净化为宗旨的人间佛教或人生佛教的思想,最能契合现代人类的根机。他的这一深刻的理论概括,把握了中国佛教生存和发展的关键"[1]。净慧法师对太虚大师的这种推崇,可以说达到了无以复加的地步。净慧法师常用"人间佛教"这一表述方式,但在太虚大师的著作中却较多地使用"人生佛教",那么太虚大师所说的人生佛教与净慧法师所说的人间佛教有何异同呢?净慧法师认为,"人生佛教与人间佛教这两种提法,在习惯的用法上没有本质的不同,都是指修学佛法必须从净化现实人生入手。但严格分析起来两者似乎各有侧重:人生佛教侧重在个体的净化,人间佛教侧重在群体的改善"[2]。也就是说,二者本质相同,只是实践中各有侧重而已。在许多场合,净慧法师似乎更为强调二者的相同点,如他说:"太虚大师在这里(笔者注,指太虚大师所著《人生佛教开题》一文)所讲的人生佛教,同我们今天所提倡的人间佛教,其含义是相同的,都是主张修学佛法者应该发扬佛教切合人生现实的积极进取精神,发菩提心,行菩萨道,积极投身改善世间、净化人生的善业,使佛教与世间打成一片。"[3]应该说,净慧法师的这种理解,虽然有自己的特色,但与太虚大师的行愿还是很符合的。

净慧法师对太虚大师提出佛教实践必须契理契机特别是必须

---

[1] 净慧:《人间佛教与以戒为师》,《中国佛教与生活禅》,北京:宗教文化出版社,2005 年,第 17 页。

[2] 同上,第 17 页。

[3] 同上,第 18 页。

契机的原则极为赞同。1991年4月下旬,台湾安祥禅的提倡者耕云先生到天津探亲,5月4日乘机返台,净慧法师携弟子数人前往机场送行。以此为因缘,二位禅者展开了一番非常有意义的对话。净慧法师对耕云先生说:"中国佛教协会会长赵朴初居士号召佛教界要提倡人间佛教。实践证明,人间佛教的思想最契合佛陀的本怀和众生的根机,是当今弘扬佛法的正确取向。只有将佛法与生命打成一片,在生活中实践佛法,体现佛法,佛法才有生命力。"①在净慧法师的心目中,人间佛教之所以能够成为中国佛教发展的方向,在于其契合了释迦创教的本怀,即上契诸佛之理,更在于其契合了众生当下的根机。净慧法师在对话中引用了太虚大师的教导:"佛学,由佛陀圆觉之真理与群生各别之时机所构成。故佛学有两大原则:一曰契真理,二曰协时机。非契真理则失佛学之体,非协时机则失佛学之用。"然后他对之加以发挥说:"佛法不能藏在山林里,不能关在寺院中,佛法要与人的生活打成一片,成为生活的精神支柱和生活的内涵,佛法才能弘扬,才能起到净化人心、祥和社会的作用。"②在某种程度上讲,能否契合众生当下的根机,对佛教的存续尤具有至关重要的意义,净慧法师对此具有高度的自觉。1994年,他在一次禅七开示中说:"晚近以来佛教界出现了一些脱离世间的倾向,佛教成了专为超度死人的仪式,佛教徒被人称为'避世主义者'。太虚大师为此高扬人间佛教的思想,主张佛教要化导人间世、改善人间世。太虚大师的思想现在成了佛教的主流,我们都应该顺应这一主流,以积极向上的态度去理解佛法、修行佛法,去建设这个世间,改善这个世间,觉悟这个世间。"③佛法在世间,不离世间觉,自佛祖创教以来这就是佛教发展的不二法门,可惜的是后来佛教的发展逐渐偏离

---

① 净慧:《禅者的对话》,《中国佛教与生活禅》,北京:宗教文化出版社,2005年,第409页。
② 同上,第409页。
③ 净慧:《禅七讲话》,《中国佛教与生活禅》,北京:宗教文化出版社,2005年,第251页。

了这一方向。太虚大师的努力就是以此为指南,重新为中国佛教的发展校正航向。在净慧法师看来,这也正是太虚大师的伟大之处。

太虚大师虽然以改进中国佛教为职志,但由于时代的因缘并不具足,最后不得不哀叹失败,赍志而殁。中国佛教在20世纪末迎来了大展宏图的时节因缘。净慧法师提倡的生活禅就像在一棵老树上发出的稚嫩的幼芽,目前来看虽然还有些弱小,但却展示出异乎寻常的旺盛生命力,昭示着中国佛教的未来。

三、慈悲和智慧都具足的高僧

净慧法师在讲经说法的时候,为了便于听众的信受奉行,时常举赵州、临济、虚云、太虚等为典范。他常举赵州,是因为自己住持的是赵州当年的道场,唐柏、元塔带着苍凉禅意,可以发行人思古之幽情,启学者探赜之壮志;他常举临济,是因为自己承传临济法脉,为临济之儿孙;他常举虚云,是因为虚云是自己的亲教师;他常举太虚大师,则主要是由于对太虚大师人间佛教思想及整兴僧会行业的服膺和推崇。在净慧法师的心目中,太虚大师是一位智慧和慈悲都非常具足的高僧。

太虚大师的卓越智慧,体现在他波澜壮阔的弘法生涯之中,更体现在他遗留下来的近千万字的法宝之中。大至世界和平,小至僧侣服饰,太虚大师皆有论列,其思想可以说几乎触及当时社会生活的各个方面,而且不袭故常,不蹈人言,无不是从其无边的自性智慧海中所流出者。净慧法师虽然未曾获得亲炙其人的因缘,但读诵其书,想见其为人,故屡屡为其卓越的智慧倾倒。此举一例,太虚大师关于禅有一个非常著名的论断,就是"中国佛教的特质在禅"。净慧法师对这一论断十分赞赏,他有一次在禅堂中对众开示说:"早在五六十年前,太虚大师就曾经说过:中国佛教的特质在禅。这个禅,主要是指禅宗的禅。一切的禅,虽然有浅深层次的不同,但是都能由禅宗的禅概括无遗。禅宗的禅,自古以来都是落实在日常生活当中的。"①净慧法师的理解,是否完全符合太虚大师的本意,非此所论,但从太虚大师的这一论断得出禅必须落实于日常生活的结论,可谓善学善悟,纵使太虚大师复出,亦当为之颔首微笑。净慧法师从太虚大师的著作中感受到了其人格的伟大,这也成了他不畏艰难困苦、决心大力弘扬生活禅以推进中国佛教现代化、人间化的精神力量。

净慧法师对太虚大师的评价,虽然也包含学术的内容,但对于净慧法师来说,主要还是个实践问题,即作为中国佛教当代的重要领军人物之一,如何抉择佛教的发展道路问题。净慧法师在谈到其师虚云老和尚的禅风时说:"当时的佛教界面临着如何迎接现实挑战的大问题。在这个问题面前,当时有两种倾向:一种是所谓的激进派,一种是所谓的保守派。激进派最初以仁山法师为代表,后来才是太虚大师。保守派以印光法师等为代表。虚云老和尚在这个挑战面前,似乎倾向于保守派,但对激进派也有所妥协。他是择善而从。激进派对佛教有利的,他也能接受。他是以传统为主,同时也接受了激进派的某些做法。"②俗话说,"知父莫若子",净慧法师对虚云老和尚禅风的这一概括自然是很准确的。而净慧法师入道于稚年,遇师于晚年,深获虚云老和尚之赏识,得以随侍九年,深受虚云老和尚禅风的熏陶,可谓是洽肌沦髓。故而他倡导的生活禅,也是立足传统,择善而从:承传虚云,嗣法禅门,此为立足传统;推尊太虚,弘扬人间佛教,此为择善而从。因此我们说,净慧法师对太虚大师的评价,是他站在禅宗的立场上融会贯通太虚大师人间佛教思想的具体体现。

(韩焕忠,苏州大学哲学系副教授)

---

① 净慧:《禅堂讲话》,《中国佛教与生活禅》,北京:宗教文化出版社,2005年,第197页。
② 净慧:《虚云老和尚的禅风》,《中国佛教与生活禅》,北京:宗教文化出版社,2005年,第387页。

开启众生悟境之门钥
——以《生活禅钥》为蓝本的净慧长老禅学思想浅析

金易明

净慧长老于2013年4月20日,了断尘缘,作别娑婆世界。此突如其来的噩耗,令世人,特别是广大四众弟子扼腕叹息。面对老和尚安详示寂的庄严法相,我情不自禁思绪涌动,老人家以示寂的行持,真切诠释着人生无常之真谛;以不倦弘法的实践,笃实践行禅门修学之精髓。而其所倡导的"生活禅",作为中国当代禅学的典范,已经成为中国广大佛法学修者佛化生活的嚆矢,在强烈共鸣的基础上成就着众生提升人性、锤炼佛性的努力。同时,净慧长老首创的"生活禅",是留给我们的一份珍贵思想遗产。

一、生活禅提出的历史渊源与个人因素浅述

净慧老和尚于2001年6月18日于柏林禅寺问禅寮中所作的开示中,提到了由复旦大学王雷泉教授所提的一个值得深思的论点,即"佛教要现代化是为了化现代"。由此观点出发,净慧老和尚站在随缘而转的立场上,对佛教步入现代化表示了充分的肯定,这无疑显示了作为一代禅门大德所具备的宽阔胸襟和卓尔不群的弘

法视野;但同时,佛教的现代化之目的和归宿,其"不变"的原则是化导现代社会的芸芸众生,解决他们所存在的种种心理上、精神上的迷惑颠倒。因此,从这个意义上说,净慧老和尚致力于对当代存在过及尚在流行的"安祥禅"和"现代禅"进行深入的探讨和分析,并适时提出"生活禅"之宗门意趣。其要旨在于,通过对佛教古老禅法现代化过程的肯定,彰显其博大、宽阔的信仰情怀;而"生活禅"的旨趣,即是以古老的禅宗发挥出"化现代"众生,调适现代众生烦躁、紧张的心理状态,并以此表明佛法之要旨和目标。并非仅在哲学上的自圆其说般论述,佛法的旨趣也非局限于理性范围内的人类智力游戏,佛法是救世之光,是面对大众之心理关怀和精神慰藉之妙法良药,其在现代社会中的化导作用不仅未因为时代步伐的飞速前行而褪色。反之,佛教化导对现代社会之经济高度发展而伦理价值严重滞后所纠结不已的人类中普遍存在的痼疾,有着显著的、不可替代的功效。从这个意义上说,净慧长老的生活禅之观念和实践,佐证了欧阳竟无先生于1922年在南京高师哲学研究会所作的《佛法非宗教非哲学而为今时所必需》演讲所阐述的理念。

　　净慧老和尚在20世纪最后十年到来之际的1991年提出"生活禅"理念,并于1993年柏林禅寺刚恢复之际,即创办生活禅夏令营,直到2008年出版《生活禅钥》,对"生活禅"予以系统化梳理、体系化建构。这一切,无疑有着中国禅宗法脉上的渊源,同时也具有净慧长老本人不凡经历与时代因缘的要素。总之,"生活禅"绝非出于心血来潮的标新立异或哗众取宠的故作创新,而是中国禅宗法脉流布中,对于禅学义理符合时代需要、契合众生根机的旨趣诠释和内涵拓展。

　　问题在于,尽管佛教是在中国社会已经存在了近两千年的古老的外来宗教,可以说早已融入了中国传统文化博大精深的体系之中,也早已成为中华文明不可割舍的重要组成部分。但也正因为如此,我们所面对的佛教,已经不是固守印度原始与部派佛教时代的原教旨主义意义上的佛教,也已经不是经过龙树菩萨与无著菩萨改造拓展而蔚为大观的印度大乘佛教的原貌风格,而是经过中国历代高僧大德适应中国传统文化体系、价值观念、民族风俗而不断调整、改变的中国佛教。中国佛教最为典型的信仰形态和表述方式,集中体现在禅宗之中。应该说,禅宗在中国社会中的发展,有一个从声闻乘的禅法向大乘禅法的传译、介绍的过程,也有一个从作为纯粹的印度佛教和其他宗教所拥有的修学禅定之方法,向全面诠释佛陀旨意,完整深入、深刻透彻彰显佛法根本的禅宗之转化历程。

根据禅宗诸《灯录》资料的描述,中国禅宗实际上源自南北朝期间来华弘传"如来禅"之达摩祖师,后经四祖道信和其徒五祖弘忍立东山法门后,禅宗在中国佛教界才真正站稳脚跟。但是,这时候的禅宗之"禅",还是未摆脱"藉教悟宗"的状态,《楞伽经》《金刚经》还是诸禅师所一再强调和推崇的教下经典。然而,禅宗以后经过南北禅的分庭,特别是经过荷泽禅的脱胎换骨,其面目发生了根本性的改观。其实,将慧能禅师从如来禅法脉中分离而独立为祖师禅,并竭力强调所谓的"南顿北渐"之说,并将慧能禅师之禅学风格归纳为"不立文字,教外别传,直指人心,明心见性",始作俑者即为荷泽神会禅师。而后经洪州禅、分灯禅的发展,入宋以后的禅学各种记载中,不断强化了南北禅的分离性,也将"不立文字,教外别传"的祖师禅风格发挥到了极致。

这一切,如果仅仅从纯粹的禅学思想发展史角度考量,也许会有诸多的"伪托""篡改""杜撰"之处,需要认真去梳理和考证。这方面,日本学者如柳田圣山先生等,曾经下了很大的功夫。但其经典著作未能翻译成中文而在中国佛教界、学界广为流传,更不用说认真对待、细细品味了。这一切说明了南禅的兴盛之问题,并非属于文献学上考证、梳理的范畴,也非单纯学术研究范畴内的命题。南禅的出现,本身是中华文明环境下和民族文化土壤中酿造的佛教信仰之品种变异,是佛教适应中国国人信仰特质、思维习惯的自我重塑。就其义理基础而言,笔者认为这是对般若学精神和中观学义理中国化的另类表述,虽然略显突兀与离经叛道,但事实上反映并揭示着般若学的意趣、中观学的宗旨。而这种另类化的表述,有着深刻的民族文化背景。华夏的文明禀赋和文化属性所决定的崇尚实际、讲究实用的叙事模式,培育了不擅抽象理性思维,但却注重自身感性体验、追求即时与此生效果的习惯,与印度文明中那神圣叙事模式有着质的差别;而惯于神话理性思维模式,崇尚超越之神圣的印度宗教,在世俗与出世之间架构鸿沟,这在中华文明的环境中是匪夷所思的。惯于伦理理性思维模式,将最高的神圣性赋予世间最高统治者,并以此为坐标确定每一位社会成员之名分的中国社会,无法接受超越于尘世又无从实际把握的神圣。而世间与出世间之间的界限,就如生者世间与冥界之间一样,是模糊不清的,或者说冥界是生者世间的翻版,出世间是世间的净化或改善一样。尽管广大信众对祖师大德赋予众多公案的深刻内涵并不了解,或者更多的是单凭自身想象和理解所引发的误解,但从众多公案禅机中所透视的"心佛众生,三无差别""呵祖骂佛"之禅风,确实适应了中国人漠视神圣性的心理需要,也满足了中国佛教信徒追求"成佛"境界的现实诉求;而"教外别传"、"不立文字"、当下"顿悟"等宗风,更使中国佛教信徒摆脱了抽象、深邃、精致的佛教义理体系的桎梏。也许,哲学界会迷惑于为何蕴含着极其丰富东方哲学元素,精巧深邃的中观学体系和唯识学体系会在中国民间信仰中被边缘化,事实上,这些蕴含丰富哲学思辨和理性架构内容的佛学义理传入我国之际,已经决定了其在中华文明土壤中生存环境之窘迫与生存空间之逼仄了。

所以,禅宗所提出的"平常心是道"、"直心是道场"、修学是"困来睡觉、饥来吃饭"等,在中国广大佛教信徒中,可谓深入人心,获得广泛共鸣。但悲剧性的后果是,众多禅修爱好者并非都能深刻理解和领会之,误解甚至极端化曲解者比比皆是。故南禅发轫于荷泽高扬"不立文字"之旨趣,而在赵宋以后又以圜悟克勤禅师为代表,力主"不离文字"之要旨;由"呵祖骂佛"之极端而归于"禅净合一"之平和稳妥,始于力劝众生杜绝"枯坐盲修",而演绎为以抵制"狂禅""野狐禅"为己任。特别是在顿渐之争中,从荷泽一系与北宗的势不两立,逐渐发展到赵宋以后正觉禅师之倡导默照禅,强调渐修与顿悟的融合相契性与不可偏废性。直到现代,随着净土法门的盛行,禅宗诸师十分注重反对和阻止那种颟顸修学、一味漠视甚至于诋毁渐修,寄希望于由凡夫到悟者的毫无根机、毫无次第准备的所谓"顿超"倾向的泛滥。由此,"生活禅"的产生,首要的是将佛法的修学与日常生活相衔接。契合凡夫根机的佛化生活,是现代众生走向悟境的必由之路。其中,汇集了分灯禅诸宗之精华,昭示着佛陀般若义理与中观宗旨之精髓。在此信仰的土壤中,以"佛法即生活,生活即佛法"为主旨的,实现佛化的生活和生活化的修学之"生活禅",可谓是当代禅宗对于祖师大德佛学观念的继承和发扬,也是对当下众生根机的适应与诉求的呼应。

　　当然,"生活禅"的意趣在当代,是承续禅宗之法脉而水到渠成的结果。而由净慧长老提出,并身体力行予以发扬光大,则是有着老和尚人生经历的特殊因缘的。净慧长老自幼即被父母送往尼庵抚养,可以说其一生基本上都是在寺院环境下生活。他14岁于武昌三佛寺开始拜寺学经,由此奠定了他超脱不凡的信仰品格,树立了献身弘法事业的宏愿。1951年,18岁的净慧法师即赴广东云门寺受比丘戒,殊胜的法缘,成就了他亲侍中国现代禅门泰斗虚云老和尚的机遇,而敏悟的睿智,促成了他深受虚云老和尚器重,并在1952年被接纳为其传法弟子,为他以后在中国禅宗中广采临济、曹洞、沩仰、云门、法眼五宗法蜜,酿造"生活禅"之独特醇厚法露,宗门独树而为禅宗一代龙象,夯实了法脉的基础。而自1956年至1963年,净慧法师在中国佛学院就读研究生,成为新中国难得的接受观空法师、巨赞法师、周叔迦、汤用彤等大家系统培育,并获得硕士学位的学问僧。照例,循其早期生活和修学轨迹,他应当是一位以学问为生命,以学术为事业的纯粹学问僧。但刚完成学业的他,即在其三十而立之年,被作为漏网右派而投入劳改单位,辗转于北京、广东、湖北等劳改场所。长达16年的劳改生活,使净慧法师这位在佛门清净寺院中长大,在佛教义学象牙塔中蒙熏的学问僧,与社会底层百姓有了广泛的接触,并亲身体验了平民的油盐酱醋,感受了百姓的喜怒哀乐。直到1979年被平反之后,净慧法师才回到北京,被安排至中国佛教协会法音杂志社,从事佛教文化和宣传工作。1988年被中国佛教协会委派至河北省筹建省佛教协会,并先后主持了禅宗著名寺院正定临济寺和赵州柏林禅寺。在恢复佛协活动,修复开放祖庭寺院的工程如火如荼之际,净慧法师与社会各界广泛接触,对民间的信仰诉求之了解、体会,促使这位有着宏愿大志,又具备精深佛学造诣的虚云老和尚传法弟子开始了其建构"生活禅"体系,创办《禅》杂志,设立生活禅夏令营等现代条件下的解惑祛迷、觉世度生的不凡度化事业。

可见,由净慧长老首创"生活禅"之理念,并在实践中形成其体系,有着长老自身的殊胜因缘。首先是他早年的拜师学佛经历,至少在师承和学问两方面,规范了其禅宗大德的禀赋。作为虚云老和尚的传法弟子,其作为临济一脉的传承者当在情理之中,而其长期以来在中国佛学院系统学习佛教义理,全面把握佛教的旨趣的经历,这恰恰是许多禅门缁素所缺乏的。正由于既有耳提面命的师承,又有系统佛学的学养,为净慧法师全面、深刻、准确把握中国禅宗精髓,避免只言片语的妄断,杜绝望文生义的武断,从而于临济、曹洞、沩仰、云门、法眼五宗的深邃智慧中广集睿智真知灼见,融为一炉,将六祖慧能大师之"直心道场"、南泉普愿之"平常心是道"等宗风予以推陈出新,在适应时代的表述中,予以实践贯彻。其次,净慧长老在尘世平民百姓中生活多年,饱经风霜,阅尽世态炎凉和百姓疾苦,了解众佛教信徒之思想脉络,以及烦恼、所知二障之症结。故在其弘法生涯中,能如法如仪、契理契机地融汇精深博大之佛教义理于众生现实生活与修学实际之中,提出适合大众修学佛法之需要的生动活泼的"生活禅"体系。"生活禅"在宗风上表现出的举重若轻、摄受众生、贴近生活的风格,虽自然平常而实内含深意,虽随意但却非随便,虽放松但却不放逸,杜绝隔靴搔痒般的故弄玄虚,对治不着边际的高谈阔论,针砭无的放矢的顿超蹋空,纠正文不对题的盲修瞎练。可以说,净慧长老从祖师大德那里师承并结合自身亲历亲为的实践、修学而开创的生活禅,在适应现代众生修学实际和需求的过程中,也在潜移默化地弥补着中国佛教界,特别是汉语系佛教界修学次第模糊、窍诀缺乏等路径不明的弱项,克服佛教弘传史上和现实中所存在的上述遗憾和缺陷,召唤富有鲜活生命力和强烈救世度生功效的佛教真正返归人间,庄严人间佛教所缔造的人间净土。如此的佛教之现代化,方能真正担当"化现代"的重任。

二、生活禅之意趣及体系窥豹

生活禅之理念,是由净慧长老在20世纪90年代初所发轫。确切地说,净慧长老所提出的生活禅思想,不仅是老人家在现代条件下对于佛学思想,特别是禅宗观念的推陈出新,而且其适应时代的视角和现实契机方面的意义是重要而且影响深远的。因此,探讨和完善生活禅之体系,是当代中国禅宗生命力得以延续,并发挥其解决现代众生之切身问题,以及满足佛教信众之迫切修学需求的济世导俗功能的必然举措,也是完成净慧长老未尽宏业,实现其博大慈悲摄众情怀的不可或缺的议题。

净慧长老自1991年提出生活禅以后,历经20余年,不断地完善和充实生活禅之内涵。净慧长老出版于2008年的《生活禅钥》一书,集中反映了生活禅的法脉渊源、基本理念以及根本旨趣,可谓是净慧长老在提出并实践生活禅思想18年后所作的总结和提炼。因此,笔者以为,净慧长老的这本著作应视作生活禅思想的经典之作,是生活禅思想成体系化诠释的权威,研究和阐述生活禅思想应以此为蓝本、依据。同样,学修生活禅者也应以此为嚆矢。

"生活禅"并非空穴来风,更非无根之浮萍,而是深厚的中国禅宗法脉之积淀的产物。净慧长老在其《生活禅钥》中,以20章节中的前10章节,既追溯禅法在印度之原始意义,又依照历史的脉络,专题阐述了中国禅宗初祖达摩祖师的"二入四行",四祖道信禅师的见地、功夫与方法,六祖慧能禅师的无念、无相、无住之禅门精髓及修证要旨,直到对临济、赵州、无门慧开等禅师提出的扫除一切知见、平常心、本分事、无门关等。这些专题的阐述,整整占全书一半篇幅。净慧长老如此倾力阐述历代祖师的禅学思想,难道仅仅是为向大众普及禅宗的知识吗?笔者以为,介绍禅宗之历史以及诸法脉流布,并非《生活禅钥》承担的任务,这方面有汗牛充栋般的更为详尽、更为专业化、学术化的专著,无须净慧长老浓墨重彩地予以细细描述。因此,这种章节之结构,只能说明一个事实,那就是在净慧长老的心目中,其生活禅观念的提出,有充分的法脉依据、禅宗传统,生活禅与历代祖师大德的禅学思想、禅门宗风是相通的、相应的。

净慧长老在《生活禅钥》之序中,首先明确"生活禅"观念的意义,即所谓"生活禅"旨在揭示佛法与生活的不一不异。但凡谈到佛法与生活,世间众生往往出于自身的狭隘胸襟与逼仄视野,或者强调生活与佛法之间的不一特点,将世间与出世间相隔离,以致佛法与生活之间的隔阂愈益加深;或者强调佛法与生活之间的不异禀赋,以致佛法与世俗之界限被模糊,世间与出世间之境界上的别异性被颠顸。而"生活禅"站在般若智的高度,以中观圆融的缘起性空之殊胜义理,在现实生活中明白无误地开示众生诸法缘起之实相即呈现不生不灭、不常不断、不一不异、不来不出之特征、性质,将缘起性空之理融汇于现实中的运用,昭示了佛教徒所应有的赋予世俗生命以佛化的境界,而同时回向佛化慧命以俗化的济世情怀。此殊胜的理念,以及圆融的行持,在禅宗历代祖师大德的法脉中,我们可以清晰地发现其不倦的传统,无论是"平常心是道"观念的提出,还是"心佛众生,三无差别"理念的强调;无论是禅门丛林规约对佛陀祖制律典精神的实质性把握和灵活性变通,还是仓央嘉措活佛对佛法真谛,以普遍性的人类情感为载体,用颠覆性、会意性的表述风格予以揭示,都在表达着"不一不异"的缘起禀赋。

在《生活禅钥》中,净慧长老提出了生活禅的四个根本,即菩提心、般若智、息道观与生活禅。也即是说,从菩提心到般若智、息道观三者,为生活禅之基础,而生活禅是此三者的体现与实践。净慧长老在《生活禅钥》中明示其此说系受吴立民先生所作《五性与生活禅》报告之启发。虽然,一般而言,未有厌离心与空心,则无从树立菩提心;《金刚经》之题眼也力主"应无所住而生其心",可见菩提心是生起并建筑于般若无住慧上的。而净慧长老就生活禅之根本的此说,乃蕴含着特殊的深意。菩提心之生起,固然需要般若之无住慧,问题是般若无住慧的生起,与厌离心、空心之培植是同步的。菩提心的孕育,也是需要有慈悲济世的包括在生活中众生所与生俱有的恻隐之心,同情、怜悯之情怀,无不是菩提心之孕育的桥梁和纽带。中国传统民族性格中的善良与仁爱之伦理,都可脱胎换骨而与佛陀之博大无垠的襟怀、超越出世的境界相契合,而成为修学之路上的增上之缘。从此意义而言,菩提心可以宽泛地理解为培育并彰显众生本具的虽染却善意充盈的慈悲心。从此慈悲心出发,以般若智与息道观相匹配,逐渐消弭其染执与分别的成分,由此构成生活禅的三大重要环节,反映到第四根本即生活禅中,即得以落实为在生活中修禅、在修禅中生活,生活与修禅相融相涉,促使众生怀着平常心,迈步修学路。

  从上述生活禅四大根本点出发,在生活之中落实修持、实践和证悟三次第。首先必须坚持修持禅宗。作为中国佛教之主要宗派,禅宗既是宗教又非宗教,既是哲学、科学、文化及生活,又不能与哲学、科学、文化、生活等量齐观。离开修持的禅宗即非禅,而离开生活本身的修持又岂能是有益的贴切实际的修持呢?其次,坚持实践,即结合自己的生活与实际,实实在在地修习禅学。禅不仅存在于坐禅、打七、参公案、斗机锋之禅堂内,修持也不仅伴随于梵呗吟诵、焚香礼佛、诵经念佛中。修行的实践是无处不在、无所不在、无时不在的,只有在实际中观照的般若实相方为真正的观照,也只有在生活中实践的现实禅修方为切实的禅修。有道是禅在生活中,生活在禅中,在生活中了生死,在了生死中生活,于行住坐卧中时时处处体验禅之意境、精神与风貌。最后,坚持证悟。生活禅本身并不意味着生活本身即自然是禅修,生活必须依禅悟方能彰显其禅意,而禅悟无法离开以文字语言为载体的佛教经论及其祖师大德的开示引导,但又无法仅仅依赖文字、史料考据以及听闻法师讲经说法、棒喝公案而获得证悟,正所谓"如人饮水,冷暖自知",亲修实证毕竟将以"自知"为务。因为每一个众生都无法摆脱现实的娑婆世间生活,故亲证实修也只能于生活中进行,方能落于实处。禅宗所悟的境界,即是说禅悟不是靠外在的灌输,只能靠向内的证悟。由此,生活禅之本在于将修持、实践与证悟之各环节均落实于生活的现实与常态之中。

三、生活禅影响学修生活的作用机制简论

生活禅并不是纯粹的宗教,也不仅仅是一种诠释世间的哲学体系。在其中所展现的宗教风格、哲学风范,无非是佛教信徒和社会各界人士精神调适与心理慰藉之功能性体现。依照前述净慧长老之所以重视王雷泉教授所提出的"佛教要现代化是为化现代"命题,其内涵是深刻而丰富的,这一命题为"生活禅"的成立、发展和流布建构了充分的理由。

事实上,包括佛教在内的所有影响巨大的世界性传统宗教,都面临着"现代化"的课题。此乃是基于显而易见的事实,即处于现代社会中的人们所遭遇的生存环境,所面临的精神危机,是任何一个信息化时代之前的人们所从未遭遇过的。因此,其在物质诉求充分丰富多彩之际,所遭遇的精神世界虚脱、困乏的两难境遇,为所有的宗教提出了舒缓人类精神压力,对治社会心态扭曲,直面当下人类现状的严峻课题。只有对人类社会现状、对族群生存现状的深刻洞察,对人们精神世界病灶的深切体验,佛教方能具有正确的、准确的现代化方向。这种"佛教要现代化",归根结底是佛教对现代社会的适应,与当代人类根机的契合。由此,包括佛教在内的传统宗教要在现代社会继续发挥其经久不衰的影响力,保持其鲜活而隽永的生

命力，就必须在现代社会中继续发挥其信仰的力量，扮演人们精神生活和信仰诉求中不可或缺的角色。而如果佛教继续墨守成规、故步自封，则无疑会与现代社会相脱节，无法回应人类社会面临的诸多新问题、新情况，特别是现代社会所独有的、具有其独特性的一系列精神困惑、生存悖论。为此，将直接面对被边缘化、蜕变为人类精神信仰遗产的命运。诚然，佛教的现代化并非盲目地随波逐流，更非标新立异地追赶时尚，而是要以佛教所固有的"不变随缘"的原则，既要在弘法的形式、修学的内容和形态、义理诠释的视角和契入点等方面紧扣并适应时代的习惯，人们的关注面以及现代科学的进步，把握现代人类社会的脉搏，适应现代人类生活现实，同时又要始终恪守佛教作为一种宗教所应承担的信仰职责，发挥佛教化导现代人类精神价值，化解现代社会人文危机，化生现代族群健康、平和的精神境界。由此，佛教从"要现代化"的必然性，走向"化现代"的悬壶济世之自觉作为，化世导俗，祛迷觉悟，才是佛教不变的宗旨、不变的角色、不可替代的功能。而净慧长老所发微阐述与身体力行的"生活禅"，无疑是"佛教现代化"过程中的"化现代"典范。

"生活禅"在当代社会人群中的重要作用，即是如净慧长老以通俗之语言所揭示的那样："管理好我们的心。"作为生活于当代社会中的芸芸众生，都无不熟悉与了解日趋完善、发达的各类管理学，从社会管理到企业管理，从市场管理到政府管理，从人才管理到交通管理，林林总总的管理学构成了现代管理学的庞大体系，深入并囊括了社会生活的各个领域。但是，人类社会最为活跃，也是最为敏感的居于中枢地位的"心"，即人类认知世界、感觉世间与自身、具有丰富层次和多彩变异性的主体，却在道德伦理建设远远滞后于社会事业发展的步伐、人生价值的确立迟迟落后于人们生理发育的进程的当下，被严重地忽略了。由此可见，物质的需求并非人类追求的唯一目标，物质的力量只能解决人们的物质需求，而人类之所以为人，其要旨在于为自己的生存寻找满足充要条件的理由，为人生寻觅精神家园的所在。缺乏精神慰藉的人生是漂浮的人生。事实上，任何社会中人类所面临的诸多社会病灶、个人纠结，都无非源自众生之"心"的躁动与不安。虽然其客观的缘由很多，可谓不胜枚举，但是一切外境、内境无不随"心识"所转，这是不争的事实。因此，佛教从初祖达摩祖师开始，即关注到"心"之重要，其为二祖慧可禅师"安心"之公案，源远流长，至今为诸多学佛者所回味琢磨，从中悟出其深刻而隽永的内涵。无怪乎禅宗另有一名为"佛心宗"。

净慧长老在其"管理好我们的心"之主题下，系统地阐述了禅宗对治众生之"心"的要义。其关键点即在于，充分调动大乘佛学义理的精微分析之成果，直指众生对自身"心"的管理，实际上是从规范好自身的身业、口业入手，达到对意业的有效调控。其中，意业的管理，就是众生在日常的生活中，依照佛理的要求，对自身"心"之调试。如果能将众生之"心"调试到"平常心"之状态，即对任何事物不抱执着、不予纠结的平静随缘状态，将一切境遇视作因缘流转中的"本分事"，不起烦恼纠结，不生执见，则其诸多由此而引发的精神性病灶，将得到有效的诊治。

但是，对于广大学佛者而言，禅宗祖师大德上述古道热肠之开示与引导，一般都能欣然接受，并愿意心悦诚服地予以效法。但又缘于其义理分析的精深，实际行持上"管理"自身"心识"之次第与窍诀的笼统，故也无从真正在身、口、意三业上下功夫约束自身，心猿意马、心浮气躁甚至于心醉神迷的症结始终未能有效改观。久而久之，对佛学的修学功能，进而对其所拥有的精神慰藉、心理调适机制丧失信心。为此，净慧长老在自身亲历实践的基础上，总结前贤之经验，倡导从生活中的每一点、每一处、每一时做起，从日常入手，在行、坐、住、卧中，在举手投足间，循序渐进、日积月累地以信仰的意念，提升自身对因果的信念，彰显良心的力量，发挥道德的能量。由此，在对待社会现实、处理人际关系，调整自然与人类、个人与社会乃至于国与国、教与教、社团与社团等诸多错综复杂的因缘中，不仅以现代人文科学、自然科学为指针，更以佛教所特有的业已调适好的健康心理状态，予以处置。依照净慧长老所倡导的"生活禅"之

语言系统,即是要"善用其心,善待一切"。在现实的生活中,应当有如下的作为:

一是以感恩的心境消除仇视。友好善意地面对父母、众生、国家、三宝,即佛教所一再提倡的上报下济之落实于自身的生活实际中的点点滴滴琐事之中。二是以包容的心态对治排斥。宽容包涵地面对主张、诉求、利益、声音的不同,即以达摩祖师所倡导的报冤行、随缘行、无所求行与称法行四行践行于现实,在众生日常生活中以此四行去消弭矛盾、融化误解,尊重正报与依报因缘,逐步克服国人一般所具备的过于现实的目标诉求和实用的利益追求。依照真理正法之要求,特别是佛陀所开示的正见、正思维、正语、正业、正命、正勤、正念、正定等八正道而检点自身的身、口、意三业。三是以分享的心情赢得和谐。在这纷繁的世间,不同的因缘、机遇,相异的生存环境和诸多不同因素,早已将人们分成不同的阶层、群体。分享是一种沟通,即是以佛陀所主张的僧团之"六和敬"精神和"四摄"要求,去化解众生生活及社会活动之中所不可避免的各类摩擦,分享精神与物质的成果。其中重要的因素是这种分享是一种出于和敬的共享,而非出于恩赐的施舍。和敬者,外同他善谓之和,内自谦卑谓之敬。"同他善"与"自谦卑"是其要旨,也是其心理底色。如若不然,则无论是布施、爱语、利行、同事,都会因带有功利性、交换性而失去赢得和谐的效果,也必将因戒、见、行的缺乏尊重,身、口、意的缺失慈和,而为自他双方徒增烦恼。四是以结缘的心量成就和合。缘者,联系、条件下的存在。这是一个人类共居的星球,是一个充满着诸多纷繁复杂和频繁交流、联系的娑婆世界。如果每一位众生在日常生活中都能以这种相互依存、互补融合的缘起意识看待大至器界、有情界、五蕴界,小至邻里、朋友、同事、上下级、有产无产阶层等之间紧密的联系性,消弭人类所具有的"自我中心"之顽疾,则放眼世界、国家、群体之间,着眼个体之间的所谓是非纷争、尔虞我诈、弱肉强食、战火硝烟,都会在结缘之心量中,化解为和合、和平与和睦的诸善功德。依照佛法所言,我们每一位学佛者,都要检点自身是否在日常的生活之中,与众生、社会、自然结了人缘、法缘、善缘、佛缘。这种结缘看似微不足道、点滴琐碎,但却将聚沙成塔,清净世间、湮没尘埃。

记得印度灵性导师深刻指出:无论你遇见谁,他都是对的人;无论发生什么事,那都是唯一会发生的事;不管事情开始于哪个时刻,都是对的时刻;已经结束的,已经结束了。不纠结是其要义,不执着是其关键。"生活禅"之指导众生于日常生活中的修持机制,通过其以感恩的心境消除仇视、以包容的心态对治排斥、以分享的心情赢得和谐、以结缘的心量成就和合,得到了契理契机、如法如仪的实践。

净慧长老的作别娑婆,令世人特别是四众弟子无不扼腕叹息,缅怀不已。但更为重要的是,我们应当理解和继承净慧长老"化现代"的不倦愿力,深入持久地践行其提出的"生活禅"的理念。作为禅宗在现代社会中最为突出而有效演绎的生活禅,无论就其理论,还是就其实践而言,都是中国教界殊胜的法宝,也是对中国佛学重要的贡献,其对中国教界四众弟子学修佛法的意义固不待言,且对探索中国禅宗的演变和发展轨迹,探索中国传统佛教宗派在现代社会中呈现的特征和模式,具有极其重要的学术范例意义。

(金易明,上海佛学院教授)

净慧长老与黄梅四祖禅寺[①]

纪华传

2013年4月20日6时26分,禅门泰斗、当代高僧净慧长老在湖北黄梅四祖禅寺安详示寂,世寿81岁,僧腊67年,戒腊63夏。长老幼年出家,信仰笃定,戒律谨严,虽历尽坎坷曲折,依然不改初心。长老爱国爱教,护国利民,协助党和政府贯彻落实宗教信仰自由政策,先后担任中国佛教协会副会长、河北省佛教协会会长、湖北省佛教协会名誉会长,为中国佛教事业的发展奉献了毕生的精力。长老一生建寺安僧,恢复祖庭,南北弘化,席不暇暖,主持中兴赵州柏林禅寺、邢台玉泉寺、大开元寺,湖北当阳玉泉禅寺和度门禅寺,黄梅四祖禅寺、老祖禅寺、五祖禅寺等著名丛林。长老继承传统,适应时代,秉承临济法脉与赵州禅风,积极实践人间佛教思想,倡导以"觉悟人生,奉献人生""善用其心,善待一切"为宗旨的生活禅理念,主张"在生活中修行,在修行中生活",为中国佛教事业的健康发展作出了重要贡献。长老末后一着,尽显禅者本色,笔者谨以此文,

---

[①] 本文为净慧长老生前嘱托笔者所主编的《四祖寺志》中的部分内容,四祖禅寺洪志居士与南京师范大学黄昆威亦参与了此部分的前期资料收集整理和编写工作。

虔奉心香一瓣,寄托对长老的深切哀思与怀念之情。

一、净慧长老生平行履

净慧长老(1933—2013),俗姓黄,名建东,祖籍湖北省武汉市新洲区贺桥黄湾。1933年农历八月二十七日出生,因家境贫寒,1岁半时即由父母送入尼庵,由海善、仁德二位尼师抚养,自幼所受寺院生活之熏陶,使他奠定了超尘出世的宗教品格。14岁在武昌三佛寺礼大鑫和尚之徒孙宗樵上人为师,至武昌卓刀泉寺出家为沙弥,法名宗道,号净慧。出家后仍回三佛寺,依止大鑫和尚参禅学教。大鑫和尚(1887—1961)为近代高僧,曾参禅于宁波天童寺、扬州高旻寺等名刹,破过参,在佛教丛林中具有很高威望,生前任洪山宝通寺方丈。在大鑫和尚的悉心培养下,净慧法师在学问上日有所进,在信仰上更加笃定。

净慧法师因敏慧过人,深受虚老的赏识和器重,受戒时即被选为沙弥尾(白光法师为沙弥头),戒期圆满后被留作侍者,继续跟随虚老学禅。1952年,为筹建中国佛教协会,虚云老和尚由佛源、法云等随侍离粤进京,农历四月初四启程,至十一日到达武昌,因沿途劳顿,遂卧病月余,驻锡于净慧法师出家的三佛寺,得大鑫和尚殷勤护持。净慧法师返回武汉,悉心奉侍汤药。虚老感念大鑫和尚之照料,于三佛寺启建观音七,授饭依众二千余人。七月十八日,虚老离汉继续北上,净慧法师亦随侍左右,并以此因缘,朝礼五台山及大同云冈等佛教胜迹,至年底始奉命与法云师兄一同返粤。1953年,虚老迁江西云居,修复真如禅寺,长老奉虚老之命,留任云门寺监院,时年20岁。

1954年和1955年,净慧法师两度前往云居,仍然任虚老侍者,并协助虚老筹办中兴云居后首次传戒法会,受命司第三引礼之职。在多年亲侍虚老的过程中,净慧法师承虚老之耳提面命,言传身教,成就了法身慧命,因此得虚老传授法卷,成为其嗣法弟子,以一身兼承禅宗五家法脉：承续临济宗为第四十四世，法名净慧本宗；承续曹洞宗为第四十八世，法名净慧复性；承续沩仰宗为第九世，法名净慧宣道；承续法眼宗为第九世，法名净慧本性；承续云门宗为第十三世，法名净慧妙宗。1956年，中国佛学院创立，虚老即命净慧法师进院深造。净慧法师从本科到研究生阶段勤奋学修，颇得周叔迦先生、明真法师、法尊法师、正果法师、赵朴初居士等师长的赞赏。1962年，29岁时，他以优异成绩毕业。

  1979年，在赵朴初居士和正果法师的关怀下，46岁的净慧法师重返北京，参与中国佛教协会各项恢复工作。复职后的净慧法师在中国佛教协会主要从事文化宣传工作。1981年，中国佛教协会会刊《法音》杂志创刊，净慧法师受命任编辑，两年后接任主编。经过多年的辛勤耕耘，硕果累累，刊物越来越受到海内外各界的好评。1988年，应形势发展需要，净慧法师将《法音》由双月刊改为单月刊。1990年，他将办刊宗旨提炼为"发扬佛教优良传统，提倡人间佛教，启迪智慧，净化人心"，并印于封面。这是净慧法师倾注心血凝练办刊旨趣，通过佛教文化平台摄受众生，借《法音》窗口弘扬佛法的智慧结晶。《法音》编辑部在他的带领下，与时俱进，锐意创新，办刊质量不断迈上新台阶。在党和政府"宗教信仰自由"政策恢复落实，大陆佛教全面恢复的头十年，《法音》为中国佛教协会引领全国佛教徒正知、正信，走佛教与社会主义相适应的道路，起到了不可替代的作用。1982年，在中国佛教协会第四届常务理事会第二次（扩大）会议上，净慧法师被增补为中国佛协理事。1987年在中国佛教协会第五届代表大会上被选为常务理事。1993年，因众望所归，净慧法师荣任中国佛教协会副会长。

  1988年，净慧法师受河北省委统战部、河北省民族宗教事务厅之邀，并受中国佛教协会委派，参与筹备组建河北省佛教协会工作，并在第一届河北省佛教代表会议上当选为会长，主持河北省佛教的复兴大业。他悲愿弘深，一方面抓恢复道场工作，建寺安僧；另一方面促地方佛教文化建设，弘法利生。1989年，他创办河北省《禅》

刊,并主编《禅宗灯录大全》。1988年至1991年期间,他协助有明法师修复正定临济寺,并循序渐进地开展讲经、传授在家菩萨戒等各种弘法活动。从1991年冬开始,他主持赵州祖庭柏林禅寺的兴复工程,在广大信众和护法大德的护持下,聚沙成塔,使柏林禅寺从一片废墟变成殿堂庄严、规模宏大的禅林,常住僧众近二百人,成为海内外公认的中国大陆模范丛林之一。1998年,净慧法师当选为第九届全国政协委员。当年9月30日(农历八月初十),净慧法师在柏林禅寺升座。赵朴初欣然题写贺词:"竖起拂子,化度无尽。道通长安,不劳一问。"如何使衰歇已久的北方佛教事业健康、有序、可持续发展,培育僧才续佛慧命是当务之急,为此他克服重重困难,于1998年创办了河北省佛学院。2000年元月,获得国家宗教局批准,5月,净慧法师亲自出任院长。

为了继承人间佛教思想,将佛法普及于社会,以文化引导正信的佛教,1993年,净慧法师于柏林禅寺率先发起生活禅夏令营,面向在校大学生和社会知识青年,以"觉悟人生,奉献人生""善用其心,善待一切"为宗旨,主张"在生活中修行,在修行中生活",迄今已连续举办了十九届,在教内外产生了广泛的影响。如今,生活禅夏令营已经成为大陆佛教界的一面旗帜。

为传续佛教的法身慧命,已经进入古稀之年的净慧法师席不暇暖,努力恢复汉传佛教丛林传统。2003年9月12日,经湖北省黄梅县四祖正觉禅寺当代中兴住持本焕老和尚隆重推荐,净慧法师继任四祖禅寺中兴后第二任住持,开始了重振东山法门的重任。同时又应湖北省委统战部、湖北省民族宗教事务委员会之邀,出任湖北宜昌当阳玉泉寺住持,承担重建天台智者大师千年道场的工作。在当阳玉泉寺的恢复重建工作中,他尊重并发挥常住大众的积极作用,在各级主管领导的支持关心下,得到广大信众及护法大德的护持。住持黄梅四祖禅寺、当阳玉泉寺期间,长老相继修复了黄梅老祖寺、四祖禅寺下院芦花庵、当阳度门寺,河北邢台玉泉寺、大开元寺等古老道场。净慧法师有古德遗风,甘为人梯,各项复建工作刚一甫就,即功成身退,举荐有德者居之,如 2004 年 9 月,他辞去柏林禅寺住持一职,推举明海法师继席方丈,2007 年,举宽悟法师住持当阳度门寺,宽祥法师住持当阳玉泉寺。

净慧法师在黄梅四祖禅寺提出"加强团结,理顺关系,健全制度,严肃道风"的十六字管理方针,再振宗风、严净毗尼;恢复禅七共修等丛林传统制度,举扬四祖禅法;恢复《正觉》禅刊,创办禅文化夏令营、长假共修、居士短期出家等形式多样、生动活泼的弘法利生活动。与此同时,在本老事业的基础上继往开来,辟建千级石磴朝圣路、美化毗卢塔院、重建传法洞、重辉芦花庵、新修慈云阁,开创"建设大四祖"的恢宏事业。

净慧法师爱国爱教,积极实践"人间佛教"的精神,将"生活禅"确立为河北佛教界、柏林禅寺、黄梅四祖禅寺、老祖寺、芦花庵等道场修行弘法的基本理念。他大力倡导"大众认同,大众参与,大众成就,大众分享"行动准则,提出做人要讲"信仰、因果、良心、道德"和做事要讲"感恩、包容、分享、结缘"两个八字方针,作为指导佛门弟子参与构建和谐社会、处理好人际关系的准则。改革开放三十多年来,净慧法师为之默默耕耘的建寺安僧、弘法利生的精神与实践,为促进佛教与社会主义社会相适应作出了重要的贡献,在海内外佛教界产生了巨大影响。2001 年起,净慧法师又将生活禅夏令营这一活动形式引入黄梅四祖禅寺,成功开办了禅文化夏令营,用禅文化、生活禅、禅生活,促进佛法的弘扬与道德人心的建设,至今已连办 9 届,收效甚佳。

净慧法师广结宾朋,倡导感恩包容,分享结缘,在海外佛教界也有很大影响。自 1982 年起,他先后十余次率团或参与访问亚、非、欧、美、大洋洲等洲十余国家,进行佛教法务交流,联谊布道,广结佛缘。他派出弟子在匈牙利布达佩斯和法国巴黎分别创办佛教禅修及弘法中心,使中国佛教走出国门、远播海外,为提升中华文化软实力作出了有益的贡献。2001 年和 2002 年,经国务院特批,国宝级佛教文物佛指舍利和佛牙舍利先后奉送中国宝岛台湾和泰国供奉,都由净慧法师担任恭送团和迎归团副团长。净慧法师曾先后担任第九届、第十届全国政协委员,河北省政协常委,赵县政协副主席等社会兼职。2001年11月5日,中央领导到柏林禅寺视察,与净慧法师等人座谈,并作了重要指示。一些党和国家领导人以及中央统战部、国家宗教局,河北省、湖北省主要领导都曾到过河北柏林禅寺和湖北四祖禅寺、玉泉寺考察指导工作。

二、踵事增华,完善四祖禅寺建筑格局

四祖禅寺自本焕老和尚重建以后,因地处经济相对落后的黄梅,寺院的维系和发展颇为不易。自2003年秋净慧法师继席四祖禅寺后,踵事增华,殚精竭虑,相继修建了八大工程,使双峰祖庭建筑格局得以完善,为道场的振兴和佛教文化的繁盛奠定了基础。

1. 建慈云石坊

慈云石坊位于寺院院门西侧,朝圣路起点,为仿明式四柱三间五楼不出头石雕牌坊,2005年由净慧法师募化,深圳护法居士莫锦礼合家捐建。平面一字形四根立柱,横断面皆为0.6米见方,正中明间宽5米,两旁次间宽3米,地面横跨11.6米,檐牙高啄,左右挑出空间15米;牌坊上部明楼一间,位居正中最高处楼脊距地面9.81米;次楼两间,分列主楼两侧下方;边楼两间,形成三级递升会中之势。飞檐斗拱庑殿顶,大额小枋雕九龙,各楼下部,均有花板镶嵌其中,四根主柱下部有法轮雕花抱鼓夹杆石紧抱柱根,牌坊大小构件总计628个,总重58吨,由麻粒花岗石凿成。牌坊两面雕刻四祖法语和联文,皆由净慧法师选定、拟撰。正中明楼下嵌"慈云之塔"匾额,系唐代宗对毗卢塔的御赐塔名,中柱楹联"佛法传四祖,金容镇双峰",两侧柱为净慧法师撰联"慈云弥布,西山圣景千秋塔;慧日高悬,东土禅门万世师"。牌坊背面明楼下为"万世宗师"横额,中柱、边柱各为四祖法语,分别为"百千法门,同归方寸;河沙妙德,总在心源"、"离心无别有佛,离佛无别有心;念佛即是念心,求心即是求

佛"。由慈云石坊踏上朝圣路的千级石磴,可依次寻访毗卢塔、传法洞、芦花庵等伽蓝胜迹。

2.修朝圣路,重整大停车场

2004年5月,净慧法师募资重建了连接四祖禅寺、毗卢塔、传法洞的朝圣路,使原来陡斜崎岖的土路,扩建成为宽4米的石板路,总长约500米,共1000级石磴,并于途中多处依地貌建休息平台。自2004年始,又将寺前面积6500平方米的停车场重新修整,以石子、水泥整平旧基,寺前面貌焕然一新。

3.新建毗卢塔院

毗卢塔是四祖道信禅师的墓塔,全国重点文物保护单位。1995年,国家文物局拨专款按"整旧如旧"的原则,对塔身损毁部位实施了更替加固,整理了塔顶。由于经费有限,对塔院环境只能做简单处置,泥沙漫流、杂草丛生的原状没有得到根本改变。2004年在兴建朝圣路工程中,净慧法师也将整理毗卢塔院作为重点工程,用正方花岗石板封闭抬高散水坡并砌出两层六级台阶;扩大塔院向东、西、北三面外延,全部墁铺以面积达1185平方米的花岗岩石板;新建外延陡岸内灌钢筋混凝土,外以块石补作护坡墙面,上立花岗岩护拦围板,形成长方形塔院;登塔台阶仍依古道原式重砌,两侧加护栏,高差近30米。

4.重建传法洞小院

唐贞观十八年(644),四祖大师在传法洞传法衣于弘忍禅师,继席禅宗五祖。因此,传法洞是佛教文化胜迹。传法洞原本崎岖闭塞,人迹罕至。2004年,净慧法师重建传法洞,在驳砌的高20米、宽20米、进深30米的高台上,烘托出一座粉墙黛瓦徽派建筑形式的小院,于青峰翠峦的映衬下显得格外夺目清新。新建传法洞坐北朝南,视野空旷,前排正中为祖师殿,两侧为厢房,祖师殿门楣上嵌"传法洞"三字匾额,殿门两侧镌清康熙元年(1662)四祖禅寺住持晦山戒显《双峰山赋》中的摘句作门联,"佛国高闲,历劫河清海晏;祖山巩固,万年地旷天宽"。殿内佛龛供四祖大师缅玉跏趺坐像。龛柱联语为"法流天地远,道冠古今长",横批"光含万象",龛旁各有侧门通往庭院,门楣上悬"上善若水""天心月圆"楣额。庭院内有东西厢房各四间,为僧寮、香厨、卫生间,厢房南山墙直抵前排与山门平齐。庭院北面为高4米的第二级平台,后部正中是传法洞殿堂,门头悬横额"佛祖根源",门联为"幽岩珠溅,卓锡泉清飘雨露;石洞大开,传衣人天仰宏宗"。殿内正面为传法古洞洞口,仰视可窥洞顶之上垒叠高矗的虎踞听法状巨石,洞口供世尊像,环室供有西天东土三十三祖画像,这是净慧法师剃度弟子的场所。2005年金秋,首届短期出家法会,四十余位优婆塞于此由净慧法师剃度。殿堂东邻为丈室两间,外侧有长廊通往后院门。殿堂西邻是客堂,三面围以仿古座椅,之间的山墙中部横陈一块巨石,客室内亦有两块巨石置于堂中,保留其自然天趣,别具一格,令人感受到堂中充溢山林泉石的清幽之气。远眺传法洞,粉墙黛瓦映衬于青峰碧峦之中,悦目清新、生气盎然。

5. 新铺"本公路"

将1991年开辟的盘山公路予以拓宽、硬化,加固陡岸,起自灵润桥北端,终于芦花庵,又有支线到罗垸水库大坝,途经毗卢塔院、传法洞,全长2150米,可供载重10吨车辆上下。为感恩百岁寿星本公长老中兴四祖禅寺、造福山区人民的功德,命名为"本公路",由本寺香港护法居士高佩璇合家捐资建成。

6. 新建慈云阁

慈云阁又称双峰讲堂(教学楼),2006年秋启建,为仿清式单檐歇山四合院建筑,格局为前院后楼,左右配房,占地面积1170平方米,建筑面积1750平方米,进深35米,门墙宽31米,正中辟垂花院门,旁悬"双峰讲堂"名牌。门楣内外皆有额匾,外额为天津陈云君教授手书"慈云阁";内额"自然宝窟",是明憨法师手笔。进门为左右两幢东西相向的两层楼配房,单檐歇山式,脊高9.5米,檐高7米,上下4间,为尊客房、僧房和公用洗手间。中为庭院,宽18米,墁铺石板,进深15米。主楼是二层楼房,脊高15米,檐口高近10米,坐北朝南,面宽31米,进深17米,七开间,上下布局相同,两端各一间为办公室与休息室,中五间为无柱大跨式厅堂。一楼为禅堂,中供佛像,四周沿壁设连通的禅床,为夏令营、禅七与大型法会居士坐禅之用;二楼为讲堂,西端设讲席坛,背衬世尊与西天东土禅宗三十三代祖师与护法诸天群像,为明鉴法师力作。坛口两侧分列净慧法师所题生活禅的基本要旨八句话。2007年上元节,本寺首届僧伽学习班在此首次启用开班;5月1日,第三届短期出家学修班140余人与随喜信众共300余人,聆听净慧法师宣讲生活禅十五周年回顾的专题讲座;8月中旬,第四届禅文化夏令营在此集中学修。平均每月都有各种大型集会、讲座等法务活动在此举办。

7.重辉芦花庵

芦花庵位于传法洞山后上罗垸山隈,下临罗垸水库,为四祖禅寺下院之一。2005年10月5日奠基,占地总面积52亩(1亩=666.67平方米),其中寺院占地面积10亩,山林与水面为42亩。由北京护法居士芦晓民先生与郝河铭、周明珍伉俪发心捐资合建,于2008年10月开光。芦花庵坐北朝南,全部建筑依坡就势,中轴线上依次为天王殿(山门)、大雄宝殿、法堂。东西两厢有客堂、观音殿(钟楼)、伽蓝殿、地藏殿(鼓楼)、祖师殿、课室、念佛堂、库房、僧寮等,法堂左侧另建方丈寮小四合院。山门殿外建有四层共72间的居士楼与大停车场,出口处建有牌坊式院门。殿堂、厢房之间全由门廊连接,迂回上下,曲折相通。后院墙外有元代四祖禅寺住持平川济禅师舍利塔。芦花庵的建设非常注重对自然环境的保护与协调,四周山林青翠,院内树木高大,几方巨岩蛰伏原位,与所处地貌山形相融协调。殿堂阁寮小巧雅致,顺山势层叠递升,各层间以阶梯连接,迂回转折,曲径通幽。前望视野开阔,极目案山重重,左右群山拱抱,倚山隈,临水涯,绿荫掩映,静谧清幽。

8.重建紫云山老祖寺

老祖寺始建于3世纪的东汉末、三国时期,全毁于20世纪60年代。2005年10月5日,在县委、县政府的支持下,与芦花庵同日于故址奠基重建。全部工程由功德主郝汉铭、周丽珍伉俪捐资主建。这是净慧法师"建设大四祖"设想规划的重点内容之一,为"生活禅"专修道场,2009年10月中旬,圆满竣工。重建后的老祖寺,殿阁、堂寮近二百间,佛像僧仪,宏规巨势,远胜前朝。崇楼杰阁,凌飞于巉岩巨石之上;碧瓦红墙,掩映在翠竹苍松之间。塑观音,镇千寻幽潭之隐秘;绘宝掌,展万里苦行之坚愿。三国古刹,以它那摩天凌日的地理优势,翠岩幽壑、双峰插天的山水形胜,古老厚重的人文史迹,造就了故地新容的湖光山色。

此外,自2008年起,净慧法师又着手对元代古建灵润桥的周边环境进行综合治理。第一,驳砌河岸。对灵润桥的上下游四段河岸全部施行块石驳砌,岸顶建造花岗石雕围栏,西岸砌围栏两道,总长70余米;上游因有公路桥跨越,河岸连接成半圆弧圈,块石驳砌,上建围栏长40米。保护了桥下以唐书"碧玉流"为代表的古代摩崖石刻群等珍贵文物。第二,辟建桥头东岸平台。此处本是一座高坡,此次铺砌花岗石板,栽花培草,总面积200平方米。第三,建造挂笠亭。为花岗石凉亭,六角二级亭身,通高4米,顶悬净慧法师"挂笠亭"横额,门柱镌联"既挂笠子便是休去歇去,还请小坐哪管船来陆来",由净慧法师撰联,天津居士陈云君教授书写。后顶悬"溪声在耳"横额,门柱联语"溪声尽是广长舌,山色无非清净身",由明憨法师书写。第四,开辟灵润池。将幽黛河在公路桥上游河道,沿公路边与青龙坡相夹的三角形的荒地,开挖成深2—3米、面积约200平方米的蓄水池,命名灵润池。在入公路桥前20米处建小拦河坝与溢洪孔,暴雨时,洪水猛涨,经由三个溢洪孔缓冲分流,减轻了洪流对古桥的直接冲击。

经过净慧法师十年的努力,四祖禅寺的建筑格局得以完善,寺院中轴线上的主殿堂由低而高,依级为山门、天王殿、大雄宝殿、四祖殿、藏经楼,寺院后部建有僧楼、方丈室、退居寮等。主建筑群两边东侧有慈云阁、客堂、观音殿、伽蓝殿、卧佛殿、斋堂、大寮、禅堂,西侧有地藏殿、祖师殿、库房,各殿堂之间由长廊连接,总建筑面积约16180平方米,终于实现了本焕长老重兴四祖禅寺时立下的"全国不落后,湖北第一流"的美好愿景,并且与芦花庵、老祖寺连为一体,形成了"建设大四祖"恢宏规划,为寺院宗教生活和佛教文化事业的发展奠定了坚实的基础。

三、再振宗风,积极推动佛教文化建设

2003年中秋,净慧法师继席四祖禅寺之前,即向湖北省宗教主管部门领导申明,不兼任何社会职务,集中精力管好四祖禅寺。他说:"本老来四祖禅寺做了八个字'百废俱兴,宗风再振'。我到四祖禅寺只是四个字'宗风再振',而且是继续在本老基础上的宗风再振。本老已经实现了四祖祖庭的百废俱兴而功成身退,交给我的任务也是现在和今后长远的工作重点——办道弘法,搞好宗风再振,用四祖大师所立的禅风,再振祖庭的道风。争取五年之内,把四祖禅寺建设成为道风纯正、管理有序、环境优美、文化氛围浓厚的禅宗祖庭。"净慧法师朝惕夕励,致力于四祖禅寺的宗风重振,提出"加强团结,理顺关系,健全制度,严肃道风"的管理方针,致力于"大众认同,大众参与,大众成就,大众分享;善用其心,和谐自他,善待一切,造福社会"的弘法理念。

1. 健全丛林制度

历史上四祖禅寺的丛林组织制度已无法考见,然四祖道信大师首建幽居寺,"大作佛事,广开法门,接应群品,四方龙象,尽受归依",严持戒禅结合的修行。道信禅师还著有《菩萨戒法》《大乘坐禅三十一相》,虽已佚,但可想见四祖道场的管理具有一套完善严明的组织规章制度。延至两宋之际,双峰正觉禅院常住僧200余人,被钦定为五山十刹之一,清康熙初年亦有百人之众,康熙中期的《四祖禅堂碑记》载:"四大房者……合众一爨,公议其地。""基为园圃,各有基界。"这是明末三昧寂光律师住持四祖禅寺时常住四大房的管理方式,碑文还记述了道纶溥禅师住持四祖禅寺时"东西住所得

其宜,内外安置得其法","维那白椎,西堂卷席"。这都是四祖禅寺当时丛林组织严密有序的写照。而"闻普梆,则先出而负其重者大者,闻禅板则同众而食其粗考粝者",又是对道纶溥法师任住持时身先四众、甘苦与共的道风戒行的描述。可见,丛林制度是祖庭宗风再振、祖灯再耀的组织保障。

2000年,本焕长老重辉四祖禅寺之始,就强调恢复并付诸实施完整的丛林常住管理制度,即:方丈(住持)统理全寺管理重责,四大班首协助方丈工作,八大执事各司其职,逢重大事宜则由方丈召集四大班首、八大执事共同协商解决;职事人员职位升降依照选贤任能的原则,每年农历正月十五、七月十五两次挂牌"请职";不断更新和充实管理人员,完善丛林组织。这些制度从四祖禅寺重建工程开始,即使在前期紧张繁忙的建寺期间,常住僧人极不稳定的情况下,本焕长老仍坚持半年一次的请职传统,使班首、执事各有专司,直至2003年农历八月十五日,净慧法师应本老之托继席第二任方丈。

在逐步调整完善职事岗位的同时,又制定了一整套岗位责任制。1995年秋,由知客顿弘执笔拟定了各项规约,计客堂规约13条,斋堂大寮规约13条,客堂财务管理制度8条,常住财会制度17条,长住共住规约20条,客堂挂单规约9条,执事职责分工规约29条,执事工作公约14条,经本老审阅签字实施。2003年,净慧法师继席后,根据"佛制"、国家现行的法律法规并结合社会实际情况,制定了23条《共住规约》,旨在共同监督,自净其意,防非离过,建设"六和敬"僧团,共振宗风。其序曰:"佛制戒律,祖立清规,本为僧众安心修行,防非离过,调治身心,修戒定慧,息贪嗔痴,自净其意,证菩提果。如或不然,来此何益。今与众约,能相体悉,乃可同居;不肯遵行,毋劳共住。"

2.完善僧团建设

净慧法师告诫僧众:"本来我们佛教有很多专讲修养的教义、教戒,佛教徒所负使命就是教化众生断恶修善、破无明、断烦恼、求解脱。政府给我们提出四项使命:服务发展,促进和谐,坚持原则,固本强身。三条标准:政治上靠得住,学识上有造诣,品德上能服众。这些是爱国爱教的具体化,要求我们僧人率先垂范,强身固本,方能树立弘道教化者的形象。这几点要求都是本分事,我们要自觉做到。"

为了具体贯彻落实净慧法师提出的"僧制"方针,四祖禅寺着力打造"六和敬"的僧团建设目标,提出僧团建设的四化原则,即:道风要坚持传统化,管理要坚持律制化,弘法要坚持大众化,生活要坚持平民化。强化四种意识:信仰意识、归属意识、神圣意识、责任意识。每日坚持四问:问自己的身体、问自己的学习、问自己的工作、问自己的人品,四个方面是否有所进步?督促常住僧众尤其是青年比丘、沙弥,要严格对照,互相摄受,规范自己的日常言行,以戒为师,历练心性,冶铸僧格。在求学中坚定正信,树立正见;在求道中坚定正行,保持正受;在弘法利生中继承传统,适应时代,沟通社会,服务人群,住持正法。

第一,肃整威仪。净慧法师特别强调常住大众平日行、住、坐、卧都要如法如律,出家众于每日早课前、午斋前集中禅堂,整理威仪,排班进入大殿和斋堂。早午食讫,列队到大殿回向。平时,出家人走出禅房都必须着长衫大褂,扎紧裤脚,穿僧鞋;不可高声谈笑,不可勾肩搭背。禅房内必须保持整洁、清静。早晚功课除年老病衰者外都要到堂,净慧法师本人则率先垂范,无论寒暑每天早课最先到达大殿门前。

第二,革除陋习。中国佛教协会颁布的《汉传佛教寺院管理办法》明文规定,禁止在寺院里进行抽签、算卦等违反佛教戒律的"邪命自活"的封建迷信活动。然而"法轮未转,食轮先转",在经济不发达地区抽签对寺庙来说是一笔很可观的收入,况且民间又长久流行这种根深蒂固的风俗习惯。2004年2月1日,在新春上元节法会上,净慧法师提出要取消签筒的想法,并且当众回答了信众有关这方面各类问题的提问。4月初,四祖殿因施工而暂时关闭,民间礼祖、抽签活动也都停止了。10月,殿堂装修竣工,新造四祖像开光,签筒再也没有进入殿堂。四祖禅寺成为黄梅县境内数百所大小寺庙中第一家取消签筒抽签的寺庙,四祖禅寺常住坚持维护佛教正信正行原则的这一行动,在社会上引起了巨大的反响。

第三,朔望布萨。四祖道信禅师非常重视戒禅双修,他曾经亲自制定《菩萨戒法》(已佚)。四祖禅寺于2003年年底起,坚持农历每月初一、十五两日下午2—4时布萨学戒,全体僧众集中于斋堂,由住持或监院宣读《戒本》及《共住规约》,学习《四分律》和《佛陀制戒十大原则》,或由律宗大德说戒开示,各人对照戒条自查;当日晚7—9时,常住四众集中于斋堂,听净慧法师或明基监院总结半月来寺院情况。

第四,冬参夏学。四祖禅寺常住自2004年佛诞日起,每年结夏安居期(农历四月十五日至七月十五日三个月),于每日上午8—9时、下午2—3时、晚上7—8时诵经三次。反复诵读《华严经》《金刚经》《法华经》《楞严经》《地藏经》等大乘经典。并且农历每年十月十五日至次年正月十五日,寺院都会安排五个禅七共修。

第五,组织双峰讲堂弘法活动,提高僧伽素质。为了贯彻落实党和政府对宗教教职人员提出的"三条标准"的殷切希望,全面提高僧人素养,净慧法师于2006年募化修建慈云阁——双峰讲堂,除了服务于夏令营、短期出家等大型法务活动之外,平时主要用于每周雷打不动的僧人学习。2007年上元节,慈云阁首开僧伽学术讲座,净慧法师亲临讲席,宣讲经论及佛教知识并请学者讲授儒学经典。净慧法师说这是"僧格养成头一课,儒家佛业两崔巍"。另外,重点要求沙弥和发心行者必须熟悉日常五堂功课,学会殿堂法器的如法运用,文疏、偈诵的念法等。对功课、法器的考核是四祖禅寺沙弥受具足戒、行者披剃的入门必备条件之一。

3.摄众参禅

宗门下每年冬天都要"打禅七",在规定的期限内,修行者免除一切俗务,集中在禅堂里进行静坐和跑香,观照息心,以期明心见性,开佛知见,叫作"克期取证"。这是修行成就的大好机会,所以古人称禅堂为"选佛场",称打禅七为"大冶洪炉"。禅宗寺院非常重视禅七,由于种种原因,作为禅宗根本道场的四祖禅寺,打禅七在这里中断了七八十年。

2003年11月18日至30日,净慧法师在中兴后的四祖禅寺举行了第一个禅七法会,四众弟子共60余人参加。在历时半月的共修期间,除中间跑香和休息外,每天集中禅堂静坐8个小时。净慧法师自始至终参加并指导,每晚用50分钟宣讲四祖道信禅师的《入道安心法要》,他说:"四祖道场是天下禅宗祖师创建的第一座道场,是四祖大师留给我们的一笔其他寺院无法取代的历史财富。以这次禅七为起点,要把四祖禅法作为四祖禅寺今后的修行法门和弘法方向,作为四祖道场独具的特色与优势。"这一次为期两周的禅七活动,吸引了来自全国各地的禅修爱好者参加,从此成为四祖禅寺每年必行的惯例。

四祖禅寺每年会根据春节的时间,安排打禅七,一般都在农历腊月二十四日之前结束,便于外地居士回家忙年。2004年打了三个七,2005年打了五个七,2006年打了九个七。从2007年至2011年,每年都打五个七,已经连续九届禅七。净慧法师在每次禅七中的开示,已经汇编为《双峰禅话》、《禅堂夜话》(之一、之二)、《重走佛祖路》等专集出版。

此外,四祖禅寺还坚持禅修,每日四时坐禅。禅修是四祖禅寺常住僧众的必修课,四祖道信禅师当年常常告诫学人"勤坐三五载",坐、作双修,戒、禅并行。四祖禅寺历代祖师,无不严持以继之。《四祖禅堂碑记》记载三昧寂光、晦山戒显、道纶溥等禅师皆以修禅、坐香为首务。据乡民回忆,即使在抗战后期至新中国成立前夕,四祖禅寺最困难的时期,妙莲、西域二师相继住持,虽只有僧人五至七人,也坚持早晚课诵,四时坐禅。1991年,提心法师从嵩山少林寺回乡,黄梅县宗教局派他到四祖禅寺负责,他也是以身作则,坚持有空静坐,几位常住效之而行。1996年,四祖禅寺重建工程启动,虽千头万绪,僧人流动性大,但监院坚光法师仍能带领为数不多的僧人坚持早晚功课,夜间坐禅。自2003年起,净慧法师更是将禅修作为重振宗风的重点工作常抓不懈。四祖禅寺全寺僧众,都必须于每日晨时(上午8—10时半)、晡时(下午2—4时半)、昏时(晚7—9时)三时集中禅堂坐香静修。"大众薰修齐胜进",常住多数僧人三时之外,在各自的寮房中,凌晨两点多钟就已经穿衣静坐至打板上早课了。在榜样的带动下,平时忙于作务的青年沙弥和在行者,也充分利用休息时间,调五事、练腿子,为参加禅七做准备。

4. 举办禅文化夏令营等弘法活动

四祖禅寺在净慧法师的倡导和努力下,举行了形式多样的弘法活动,接引不同层面的信众,推动了四祖禅寺发扬大乘佛教人间关怀的社会功能,为弘扬四祖禅寺禅宗文化,继承和发扬佛教优良传统,发挥了佛教净化人心、构建和谐社会、普济众生的积极作用。

第一,举办禅文化夏令营,接引青年佛子。禅文化夏令营是为当代知识青年接触中国优秀传统文化搭建的一个交流平台,受到青年朋友的喜爱,每年都吸引着来自全国各地的青年人踊跃参与。这种因人、因时制宜的现代弘法方式,也得到了当地政府主管部门的认同和支持。四祖禅寺禅文化夏令营是四祖禅寺两位中兴住持本焕长老和净慧法师倡导的,结合传统、立足当代、"契理契机"的新的弘法形式。

2001年初,本焕长老在黄梅与省市县领导谈话中,提及想在中兴后的四祖禅寺举办旨在弘扬传播佛教文化的夏令营活动,邀请在我国大陆佛教界率先倡办生活禅夏令营的河北省柏林禅寺方丈净慧法师指导协办,借以扩大四祖禅寺在全国的影响,宣传四祖禅法。本焕长老的倡议得到湖北省各级主管部门的支持,净慧法师率领柏林禅寺监院明海法师、明奘法师、明影法师等一批修学学养深厚并对夏令营组织辅导有丰富经验的法师及京、津、冀等地的营员骨干与义工,南下四祖禅寺参与具体的组织安排。在各地护法大德的赞助、支持下,2004年起,净慧法师以禅文化夏令营为名继续举行。

禅文化夏令营一般于每年8月10日至16日举行,迄今已办了9届,主要面向在校大学生、研究生与社会青年知识分子,每期人数近300人。邀请对禅宗文化深有造诣的专家学者、法师,围绕每期营会的主题,从不同的角度讲授禅宗理论与文化、生活禅理念及禅修的基本知识等内容;又通过上早晚殿、听课讨论、问答释疑、普茶交流、圣迹行脚、坐禅静修、抄写经典、义工服务、传佛心灯、三皈五戒等多种多样的活泼生动的实践方式,使营员对禅宗文化能够有一个基本的认识,在修学上掌握正信正行的实践标准,丰富精神生活,培养信仰生活,落实清净生活。

第二,长假共修。四祖禅寺常住采纳了各地信众的建议,利用"五一"与"十一"两个长假日,为平时忙碌于紧张工作的信众,提供一个远离喧嚣住进寺院体验佛法的机会。2004年"五一"期间,四祖禅寺成功举办了第一次长假共修活动,来自省内外的300余名居士(大多是中年上班族)从《正觉》杂志或网络上得知这个信息,几乎都在第一时间赶到双峰山下,在5天时间里,聆听净慧法师讲解达摩初祖"略辩入道四行观"三个系列开示,敞开心扉交流,在法师指导下禅修。同年,国庆节共修活动,又进行了"我佛法中以心为主""十牛图"等系列讲座。2007年起,"五一"假期改为3日,仍然有大批居士前来参加短期共修。在此后的4年里,四祖禅寺从未间断对广大居士开放的这种共修法会活动。其中有四期传授了居士菩萨戒,八期以居士短期出家的方式进行。每次长假共修活动中,净慧法师的开示和互动交流内容都已汇成文集出版。

第三,传授居士菩萨戒。四祖禅寺重辉以前,黄梅县佛教界从未举行过传授居士菩萨戒法会活动。2000年10月中旬,时值重辉后的四祖禅寺首次传授三坛大戒之际,近300名来自省内外的五戒居士,欣喜地接受了由本焕长老为得戒和尚,净慧法师、戒全法师、弘川法师为三师而传授的在家居士菩萨戒。11月末,又举行了第二次传授居士菩萨戒法会。2008年起,四祖禅寺于每年农历四月初八佛诞日,都要举行为期3天的传授在家居士菩萨戒法会,由净慧法师、明基监院、普显首座或印通首座担任三师,诵经、说戒、忏摩、宣受戒法等程序如理如法。每期受戒居士都超过百人,法喜充满。

第四,短期出家。四祖禅寺常住应信众的一再恳请,为居士举办短期出家体验活动。2005年国庆长假,举行了第一次男众短期出家法会,由已受三皈五戒的优婆塞自愿填报短期出家报名表,39名求法者在新修的传法洞中接受净慧法师的剃度。他们统一着灰色的僧装,现出家人法相,守出家人的清规戒律,止语禁言,过午不食;每天凌晨即起,随众五堂功课;上午,听法师讲规矩、学戒律;入夜则在大雄宝殿佛菩萨座下忏摩礼拜;后期进法堂学习披卸缦衣,听受方丈和尚的开示。为期5天的出家生活时间虽短,但通过完全严持出家人的行为规范,亲身体验寺院僧侣的出家生活,求法者从心灵深处接受了一次佛法的洗礼。

2006年国庆,举行了第二期,限录40人。由于报名要求参加的人数激增,2007年"五一"和国庆期间,连续举办了两期,约200人参加。

5.弘扬佛教文化,推动佛教文化的研究

第一,创办《正觉》杂志。《正觉》是1998年经湖北省民族宗教事务委员会批准并主管,由四祖禅寺常住编办的佛教期刊,本焕长老亲笔题写刊名,1999年元月创刊,由妙峰法师全面负责,一开始为16开版。至2003年年底,共编辑出版了8期。四祖禅寺竣工开光后,妙峰法师先后受聘于广东南华寺与深圳弘法寺,无法继续编辑工作。净慧法师继席四祖禅寺方丈之后,提出由四祖禅寺常住编办的建议,得到妙峰法师同意。2004年春节,《正觉》杂志第九期正式改为32开版,以利读者随身携带。《正觉》杂志面向大众,本着知识性、通俗性的原则,以"引导正信,启迪智慧,落实正行,导归正觉"为办刊宗旨,立足四祖禅寺的历史和现状,弘扬宣传黄梅禅宗文化,交流研修成果,介绍学佛心得,为传播四祖宗风、振兴佛教文化作贡献。

净慧法师指示《正觉》内容上要立足本寺,读者群要面向全国,为《正觉》开辟了如下栏目:"佛言祖语":选登符合本刊宗旨的佛菩萨和历代祖师的言教语录;"正觉之音":主要介绍禅学研究与修持方面带有指导性的文章,启迪人们开发心智,解决人生的烦恼困惑;"运水搬柴":主要谈修行的体验,特别是生活禅,引导大家在生活中修行,在修行中生活;"西山明月":"西山"即四祖禅寺所在的破额山,"明月"有普照天下之意,本栏目以介绍四祖禅寺、黄梅县及广涉周边地域的佛教文化遗产、文物古迹为主要内容;"禅海游踪":介绍全国各地祖山佛地的风光游记;"碧玉清流":此处"碧玉"系指破额山前"碧玉流",本栏目选登古今诗词文赋;"生活禅印经功德藏":刊登广大护法居士印经、助刊、放生、建寺及各项善举净资与功德芳名;"读编往来":编者与读者在学佛体验方面的交流。新版《正觉》编辑发行八年以来,由每期结缘发行数量不到万份增加到15000份,深受广大禅学爱好者的好评,2004年试行一年4期的季刊,第二年就改为每年6期的双月刊。

四祖禅寺还在法堂藏经楼中设立佛学图书馆,楼层用玻璃幕墙全封闭,内设中央空调,控制温度和湿度。本馆藏书分类法颇具独创性,负责这项工作的是一位资深从事图书管理工作的退休居士,他发现惯用的图书分类法不适用于佛教典藏,于是通过参照北京图书馆、北京大学图书馆、中国佛学院图书馆乃至台湾佛光山图书馆的佛学书籍分类法,在净慧法师的指导下,建立了四祖禅寺佛学图书馆的分类体系,又根据寺院僧人流动性较大的特点,制定出一套既适于借阅又方便管理的制度,读辅结合,为僧众深入经藏、学修并进创造条件。至2011年年底,四祖禅寺佛学图书馆典藏经籍已超过4000套(册)。

此外,四祖禅寺还利用大雄宝殿外廊的东西墙面和天王殿外墙作为宣传阵地,配合每年的夏令营主题内容,编制内容丰富的墙报。2001年首办,其内容一是介绍本寺当代中兴住持本焕长老的感人事迹,二是宣传生活禅理念的长卷组画。2004年的主要内容是介绍四祖禅寺的历史沿革和历代颂咏四祖禅寺的诗词文赋。2005年改为电脑艺术编排,着重介绍生活禅、禅文化和佛教在古代促进社会和谐的史实。2006年内容为宣传"世界佛教论坛"的主题"和谐世界,从心开始"。此后每年的主题内容不断更新,通过墙报图文并茂地展示佛教在社会道德建设方面的作用和现实意义;介绍生活禅的精髓理念,像磁铁一样吸引了香客、游人驻足观览、摄像、抄录。

第二,积极支持和举办佛教文化研讨会。2000年10月21日至23日,正当四祖禅寺隆重举行寺院落成、佛像开光盛典之际,由本焕长老发起并赞助举办的"首届禅宗祖庭文化网络研讨会"也在黄梅小池镇召开,来自全国各地的近百位佛学研究专家参加了此次盛会。本次会议的主题是"四祖大师与禅宗"。参会论文与会议发言紧密围绕道信大师的禅法、禅理、禅风及其在禅宗发展史上的重要地位,四祖禅寺及其他祖庭在禅宗发展史上的重大贡献,禅宗的历史和重要事件、人物和思想、传统和现代,尤其是对当代禅宗如何面对21世纪的诸多挑战中发挥自身主体意识的作用等方面,进行了广泛深入的探讨。当代禅门泰斗本焕长老、中国佛教协会副会长净慧法师、著名学者方立天、孙昌武、方广锠、杨曾文、陈兵等出席了大会并发表论文。研讨会的论文集《黄梅四祖禅寺与中国禅宗》,于2006年7月由湖北人民出版社出版发行,净慧法师写了序言。

2005年12月4日,武汉大学哲学院院长郭齐勇、副院长程焱发,中国佛学及佛教艺术研究中心主任麻天祥教授来到四祖禅寺,与净慧法师就来年10月在武汉大学召开的"佛学百年国际学术研讨会"事宜进行交流。2006年10月16日至18日,由武汉大学哲学院、佛光山文教基金会联合举办,四祖禅寺赞助,武汉大学中国佛学及佛教艺术研究中心承办的"佛学百年国际学术研讨会"在武汉大学成功举办。会议共收到论文50余篇,对佛学百年给予了深入的学术研究和系统总结。

2010年10月20日,由湖北四祖禅寺主办的首届湖北"黄梅禅宗文化高层论坛"在黄梅召开,海内外学者60余位代表参加,中国佛教协会会长传印长老,中国佛教协会副会长、四祖禅寺方丈净慧长老,印顺法师,明生法师,纯一法师,正慈法师等出席了会议。与会代表围绕中国禅宗与禅文化的内容做了深入讨论,对中国禅宗作出了高度的评价,认为湖北黄梅是中国禅宗的发源地,这里生活了四祖、五祖和六祖,所以黄梅是中国禅宗之源,今后应该好好加以研究与宣传。由于黄梅有着丰富的禅宗历史文化资源,净慧法师设想每年召开禅宗文化论坛,争取在5年之内对禅文化的研究有一个较大推动。2011年10月27日,第二届"黄梅禅宗文化高峰论坛"如期召开,来自中国大陆及中国台湾地区、韩国、新加坡、日本、加拿大、泰国等国家及地区的近30位代表出席会议,分四个场次分别从"黄梅与道信""禅宗研究""生活禅研究""禅宗与旅游"等几个方面做了学术报告。2012年12月14日至16日,第三届"黄梅禅宗文化高峰论坛"召开,来自海内外的专家学者、高僧大德以及各界嘉宾共300余人参加。其中参会学者200人以上,收到论文152篇。论文涉及了"黄梅禅宗""六祖研究""生活禅研究""禅宗历史与思想"四个主题。本次会议确定,2013年第四届"黄梅禅宗文化高峰论坛"将继续召开,论坛主题是"禅与廉政建设"。

"黄梅禅宗文化高峰论坛"的持续召开,对提升黄梅禅宗的文化品位和黄梅禅宗的发展,乃至推动地方旅游和经济建设都将起到积极的作用。尤其是净慧法师既保持禅者的本地风光,又积极与学术界保持关系,连续举办大规模的学术研讨会,与佛教学者结下了深厚的情谊,深受学界尊敬和爱戴。

(纪华传,中国社会科学院世界宗教研究所佛教研究室副主任,中国社会科学院佛教研究中心秘书长,副研究员,哲学博士)

净慧法师与当代中国佛教

习细平

当代佛教大德净慧法师(1933—2013),祖籍湖北,自幼亲近佛法,师从中国现代禅门高僧虚云老和尚。净慧法师一生致力于佛法的研习与弘传工作,创发性地构建和推行生活禅的理论体系,得到世人的普遍认同和赞誉,社会反响热烈,从而对中国当代佛教的发展产生深刻影响。中国佛教如何适应当代社会,未来之路在何方,这仍是值得深入思考与不断探索的时代课题。随着社会经济全球化、文化多元化、思想信仰多样化的发展,人们的生存方式、生活方式、思维模式、知识结构等方面都发生了重大变化。这对佛教而言,既是困境,又是机遇。自近代以来,诸多高僧大德对此做了大量的探索与尝试,从太虚大师的人生佛教、人间佛教,到安祥禅、现代禅,都试图为佛教的健康发展找到一条新的路向。净慧法师的生活禅在这些努力与尝试中放射出自身耀眼的光芒。

一、生活禅开辟了中国佛教发展的新路向

生活禅之所以代表了一种中国佛教发展的新路向,原因在于生

活禅尽管承续了传统佛教的真义和禅宗的根本精神,但是它却有着自身独具特色的理论体系和实修方式,这种特色的形成根源于现代佛教根本困境的思考。净慧法师在《生活禅的理念与社会价值》一文中指出:"中国近现代佛教的命运,同中华民族的命运紧密相连,在困境中寻找出路是中国佛教在这个历史时期中的特殊主题。新中国成立后,尤其是中共十一届三中全会以后,随着党和国家的宗教信仰自由政策的逐步落实,中国佛教终于迎来了恢复发展的春天。当前,佛教在硬件恢复方面取得了令人瞩目的成就,而在软件建设方面并没有完全走出困境。中国汉传佛教未来的发展道路具体应该怎样走,仍然是一个需要认真思考和探索的问题。"[1]正是基于对中国佛教的深切忧思和对社会生活的厚重观照,净慧法师才提出了生活禅的理念。净慧法师在《入禅之门》中说:"禅如何适应现代社会也就是佛教如何适应现代社会的问题。佛教适应现代社会不仅仅是一个知识的问题,不仅仅是讲几句佛法,让大家知道佛教是怎么回事,最重要的是要让现代人了解怎样进入修行,怎样改变自己,怎样在佛教里面找到安身立命的地方。这才是佛教为什么要适应现代社会,或者是说为什么要现代化的原因……我们不要把'化现代'理解为包罗一切,好像就是要改造现代社会,不是这个意思。我们是要化现代所有信佛的人,只要你信佛我们就有教化的责任,就有正确引导的责任。信佛要正确地引导,只有正确引导了,信佛才能够走向积极,走向于佛教有利,于国家、社会、人民有利,当然更于我们个人有利。要正确引导,佛教就要作自我调整;不作自我调整,要想适应我们现在的这个社会是很难的。大家从弘法生活、信仰生活、修行生活上可以来实际地体会。"[2]

生活禅的根本特色在于将世俗生活与禅修实践的有机结合,使生活与禅合二为一,并使用简单明了的表达方式以便于人们更容易

---

[1] 净慧:《生活禅的理念与社会价值》,《河北学刊》2011年第4期,第1页。
[2] 净慧:《入禅之门》,上海:上海辞书出版社,2006年,第92—93页。

理解和接受它。"生活禅的提出,并没有在大乘佛教和祖师禅的精神之外添加什么新的东西,只是将祖师禅的'将修行与生活打成一片'的特色更加凸显而已。本意是将祖师禅的修行理念作为一种全新的、积极健康的、引人向善向上的生活方式加以提倡。这是佛教生存发展的内在需求,更是社会大众寻找精神家园、落实信仰回归的迫切要求。我觉得,人间佛教精神的最终落实,就是要在这方面作出努力,否则,任何有补于世的好理念都会变成空头支票。"①

近几十年来,佛教的人间化发展方向已成为中国佛教界的共识。大陆的佛教人间化比较强调现代化转型进程中佛教与现实社会生活相契应,以佛教教义观照世俗人生并发挥其劝世化俗的普世性功能,形成了河北柏林禅寺的"生活禅"模式、河南少林寺的商业化运作模式、上海玉佛寺的都市佛教取向、江苏茗山法师的净土理念取向等多种实践样式。台湾地区的佛教则直接拓展了太虚大师和印顺法师所倡导的人间佛教,形成了以星云大师倡导的佛光山、圣严法师创办的法鼓山、证严上人的慈济功德会、惟觉老和尚的中台禅寺为代表的"四大丛林"。"四大丛林"虽然弘法理念和弘法方式各有自身特色,但都以服务现实社会为指归,体现了太虚大师关于"人间佛教"的阐释:"人间佛教,是表明并非教人离开人类去做神做鬼,或皆出家到寺院山林里去做和尚的佛教,乃是以佛教的道理来改良社会,使人类进步,把世界改善的佛教。"可以说,佛教的人间化意味着佛教必须发挥化导世俗的社会功能,其前提便是佛教必须适应和关切现实的社会人生。

可以说,生活禅是佛教人间化的一种产物,是人间佛教的一种延伸,只是更加注重生活与禅的同一。净慧法师指出:"所谓生活禅,即将禅的精神、禅的智慧普遍地融入生活,在生活中实现禅的超越,体现禅的意境、禅的精神、禅的风采。"②他还经常引用有源律师

---

① 净慧:《生活禅的理念与社会价值》,《河北学刊》2011年第4期,第2页。
② 净慧:《生活禅钥》,北京:生活·读书·新知三联书店,2007年,第164页。

问慧海禅师的一则著名公案来阐明这种同一的情形：

> 有源律师问："和尚修道,还用功否?"师曰："用功。"曰："如何用功?"师曰："饥来吃饭,困来即眠。"曰："一切人总如是,同师用功否?"师曰："不同。"曰："何故不同?"师曰："他吃饭时不肯吃饭,百种须索,睡时不肯睡,千般计较,所以不同也。"律师杜口。①

吃饭、睡觉是众生现实生活的表现,人人相同,却有所不同。本来吃饭、睡觉是无所谓千般计较的,就如婴儿,想吃就吃,想睡就睡。但是,随着年龄的增长,世人追求吃要吃得丰盛,睡要睡得舒适。当世人意识到这种千般计较是不可取的时候,并发心改正,这就是始觉。"饥来吃饭,困来即眠",这种人已经将生活与禅合二为一,对吃饭、睡觉,没有千般思虑,没有千般计较,即达到究竟觉的境界。因而,净慧法师说："禅者的吃饭、睡觉与一般人的吃饭、睡觉有着这样大的差距,这就是我们还不能在穿衣吃饭的日常生活中体验禅的根本症结所在。我们如果去掉吃饭时的'百种须索'和睡觉时的'千般计较',我们当下就可以与历代禅师同一鼻孔出气。"②生活禅以发菩提心、树般若见、修息道观、入生活禅为根本,强调具足正信、坚持正行、禅观十善、保任正受,提倡在生活中修行以觉悟人生,在修行中生活以奉献人生,走上求佛道、下化众生的大乘菩萨道。

二、生活禅夏令营拓展了佛教弘法的新途径

任何宗教思想都必须通过恰当的弘法方式才能得到广泛传播,只有社会大众易于接受、乐于接受,才能对社会产生深刻影响。生活禅在弘传方面采用了多种方式,诸如报刊、网络媒体、音像制品、

---

① 普济:《五灯会元》卷三,《新纂续藏经》第8册,第79—80页。
② 净慧:《生活禅钥》,北京:生活·读书·新知三联书店,2007年,第166页。

讲经说法等方式。然而,最具特色的方式就是生活禅夏令营,可以说,净慧法师创办的生活禅夏令营在当代中国大陆佛教界具有开先河之功。

佛教创立之初的弘法方式主要是讲经说法,这一方式从古至今被继承了下来,随着时代的变迁加入了新的内容。早晚课诵、经忏佛事、各种法会等仪式性和程序性极强的活动,也承担了佛教传播的重要职能,与开示、讲经组成互为表里的整体,把宗教观念、宗教情感、宗教礼仪、宗教制度结合起来,构成一个内在完足的体系。佛陀在鹿野苑初转法轮,度五比丘,组织僧团,建立相关制度,就已经具备了作为一种成熟宗教的各个要素。后来建立寺院,由行乞制度变为主要在固定场所从事宗教活动(南传上座部仍继承原始佛教的做法),这是佛教传播方式的一大转变。这一转变,使得佛教的传播在地域上受到一定限制,形成了以寺院为中心向周围辐射的模式。这种模式较之行乞模式,最大的不同就是传播主体与受体的关系发生了变化,由原来的僧侣主动走向信众及被传教对象,变为僧侣以寺院为依托吸引信众及被传教对象来接受布道。那么,以寺院为中心定期举行各种法会就成为传教必要的方式,这已经延续了上千年。净慧法师在大陆佛教界率先采用夏令营这种方式推展生活禅,对于传统弘法方式是一大突破。

自1993年第一届生活禅夏令营以来,河北柏林禅寺已成功举办了十多届生活禅夏令营。夏令营在参与人员的定位上,主要面向18岁至40岁"想接近佛法但还没接触到,或者接触到了但理解有偏差的年轻人"。历届夏令营营员多数为大学生,主要是本科生,还有少数硕士生、博士生,另外有来自日本、韩国、新加坡等国的外籍营员。在活动内容方面,主要有佛学讲座、早晚课诵、禅修指导、普茶座谈、托钵、行脚、传灯法会等一系列活动,有些营员还体验了一日受戒出家的生活。每届生活禅夏令营虽然时间不长,为期一周,但是参加人员却感受颇深,取得了良好的社会效应。从许多营员的纪念文章中可以看出,通过夏令营活动,他们不仅学到了佛教的一些基本知识,亲身体验了禅修,而且对佛教产生了由衷的亲近、感恩之情。因而,生活禅夏令营活动受到了青年人的普遍欢迎,报名人数很多,每届夏令营营员都需要经过严格筛选才能确定下来。魏德东先生指出,生活禅之所以吸引大批青年学生参与,重要原因在于,它是适应青年学生需要的一种现代时尚活动,采用了许多适应当代青年特点的弘法手段,在形式与内容上均得到青年的喜爱。就对青年学生和知识分子的吸引力而言,柏林禅寺举办的夏令营在中国大陆首屈一指。进入21世纪,生活禅夏令营更为众多佛教道场模仿,成为各地佛教夏令营的范式。这也说明寺院举办夏令营弘法也是时代的需要。①

　　净慧法师在柏林禅寺发起的生活禅夏令营活动在中国大陆佛教弘法方式上具有开创之功。近年来,全国各地寺院纷纷举办类似的夏令营活动,这已成为社会大众了解和亲近佛教的方便之门。

三、净慧法师的两种精神品质,是中国佛教的宝贵财富

　　生活禅的理论与实践对中国当代佛教影响重大,净慧法师对生活禅的理论构建和实践推行真可谓殚精竭虑、勤勉不息。在这一进程中,净慧法师体现出两种精神品质,即禅法创新上契理契机的理性精神和面向现实上普度众生的慈悲精神。这两种精神品质对中国佛教具有潜移默化的功效,这种潜移默化的精神影响通过净慧法师的弟子和亲近者必将在佛教界不断延续。

　　禅法的发展需要不断创新,才能保持其旺盛的生命力,禅法的创新不是想当然的妄想,而是要遵循契理契机的原则:一方面,禅之根本在于解脱生死烦恼,洞彻究竟实相,任何与此相违背的禅法理

---

① 魏德东:"中国人民大学魏德东博士就佛教夏令营意义答记者问",2005年9月10日,柏林禅寺网站。其他关于生活禅夏令营的资料也来自柏林禅寺网站。

论都是不可行的,这就是契理的原则;另一方面,禅法的创新必须契合于当下众生的根性。随着历史时代的变迁,不同时代的众生呈现出不同的根性。根性不一样,解脱的法门也就会有所不同,如果只是因循守旧,那么只会导致禅门流弊,而无法利益众生,这就是契机的原则。太虚大师曾说:"佛学有二大原则:一曰契真理,二曰协时机。非契真理则失佛学之体,非协时机则失佛学之用。"①禅法理论与实践的创新要遵循契理契机的原则,二者不可偏废。印顺法师曾经指出:"如专着重于契理,或不免要曲高和寡了! 如专着重于应机,像一分学佛者,只讲适应时代,而忽略了是否契合佛法的真义,这样的适应,与佛法有什么关系!"②佛教的发展既要继承传统,契合佛理,又要求新求变,符合时代的需要和众生的根机。方立天先生说:"佛教在广大信徒修持实践中高扬'依法不依人'的原则,把佛法、真理的权威置于个人权威之上,体现了以追求真理为归依的精神。佛教在弘扬佛法方面,提倡'如理如法'和'契时契机'相结合的原则,即一方面要求符合佛法、真理,一方面又要求契合时代特点和传教对象的具体条件,并把两个方面有机地结合起来,体现了理论与实际相结合的精神。……佛教上述两项原则不仅表明创新是佛教文化发展的内在的本质要求,也为佛教文化创新奠定了坚实的思想基础。"③可见,禅法的创新不能随心所欲地进行。

净慧法师开创生活禅是以自身对佛法的高深造诣和多年对禅法现代化的探索尝试为基础的,充分体现出契理契机的理性精神。净慧法师将生活禅的基本要点归纳为"四句口诀",即"将信仰落实于生活,将修行落实于当下,将佛法融化于世间,将个人融化于大众"④。在生活中信仰,在信仰中生活,安住当下,证悟佛法。在现实生活中,要做到"在尽责中求满足,在义务中求心安,在奉献中求

---

① 黄夏年主编:《太虚集》,北京:中国社会科学出版社,1995年,第226页。
② 印顺:《印顺法师佛学著作全集》第六卷,北京:中华书局,2009年,第12页。
③ 方立天:《佛教文化发展样式:传承与创新》,《法音》2009年第4期,第54页。
④ 净慧:《生活禅语》,上海:同济大学出版社,2011年,第23页。

幸福,在无我中求进取,在生活中透禅机,在保任中证解脱"①。可见,生活禅注重在现实的世俗生活中透显高远的精神超越。

随着中国现代化的进程和社会主义市场经济的不断发展,社会大众在信仰、价值观等方面受到了强烈的冲击,信仰危机、价值危机已经成为社会的重大问题。净慧法师在谈到为什么会构建生活禅时说:"在现代社会思潮方面,有三种渴求值得我们特别关注:第一种是对信仰和道德的渴求。目前,的确有一部分人的信仰和道德极度缺失,重建信仰和道德已成为全社会的一种普遍渴求。第二种是对社会和谐的渴求。追求人与人之间的和谐、人与自然之间的和谐,是人类社会的一个永恒主题。目前,中国正处在社会转型阶段,这种渴求尤为迫切。第三种是对个体心灵健康的渴求。每个人都希望自己生活得有方向感,能够生活在光明当中,远离心理疾病的困扰,活得轻松自在。这也是当前信仰佛教的人越来越多的原因之一。"②社会大众的这些渴求,激发了净慧法师强烈的社会责任意识,成为他推行生活禅的原动力之一。在生活禅的理论与实践中,我们也可以感受到净慧法师利乐有情、普度众生的慈悲精神。净慧法师曾指出生活禅的主旨"在于将佛教文化与中国文化相互熔铸以后产生的具有中国文化特色的禅宗精神,还其灵动活泼的天机,在人间的现实生活中运用禅的方法,解除现代人生活中存在的各种困惑、烦恼和心理障碍,使我们的精神生活更充实,物质生活更高雅,道德生活更圆满,感情生活更纯洁,人际关系更和谐,社会生活更祥和,从而使我们趋向智慧的人生,圆满的人生"③。

(习细平,南昌大学文学院哲学系,
江右哲学研究中心副教授)

---

① 净慧:《生活禅语》,上海:同济大学出版社,2011年,第105页。
② 净慧:《生活禅的理念与社会价值》,《河北学刊》2011年第4期,第2页。
③ 净慧:《生活禅钥》,北京:生活·读书·新知三联书店,2007年,第164页。

净慧长老的佛学思想与生活禅实践初探
——人间佛教在中国大陆的新发展

朱彩方

一、太虚大师的人生佛教观

太虚大师民国17年(1928)夏在上海俭德储蓄会有个讲演,讲演稿题为"人生佛学的说明"①。讲稿仅1570个汉字,分为五部分。在最后(第五)部分"人生佛教要旨"里,太虚大师阐释道:

> 佛法虽普为一切有情类,而以适应现代之文化故,当以"人类"为中心而施设契时机之佛学;佛法虽无间生死存亡,而以适应现代之现实的人生化故,当以"求人类生存发达"为中心而施设契时机之佛学,是为人生佛学之第一义。佛法虽亦容无我的个人解脱之小乘佛学,今以适应现代人生之组织的群众化故,

---

① 崔参为此讲演所做笔记的原题为"人生的佛学"。讲稿与笔记各自的详略不一,可以互相补充。但对最后一节"人生佛教要旨"彼此似乎没有什么出入,所以笔记里省略了。

当以大悲大智普为群众之大乘法为中心而施设契时机之佛学,是为人生佛学之第二义。大乘佛法,虽为令一切有情普皆成佛之究竟圆满法,然大乘法有圆渐、圆顿之别,今以适应重征验、重秩序、重证据之现代科学化故,当以圆渐的大乘法为中心而施设契时机之佛学,是为人生佛学之第三义。

太虚大师晚年在他主编的《海潮音》上不断发表文章,进一步倡导人生佛教的理念。人生佛教因此"特重于人生改善而直接法界圆明。换言之,今人生佛教,侧重于人生之改善,特出者即能依之发菩提心而趣于大乘之佛果"。概括地讲,人生佛教以人和人类为中心,施设实证、科学的,有秩序的大乘圆渐法门来应对现代时机弘扬佛法;在此人天乘的基础之上"特出者即能依之发菩提心而趣于大乘之佛果"。这个次第在《人生佛教之目的》一文中阐释得更清楚:人间改善;后世胜进;生死解脱;法界圆明。

太虚大师的人生佛教经过印顺法师的弘扬演绎成一脉相承的人间佛教。"我是继承太虚大师思想路线(非'鬼化'的人生佛教),而想进一步地(非'天化'的)给以理论的证明。从印度佛教思想的演变过程中,探求契理契机的法门;也就是扬弃印度佛教史上衰老而濒临灭亡的佛教,而赞扬印度佛法少壮时代。这是适应现代,更能适应未来进步时代的佛法!"[1]人间佛教的思想在台湾过去几十年里由印顺、星云、圣严、证严等大师的努力而广为弘扬。中国大陆的汉传佛教自新中国成立后,尤其在改革开放后也已达成人间佛教的基本共识。[2]净慧长老是当代大陆佛教界努力提倡并落实人间佛教的重要代表。

---

[1] 黄夏年编:《印顺集》,北京:中国社会科学出版社,1995年,第132页。
[2] 净慧:《关于"生活禅"理念提出二十周年的一点感想》。载于黄夏年主编《生活禅研究》,郑州:中州古籍出版社,2011年。

二、净慧长老的佛学思想与生活禅实践

1.净慧长老的佛学思想

净慧长老是新中国成立以来国内为数不多的集学问、修行、弘法、办道于一身的高僧。[①] 不少僧人也写书出版、广结善缘,但他们似乎要么以开示为主要方式讲述自己的体会,要么以研究义理为主,极少会从事严格的文献考证,以严密的思维写出具有国际学术水准的论文。净慧长老的《慧能得法偈初探:兼论〈坛经〉的版本问题》[②]一文,据我所知在国际同行学术圈内也算独树一帜。[③] 西方佛学家即使是禅宗修学者对《坛经》也并不重视,如果他们看到这篇论文后或许会有所改变。10年前我在哈佛神学院念研究生时,当时院长有一句话我记忆犹新,大意是:21世纪的神学,如果没有一点历史性,那将难于奏效。佛学虽非神学,但在现代、当代弘法、传教时,各个宗教或多或少面临着同样的"历史性"问题。20世纪中叶,胡适与铃木大拙就禅宗的历史性和超越性的大辩论应该说各自都得了应得的分。[④] 汉传佛教圈内同时代的僧人中,大概只有印顺法师和圣严法师既能深究义理,又能翔实考证。重考证、证据是前面所引太虚大师"人生佛学要旨"中的第三义,是现代社会体现人间佛教的一个重要方式。

[①] 黄夏年在《净慧长老与三僧》一文中从《高僧传》的标准论述净慧长老为高僧。邢东风在《怀念净慧长老,发展佛教学术》一文中称净慧长老为"当代中国杰出的高僧、佛教思想家、实践家、佛教学者"。此两文均收在《第三届河北禅宗文化论坛论文集》上册。

[②] 此文又名《〈敦煌写本坛经〉是'最初'的〈坛经〉吗?》,见《中国佛教与生活禅》,北京:宗教文化出版社,2005年。

[③] 2013年5月26—27日在第三届河北禅宗文化论坛期间,何燕生教授(日本郡山女子大学)在与我一次私下谈论时说起他曾给净慧长老的那篇论文提供了不少文献资料。

[④] 相关辩论请参阅潘平、明立志编的《胡适说禅》与张文达、张莉编的《禅宗:历史与文化》。

净慧长老的佛学研究与思考涉及许多方面,本文主要从他对《坛经》的研究和对当代佛教契机契理(现代化、化现代)的思考两个方面做初步的阐释。

(1)对《坛经》的学术研究。

1980—1990年,净慧长老为中国佛教协会会刊《法音》主编。1982年和1987年,他在《法音》期刊上发表了两篇探讨《坛经》版本和思想的论文。在《慧能得法偈初探:兼论〈坛经〉的版本问题》一文中,他以翔实的禅宗文献史料和慧能的主导思想为依据,加入到国际禅学界因敦煌写本《坛经》在1922年的发现而持续了几十年的热烈探讨之中。他质疑敦煌写本的《坛经》为最早、最原始的文献;他大胆地假定敦煌本(960年前后面世)之前还有个曹溪古本或曹溪原本。这个古本起码在元代以前流通过,契嵩见过。净慧长老认为唐代的惠昕本(967年刊)不是像国内外众多学者所认为的那样在敦煌本里蓄意篡改、添加私货,为后来的流行本(契嵩本1056年刊、德异本1290年刊、宗宝本1291年刊)开了假冒伪劣的头。净慧长老根据文献史料推断惠昕本是繁杂的曹溪古本的简明本。"《坛经》的演变不像中外许多学者所指出的那样是个由简到繁的过程,即敦煌本——惠昕本——契嵩本——宗宝本;而是一个由繁到简,又由简复原的过程,即古本(或曹溪原本)——惠昕本(或类似之本)——敦煌本(或类似之本)——契嵩本(复原本)"[1]。

五年后,净慧长老在《法音》1987年第6期发表论文《慧能得法偈再探》,"从慧能得法偈的针对性、慧能接引学人说法的特点和慧能思想的广延性三个方面加以探讨"[2]。从针对性的角度讲,针对"神秀偈四个肯定句型,慧能偈反其意而用之,来了四个否定句型,他用了'翻案法',坐断有无,一扫当时佛教界'分别名相''入海算

---

[1] 净慧:《慧能得法偈初探:兼论〈坛经〉的版本问题》,原载《法音》1982年第2期,收编在《坛经一滴》,北京:宗教文化出版社,1997年,第210—211页。

[2] 净慧:《慧能得法偈再探》,原载《法音》1987年第6期,收编在《坛经一滴》,北京:宗教文化出版社,1997年,第224页。

沙'的积习"①。另外,净慧长老认为有争议的关键句"本来无一物"与敦煌本和流行诸本共有的"无相为体,无念为宗,无住为本"的《坛经》"三无"基本思想是一致的,所以敦煌本的"佛性常清净"不应该是慧能的原本思想。从说法的特点来说,慧能说法"以'随方解缚',应病与药,不拘一格著称"②。这也就顺理成章地解释了慧能禅学思想的"广延性":他既讲般若空宗(《金刚经》),也讲佛性论(《涅槃经》),还引用《楞伽经》《维摩经》《法华经》《梵网经》等。净慧长老以此回应了《坛经校释》作者郭朋的逻辑:《坛经》里不同佛学体系的思想是后人篡改或歪曲的结果。净慧长老认为这种逻辑显然是不妥的。

净慧长老表示《坛经》是一座大宝藏,是一本内容十分丰富的禅宗教科书。"佛法在人间,不离世间觉,离世觅菩提,恰如觅兔角"的思想体现了《坛经》的主题思想是"面向现实、面向人生、面向社会"③的。净慧长老殷切希望佛教界在"大力提倡人间佛教、发扬优良传统、促进精神文明的今天"来发掘并应用《坛经》这个宝藏,学习慧能禅风的朴实无华,"切不可怀宝不识宝"④。

(2)对佛教现代化与化现代的阐释

这个命题在净慧长老的许多演讲文稿中,常与佛教"契理契机"的概念同时阐述,甚至互为转换:现代化即契机,化现代即契理。净慧长老 1994 年 12 月参加香港佛教法住学会举办的题为"佛教与现代挑战"的国际学术会议时宣读了论文《当代佛教契理契机的思考》。他在文中明确指出:

> 就佛陀的教法应机施设而言,佛教不应该有现代与传统的

---

① 净慧:《慧能得法偈再探》,原载《法音》1987 年第 6 期,收编在《坛经一滴》,北京:宗教文化出版社,1997 年,第 227 页。
② 同上,第 311 页。
③ 同上,第 237 页。
④ 同上,第 237 页。

分别,佛教,究其根本意趣,它永远是现代的,是当下的。所谓佛教永远是现代的,是指佛教应该永远契合当时。当地社会人心的因缘形势而新之有新,新新不已,引导人们如何在当下离苦得乐。①

如果说净慧长老上述关于佛教的现代性和契机性基本上延续了太虚大师关于佛教契机契理的思想,那么作为一代禅僧,净慧长老提出的"佛教当下论",则是对契理契机的一种更鲜活的诠释。

净慧长老在文中指出慧能使中国的佛教大众化,太虚的人生佛教②使中国佛教走上了现代化的道路。至于佛教的现代化或者现代化的佛教究竟是什么,净慧长老给出的答案是:人本的佛教、社会的佛教和世界的佛教。

人本的佛教,就是要以人为本、关怀人生、发达人生、净化人生,着眼于现实人生当下烦恼的淡化、智慧的增上、道德的提升、生活的改善,从而达到人生的解脱……应该高扬觉悟人生、奉献人生的主题,以之启迪、摄受现代人。

社会的佛教,就是要积极参与而不是消极隐遁。我们要充分利用科技手段,通过各种社会渠道面向社会弘法,并积极主动地兴办各种利益人群、服务社会的文化、慈善、福利事业,介入社会、参与社会,使佛教界成为社会各阶层中的一个真正的实体。

世界的佛教,就是要面向世界、走向世界而非闭关自守、抱

---

① 净慧:《当代佛教契理契机的思考》,《中国佛教与生活禅》,北京:宗教文化出版社,2005年,第1—2页。
② 净慧长老对人生佛教与人间佛教的主要区别简化为前者基本上是"个人的净化",后者主要是"群体的改善",两者"在习惯用法上没有本质的不同"。参见《人间佛教以戒为师》一文,载于《中国佛教与生活禅》,第17页。

残守缺。①

人本的佛教、社会的佛教、世界的佛教在净慧长老看来就是人间佛教,也就是现代化的佛教。

佛教现代化是为了什么?净慧长老在不同场合引用王雷泉教授的话:现代化是为了化现代。

> 佛教现代化是契机,是随缘;佛教化现代是契理,是不变。现代化不是随波逐流,而是因势利导。佛教始终应有深远超越的眼光,慈悲摄受现代人,作时代精神的航标;在适应潮流的同时,要引导潮流。因为现代文明的繁荣只是一种幻象,人类的心灵仍然在盲目地流浪,佛法能引导人们走上离苦得乐的幸福之道,使之回归到精神的家园。立足现代,立足当下,这应该是佛教永恒的价值目标。②

2000年11月,净慧长老在上海玉佛寺讲生活禅时又提到佛教现代化与化现代的关系。细心的读者不难发觉,长老这次对化现代的提法有所不同。"怎么化现代呢?……我们不要把化现代理解为包罗一切,好像就是要改造现代社会,不是这个道理。我们是要化现代所有信佛的人。只要你信佛,我们就有教化的责任,就有正确引导的责任。"③这个"化现代"似乎比前面的有所婉转,更显其稳妥。应该说这个婉转可能不只是时间和空间的变异所致,也许还有个可供参考的原因:前者是当时年仅25岁左右的明海法师执笔的稿子,而后者是净慧长老的亲说。师徒理念一脉相承,只是由于年

---

① 净慧:《当代佛教契理契机的思考》,《中国佛教与生活禅》,北京:宗教文化出版社,2005年,第5页。
② 同上,第6页。
③ 净慧:《生活禅》,见《五叶堂问禅集·入禅之门》,上海:上海辞书出版社,2006年,第92页。

龄、阅历的差异,前者充满理想、意气风发,后者则是稳中进取。

2.生活禅的理念与实践

净慧长老佛学、佛教思想的最大亮点无疑是他从1991年提出,1992—1993年正式开始倡导的生活禅。我们在此做个简要的历史回顾。

(1)生活禅产生的历史背景

净慧长老提出生活禅的原因主要在于当时社会上在热烈探讨禅,而佛教界内部的反应"声音太小太微弱,而且还很单调。社会上一方面是在把禅推向了热潮,另一方面在某种程度上把禅也歪曲了。迫于这样一种形势,我从历代祖师的语录、佛言祖语当中体会到修行不能离开生活,于是提出了'生活禅'"①。

除此以外,净慧长老在2006年《五叶堂问禅集·入禅之门》"原序"中写道:"1990年、1991年之际由于受传统禅宗和当代海内外许多大德新的弘法观念的启发和影响,我提出了'生活禅'的修行理念。"②

2011年,在纪念生活禅理念提出20周年时,他又说太虚大师提倡的"人间佛教"已成教界共识,要落实"人间佛教"必须抓好僧团的自身建设和法的建设。所谓法的建设,"更准确地说,是要根据现代人的根性,对传统佛教已有的那些贴近生活、鼓舞上进的教义、修行理念和修行方法,作出新的阐释,使之与现代的社会思潮相适应,与现代人的生活方式相适应,以方便于现代人更好地信受奉行。关于生活禅的修行理念的提出,正是我们这二十多年来对这一问题所作的一些探索"③。

---

① 净慧:《生活禅》,见《五叶堂问禅集·入禅之门》,上海:上海辞书出版社,2006年,第93页。
② 同上,原序,第2页。
③ 净慧:《关于"生活禅"理念提出二十周年的一点感想》,载于黄夏年主编的《生活禅研究》,郑州:中州古籍出版社,2011年,第15页。

(2)生活禅的目的和宗旨

1993年7月25日,净慧长老在首届生活禅夏令营的开示①中说:"生活禅的目的和宗旨是强调关怀人生、觉悟人生、奉献人生,所以说生活禅与我们积极的入世精神是密切结合的。"②长老指出"没有集中修行或修定的过程,生活禅就无从谈起"③。他说生活禅所讲的禅不仅仅是禅宗的禅、六度中的禅定度;生活禅的禅包括了佛教所有的修行法门。提倡生活禅"就是希望在生活的方方面面,能够贯彻佛法的精神,贯彻禅的喜悦、禅的安详、禅的宁静"④。

在第八届生活禅夏令营开营式讲话中,净慧长老明确指出生活禅"来源于祖师禅的精神和'人间佛教'思想,目的在于落实人间佛教的理念,进而把少数人的佛教变成大众的佛教,把彼岸的佛教变成现实的佛教,把学问的佛教变成指导生活的佛教"⑤。记得有一次在柏林禅寺的小斋堂餐桌上,净慧长老对我们坦言,太虚大师人间佛教的思想我们落实了还不到百分之五。

(3)生活禅的内容、方法和次第

作为落实并实践人间佛教的一个法门,生活禅"以人间现实为土壤,以净化自他为宗旨,以观照生活的当下为修行,以现法乐住为证量。生活禅的次第是:发菩提心,立般若见,修息道观,入生活禅"⑥。这个次第也称为生活禅的"根本"或核心内容,前两者(发菩提心,立般若见)是见地;后两者(修息道观,入生活禅)是功夫⑦。

---

① 净慧:《首届生活禅夏令营法座》,《中国佛教与生活禅》,北京:宗教文化出版社,2005年,第152—163页。
② 同上,第152页。
③ 同上,第152页。
④ 同上,第155页。
⑤ 净慧:《第八届生活禅夏令营开营式讲话》,《中国佛教与生活禅》,北京:宗教文化出版社,2005年,第166页。
⑥ 同上,第166页。
⑦ 净慧:《生活禅》,见《五叶堂问禅集·入禅之门》,上海:上海辞书出版社,2006年,第96页。

在第八届生活禅夏令营开营式讲话中,净慧长老不仅勾勒出了一直沿用至今的生活禅的核心内容和修行方法,而且还提出了生活禅修行的四句口诀:"将信仰落实于生活,将修行落实于当下,将佛法融化于世间,将个人融化于大众。"①他又从职责、义务、幸福等生活的方面要求生活禅的实践"在尽责中求满足,在义务中求心安,在奉献中求幸福,在无我中求进取,在生活中透禅机,在保任中证解脱"②。

如同太虚大师,净慧长老深谙佛教教义,因此能驾轻就熟、圆满地勾勒一个思想体系。有所不同的是,长老以进一步落实、实践人间佛教为己任,更心切于生活禅的实践和运作。虽然生活禅的思想内容与修行方法逐步得到了充实和完善,严格地讲,生活禅的可操作性依然存在不少的空间需要填补。净因博士与我在第十五届生活禅夏令营时对这个"可操作性"都表示高度的关注。近来仔细阅读长老已出版的各种文献时,感觉生活禅"核心内容"四次第中的"修息道观"似乎是最可操作的,也是最有可能让学人直接有安静体验的敲门砖。在上海玉佛寺题为"生活禅"的讲座中,净慧长老比较系统地阐释了息道观的内容与修法。

净慧长老先说明数息观不只是小乘佛法的修为,禅宗包括菩提达摩、四祖、五祖的法语中都提到如何用它,因此它是佛法各宗派乃至其他许多灵修门派的共法。净慧长老指出天台宗的息道观(禅波罗蜜)最为发达。息道观中"数息观是个最简便最亲切的方法"。怎么数息?净慧长老教大家先只数出入息的"出息",因为关注出息有益于排出体内的废污。息有四相:风、喘、气、息。前三者为息之不调相。"刚开始在进入数息观的时候,我们可能呼吸很粗很粗,有时候鼻子不通气,呼吸像拉风箱一样,那个时候就是风,不是息,这是息的不调相。经过一段时间,这个风相会消失,就出现喘。喘就

---

① 净慧:《第八届生活禅夏令营开营式讲话》,《中国佛教与生活禅》,北京:宗教文化出版社,2005年,第167页。
② 同上,第167页。

是我们呼吸出入不均,快一下、慢一下,结滞不通,这也是息的不调相。当每一呼每一吸之间的距离基本上趋于稳定,只是在呼吸上比较粗,感觉得很明显,这就是气。风、喘、气这三者叫'息不调相'。息的调相就是息,息是'若有若无,绵绵密密',出入比较均衡,而且又没有声音。大家记住这八个字就可以,叫做'若有若无,绵绵密密,为息调相'。"①

净慧长老告诉大家息道观从这个角度讲就是要把呼吸调好,而调好呼吸就是把风、喘、气三相逐步地排除,调到息的调相。这当然需要一定的时间。另外,他从息的出、入、停三时段来教息道观。

"佛家禅定的修行是在一呼一吸的转折上面做功夫。呼出来吸进去叫一呼一吸,它的中间转折是什么?就是息所住的那一刻。息可以分为三个阶段,就是出息、入息、住息,要在住息上面做功夫,你的心才能够真正安定下来。对于修行得比较成熟、比较有功夫的人来说,住息的时间越长,得禅定的可能性就越大。或者是说,这样就离得禅定的时间很近,你就很有可能将这一呼一吸转换之间的息住在那里,那么你当下就能够入定。②

梁世和在《生活禅修行次第体系》一文中系统地梳理了传统禅宗理论与实践中见地(境界)与功夫的关系。他指出总体上传统禅宗重见地(直奔明心见性)、薄功夫修养的次第,否则祖师禅也与如来禅没有什么区别。但生活禅整合了祖师禅与如来禅,所以发菩提心、树般若见是见地,修息道观、入生活禅是功夫。梁先生推出的广义生活禅与狭义生活禅的区别,有助于梳理净慧长老在不同场合提出的诸多概念和功夫修养。梁先生指出上文提到的生活禅四个"核心内容"是广义的生活禅修行次第,而其中的最后一个(入生活禅)是指狭义的生活禅,即功夫层面的生活禅。净慧长老2006年在四

---

① 净慧:《生活禅》,见《五叶堂问禅集·入禅之门》,上海:上海辞书出版社,2006年,第102页。
② 同上,第100页。

祖禅寺禅文化夏令营提出了似乎是新的生活禅修行的基本次第和方法:"安住当下,守一不移,一念不生,灵光独耀。"梁先生认为这十六字次第"实际上大体上属于广义生活禅修行次第中的息道观的方法和次第"。有意思的是,读者可能会发觉与广义生活禅的次第(先境界后功夫)相反,这十六字四句话的头三句是功夫,第四句才是境界。净慧长老将"守一不移"又细化为四个更可操作的修为和状态:放下、专注、清明、绵密。① 严格地讲,"清明"和"绵密"的确更像境界而不是功夫。所以,分别是相对的,是方便法。

在第十四届(2006)生活禅夏令营开营式讲话中净慧长老对当时生活禅理念做过初步的梳理。从第八届生活禅夏令营的理念和实践来看,第十四届生活禅夏令营开营式讲话中提出的最大的亮点是进一步完善或细化了如何落实生活禅四句纲领性的口诀:

> 在怎样落实"将个人融化于大众"的思考中,提出了"大众认同,大众参与,大众成就,大众分享"的理念和"感恩、分享、结缘"的要求;在怎样实现"将佛法融化于世间"的思考中,提出了"正信佛、法、僧三宝,勤修戒、定、慧三学,息灭贪、嗔、痴三毒,净化身、口、意三业"的要求;在怎样实现"将修行落实于当下"的思考中,提出了"修在当下,悟在当下,证在当下,庄严国土在当下,利乐有情在当下"的要求;在怎样实现"将信仰落实于生活"的思考中,提出了"信仰、因果、良心、道德"的八字要求;同时将落实信仰的要求定位在"以三宝为正信的核心,以因果为正信的准绳,以般若为正信的眼目,以解脱为正信的归宿"四句口诀上,强调了修习"生活禅"不离解脱道的大方向。②

---

① 梁世和:《生活禅修行次第体系》,载于黄夏年主编的《生活禅研究》,郑州:中州古籍出版社,2011年,第414—415页。
② 净慧:《生活禅》,见《五叶堂问禅集·入禅之门》"原序",上海:上海辞书出版社,2006年,第2—3页。

第十四届生活禅夏令营开营式讲话中净慧长老还提到"感恩、分享、结缘"的六字口诀,不久就扩充为"感恩、包容、分享、结缘"的八字方针。这八字方针又演绎为四句话:"以感恩的心面对世界,以包容的心和谐自他,以分享的心回报社会,以结缘的心成就事业。这四句话几乎可以覆盖我们日常生活、工作的方方面面,它本身就具有极大的包容性和极广泛的适应性,只怕你不肯用,一用就灵,就能解决问题。"①

　　2011年5月在《关于"生活禅"理念提出二十周年的一点感想》中,我们看到了净慧长老作为一个当代中国大陆顺应并落实人间佛教思想的大德明而时新的阐述。他指出生活禅以及整个汉传大乘佛教如要更好地契合时机,融入时代、社会,为构建和谐社会尽责,那就需要关注中国当代社会思潮的三种渴求:对信仰和道德的渴求;对社会和谐的渴求;对个体心灵健康的渴求。生活禅在紧扣现代社会的这些渴求之时,还要与当代人修行时喜好"追求简易、休闲和生活化的心理倾向相契合"②。经过二十年的努力,生活禅已经在佛教内外得到了"广泛认同和肯定",但弘扬生活禅——人间佛教的新进展——"是一个永无止境的契理契机的过程。我们相信会有更多的有识之士共同参与重振汉传佛教的这一辉煌伟业"③。

　　学愚在《生活禅今论》一文中阐述如来禅、祖师禅都是与生活密切联系的生活禅。为了方便起见,学愚把净慧长老提倡的生活禅称为现代生活禅。明尧认为汉传佛教信众自明清以来在解脱观、出离心、忏悔观、修行观、妙用观问题上出现了认识的偏差。例如很多信众将"解脱"与死后的"往生"混为一谈,导致了他们过分重视命终及死后的情形而轻视现实人生,以至于社会上普遍认为佛教"消极避世、脱离大众、不关心社会现实"。生活禅"在某种程度上来讲,就

----

① 净慧:《第十四届生活禅夏令营开营式讲话》。
② 净慧:《关于"生活禅"理念提出二十周年的一点感想》,载于黄夏年主编《生活禅研究》,郑州:中州古籍出版社,2011年,第21页。
③ 同上,第21页。

是要纠正这些偏差,引导信众走出这些误区,踏上正见、正信、正行之路"①。

那么,净慧长老提倡的生活禅究竟是怎样对待生死这个终极关怀的呢?对此净慧长老说:

> 生得不好,死也死不好。只有生得好,才能死得好。生的时候要了生……一切应该尽的责任和义务要尽到,那就是了生;一切不应有的追求和想法,都要决然放弃,那也是了生。这两个方面加在一起,就是我们平常所说的"断恶修善"。断恶修善是了生的最佳选择。不知断恶,不知修善,不可能了生……也不可能脱死。因为不能了生,就不能脱死。②

在《生活禅钥》的最后一节,长老总结道:

> 生活禅帮助我们如何对待人生的终点站。人固有一死,这是一切法无常的必然规律,用不着怕。如果有真诚的信仰,坦然面对,死生一如,当下就体会到如来如去,你就真正能够视死如归,就真正进入到无住涅槃。我的主张是:无论在临死的时候,还是活着的时候,都要做到"安住当下,一念不生,从容面对,死生一如"。时时刻刻安住在这样一种现法涅槃中,才是真正地了生脱死,才是禅宗或生活禅所提供的终极关怀的方案。③

3. 国际视野

净慧长老是一位具有国际意识和经历的当代高僧。他访问、讲

---

① 明尧:《从对解脱观,出离心,忏悔观,修行观,妙用观等基本概念的理解看生活禅的意义》,载于黄夏年主编的《生活禅研究2》,郑州:中州古籍出版社,2012年,第261页。
② 净慧:《生活禅钥》,北京:生活·读书·新知三联书店,2013年,第303页。
③ 同上,第307页。

学过的国家有四十多个,还有不少海外弟子。他希望生活禅的实践能够使人们"成为人格完善、关系和谐的人,进而推动整个社会和人类的不断净化、进步和祥和"①。他在《当代佛教契理契机的思考》一文中提出当代中国佛教应该努力成为"世界的佛教"。这包含三个因素,其中第二、第三个因素是:

> 其二,在世界文化的背景下对佛教文化予以新的阐扬发挥。这方面的工作非常重要。我们都知道日本铃木大拙氏在向西方介绍禅方面作出的贡献。他能用新的哲学语言在东西方宗教、哲学比较的视野内阐述禅,所以能引起许多西方人的兴趣。其三是大力向异域弘法。欧美现在都已有佛教的寺院,但据我所知,它们主要面向亚裔侨民,真正直接向西方人民弘法的还不多。②

师领在《生活禅研究导论》一文中也把"生活禅的世界化与国际化"作为应该研究的问题列举了出来。我本人非常支持这种想法和做法,也在切实从事一些这方面的工作。站在当今世界文化的高度来诠释和弘扬佛教是紧迫的也是颇具挑战性的工作。铃木大拙的巨大成就主要是由于他是个修行性的学者(a scholar practitioner),既熟悉禅佛原始语言、文献(通晓梵文、汉语、藏文),又熟练掌握英文及西方文化(哲学、宗教、心理学)。由于历史和意识形态的原因,中国没有产生具有如此国际影响力的学僧或居士。

在国内同时代的法师中,净慧长老相对来说算是个具有国际意识、开明的学僧。他经常告诫信众要向基督教、天主教学习传教与待人之热诚。"我们和尚或居士,有三个人来问就不耐烦,只说你好

---

① 净慧:《人间佛教以戒为师》,《中国佛教与生活禅》,北京:宗教文化出版社,2005年,第293页。
② 净慧:《当代佛教契理契机的思考》,《中国佛教与生活禅》,北京:宗教文化出版社,2005年,第5—6页。

好念阿弥陀佛就行了,不给他讲道理。"①我记得早在20世纪90年代中期,净慧师父就对柏林禅寺的大众要求像日本寺院那样,早上见面彼此说声"早安"。在上海玉佛寺讲演时净慧长老还专门建议玉佛寺请一些人对玉佛寺的历史及真禅大和尚对佛教的贡献进行翻译,再翻译一些佛法的书籍,印出来结缘给外国人。"我们在这方面可以做很好的工作。这都是生活禅。"②

1994年1月22日,净慧长老在巴黎弘法时与夏尔梅耶先生对话。据明海法师记录,对话接近末尾时净慧长老表示有意将中华禅宗介绍到法国:

>净慧大师:先生提到的问题都很重要。我们希望把中国的禅传到欧洲来。
>夏尔梅耶先生:希望您能在欧洲办一个禅堂。
>净慧大师:还要靠您的帮助!
>夏尔梅耶先生:您办禅堂,我要做第一个信徒。
>净慧大师:您有这种远见很难得。
>夏尔梅耶先生:我说一个故事给你听……
>净慧大师:(笑)将来如果有可能,找一个地方,哪怕只有一二百平方米,开一个禅堂,也是很不错的。这需要先生的帮助,因为先生有远见,又有威望、有影响。
>夏尔梅耶先生:您过奖了,我们需要您这样的人,可是太少,太少!
>净慧大师:希望能通过这次弘法的因缘让中国禅在巴黎生根。③

---

① 净慧:《生活禅》,见《五叶堂问禅集·入禅之门》,上海:上海辞书出版社,2006年,第105页。
② 同上,第107页。
③ 净慧:《人间佛教以戒为师》,《中国佛教与生活禅》,北京:宗教文化出版社,2005年,第419—420页。

应该看到,尽管净慧长老展现出相当的国际意识,由于时代和个人成长的制约,长老的国际意识基本上还是以向西方弘法为主。他与西方主流文化沟通、对话的兴趣和程度比较有限(比如,西方十分重视个性,而生活禅要求"将个人融化于大众")。对此,我们或许应该回到契理契机(现代化与化现代)的问题:人间佛教、生活禅在调整自己适应当代社会(包括国际社会)与化导社会、教化他人之间应达到怎样的一个平衡?出国弘法与在国内接引国际人士又应具有如何不同的策略?

三、人间佛教、生活禅尚待关注的几个问题

1991年,我在北京广济寺开始跟随净慧长老学佛修禅,其间虽有十年在欧美求学,但一直关注、实践师父的许多言传身教,关注生活禅的发展、完善。

2013年2—4月间,我在荷兰的阿姆斯特丹自由大学(Vrije Universiteit Amsterdam)讲学研究。其间在一次中国佛教研讨会上我作了 The Future of Chan Is to Address the Future as Well(《禅的未来在于也照顾未来》)的主题发言。这是对禅宗只管当下(现在)不顾过去、未来而提出的理论与实践问题。我常想,如果禅宗要契机,在当今社会让人比较容易接受,那么就得好好面对世间种种考量和计划(包括社交、工作、约会等。即使寺院生活也得计划)。当下好好地计划未来具体的安排并没有违背活在当下的实践,只要你全神贯注地在制订计划、在工作,那就是最好的正念,最大地活在了当下。虽然在理上我们可以这样那样地化解这个矛盾,但在事实上国人尤其是禅门信众喜欢即兴,不愿或不善计划、预约。没有计划、不愿计划、只顾当下即兴地生活,对个人尤其是一心出世的个人或许可以甚至必须这样。但在世间人际交往或团队工作中将非常困难,甚至造成一片混乱。2011年秋,第二届黄梅禅宗文化高峰论坛会议进程的"随意"和混乱或许就证明了这一点。我在旧金山禅修中心、欧

洲禅修中心、阿姆斯特丹禅修中心等许多欧美禅宗道场住过、体验过,也讲过课。他们普遍认同尽早提前预约和认真计划的方式使得个人生活和团体活动都呈现出良好的秩序和效果。其实计划订好了也不需要你天天操心,到时候去执行就是了,你依然可以活在当下。虽然诸法无常,但身处社会、家庭、单位,我们还是要按中道的思想,假定将来的存在和到来,死马当活马医。唯有在理事上均不只管"当下",而且也认真照顾"未来",生活禅才更能契合时代与国际,深入大众的社会和职业生活,给人间佛教提供更切实的新注脚。

我作完上述报告后有荷兰听众问我:日本的禅宗,南传的内观禅和藏传佛教在不同时期为欧美信众热情追随。看起来现在是否应该轮到中国佛教在西方流行了?如果是的话,你觉得中国禅宗有什么其他宗派所没有的特点和亮点?这是个很有意义的提问,当时我觉得眼前一亮:中国软实力中的宗教、哲学真的在被国际召唤了!中国的禅宗是该走出去了。生活禅是否已经整装待发?

人间佛教、生活禅的理论体系与实践都已日趋完善。但如果以当今国际眼光来看,它们似乎还需要关注、吸收心理学的一些研究成果(佛教对当代西方心理学的引领和诸多贡献不在本文讨论之列)。

从发展心理学角度来讲,瑞士心理学家皮亚杰的儿童认知发展四个阶段与美国心理学家埃里克森的八个人格发展阶段的理论值得我们参考。皮亚杰认为:一个人的早期发展至关重要。婴儿两三岁或三四岁左右,语言、认知和个性的框架基本定型。现在也有不少学者指出,虽然早期成长很重要,个人发展则是整个一生的事情。一般来说,如果小孩在两三岁、三四岁时不能形成一种长久乃至永恒的依靠感,那他以后这一辈子恐怕心里总是不踏实,总是有焦虑,总是有些问题。所以,早期的抚育,永恒感(a sense of permanency)很重要。具体来说,婴儿要养成对给他照顾和抚养的人的依赖感和执着感。只要是他小时候(婴儿、儿童、少年期)有靠得住的这么一个人,将来成长时心态就相对稳定。

埃里克森的人格发展八阶段理论

发展阶段	发展任务
1.婴儿期(0岁—1.5岁)	信任感或不信任感
2.幼儿前期(1.5岁—3岁)	自主性或羞怯感
3.幼儿后期(3岁—6岁)	勇敢或怯懦
4.学龄期(6岁—12岁)	勤奋感或自卑感
5.青年期(12岁—18岁)	自我同一性或同一性混乱
6.成年早期(18岁—25岁)	亲密感或孤独感
7.成年期(25岁—65岁)	生殖感或停滞感
8.成熟期(65岁以后)	满足感或绝望感

根据这些信息,似乎可以得出结论:佛教的教义总的来说更适合心理和社会发展比较成熟的人。太虚大师说"成就在人格,人成佛也成"。我不太赞成"后半生"才是学佛的合适时期。但我觉得个人的基本人格结构(生理、认知、情感等)养成后(即进入成年期后),才谈得上"破执着""放下""无我""空"。如前面所说,年幼时,如果不养成某种情感的依赖感,如果不"立",不"执有"一点,那么未来的人格养成很可能会出现严重的不安全感。所以这个时候,要多给他讲一些健康的个性发展。如果精神和哲学上的"无我""无常"思想从小就大量灌输,那么心理学上的负面影响将涉及未来个性发展、社会交往以及职业工作能力。那时,他可能需要心理咨询来弥补成长期出现的不合时宜的"超越"。所以,以佛教为导向的美国心理分析师Jack Engler(杰克·安格尔)的一个观点是:"先有我,后无我。"

净慧长老的《在家学佛方便谈》是为数不多的专门对居士讲的话,讲于2001年,在荷塘月色素餐馆。讲话依照生活禅的四个纲目展开。在讲到第三纲"将佛法融化于世间"时,他说:

作为在家学佛的人来说,首先是要建立一个佛化的家庭。

这里大家别误会了，建立佛化的家庭，并不是说家里供满了菩萨就是佛化家庭，而是在家庭里充满了佛教的精神，有礼让，有关怀，有爱心，这才是佛化家庭的内涵。小孩看到母亲来了，赶快迎上去；母亲看到小孩来了，赶快亲两下，这就是爱心，这就是佛化家庭的精神。看到小孩都不理，"你别打我的闲岔，我正念佛呢"。你看看，这行吗？①

生活禅是人间佛教的最新发展。净慧长老上面这段关于佛化家庭的开示，有可能把"只落实了百分之五"的太虚大师人间佛教思想向前迈进一大步。可惜，对家庭生活的类似开示太少了，也很少有同类的研究课题和论文。

净慧长老是当代中国大陆佛教界集思想学问、弘法利生、禅修亲证于一身的高僧。他秉承太虚大师"人生佛教"、印顺导师"人间佛教"的思想，20多年来努力倡导、构建并不懈地实践生活禅，谱写了中国大陆人间佛教的最新篇章。人间佛教、生活禅在未来的进一步发展、传播过程中，国际需求、心理学发现和信众家庭生活应该得到更多的关注。

（朱彩方，中国人民大学国际佛学研究中心研究员，
河北禅学研究所研究员，博士）

---

① 净慧：《在家学佛方便谈》，《中国佛教与生活禅》，北京：宗教文化出版社，2005年，第338页。

净慧长老与河北佛教发展[①]

崔红芬

河北,史称燕赵。佛教于两汉之际传入燕赵大地,十六国时期,佛教得以快速发展,有佛图澄、道安等著名僧人弘传佛法。东魏、北齐之际,邺城成为当时佛教中心之一,著名的响堂山石窟开凿兴建于这一时期。安史之乱以后,河北处于藩镇割据之地。在藩镇节度使的保护之下,佛教继续发展,以正定为中心的佛教日渐兴起,义玄、从谂等高僧大德在唐朝后期来到河北传播禅宗,义玄在镇州创建临济宗,从谂禅师行至赵州,驻锡观音院,弘传禅法,形成赵州禅。禅宗南宗传入北方,并在河北发展兴盛。辽金宋元明清以来,河北地区的佛教也有不同程度的发展。由于种种原因,近代以后,河北佛教逐渐衰微。自十一届三中全会之后,党的宗教信仰自由政策开始逐步得以落实。尤其自1988年净慧长老来到河北主持佛教事务,从此净慧长老与河北佛教事业的发展结下了不解之缘,为河北佛教事业复兴尽心竭力。净慧长老为河北佛教的发展作出的贡献可从以下几个方面进行阐述。

[①] 本文为2011年河北师范大学社科基金重点研究项目的阶段性成果,课题号S2011Z03。

一、筹建河北省佛教协会,开创河北佛教发展的新局面

河北省是较晚建立佛教协会的省份。为了落实党的宗教政策和适应新形势的发展需要,1988年河北省民族宗教事务局邀请净慧长老,请他负责筹备组建河北省佛教协会。净慧长老来河北之前曾讲:"我要去沙漠种树啦!"可见当时河北佛教界经历"文化大革命"的破坏,百废待兴。改革开放以后,国家实行宗教信仰自由政策,河北佛教经净慧长老多年艰苦弘传,逐渐得以恢复和发展。

净慧长老在第一届河北省佛代会上当选为会长,负责河北佛教各项事务。他首先制定《河北佛教协会章程》,团结省内各民族佛教信众积极参加社会主义的建设,协助政府贯彻国家宗教政策,积极培养人才,对佛教发展历史和教义进行研究,保护和整理文物,维修佛教名山和寺院,并加强与世界各国佛教徒的友好往来和文化交流等活动,积极推动河北佛教事业的蓬勃发展。

1993年,在中国佛教协会第六届代表大会上,净慧又当选为中国佛教协会副会长。这种身份为更好落实中央宗教政策,协调中央与地方佛教协会的关系,促进河北佛教向良好的方面迈进具有积极意义。净慧长老学识广博,对中国佛教的发展状况和前景有自己的思考,他讲道:"解放后,尤其是十一届三中全会以后,随着党的宗教信仰自由政策的逐步落实,中国佛教终于迎来了恢复发展的春天,生机蓬勃。当前,佛教在硬件恢复方面,取得了令人瞩目的成就,而在软件建设方面,从总体发展情况来看,并没有完全走出困境。中国汉传佛教未来的发展道路具体应该怎么走,仍然是摆在我们教界全体同人面前的一个需要认真思考和探索的问题。"[①]

---

① 净慧:《关于"生活禅"理念提出二十周年的一点感想》,载于黄夏年主编《生活禅研究》,郑州:中州古籍出版社,2011年,第15页。

如何使汉传佛教走出困境？如何发展和壮大僧团队伍？如何提高僧团素养和文化水平？如何管理僧团？净慧长老就一系列问题不断提出自己的思想和创新观点，在河北佛教工作中身体力行，使河北佛教步入正轨，沿着健康有序的轨迹不断向前发展，开创了河北佛教发展的新局面。

二、重修古佛道场，加强僧团自身建设

净慧长老任河北省佛教协会会长后，积极稳步推动河北佛教的发展。首先表现在重建古佛道场上。古佛道场即柏林禅寺，它始建于东汉末年，在唐以前称为观音院，北宋时改为永安院。金代改赵州为沃州，大定年间改永安院为柏林禅院，实际为律宗道场，先后有不同律宗高僧住持寺院。元朝时期，柏林禅寺进入最为兴盛的阶段，受到朝廷重视。窝阔台时，曾革律为禅，元太宗、世祖、成宗、仁宗、文宗等五位皇帝先后与柏林禅寺结殊胜因缘，赐额为"柏林禅寺"，沿用至今。明朝僧正司设于柏林禅寺，成为燕赵佛教发展的中心。清雍正重修柏林禅寺，乾隆三次拜谒祖庭，参禅问道，使柏林禅寺再度得到发展。柏林禅寺距今有近两千年的历史，自唐末至清，几经沧桑，但古柏常青，高僧辈出，帝王敕封，臣民敬仰，香火绵延，成为中国禅宗重要寺院，史称"古佛道场"或"畿内名刹"。但是近代以来，兵燹不断，僧众逃散，殿宇失修，寺院残破，之后再无僧人居住。

改革开放以后，在河北省委、省政府支持下，柏林禅寺被批准作为宗教场所，交由佛教协会管理，僧人开始进驻。净慧长老作为河北省佛教协会会长，担负着重修寺院的重任。在净慧长老修缮之前，柏林禅寺已经荒凉破败不堪，仅存残破的赵州禅师舍利塔和二十几棵古松树。净慧长老不辞辛苦，多方结缘，筹措资金，于1992年开始修普光明殿、山门、钟鼓楼、长廊、观音殿、禅堂，1996年修云水楼，1997年修指月楼和会贤楼，至2003年9月万佛楼竣工，前后

十六年时间。① 在净慧长老努力操持下,古佛道场逐渐恢复,经过净慧多年经营,古佛道场得以中兴。净慧长老不仅重建寺院,还重新修缮赵州禅师舍利塔,使之焕发往日风采。

《重修赵州禅师舍利塔功德记》载:"……丁卯十月,予偕扶桑法侣来参祖庭,蓦睹祖塔于断壁残垣荒草蔓烟中孑然独立,不禁百感交集,悲从中来,泪如泉涌。岁在戊辰,因缘际会,祖刹重光。予奔走募缘,多方擘划,夙兴夜寐,惨淡经营。虽举步维艰,赖佛祖加被,善信护持,数载间殿堂经像从地涌现,唯祖塔失修,岌岌可危,寝食难安,扼腕兴叹。丁丑孟春,有狮城巨贾高家仁长者,由许孟斌先生陪同,来寺礼佛,睹祖塔倾危,慨然应允捐资修复。善哉,此诚崇隆佛法,泽溥苍生之善举也。是塔自创建以来,唯明嘉靖间,小有修补,历时近七百载,塔身砖木,多有毁损。塔顶砖碎,刹摧渗漏严重。此次修复,重树塔刹,新铸覆钵相轮,安置避雷设施。塔顶镇以经像法物,塔身残者修之,缺者补之,朽者更之。加固扩宽塔基,围以栏楯,整修塔院,新筑石阶,并于二层基座正中立禅师顶像碑。是役也,经始于丁丑七月,蒇事于戊寅六月。较之昔日虽非新构,亦美轮美奂,典雅庄严。增色河山,光辉法界,岂过誉哉……"②

这段文字讲述净慧长老重新修建柏林禅寺和赵州禅师舍利塔的情况,净慧长老复建柏林禅寺的想法在他来河北主持佛教事务之前已经开始萌生。1987 年,净慧长老以中国佛教协会常务理事和《法音》主编的身份曾陪同"中日友好临黄协会"第七次访华团去赵州拜谒祖寺古塔,净慧长老见到古塔残破和寺院荒凉景象,悲痛流涕,下决心恢复古佛道场。1988 年,净慧长老担任河北佛教协会会长之后,不惧艰辛,为重建古寺筹措资金,数载间殿堂经像从地涌现。1997 年,新加坡富商来柏林禅寺礼佛,见祖塔倾危,捐资用于舍利塔的修缮,使古塔焕然一新,为河山增辉。

---

① 明海主编:《古佛道场柏林禅寺》,河北佛学研究所,2007 年,第 19—20 页。
② 同上,第 34—35 页。

1998年,在柏林禅寺作为宗教活动场所中兴十周年纪念庆典大会上,净慧长老正式就任柏林禅寺住持。净慧长老十余年惨淡经营,终于使古佛道场再现往日的辉煌。柏林禅寺成为河北弘扬禅法的著名寺院,也拉开古佛道场发展的新序幕。

净慧住持柏林禅寺期间,僧团组织逐渐稳定,僧众达140余人;寺院管理日趋完善,净慧长老注重僧团自身建设,制定了内修外化以弘护三宝、勤修三学、熄灭三毒、净化三业为总纲;以宗绍云门,法传临济,源承古佛,旨接曹溪为宗风血脉的《宗风十要》[①]。在此基础上,净慧长老更强调僧团要树立"讲两爱,树双风"。"两爱"就是爱国与爱教,"双风"就是学风与道风,这也是当前佛教界自身建设最重要的四件事。净慧多次讲到"僧团的道风要传统化,僧团的管理要律制化,僧团的弘法要大众化,僧团的生活要平民化",在现代社会发展的大背景下,以此约束僧团的行为和加强僧团的管理。

此外,净慧长老还关心"真际禅林""虚云禅林""古佛禅林"的修建工作。在柏林禅寺重建完成的第二年,即2004年,净慧长老退居,将柏林禅寺方丈之位让于弟子明海法师。净慧长老退居之后,依旧关注河北佛教发展,应邢台市信众和当地主管部门之邀担任邢台大开元寺、玉泉寺的住持,负责大开元寺和玉泉寺的修缮工作,又为后人留下宝贵的文化财富。净慧长老和弟子明海法师一起,共同为河北佛教发展和僧团建设尽心尽力,真正做到了"利益一方,服务一方,和谐一方,教化一方"。

三、创办河北佛学院和禅学研究所,注重人才培养和禅学研究

净慧长老一直关注佛教人才的培养,认为人才是中兴佛教和弘

[①] 明海主编:《古佛道场柏林禅寺》,河北佛学研究所,2007年,第24—25页。

传佛法的中坚力量。1992年1月,中国佛教协会在上海召开了全国汉语系佛教教育工作会议,时任会长赵朴初在讲话中指出:"当前和今后相当时期内,佛教工作最重要、最迫切的事情,第一是培养人才,第二是培养人才,第三还是培养人才。"赵朴初所谓"人才",指的就是"僧才",而"僧才"是要从广大出家僧众中选拔和培养的。①

为了适应佛教发展的新形势和培养人才的需要,净慧长老于1993年创立河北禅学研究所,隶属河北省佛教协会,地址设在柏林禅寺。河北禅学研究所以弘扬禅宗文化,培养禅学人才为使命,对禅宗典藏和禅宗文化遗产进行整理,将禅学精华奉献于世人,把禅修实践和学术研究紧密结合起来,禅学并重。

在禅学修习和研究的基础上,为了更广泛地培养佛学人才,1998年9月,在柏林禅寺僧伽培训班的基础上,河北省佛学院开始试办开课并对外招生。2000年5月,在河北省委、省政府等有关领导的大力支持下,河北省佛学院由国家宗教事务局正式批准成立,净慧长老担任河北省佛学院院长。佛学院设立中专班、大专班和研究生班,坚持修学并重的原则,以禅宗修学为核心内容。净慧长老结合自身修行经验和汉传佛教的特点,提出"信、戒、学、修"四字方针和"养成僧格、融入僧团"八字纲宗作为学院办学的指导思想,为培养佛学人才和进行佛学研究奠定了坚实的基础。净慧长老创立的河北禅学研究所和河北省佛学院相互结合、相互补充,培养了大批弘扬禅法的僧人。他们在不同地区从事教学或管理工作,有的还成为寺院住持,弘扬佛法,传播佛学知识。

净慧长老除了在河北省佛学院培养各层次人才外,还注重加强与学术界的交流,把学术界的资源引入人才培养方面,促进佛教界与学术界的文化和人才交流。净慧长老在北京大学、中国人民大学、中央民族大学设立"怀云"奖学金,以鼓励、支持从事佛教文化研

---

① 王孺童:《中国佛教发展现状之思考》,《中国民族报》2011年1月25日,总1007期。

究的博士生、硕士生和本科生。

四、弘传佛法,利益众生

慈悲和智慧是大乘佛法的根本精神,弘扬佛法、利益众生是大乘菩萨道思想,大乘佛教的修行讲求自度、度人并重,发慈、悲、喜、舍四种心普度一切众生,给众生以快乐,除众生之痛苦,上求佛道,下化众生,庄严国土(净化社会),利乐有情(净化人生)。大乘佛教的修习是要落实于人间,落实于现实生活。净慧长老弘扬佛法、利益众生的行为表现在诸多不同方面。

1.提倡"生活禅",利乐有情

净慧长老认为学禅离不开做人做事。在住持柏林禅寺期间,他继承赵州禅"平常心是道"的禅法,发扬临济禅的精髓,弘扬近代以来形成的"人间佛教"的禅法。他于1991年提出了"觉悟人生,奉献人生"的"生活禅",提倡"在生活中修行,在修行中生活",具体内容则是"将信仰落实于生活,将修行落实于当下,将佛法融化于世间,将个人融化于大众"[①]。"生活禅"的理念与禅宗祖师的思想是一脉相承的,正如六祖慧能所云:"佛法在世间,不离世间觉。离世觅菩提,恰如求兔角。"近代太虚大师也言:"仰止唯佛陀,完成在人格。人成即佛成,是名真现实。"为了更好地落实"生活禅"的理念,在净慧长老支持下,柏林禅寺于1993年开办首届生活禅夏令营,正式推行"生活禅"的理念,夏令营至今已举办19届,在国内外产生了很大的影响。无数青年学子或国外营员,在为期一周时间内,通过系列学习佛教礼仪规矩、五堂功课、早晚上殿、二时过堂、唱三宝歌等佛教歌曲、听导师开示和老师讲课、坐禅、传灯法座、出坡、云水行脚、参观寺院、座谈和传授三皈五戒等活动,走进禅、了解禅,受用禅的智慧、意境、慈悲和风采,把禅的精神、禅的智慧融于生活;体悟净

---

① 黄夏年主编:《生活禅研究》,郑州:中州古籍出版社,2011年,第20页。

慧长老提出的"弘扬感恩文化,落实人间关怀"的思想;领会生活禅"觉悟人生,奉献人生"的宗旨;深刻体会禅感恩文化"以感恩的心面对世界,以包容的心和谐自他,以分享的心回报社会,以结缘的心成就事业"的具体内涵,学会做人与做事,为社会服务。

学禅就是修习人格圆满,人格修习圆满就是成佛。如何做人?如何做事?净慧长老提出,做人要遵循"信仰、因果、良心、道德"八个字,做事要遵守"感恩、包容、分享、结缘"八个字。[①] 这看似简单的十六字体现了"人人皆有佛性,人人皆可成佛"的道理,如何修成佛与做人做事密切相关。若离开芸芸众生的现实社会去修习禅法,去找佛法,是毫无意义的,也根本寻求不到真正的佛法。

"生活禅"理念提出和践行活动已过去二十多年,经过二十年不断努力,净慧长老的生活禅思想逐步得到佛教界、学术界和社会各界的认同和肯定,学者不断撰写学术论文,从不同角度和方面进一步阐释净慧长老的生活禅内涵和精髓。

2. 创办刊物、著书立说,弘扬佛教文化

在柏林禅寺支持下,净慧长老于1989年创办了《禅》杂志,至今已有24年,一共出版133期。目前《禅》杂志开有"指月篇""传灯篇""般若舟""生活禅""文字禅""行脚篇""赵州茶"等栏目,成为宣传禅文化的窗口,让更多人了解禅、认识禅和受用禅。

河北禅学研究所自创办以来,为了积极弘扬禅法和传承禅学研究成果,在净慧长老的支持下创办了《中国禅学》杂志,2002年出版第一卷,2003年出版第二卷,2004年出版第三卷,2006年出版第四卷,2011年出版第五卷,2012年出版第六卷。《中国禅学》由原来只有禅学、禅宗研究的栏目,扩展增加了"佛学研究""文献研究"等栏目,论文内容也有所增加,涉及面更加广泛,促进了禅学研究的交流。

除了创办刊物以外,净慧长老还出版多部著作,发表多篇论文

---

① 净慧:《生活禅钥》,北京:生活·读书·新知三联书店,2008年,第235—251页。

及开示和讲话内容,构建了完整的生活禅思想体系,如《生活禅钥》《入禅之门》①《心经禅解》②《经窗禅韵》③《中国佛教与生活禅》④《做人的佛法》⑤《坛经一滴》⑥《禅在当下》⑦等。在《中国宗教》上发表《柏林禅寺与生活禅》(1998 年第 4 期)、《一轮皓月　无限清辉——关于禅和生活禅》(2011 年第 3 期)、《关于生活禅》(2011 年第 4 期),在《河北佛教》发表《生活禅提纲》(2007 年第 2 期)等。另外,由柏林禅寺开办的生活禅网站,也成为我们了解净慧长老思想的另一渠道。

为了弘扬禅法,传承文化,1962 年,净慧长老还在中国佛学院时,就曾着手编辑《虚云和尚法汇续编》,他也因此被划为右派。1963 年,他离开佛学院,辗转于京、粤、鄂等地接受劳动改造,编辑工作也被迫中止。前些年,净慧长老还在百忙之中抽出时间,亲自组织、整理、编辑出版了《虚云和尚开示录》《虚云和尚法汇续编》《中国禅宗灯录大全》以及《虚云和尚全集》等重要著作,传承虚云大师之法脉,弘扬大师之思想。

净慧长老还一直与学术界保持密切的交往,曾经以河北禅学研究所的名义,邀请在京的部分专家学者,组织编辑出版了"河北省佛学院系列教材"。2011 年秋,净慧长老又提议编辑出版"正法眼藏"系列丛书。在净慧长老的倡导下,柏林禅寺以"弘扬正法,服务信众,自利利他,回报社会"为宗旨,创办法物流通处,先后刊印(或刻录)《大正藏》《续藏经》《乾隆大藏经》《大般若经》《华严经》《妙法莲华经》《净土藏》等经书。这些经书的出版,不仅传承了佛教文化,也为学术研究提供了宝贵资料。

---

① 净慧:《入禅之门》,上海:上海辞书出版社,2006 年。
② 净慧:《心经禅解》,上海:文化艺术出版社,2010 年。
③ 净慧:《经窗禅韵》,天津:百花文艺出版社,2008 年。
④ 净慧:《中国佛教与生活禅》,北京:宗教文化出版社,2005 年。
⑤ 净慧:《做人的佛法》,北京:文化艺术出版社,2009 年。
⑥ 净慧:《坛经一滴》,北京:宗教文化出版社,2003 年。
⑦ 净慧:《禅在当下》,北京:方志出版社,2010 年。

3.举办学术会议,促进佛学交流

佛教的振兴与佛教文化的弘扬密切相关,更离不开学术界的支持和参与。净慧长老与学术界结缘,建立起一种良性的互动关系,充分利用学术界的影响力和科研优势,以弥补佛教界研究人才的不足,以求带动和提升佛教僧团的整体文化素质,扩大佛教在社会上的影响力。净慧长老高瞻远瞩,不仅邀请学界的专家学者参与一些重大的佛教文化活动,而且出资召开国际佛学学术研讨会。从2010年起,长老决定以河北的赵州和湖北的黄梅为中心,每年两地各举行一次大型的禅文化研讨会,即"河北禅文化论坛"和"黄梅禅文化高峰论坛"。现已连续举办了三年,共六届,与会学者来自中国大陆及台湾地区、日本、韩国、美国等,会后,净慧长老委托中州古籍出版社的卢海山等老师将论文结集出版。净慧长老的善举促进了不同国家、不同地区的禅宗文化交流,受到学界的好评和欢迎,取得了非常好的效果。

4.举办法会,祈福镇灾

净慧长老聪明睿智,高瞻远瞩,为人处世豁达圆融。他认为寺院和僧团要想持久、健康地存在和发展,必须搞好寺院与地方政府和民众的关系,寺院的发展离不开政府和大众的参与支持。"善用其心,善待一切",净慧长老出于对佛教的责任、对社会的责任,认为对佛教发展真正出力的是大众,净慧长老提倡寺院要服务大众,认为佛法和寺院要"大众认同,大众参与,大众成就,大众分享",寺院发展要与当地社会、文化、经济相互协调、互融互动,达到互赢互利的目标。净慧长老说:"佛教要造福国家、造福社会,要让家庭和睦,要给一方百姓带来利益。"所以柏林禅寺采取免收门票制度,广纳八方信众,喜结善缘,利己利人,把佛教文化中的健康思想和理念,传播给大众,传播给社会,以回报大众。

柏林禅寺每年都要举行不同的法会,如正月初九至十五日,举办上元节吉祥法会,每年二月初二举行护国镇灾般若万灯法会,二月十九日举办观音菩萨圣诞纪念法会,清明节前一周举办众姓水陆法会,四月初四至初七传授在家菩萨戒,四月初八举行浴佛节法会,四月十五日至七月十五日僧团结夏安居,5月1日至7日"五一"黄金周举办共修法会,7月20日至26日举办生活禅夏令营,七月初九至十五日举办中元节报恩法会,10月1日至6日举行国庆共修法会,九月十九日举办观音菩萨出家纪念法会,10月19日(赵州禅茶纪念日)赵州塔前供茶,纪念赵州禅师"吃茶去"公案,冬月十五日至腊月二十六日举办冬季禅七法会等。不同法会既弘扬中国传统文化,又与时俱进把国家节日融入寺院活动之中,僧团和大众共同参与法会,把信众心愿融于活动,法会上向大众讲经说法,信众诵读经文,普愿有缘者发欢喜心,满足他们的心愿,追荐亡灵,祈福禳灾,并祈求国泰民安、风调雨顺、世界和平、佛法永住。

五、出访国外和接待来访者,加强国际间佛教友好交流

　　净慧长老所提倡的"生活禅"和举办的生活禅夏令营活动不仅得到中国青年学子的支持和理解,而且也得到国外人士的支持,除了大陆学子以外,还有来自日本、新加坡、印度尼西亚、英国、法国等国家和我国港澳台地区的营员,他们虽然受不同文化的熏陶,但禅的魅力使他们走在一起,共同体悟生活禅的内质,了解中国文化的博大与精深。

　　柏林禅寺是赵州从谂禅师"吃茶去"公案发源的地方,是赵州茶文化的诞生地。一盏禅茶,清香四溢,韩国、日本、美国和欧洲一些国家及我国港澳台地区的人士也慕名而来,吃一碗清茶,体悟"禅茶一味"的妙境,感受东方智慧带给人类文化的最为珍贵、最为璀璨的瑰宝。

　　在"吃茶去"公案和"生活禅"理念的感召下,柏林禅寺成为河北对外文化宣传和交往的一个窗口。每年慕名前来赵州礼祖、参学、访问、视察的各界人士络绎不绝。据初步统计,柏林禅寺和四祖

禅寺平均每年接待海内外各类参访团有三十多个,人员除来自中国大陆和港澳台地区之外,还包括韩国、日本、新加坡、缅甸、尼泊尔、泰国、马来西亚、澳大利亚、德国、法国、英国、奥地利、瑞士、美国、加拿大等四十多个国家。

1994年1月12日至2月14日,受法国潮州会馆和巴黎《欧洲时报》的邀请,净慧长老率中国佛教代表团,在法国巴黎举办了"中国佛教文化展",盛况空前,反响热烈。访问结束后,明海法师将此次文化展和访问资料进行整理,出版了《花都法雨》一书。

1996年7月26日,净慧长老应"新加坡佛教居士林"李木源居士邀请,赴新加坡弘法,在"新加坡佛教居士林"做六祖坛经系列讲座,从7月27日开始至8月2日结束,后由明尧居士整理成《坛经一滴》公开出版。讲座进行期间,有70位居士在长老的证明下,皈依了佛教。讲座结束后,8月4日,又在居士林举行"一日禅修",对于居士林来说,这是有史以来的第一次禅修活动。

2002年4月中旬,在联合国世界人权大会召开期间,以净慧长老为团长的中国宗教代表团一行,对日内瓦进行了友好访问。其间,代表团通过举办记者招待会、报告会和图片展等方式,向海外人士客观公正地介绍了中国各大宗教的信仰情况和发展现状。

2002年10月19日,净慧长老应韩国方面邀请,赴釜山海云禅寺,参加"国际无遮禅大法会",在法会上,净慧长老作了题为"提升人性,回归佛性"的讲演。

2005年12月8日至19日,净慧长老应新加坡佛教总会、新加坡莲山双林寺惟俨大和尚的邀请,赴新加坡弘法,并主持莲山双林寺建寺以来的首届禅七法会。

2009年10月23日,柏林禅寺隆重举行了"临济宗法脉西行传承大典",净慧长老在问禅寮将临济宗法脉第四十五代法卷传给德国本笃(Benediktushof)禅修中心导师威里吉斯·雅各尔先生(Willigis Jager)。长老为雅各尔先生取法名"常真",表信偈曰:"禅本无方位,无心月一轮。庭前柏树子,不改四时春。"赵州柏林禅寺因此成为德国本笃禅修中心的中国祖庭。本笃禅修中心是德国最大的禅修中心。净慧长老将临济法脉传给威里吉斯·雅各尔先生,表明中国禅宗正式进入欧洲世界。对于柏林禅寺来说,这是一个具有重要历史意义的弘法事件。

净慧长老以他的道德修养和人格魅力,广结善缘,与日本、韩国、法国、英国、德国、新加坡等国家和我国港澳台地区建立良好的交往,把中国佛教的优秀思想和传统传播出去,不仅推动了中国与世界各地人民的友好交往,而且促进了不同文化的交流,扩大了中国佛教在海内外的影响。

六、参与希望工程和社会慈善事业

佛教以慈悲为怀,佛教寺院自古就担当有教化和救济之责。净慧长老在住持柏林禅寺期间,利用各种因缘,组织信众,开展形式多样的慈善救济活动。1995 年佛教慈善功德会在柏林禅寺正式成立,净慧长老任会长。佛教慈善功德会协助香港慈辉佛教基金会在河北的工程项目,如打井、修建学校等,赈济灾区,捐助灾民。赞助希望学校,帮助贫困学生,扶助孤寡贫弱病残,为他们送去慰问金和慰问品等,解决他们的生活困难,给他们以心灵的慰藉。2004 年,佛教慈善功德会在石家庄创办"弘德家园",收养西柏坡少年儿童保护中心的孩子们,帮助他们成长,引导他们成为对社会有用的人才。佛教慈善功德会为政府解忧,为民众解困,净慧长老的慈济行为得到了当地政府和民众的欢迎和赞叹,为寺院的稳定和发展奠定了良好的群众基础。

综上所述,净慧长老继承禅宗五家衣钵,不愧是一代高僧和学问僧。净慧长老对中国佛教的前途和命运充满了忧患意识,在振兴佛教的使命感的驱使下,净慧长老放弃北京优越的工作,来到河北主持河北佛教事务,先后出任河北省佛教协会会长、柏林禅寺住持等职。他白手起家,不畏艰难,一切都得从头开始,负责重修古佛道场柏林禅寺和其他寺院。净慧长老为了振兴汉传佛教,以柏林禅寺为中心,在传承历代禅师思想基础上,提出"觉悟人生,奉献人生"和"在生活中修行,在修行中生活"的"生活禅"理念。为具体落实"生活禅"理念,净慧长老创办佛教刊物,编辑出版各类大藏经和《虚云和尚全集》,还著书立说,发表多篇论文和开示讲话,弘扬佛教思想和文化,来阐释生活禅,并通过生活禅夏令营对这一理念进行实践,得到教内教外的认可。净慧长老重视人才培养,建立河北省佛学院和河北禅学研究所,创办刊物,赞助学术会议,加强与学术界的交流与合作。净慧长老更加注重僧团自身建设,强调僧团道风建设,制定了柏林禅寺宗风十要,力争建设一个高素质的清净僧团。经过净慧长老十几年的苦心经营,河北佛教事业得到发展,僧团队伍逐渐发展壮大。柏林禅寺也成为我国北方对外佛教文化交流的重要窗口,吸引了越来越多的教内外、海内外佛教信众和有识之士前来参学和交流。

(崔红芬,河北师范大学历史文化学院教授)

当世慧公　再世万安
——回忆净慧大师在邢台

刘顺超

净慧老和尚走了。连续几日相见的朋友,在谈话中都在说老和尚,身边的每一位朋友无不怀念这位慈祥的老者。自1995年4月认识净慧长老,到今年已经整整18个年头了。这18年中,一次次见到老人家,体验到一位长者对下一代人的爱护,也体验到一个大师对学子的引导和开示,以至皈依到长老门下并不断地相见、结缘、结缘再相见。

缘起普明寺　第一次亲近净慧长老是在1994年,他带领明启、明慧等组成僧团来到邢台普明寺,于农历四月初八佛诞日邢台普明寺奠基开始进行该寺的恢复建设。这是净慧长老在邢台弘法的缘起。1995年4月,普明寺大殿落成后,净慧长老自赵州柏林禅寺来到邢台普明寺举行了大雄宝殿开光,在殿内升座说法开示。因我与东川是朋友,有幸受邀参加此次活动,那时我仅仅对佛教历史有一些了解,而对佛教文化还知之甚少。那次活动,净慧长老特意与邢台几位文化界人士在一起座谈,并赠送刚刚出版的1994年率领中国佛教代表团前往法国进行佛教文化交流时的结集《花都法雨》一书,也是这本书让我开始学习佛教文化,特别是书中的"佛教和我们这个时代""做命运的主人""佛学讲座""菩萨修行的十种方便"等章节，使我受益匪浅，普明寺开光是我与老和尚结缘的开始。

修筑玉泉寺　邢台玉泉寺是一座有千年历史的古寺院，历史上高僧辈出，为北方名刹之一。在经历历史发展的洗礼后，到1987年时玉泉寺已经面目全非，寺内仅有两座大殿且已经破损严重，当时的皇寺镇政府和信用社占据在寺内办公。20世纪末文物部门曾对大雄宝殿进行过拨款维修，因款额过小，杯水车薪，难以为继，当时的邢台县政府为此做了许多工作，社会各界人士到处呼吁以求重振道场。

经多方协调，玉泉寺恢复为佛教活动场所，由河北省佛教协会直属管理。2002年9月21日，玉泉寺正式移交柏林禅寺管理。玉泉寺建设初期，由于各方面的原因和条件所限，情况十分困难。净慧长老在一篇《邢台玉泉禅寺近况及历史回顾》文章中曾写道："2002年9月21日，玉泉寺正式移交柏林禅寺管理。常住派明启当家师过来领导。由于接管之初存在诸多困难，加之房屋阴暗潮湿，明启师因病离开，明定师坚持多日亦离去。至12月份，寺内仅有两名行者看家，生活亦成问题。在此紧要关头，我于同年12月6日只身来到玉泉寺，并决心在此养老，以了残年。过了四天，有八位行者从柏林禅寺来此剃度。是日适逢阿弥陀佛诞辰之期，邢台居士亦有人来此礼佛。从那时开始，便组成了以比丘为领导、以沙弥为主体的数十人玉泉僧团。至今年农历八月廿七日，先后有八批行者计31人在此剃度。虽是广种薄收，亦有多人成为柏林、四祖、真际禅林及本寺之骨干力量。目前，玉泉寺僧团比丘五人（净慧、门富、明瑾、崇佩、崇戒）、沙弥六人（大高、崇闲、明月、崇愿、明波、明圆），并有常住服务居士五人，人事尚称稳定。"

此间，我与翁振军先生等人多次到寺院礼拜净慧长老，也目睹了僧众在修复玉泉寺过程中的艰辛，而每一次相见都留下了深刻的印象。当时邢台市区通往玉泉寺的路面很窄且坑洼不平，三步一疙瘩，五步一大坑，20公里的路程就得耗费一个多小时，记得最初一次我与翁振军先生一同前往玉泉寺,与净慧长老见礼后,他说:走了很长时间吧,笑谈这条路可以体验"生活禅",路上的扬尘如同生活中的迷惘,颠簸是生活的磨炼,沿途是生活的体验,到达就是结果。我听后感触很深。

寺院刚刚移交不久,我陪同邢台市委副书记、后任第十一届邢台市政协主席石玉春及政协副主席胡朝元前去会见净慧长老。那一天晴空万里,祥云飘飘,到达玉泉寺后净慧长老早已等候在玉泉池旁。进入寺院小坐后净慧长老说:"我们今天正要举行五叶堂的奠基,请二位领导为我们大殿奠基吧。"奠基后,净慧长老谈到了退居并出示了《初宿邢台玉泉禅寺》:

    荒村古寺老头陀,极目人生苦难多。
    四大不空情作祟,三心未了境为魔。
    自知林下惭无地,辜负缁衣泪有波。
    潦倒天涯何所事,孤灯残夜读维摩。
          (2002年12月17日清晨,呵冻录出)

没有几日,我又与翁振军先生等人前去,净慧长老又出示了《小住邢台玉泉禅寺成杂感六首,并出示寺中诸徒众》(2002年12月20日)。那一次,翁先生从原皇寺镇政府的办公楼走出来,在楼门口脚下一滑险些跌倒,回头一看在平平的石面上好像有字,细细察看后认为这是一块石碑,便与净慧长老说这里有一块碑刻,上面还有字。再去玉泉寺时,这块《重修玉泉寺禅寺碑》碑刻已经矗立在乌桕一侧,净慧长老还进行了简单的介绍,后来观音殿修复完成后又移到了殿前。

玉泉寺的每一处建筑与施工都体现着净慧长老"善用其心,善待一切"的信念。在观音殿后原有一片植种不久的竹子,在修建观音殿时,这片竹子影响施工,按以往的做法让工匠移除就可以了,而净慧长老视这片竹子如同生命,让人细心地把这片竹子移到了居士院的西墙下,如今这片竹子成片成林,长势十分旺盛。

在建设五叶堂时,有棵树在建筑范围内,有许多人说这棵树是当地常见的树种,伐掉好了。当征求净慧长老的意见时,他竟然没有同意大家的看法,而是说树也是生命,何况长了这么多年,树在前,殿在后,退一退吧。于是五叶堂两厢建筑为了这棵树退让了数米。同样在建设东配房时,有一棵树正处于建筑的中央,长老就让工人将建筑建成天井式,四周有围廊,廊下有石桌、石凳的经典小筑。

在修建玉泉寺时,净慧长老都是身体力行。我们每一次前去,他都是边做事边与我们谈话。记得2003年的6月,我们来到玉泉寺,寺内人告诉我们村内发现两块石碑,净慧长老与僧众们前去察看,等待了很长时间后,见一群人和净慧长老一起用大绳抬着石碑回到寺内,后来听众人说起,知道这两块石碑是砌在老乡家的厕所下,为了保护和运回这两块石碑,净慧长老与僧徒不怕脏臭,亲自下手挖出,用清水冲净。这两块石碑,为了解玉泉寺乃至邢台市的历史,提供了许多极为珍贵的史料。

净慧长老注意对文物的保护,修建观音殿与三宝殿时,仅对内部进行了改造,以方便法事的正常进行,对古建的外观依然"整旧如旧",维持原来面貌;建筑时在寺内外发现了许多古代的碑刻,对较完整的碑刻修复后立在殿前殿后,对残缺的碑刻放置保护在观音殿西墙旁,并用玻璃封好以免损坏。经净慧长老亲手保护下来的重要古碑刻就不下数十块,其中以金代三通《尊胜陀罗尼经幢》、元代《重修玉泉寺禅寺碑》和明万历三十四年(1606)玉泉寺僧本访请少林禅寺传曹洞正宗住持第二十六世嗣祖沙门豫章无言正道续撰《玉泉寺临济宗派碑记》最为重要,而后来发现的咸丰九年(1859)立《鉴戒碑》,其教育意义最大。为了进行研究,净慧长老让我为之拓片,装裱后挂在五叶堂内,为此他还在一篇文章中说,此碑"住持人对寺院作出了贡献,刻碑表彰者有之;住持人'不遵佛法,不守清净,淫污佛地,秽渎空门',刻碑'鉴戒'者,不多见。当时经事人的'反腐倡廉'精神,值得佛门中人认真思考和反省"。

净慧长老十分注意对历史文化的挖掘与研究,有一次我们来到玉泉寺谈到了邢台的历史文化,于是他让僧徒从书斋中取出一本书说,邢台的傅梅是一个了不起的人物,嵩山和少林寺的保护与发展与他有着密切的关系,特别是他对嵩山文化的整理功不可没,邢台人应为之骄傲。后来我被邀请整理傅梅的事迹资料以助河南申遗,才悟出长老所言不虚,可以说没有傅梅,就不可能有今天的嵩山申报世界文化遗产。

为了了解和研究玉泉寺的历史,净慧长老将玉泉寺所有的碑刻进行整理研究,后来写成《邢台玉泉禅寺近况及历史回顾》一文。这篇文章从2003年开始收集资料,历时两年,到2005年1月29日写完初稿,到2006年3月21日凌晨明超据师手迹录入;文章不仅对玉泉寺修建的前后过程进行记载,同时对玉泉寺的历史和宗脉流传进行了深度研究,至今在研究玉泉寺历史文化方面仍无人超越。

修建玉泉寺整整用了两年多时间,其建筑面积比移交时扩大一倍以上,后来净慧长老说:"两年来维修的殿堂两座:三宝殿(原大雄宝殿)、观音殿(原称大佛殿,古称华严殿);新塑佛祖金身12尊,其中2.5米高之红木(黄花梨)观音像,独木雕成,工艺精湛,颇具价值;新建殿堂僧舍近百间,总面积达3000多平方米;新砌围墙、护坡500多平方米;硬化室外地面、道路3000多平方米;植树、种花草面积200多平方米;购进寺院周围的建筑用地15亩。两年的总投入近400万元(玉泉寺实付2973329元;柏林禅寺代付款未计在内)。""一座环境幽静、殿堂僧舍整洁、文物保护良好、僧人道风整肃的古老而又生机勃勃的寺院,已经拔地而起,矗立于太行山脉东麓之棋盘山(亦称龙山)下。"

退居的小院虽然建成,但净慧长老并没有隐居下来,而是从邢台玉泉寺走向各地,恢复修建适应新时代发展的佛教道场;2003年10月净慧长老应湖北黄梅、当阳有关部门邀请,出任四祖禅寺和玉泉寺方丈。

重建开元寺　2006年10月18日邢台大开元寺奠基。净慧长老向前来参加仪式的居士群众宣布大开元寺扩建奠基香语：

　　　　开元古刹耀灵光，重建祇园继盛唐。
　　　　六代传衣宗旨定，一碑昭示是非彰。
　　　　明皇赐额禅宫渺，曹洞中兴奕叶昌。
　　　　此日万人同稽首，将看平地涌坛场。

邢台，唐代称邢州。其政治、经济、文化相当发达，辖八县，有户7万余，人口近40万。从这一天开始，净慧长老更加忙碌了，来往于湖北当阳玉泉寺、黄梅四祖禅寺与邢台玉泉寺、大开元寺之间。

2006年10月13日，净慧长老自湖北黄梅四祖禅寺回到邢台玉泉寺，随感而写下律诗《从四祖禅寺回玉泉偶占六首并寄陈云君居士》：

　　　　江城一梦到邢州，半夜僧归月似钩。
　　　　万籁无声天上下，人间忧乐入心头。

　　　　摇摇翠竹葱葱柏，老树低头柿正红。
　　　　三载玉泉恢旧院，归来每见展新容。

　　　　年衰本欲隐山轩，何事堂前满屐痕。
　　　　惭愧此心参不彻，山山水水入无门。

　　　　未脱牛衣心力瘁，又穿马服更劳神。
　　　　开元盛世千年寺，洞上丛林待续薪。

　　　　四年蛰隐牛城外，皮厚俨然一老牛。

愤发不辞肩上轭，山门重振愿同酬。

联赓禅韵乐融融，每见庞翁气象雄。
诗兴不知饶几许，行行归雁忆双峰。

　　从诗中可以看到净慧长老为了佛教文化日夜操劳的身影。一次，净慧长老来到玉泉寺与居士们见了面，本来是预定了坐动车到湖北，当赶到大开元寺后，湖北来电话说有急事，于是边察看正在进行的建筑项目边准备车辆，当听取有关开元寺建设汇报后，又与来访的群众一起交谈、照相，满足了广大群众和居士的心愿，一切都是在有条不紊地进行着，而大门外车子在等待着长老。

　　2012年7月18日，邢台玉泉寺的居士都在忙碌准备第二天（农历六月初一）皈依法会，净慧长老也从外地赶到了玉泉寺，众居士十分欢喜。得知净慧长老来邢台的消息后，我立即通知了承德的朋友来邢台参加这次活动。当承德的朋友赶到后，突然听说净慧长老有急事走了，大家纷纷打电话询问。第二天上午，大家从不同的地方赶到玉泉寺参加法会，当听说净慧长老回湖北了，大家脸上露出了一丝遗憾，等大家来到客堂时，当家师告诉大家，净慧长老为了满足广大居士的心愿，处理完湖北的事务后就连夜赶回邢台，到玉泉寺时已经凌晨4点多了。当时大家一片欢喜后又安静下来，生怕打扰了净慧长老休息。传受三皈五戒法会如期举行，在三宝殿中，众居士聆听了净慧长老的开示。午斋后，净慧长老到了大开元寺又匆匆而去。

　　振兴曹洞禅　　2004年6月21日，净慧长老在邢台玉泉寺举行第一次曹洞宗传法大典时写下一首诗：

洞上禅林老玉泉，宗风零落自何年？
我来披棘恢堂宇，宝镜高悬接上贤。

当世慧公　再世万安　　133

曹洞宗,为禅宗五家之一。邢台佛教文化深厚,自古为禅宗重要地区,早在唐代时,邢州开元寺是神会大师弘法寺院,曾两次在此为六祖慧能大师立碑;宋代时在寺内建立了圆照塔。宋金时期,邢州成为北方曹洞宗重要的传法地,以邢州净土寺万松行秀、天宁寺虚照宏明、开元寺万安广恩为代表的曹洞宗领袖重振了宗风。玉泉寺为洞下正派禅林,由金代洞下第十六世、万松行秀下第四世唯识智洪禅师开山。

净慧长老承袭虚公五脉,在玉泉寺建立五叶堂。自2004年6月始,在玉泉寺进行第一次传法大典之后,又于2005年6月、2006年3月(农历二月十五日)、2009年6月(农历五月初十)传继曹洞宗脉;2010年9月(农历八月初十)在此进行了临济宗传法。

净慧长老关心邢台佛教文化的发展和研究,在2003年开始对玉泉寺进行建设时,就提出了研究计划,特别是玉泉寺和开元寺的历史研究。他对邢台玉泉寺的历史及法脉流传进行深度研究后,于2005年元月撰写《邢台玉泉禅寺近况及历史回顾》一文,并在文后注明"此文从2003年开始留意资料,历时二年,成此初稿",由此可见净慧长老对玉泉寺研究和治学的严谨。

2000年初,笔者开始对邢台开元寺的历史进行整理工作,后将初稿呈送净慧长老。净慧长老对稿子提出独到的见解和修改意见,他曾说过:"一定要把(元代)曹洞宗搞清楚,曹洞宗从(邢台)开元寺走出来,出现了一大批高僧大德,这是恢复大开元寺的一个亮点;弘扬曹洞宗对开元寺的建设有着重要的现实意义。中原佛教在元代中兴,'曹天下,临一脚,贾菩萨没处找'俗语的流传说明邢台元代佛教文化的影响。曹洞宗在国内有很大的影响,在国外也是如此,现在的日本和韩国都有曹洞宗。……少林寺的中兴是和邢台开元寺有密切关系的。从万松行秀到雪庭福裕,以及元代中期开元寺住持损庵洪益接任少林寺的住持,发展到明代开元寺走出去的小山宗书,这些都和邢台开元寺有很深的渊源。金元时期的邢台佛教值得研究。有了元代的佛教中兴才有了今天佛教的发展,禅宗又称中佛禅,没有禅宗就没有五家,也没有今天的生活禅。任何文化的发展都是从继承到发展,要继承优秀的历史文化,就要从文化源头上研究,邢台是中原佛教文化的根,从后赵的佛图澄到神会大师在邢州开元寺为六祖慧能立碑,以及元代'邢州僧团'的出现,这个问题很重要,要深入研究。"并希望《邢台大开元寺》一书尽快出版。

2008年,在大家的努力下,《玉泉禅寺》一书出版了。2009年10月,在净慧长老的支持下又出版了《邢台大开元寺》一书。最近正在整理的《邢台大开元寺金石录》也是在净慧长老的支持下进行的。

净慧长老创立的生活禅可以说是佛教界的一项伟大工程,赋予了佛教、佛学一种跨时代的声音,是佛教界的一种改革开放。净慧长老曾经说:"我也是踏着前人的脚步在走,因为佛教传到中国来,它首先有一个如何把印度的文明搬到中国来,适应中国文化、中国人的性格、中国的风土民情的过程,怎么适应得了,从佛教传入到中国的那一天开始,就在探索这个问题,在想让中国人怎么接受佛教,怎么信仰佛教,怎么让佛教的这个精神在中国每个人心里扎下根,这是任何文化要从一个地方搬到另外一个地方,如何适应当时当地的时空环境,首先要解决的问题。"他对众人说:"生活禅的意思就是要走佛教与现代社会相适应的一个修行的法,是一个佛教利于当代社会、当代人生的一种信仰文化。信仰文化不能在半空中,它必须扎根于生活,有人就有生活,人类的一切活动都是生活,也可以说都是为生活服务,没有哪一件事能够离开生活,离开生活一切活动都没有,都不存在了。"一次,净慧长老以《金刚经》中的故事对每一个人进行深度的开示:"《金刚经》开头讲什么呢?一开头就讲,佛,从大比丘1250人,穿着袈裟,持着钵盂,到当时的一个地方的首府去乞食、化饭。就在城里,或者是树下,或者是草地,把饭吃完了。吃完还回到自己住的地方,回来以后把衣钵收起来。然后,洗完脚再来打坐,在打坐的时候听佛讲法。讲什么呢?就讲这个《金刚经》,在讲法期间,是有一段生活的描述,那么讲法是不是生活呢,也是生活。到城里去化饭吃,是生活,那是物质生活;回到自己住的地方,来讲法,那是什么生活呢,那是精神生活。人的生活就是这两大块,物质生活与精神生活。在这两大块的底下,再来分门别类,各种学术、各种文化,各种社会生活、政治生活、经济生活、文化生活,分成很多很多的支流、派别,但是都是从物质和精神这两块分出来的。那么生活禅就是希望以禅的超脱、超越、保永、和谐、自在,把它融入到我们当代社会的物质生活、精神生活当中。物质生活能超越一点,精神生活能超越一点,不论任何人任何事自在一点,人类的贪欲会少一点,人类的这种劣根性会表现得少一点。这样我们的心灵得到净化,社会得到和谐。"

2012年5月19日,第二届河北禅宗文化论坛在河北邢台隆重开幕。海内外百位学者就辽金元佛教文化、生活禅、禅学及佛教文化研究等方面展开为期两天的学术研讨。在这次会议上,净慧长老致辞开示说:"生活禅就是集成了中国的禅文化、禅精神、禅风采,使它能融入当代社会,以及人们的心灵和生活中。因为我们人类每一个人,只要来到这个世界,就有生活,只要我们还有生命,就有生活,生命怎么表现,那它就是生活。"

2012年7月18日,笔者在邢台最后一次见到净慧长老。在这次的会面中,他再三嘱咐说"要研究好邢台的佛教文化和历史,要为之所用",并提出了新的研究课题,对邢台沙河漆泉寺新出唐碑进行学习,结合大开元寺历史中神会为慧能大师所立之碑,特别是惠觉禅师对邢台、对禅宗、对中韩文化交流的贡献分析。当年12月15日,笔者带着初步的研究成果来到湖北黄梅,参加"中国·湖北第三届黄梅禅宗文化高峰论坛",在这次佛教盛会上最后一次看到净慧长老。

1243年,在邢州开元寺安详示寂了一位大师,这就是邢州大开元寺万安大师。万安大师在大开元寺内修建了100多米高的普门塔,传法授众,影响很大。刘秉忠回到邢州后奏请元世祖忽必烈敕封万安宗门为"大开元一宗",成为曹洞宗一脉重要的一支,弟子众多,遍布各地,"宗者几半天下",世人称之为"贾菩萨"。

770年后,一代高僧虚云门下,承继五家法脉,延续虚云从贾菩萨(九华山百岁宫)续演曹洞宗法脉四十八世净慧复性禅师在这里修复道场,创立生活禅,弘法利生建立邢台大开元寺。赞曰:

师虚云门,为古佛孙;续五叶脉,重振赵州。倡生活禅,承接临济;退隐龙冈,筑玉泉院。开一代风,复曹洞场;修建开元,行菩萨道。发菩提心,明心见性;当世慧公,再世万安。

(刘顺超,邢台市文物管理处)

犹忆当年立雪传灯人
——净慧长老与河北禅宗的四个时期

能仁　通贤

黄夏年先生在《中国禅学》第六卷"卷首语"中曾将中国佛教的发展划分为四个阶段:第一为汉魏六朝消化吸收印度佛学的阶段;第二为隋唐时期创宗立派的阶段;第三为唐中叶至两宋以后禅宗为主流的阶段;第四为以中国禅学作为中国佛学的代表而加以统一,全新发展的当代阶段。① 此中的第三个阶段,正说明了禅宗在中国佛教中的特殊地位。以达摩祖师东渡震旦,宣扬"南天竺一乘之宗"为肇始,经五代祖师弘扬,至六祖慧能大师而后,禅宗在中国佛教中异军突起,粲然花开,中晚唐以后逐渐发展为汉传佛教的主流,成为汉传佛教最主要的象征之一。禅宗在汉传佛教诸宗派中影响最大,传播范围最广,对中国文化的众多层面都产生了持久而深远的影响,并先后传入日本、朝鲜、韩国、越南等地,形成独特的东亚禅文化圈,近世以来更逐渐传至欧美,风行世界各地。

河北作为中国佛教的主要发祥地之一,与禅宗的渊源深厚,为

---

① 黄夏年主编:《中国禅学》第六卷"卷首语"《中国佛教的第四个阶段》,郑州:大象出版社,2012年,第1页。

中土禅宗的重要诞生地。河北禅宗的发展与流衍经历了四个主要阶段:第一阶段北朝时代达摩祖师弘法嵩洛,慧可禅师少林得髓,行化邺都,为禅宗的初传孕育期;第二阶段唐代末叶从谂和尚卓锡赵州,义玄禅师临济开山,为河北禅风綮然鼎盛的黄金时期;第三阶段金元之际万松老人、海云宗师衣被燕赵,为河北禅门之中兴守成期;第四阶段当代净慧长老驻锡河北,恢复祖庭,陶冶后学,以柏林禅寺为根本道场,举扬人间佛教理念、实践生活禅风,法音流布,德泽远被,为河北禅宗的复兴开新阶段。自古多慷慨悲歌之士的燕赵大地,孕育了光彩夺目、祖师辈出的河北禅宗,构成了中土禅宗法脉的重要组成部分,融汇成为中国佛教浩瀚长河的重要分支。

一、慧可禅师邺城行化与河北禅宗之孕育初传

近代中国佛教高僧太虚大师云:"中国佛学之特质在禅。"中国禅学之流传经历了从魏晋六朝印度禅法到隋唐及其之后中土禅宗的两个发展阶段。南北朝时期达摩祖师东渡震旦,宣扬"南天竺一乘之宗",为中土禅宗的先驱。

菩提达摩,唐道宣律师《续高僧传》第十六卷《菩提达摩》称其为南印度人,出身婆罗门种姓,南朝宋代(420—479)到达中国,后到北魏嵩洛一带传法,曾栖止少林寺。北魏杨衒之《洛阳伽蓝记》卷一在记述永宁寺、修梵寺的地方两次提到菩提达摩,说他是"波斯国胡人"[1],年150岁,见到宏伟壮观的永宁寺赞叹不已。大师弟子慧可禅师(《续高僧传》第十六卷作僧可)在40岁时拜达摩为师,从学六年,在达摩大师去世以后,"天平之初,北就新邺,盛开秘苑"[2]。此中,"天平"是东魏孝静帝的年号,起止时间是534年至537年。达

---

[1] (北魏)杨衒之:《洛阳伽蓝记》第一卷,《大正藏》第51册,第1006页中。
[2] (唐)道宣:《续高僧传》第十六卷《释僧可》,《大正藏》第50册,第552页上。

摩大师在南朝宋末(479)到北魏,东魏天平三年(536)去世①,那么他在北方授法弘化了近60年,《续高僧传·菩提达摩》记载,"自言年一百五十余岁,游化为务,不测所终"②,可见他圆寂之时已不止150岁。《洛阳伽蓝记》称达摩大师"自云年一百五十岁,历涉诸国,靡不周遍"。唐道宣律师《续高僧传·菩提达摩》题作"齐邺下南天竺僧菩提达摩",据此,达摩大师于北地近60年的弘化生涯中,晚年时期应到过邺下旧城(今河南安阳境内)传法接众,后才于天平三年左右"灭化洛滨"。

达摩大师迥异流俗的上乘禅法的继承者与光大者,是慧可禅师。慧可(487—593),一名僧可,行年历经北魏后期、东魏和北齐,直至隋初。俗姓姬,原籍虎牢(今河南省荥阳市汜水镇西),出家前是位博通经史的儒者,特别精通"五经"中的《诗经》《易经》;出家之后,先后游历京城洛阳等地。在40岁那年来到嵩山少林寺,见到长年在那里坐禅修行的达摩大师,慧可禅师对学德兼优、潜心修行的达摩大师十分敬仰,断臂求法,请示安心之道。③ 慧可禅师在达摩大师身边学法六年,"精究一乘,理事兼融",得禅法精髓,受大师付法袈裟,然后才离开嵩山,到各地传法,逐渐远近闻名,前来向他受教的僧俗弟子不断增加。

达摩"灭化洛滨"以后,东魏天平之初,慧可禅师到了东魏国都新邺(今河北临漳境内)传授达摩禅法,受到拘守经文僧徒的攻击。

---

① 关于达摩祖师的灭度时间有多种说法,此取《宝林传》卷八大同二年(536)灭化于洛州禹门之说,南朝梁大同二年即北地东魏天平三年。具体考述可参考徐文明《中土前期禅学思想史》中"菩提达摩的身世与化迹"一节,北京:北京师范大学出版社,2004年,第79页。

② (唐)道宣:《续高僧传》第十六卷《菩提达摩》,《大正藏》第50册,第551页下。

③ 慧可禅师断臂一事,历来有道宣律师《续高僧传》所记为贼所断与禅宗一系所传求法所断两种说法。敦煌写本《历代法宝记》《南阳和尚问答杂征义》已载慧可禅师为求法断臂之说,据《历代法宝记》《南阳和尚问答杂征义》二书所载,"求法断臂"事出杨楞伽《邺都故事》卷十。杨楞伽为北方人,《邺都故事》一书载北朝邺都逸事掌故,非禅宗史书,今人已有辑佚。大抵慧可禅师初于邺都弘化,多在民间,断臂一事所传不同,唐世之前已二说并行,不必专执道宣律师一家之说而斥"求法断臂"典故定为禅宗弟子伪造。

有位名声显赫的禅师叫道恒,有门徒千计,听说慧可传授达摩禅法,主张"情事无寄",不重经文,不固守坐禅方式,而强调直探心源,便认为是"魔语",先是派人去捣乱,后又贿赂官府对慧可进行迫害。慧可不得已流离于邺、卫之间,与化公、廖公、和禅师、向居士、林法师等人意气相投,交往密切。慧可遵守师教,重视《楞伽经》,曾附以"玄理"进行发挥。

北周武帝在建德三年(574)下诏灭佛,建德六年(577)灭北齐,又在原来的北齐境内推行灭佛政策。此时,慧可禅师与昙林法师为伴,护持经像,隐藏民间。慧可禅师曾一度南下到今安徽省司空山隐居修行,晚年又回到邺城游化,最后圆寂于河北。据宋代道原《景德传灯录》第四卷的记载,慧可禅师于隋开皇十三年(593)去世,是年107岁。有弟子那禅师,常修苦行;那禅师有弟子慧满,也常修苦行;他们都把《楞伽经》带在身边,奉为"心要"。

唐初,法冲禅师曾从慧可禅师的后继弟子受传《楞伽经》,《续高僧传》卷二十五《法冲传》记载,一位亲承慧可传授的学僧在讲授《楞伽经》时,"依南天竺一乘宗讲之";认为此经的要义是"唯在念慧,不在话言";说达摩禅师"传之南北,忘言、忘念、无得正观为宗"。此传详细记述达摩之后的传法世系:一、达摩传慧可、道育,道育虽受法于心,但不说法;二、慧可之后是璨禅师、惠禅师、盛禅师、那老师、端禅师、长藏师、真法师、玉法师,皆口说而不出文已。在这之中,把达摩禅法传到后世,开禅宗源头的正是达摩—慧可—僧璨(璨禅师)一脉的法系。

依《续高僧传》记载,以天平之初,北就新邺,盛开秘苑,滞文之徒,是非纷举。① "天平之初,北就新邺"即是指慧可禅师于天平初年至东魏孝静帝新迁都的邺城开法弘化。《续高僧传·菩提留支传》载,"至(永熙三年)十月而洛京迁于漳邺","漳邺",即河北临漳邺都。据《魏书·孝静纪》永熙三年(534)十月十七日,孝静帝即位

---

① (唐)道宣:《续高僧传》第十六卷《释僧可》,《大正藏》第50册,第552页中。

于洛阳城东北,大赦天下,并宣布改元,改"永熙三年为天平元年",十月二十七日(11月18日),正式迁都邺城,前后经历15天抵达临漳邺都。另据《河北临漳邺城遗址勘探发掘简报》①称,邺城遗址在河北临漳县境内,位于县城西南20公里,南距安阳市区18公里。邺城由邺北城与邺南城两座相连的城组成,曹魏时的邺城位于邺北城,北朝的东魏、北齐建都于邺南城,但邺北城仍继续使用。由此可知,慧可禅师"盛开秘苑"之"新邺"实即今河北省临漳县城西南,而非前此学者所谓河南安阳。

慧可禅师于邺都说法度众四十余年,其中最重要的事件之一,是于光福寺剃度僧璨禅师,传付衣法。据《景德传灯录》等资料所载,东魏天平二年(535),慧可禅师在光福寺为僧璨剃度受戒,经二载,天平四年(537)付法僧璨。璨禅师得法受度后,隐迹安徽司空山,后传法于四祖道信大师。据明万历《成安县志》云,慧可禅师度化璨禅师后"飘然诣邺都,随宜说法,逾三十四载,乃韬光晦迹,变易仪相,佯狂调心。继往成安匡教寺山门谈无上道,听者林集。时有辩和法师者,于寺中讲《涅槃经》,学徒闻可阐法,稍稍引去。辩和忿怒,遂兴谤于邑宰翟仲侃,加以非法。可怡然委化。乃弃尸于平野,数日视之,异香馥郁。仲侃复令移之漳河中,可忽于水面趺坐瞑目,溯流十八里至芦村而止。时一百七岁,文帝开皇十三年三月十六日也。后葬于磁州滏阳县东北五十里。故颂可之历履者曰:少林得髓,邺都调心,偿债成安,逆流漳水云"。古邺都、成安、滏阳皆今河北属地,可见慧可禅师一生主要化迹之所皆在河北范围。

中国佛教协会原会长赵朴初生前曾说:"二祖是中国禅宗的初祖,达摩是印度人,慧可大师才是中国禅宗第一人,没有他就没有中国佛教禅宗今天的发展。"②达摩祖师传来南天竺最上乘禅法,而真正使之根植中土的关键人物则是慧可禅师。慧可禅师继承达摩大

---

① 徐光冀、顾智界:《河北临漳邺城遗址勘探发掘简报》,《考古》1990年第7期。
② 转引自林斗山:《慧可大师与司空山》,《禅》2001年第6期。

师的禅法心要,处境艰难而矢志不移,以各种形式加以弘扬传播,在艰苦条件下不断扩大达摩禅法的影响,接引后学,培养弟子,令一乘之宗在社会上立下根基,使中土禅宗得以生存、延续并渐渐发展,而河北邺都,正是中华禅宗生根之地、萌芽之所。

二、赵州、临济禅风与唐代河北禅宗之粲然鼎盛

达摩大师禅宗心法经慧可、僧璨、道信、弘忍诸大师薪火相传,至中唐之世,由祖籍河北生于岭南的六祖慧能禅师集其大成。六祖而后,禅宗五家七宗竞秀,粲然花开,风偃天下。中国禅宗向有著名的德山棒、临济喝、云门饼、赵州茶四大门风之传承,其中临济喝、赵州茶二者皆源于河北故地。有唐一代,继六祖法被天下之后,临济禅师、赵州和尚几乎同时开法河北,这无疑是中土禅史上最为灿烂光辉的一页。

从谂禅师(778—897),俗姓郝,曹州(今山东曹县)郝乡人,因晚年久居赵州观音院,故时人多以"赵州"来敬称。赵州禅师幼年即孤介不群,根性颖利,自幼辞亲出家,在曹州扈通院随师受业。后来听说南泉普愿才德冠于当代,于是随师行脚到池阳(今安徽池州市贵池区)参访。时南泉正在丈室偃息,见其来参,便问:"近从何处来?"答:"瑞像院。"又问:"还见瑞像否?"答:"瑞像不见,但见卧如来。"南泉闻听,随即坐起,问:"你是有主沙弥,无主沙弥?"答:"有主沙弥。"问:"哪个是你主?"从谂恭敬地回答:"孟春犹寒,伏惟和尚尊体起居万福。"从谂应答巧妙,深得南泉赏识,当即唤维那吩咐道:"此沙弥别处安排。"赵州禅师依止南泉普愿禅师20年,其后又历参黄檗、宝寿、盐官、夹山、五台等诸禅师。他80岁时结束游方生涯,定居河北赵州城东的观音院住持40年。在此期间得当时"河朔三镇"中的卢龙镇节度使李匡威(河北燕王)和成德镇节度使王镕(赵王)礼遇,伏拜为师,并移居真际禅院,乾宁四年(897)圆寂于真际禅院,后谥"真际大师"。嗣弟子有严阳尊者、慧觉禅师、泰禅师、

从朗禅师以及文远、西睦和尚等。

赵州禅师主张"日用是道",他经常教化弟子,应当在吃茶、洗钵盂等日常生活中来品味其中的禅意。如:师(赵州)问新到人:"曾到此间么?"曰:"曾到。"师曰:"吃茶去。"又问僧,僧曰:"不曾到。"师曰:"吃茶去。"后院主问曰:"为甚么曾到也云吃茶去,不曾到也云吃茶去?"师召院主,主应喏。师曰:"吃茶去。"丛林禅堂初接新学,有吃茶之制,对初到曾到有所分别,赵州破例,都叫他们吃茶去,引起院主的疑惑,赵州一并叫吃茶去。赵州从谂禅师三声颇有回味的"吃茶去"被世人看成是"赵州禅关",并成为禅林弟子经常参究的公案。

赵州和尚以平常心度众,以本分事说禅,启人慧眼,广受赞誉。《景德传灯录·赵州和尚传》说:"师之玄言布于天下,时谓赵州门风,皆悚然信伏矣。"[1]赵王王镕赞他为:"碧溪之月,清镜中头,我师我化,天下赵州。"[2]时在南方传法的雪峰义存禅师甚至尊他为"古佛"。赵州禅师禅风朴实自然,生动活泼;信手拈来,不拘一格,不乏趣味;下下咬着,无有偏差;看似平易,实为奇绝,处处透脱,时时自在;故虽不曾开宗立派广传法脉,而其影响却在中国、日本和韩国等汉传佛教圈内巨大而深远,绵延千余年,迄今未绝。

与赵州和尚朴实洒脱的亲切禅风不同,几乎同时开法河北的义玄禅师则以机锋峻烈著称。义玄禅师(?—867),俗姓邢,曹州南华(今山东东明)人。因居临济院,世称临济义玄,为临济开宗。唐懿宗咸通八年(867),在大名府兴华寺圆寂,唐懿宗敕谥慧照禅师,后清雍正又追谥真常惠幽禅师。义玄幼负出尘之志,并以孝行闻名乡里,先在官寺出家研习经律,后更衣游方至江西参访黄檗希运禅师,在被黄檗希运禅师接引前,三次向黄檗希运禅师询问如何是佛法大意,三次被打,后终于在黄檗希运禅师门下悟道。又参高安大愚禅

---

[1] (宋)释道原:《景德传灯录》第十卷,《大正藏》第 51 册,第 278 页中。
[2] 《赵州和尚语录·赵王与师作真赞》,《嘉兴藏》第 24 册,第 357 页下。

师。唐大中八年(854),往镇州(今河北正定)滹沱河畔建临济院,受到当地官绅的皈信,广为弘扬黄檗希运禅师所倡启"般若为本、以空摄有、空有相融"的新法。这种新法,因义玄在临济院举一家宗风而大张天下,后世遂称之为"临济宗"。后去大名,在兴化寺去世,而黄檗寺也因之成为临济宗祖庭。嗣法弟子有兴化存奖等二十余人,传承不断。与义玄禅师同时,扶持临济行化镇州的有普化禅师等。

义玄禅师上承南岳怀让、马祖道一、百丈怀海至黄檗希运的禅法,以其机锋凌厉、棒喝峻烈的禅风闻名于世。他劝人不要执着拘泥,方能得到解脱。其主张"以心印心,心心不异",后世有"心心相印"一说。他的接众方法棒喝齐施,成语"当头棒喝"便源于此,而"摇头摆尾"的成语也源于他和弟子元安的故事。现存《临济录》和《祖堂集》卷十九、《景德传灯录》卷十二、《五灯会元》等记载了他的生平事迹和禅法。

临济义玄好用喝斥之法,以这种方法来启发、勘验弟子,促其开悟,因此禅门中便有了"临济喝"之称。如上堂时,师(义玄)对僧说:"有时一喝如金刚王宝剑,有时一喝如踞地狮子,有时一喝如探竿影草,有时一喝不作一喝用。汝作么生会?僧拟议,师便喝。"①五祖演禅师称"五逆五雷之喝",一喝之下,头脑破裂,如五逆罪人,为五雷所裂。其禅之峻烈可知。凡僧有问,即喝破,或擒住,拓开等。其接化之峻烈,五家中罕见其比。《五家宗旨纂要》亦说:

> 临济家风,全机大用,棒喝齐施,虎骤龙奔,星驰电掣。负冲天义气,用格外提持。卷舒纵擒,杀活自在。扫除情见,迥脱廉纤。以无位真人为宗,或棒或喝,或竖拂明之。《碧岩录》所说:"直饶棒如雨点,喝似雷奔,也未当得向上宗乘中事。"②

---

① 《镇州临济慧照禅师语录》,《大正藏》第47册,第504页上。
② 《佛果圜悟禅师碧岩录》第一卷,《大正藏》第48册,第141页中。

莲池大师在《竹窗二笔》中说："先德（大慧宗杲）有言'临济若不出家，必作渠魁，如孙权、曹操之属'。曷为乎以临济拟孙曹也？盖拟智，非拟德也！"①义玄禅师正是以其机锋峻烈、单刀直入的独特智巧方便接引学徒，剿情绝见，发人慧悟。两宋之后，禅门三家先后绝嗣，只临济与曹洞二脉鼎力维系，形成"临天下、曹一角"之势，天下禅僧十之八九皆入临济。义玄禅师开创的临济宗门不仅成为禅门的代表，甚至也成为中国佛教的主流，影响广及东亚佛教文化圈。

日本学者阿部正雄认为："六祖以后最有代表性的禅师有两位：一位是临济祖师，另一位就是赵州和尚。这两个人，一个代表了智慧，一个代表了慈悲。临济禅师代表了智慧，赵州和尚代表了慈悲。"②慈悲与智慧并峙，平实暨峻烈同辉，两大杰出禅门巨擘同时传法于燕赵大地，吸引学侣无数，天下禅和共仰镇州，河北禅风滋蔓，绵延不息。

三、万松老人、海云宗师与金元河北禅门之中兴守成

自唐末赵州、临济行化镇州以来，河北便成为北方新禅学中心，学者如林。然而五代战乱，两宋辽金相交之际，河北地属要冲，三河大地数临兵燹之祸，民众困苦，社会动荡。河北佛教元气大伤，大批禅僧渡江南下，禅门法脉虽不绝如缕，但也只是仅余星火而已。其间临济子孙逐渐南下，曹洞后裔悄然北上。金末元初，河北禅门又

---

① 莲池：《竹窗二笔》，《嘉兴藏》第33册，第41页上。
② 此引自净慧长老2002年10月29日于香港地区智度会的演讲《赵州禅的特色》，原文见《禅》2002年第6期。日本禅人铃木大拙特别偏爱临济禅师和赵州和尚禅风禅骨，此处实为阿部正雄总结铃木大拙对临济和赵州的评价，出自《禅与西方思想》第三章"真人与慈悲——铃木大拙对临济和赵州的评价"，上海：上海译文出版社，1989年，第81页，文为意引。

焕然中兴、大放异彩,此以曹洞尊宿万松老人、临济宗师海云长老为个中领军。

万松行秀(1166—1246),名行秀,号万松,俗姓蔡,祖籍河内解梁人(山西临猗)。其父蔡真"多艺能,好佛法",因战乱频仍,生活无济,携家人四处漂泊。金皇统(1141—1149)初,"盘桓洺水(河)",因喜好永年(今河北永年)风土,遂安家落户。① 行秀自幼受家庭熏陶,信仰佛教,"超然有出世志"。十五岁时,他恳求出家为僧,父母见其志不可夺,就带他到邢州净土寺,礼赟公(赟允)为师。受具足戒后到河北各地访师求道。后"挑囊抵燕(北京)",先后参学于潭柘、庆寿、万寿三大禅刹。在万寿寺参学时,于胜默老人那里受益匪浅。老人对他说:"学此道如锻金,滓秽不尽,精真不显,观君眉宇间大有物在,此物非一番寒彻不能放下,事后自见,不在老僧多言也。"自此,"师益厉精猛至,寝食俱忘"。拜别胜默后,他又继续参访。后行脚至磁州(今河北磁县)大明寺,谒雪岩满公。雪岩满是曹洞宗鹿门自觉一系第十三代法嗣,门庭高广,饮誉北国。他参满公时,与之"言相契",遂获准留寺修学。居二年,禅业大进,"尽其底蕴"。满公识为"法器",就将本派衣偈付之与他,并"勉以流通大法"。

行秀从大明寺得法后,声名大震,各地纷纷请他说法或住持道场。时邢州净土寺"尊宿闻之欣然,与众俱疏敦请",他念及在净土寺出家受戒之因缘,欣然应允。他于净土寺建"万松轩"接众自修,由此而有"万松"之号。金章宗时,他移锡中都,住持万寿寺。从此便长期居燕京弘演佛法。承安二年(1197),他应诏住持仰山栖隐寺,旋又住持报恩寺。元太宗二年(1230),又奉诏复主万寿。晚年,他退居报恩寺之从容庵,著书立说。最后示寂于燕。元代名臣耶律楚材于《万松老人万寿语录序》中颂扬其师万松老人:

---

① 见(嘉庆)《邢台县志》第七卷《仙释》所录《万松舍利塔铭》。

得大自在三昧,抉择玄微,全曹洞之血脉;判断语缘,具云门之善巧;拈提公案,备临济之机锋。沩仰、法眼之炉鞲,兼而有之。使学人不堕于识情、莽卤、廉纤之病,真世间之宗师也![1]

行秀行化河北、燕京几十年,精进不懈,举扬宗风;"门庭高广,四方尊之";"两河三晋之人皆饮师名"。门下弟子众多,得法弟子一百二十人,"束发执弟子礼者不可胜纪",其中以少室福裕、华严至温、报恩从伦、千松明德和湛然居士五人最为著名,在元初的政治风云中有重要影响。福裕受忽必烈礼遇,总领天下释教;华严至温由其"少时相好"刘秉忠推荐,被忽必烈召至和林居三年,对朝廷"多有赞益";林泉从伦亦卓有建树,著有《空谷集》《虚堂集》等多种禅学名著;湛然居士即耶律楚材,他"受显诀于万松",达三年,后入世度生,"以无为之教,化有为之士"。他积极献身于维护先进的中原文化和人民的生命财产的事业,是元初功勋卓著的政治家。少室福裕、华严至温、报恩从伦、千松明德皆是行秀禅师的著名出家法嗣,但后来传承此宗法脉的只剩福裕一系。

曹洞宗至金代传入河北后,至万松行秀而大盛,其法嗣遍布燕赵、三晋、齐鲁大地。曹洞宗在北方形成燕京、河北邢台[2]、嵩山少林三大道场中心。法嗣雪庭福裕座下陶炼出足庵净肃等大批河北禅僧。另一嗣法弟子华严至温则于恢复三河禅刹宗风用功最勤,《南宋元明禅林僧宝传》卷七云:

河北诸禅刹自宋政和以来,加之辽金壬辰,兵秽祖庭,未得兴复。元主敕立禅僧为主持,于是三河寺院,沛然兴矣。燕赵

---

[1] (元)耶律楚材:《湛然居士文集》,北京:中华书局,1986年,第294页。
[2] 金元之际河北禅僧辈出,其时于邢台行化影响颇大的尚有天宁寺虚照宏明一系与开元寺万安广恩一系。

秦晋之间洞室宗风大岂,皆温之力也。①

与万松老人于北方大振洞上宗风相辉映的是临济宗师海云长老。起源于河北的临济宗发展到元代,分为南、北两大传承系统。南方以高峰原妙、中峰明本、天如惟则等为代表,北方则以海云印简为代表。印简(1202—1257),字海云,俗姓宋,山西岚谷宁远(今山西岚县)人。自幼出家,从学中观沼禅师,十一岁受具足戒,中观沼禅师圆寂后,印简到燕京大庆寿寺,从学于中和璋禅师,并接续其禅法。1235年,窝阔台差官选试天下僧道,印简被推为住持。1247年,贵由皇帝命他统领僧众,赐白金万两。1251年,蒙哥即位,命印简掌管全国佛教事务。印简圆寂后,忽必烈命建塔于大庆寿寺之侧,谥"佛日圆明大师"。此前,成吉思汗曾赐号"寂照英悟大师",成吉思汗的二皇后赐号"光天镇国大士"。印简历事成吉思汗、窝阔台、贵由和蒙哥四朝,所受朝廷重视和隆渥,无出其右者。

印简禅师尝问道于中观沼禅师,沼师诲之:"汝所欲文字语言耳,向去皆止之,惟身心若槁木死灰,今时及尽,功用纯熟,悟解真实。大死一场,休有余气,到那时节,瞥然自肯,方与吾相见。"②印简禅师的悟道因缘,是在行脚河北途中,夜宿岩下。因击火而火星迸射,当下豁然大悟。在中和璋禅师处,中和举临济"两堂首座齐下喝"因缘,印简竖拳一拍,当时丈堂震动,遂受中和印可。印简常以"四无依"语勘学者,机缘不契即棒打出去。海云禅风主要属于临济禅的大机大用的古朴宗风,有别于当时南方临济禅多提倡的看话禅风,更有别于当时北方流行的曹洞宗大力提倡的以评唱为特点的文字禅风。印简禅师"不尚世学,以悟为期"而于世出世法却圆融无碍,"凡与当世王侯论治民之道,必以儒教为先"。他对燕京行省的

---

① 《南宋元明禅林僧宝传》,《续藏》第79册,第617页中。
② (明)明河:《补续高僧传》,《续藏》第77册,第454页下。

蒙古重臣说:"孔孟之道,万世帝王法程。"1242年,忽必烈请印简禅师到漠北讲法,曾问:"佛法中有安天下之法否?"印简告:"宜求天下大贤硕儒,问以古今治乱兴亡之事。"临别时,印简又告:"恒念百姓,不安善抚,绥明赏罚,执政无私,任贤纳谏""皆佛法也"。对治国方略坦陈己见,当机相对而无窒碍。

至大二年(1309),赵孟頫奉敕撰《临济正宗碑》,把印简一系奉为临济正宗,其传承法系追溯至北宋五祖法演:法演传天目齐,齐传懒中和,和传竹林宝,宝传竹林安,安传容庵海,海传中和璋,璋传印简。自临济义玄下数,印简为第十六世。元武宗时代,印简的再传弟子西云子安,受赐"临济正宗之印",并拜为荣禄大夫、大司空,"领临济一宗事",海云禅师一系在临济宗中的正统地位得到官方的确认与尊崇。

海云禅师弘法北方,数主巨刹,其于建寺安僧方面最重大的功绩之一是重兴临济祖庭。据王博文《真定十方临济慧照玄公大宗师道行碑铭》①及王万庆《海云禅师碑》②所载,元初临济寺虽有"主僧所居",但已"殿宇荒摧",一派衰败之象。于是"监寺定明白府致礼,请海云主是席","岁在乙未(1235),镇阳史帅疏请住持……师重念祖师道场之地,即应其命。既至,乃为兴修,顿成壮丽,仍不惮往返(燕京庆寿、河北临济),互为主持之","丙午(1246)春复为十方禅寺,命其嗣子庵主通公、慵庵坚公、可庵朗公相继住持。殿宇、佛像庄严完好,皆海云之力也"。1235年之后,因同时住持庆寿寺、临济寺,印简禅师故经常往返于燕京与正定之间。1246年,临济寺恢复为十方禅寺,海云命其弟子庵主通公、慵庵坚

---

① 碑文录文见刘友恒、李秀婷:《〈真定十方临济慧照玄公大宗师道行碑铭〉浅谈》,《文物春秋》2007年第5期。

② 碑文录文见杨曾文:《〈海云禅师碑〉及其珍贵的历史价值》,黄夏年主编《临济禅研究》,郑州:中州古籍出版社,2011年。另见邢东风:《海云印简禅师相关遗迹漫谈》附录中的碑文重校,黄夏年主编《辽金元佛教研究》,郑州:大象出版社,2012年。本文海云禅师生平资料主要出自王万庆《大蒙古国燕京大庆寿寺西堂海云禅师碑》及程钜夫《雪楼集》第六卷《海云和尚塔碑》。

公、可庵朗公相继担任住持，可见海云禅师修复、住持临济寺十年左右。

王万庆《海云禅师碑》称："（印简）分法乳者十有四人，出世者九人，祝发者千有余人，受戒王公大人百数，信士善人以千万计。"其上首弟子有可庵朗公、赜庵儇、龙宫道玉、临济志坚等。可庵朗公后传苹庵满和刘秉忠，刘秉忠原为河北邢州天宁曹洞法系弘明虚照和尚弟子，后得印简禅师推赞，荐为忽必烈近臣，《元史》本传说他"久侍藩邸，积有岁年，参帷幄之密谋，定社稷之大计"，在元朝初年拜光禄大夫、太保，参领中书省事，为元代重臣。赜庵儇后传西云子安，为临济宗正宗第十五代传人。西云子安有弟子北溪智延、鲁云行兴、秋亭洪亨等。洪亨为顺德（今河北邢台）人，幼出家于河北开元寺，后游大都，从学于西云子安。他往来于大都广福寺、竹林寺、庆寿寺诸刹，后又南下江淮各地参学。元末顺帝即位初年，鲁云行兴去世，秋亭洪亨继任大庆寿寺住持。晚年归隐邢台开元寺，由其弟子显仪继主庆寿，以承"临济正宗"之法嗣。

如同唐末赵州和尚、义玄禅师开法镇州，双峰并峙。金末元初曹洞领袖万松老人与临济宗师海云长老衣被燕赵，重振二家宗风，传法接众，相互辉映，焕然中兴北方禅门，亦为禅史上另一段佳话。

四、净慧长老与河北禅宗的当代复兴开新

继金元时期短暂中兴之后，明清以降，伴随着中国佛教的整体衰落，河北禅宗也日渐衰微，民国以来，更是几乎处于全面崩溃的边缘，梵音寥落，钟磬绝响。河北禅宗与河北佛教重新焕发生机，是在净慧长老移锡河北，主持恢复河北佛教之后。

净慧长老生于1933年，祖籍湖北新洲。一岁半时由父母送入寺庵抚养，14岁于武昌落发披染，18岁时到广东云门寺受具足戒，得以亲侍中国近现代禅门泰斗虚云老和尚，因慧悟过人而受虚老赏

识和器重,承虚老之殷勤付嘱,以一身而兼承禅门五家法脉;1956年至1963年,他在北京中国佛学院学习,是新中国第一批佛教研究生;1963年他被错划为右派,1979年,落实政策后回到北京,在中国佛教协会从事佛教文化宣传工作,参与创办《法音》杂志,1984年开始担任《法音》主编;1993年当选为中国佛教协会副会长直至圆寂。

　　净慧长老与河北的因缘,源于1987年陪同日本"日中友好临黄协会"访华团到赵县参拜赵州塔,他看到赵州和尚道场破落衰败,不禁潸然泪下,当时即萌生恢复祖庭之心愿,并赋诗:"来参真际观音院,何幸国师塔尚存。寂寂禅风千载后,庭前柏子待何人?""一塔孤高老赵州,云孙来礼泪双流。断碑残碣埋荒草,禅河谁复问源头!"1988年,净慧法师应河北省宗教局之邀,到河北主持佛教复兴工作。第二年他创办《禅》杂志,并协助有明长老修复临济祖庭,开展讲经、传戒等弘法活动。从1991年冬开始,主持赵州祖庭柏林禅寺兴复工作。与此同时,他创造性地提出以"觉悟人生,奉献人生"为宗旨的"生活禅"理念,从1993年起,在柏林禅寺创办每年一届的生活禅夏令营,产生了广泛的影响。到目前为止生活禅夏令营已举办了近二十届,生活禅的理念也广为佛教界、学术界与社会大众所熟知,受生活禅夏令营启发的各种弘法模式也在各地寺院、佛学团体开花结果。长老还先后成立河北禅学研究所,创办河北省佛学院和虚云印经功德藏,在柏林禅寺恢复丛林生活秩序,并出访欧、美、大洋洲等,弘扬禅法,还在匈牙利设立禅宗道场——柏林禅寺下院虚云禅院。经净慧长老近二十年的苦心经营,河北佛教逐渐走向全面复兴,古刹重兴,僧团壮大。柏林禅寺也已成为"生活禅"的根本道场和精神中心。

　　作为一名从充满战乱和苦难的旧中国走过来的一代高僧,净慧长老对中国佛教的前途和命运充满了强烈的使命感和忧患意识。正是在这种使命感和忧患意识的驱使下,他甘愿放弃了北京优越的工作环境,到河北恢复祖庭,培养僧团,光大禅门,复兴佛教。通过对佛教历史的深刻反省和对中国佛教现实的观察,净慧法师认为,中国佛教要真正实现全面振兴,教界人士必须在如下几个主要方面取得共识:1.坚持走"人间佛教"道路,是中国佛教的唯一希望。2.振兴禅宗是振兴中国佛教的关键。3.加强僧团形象建设是提高佛教社会地位的首要前提。而要搞好僧团形象建设,必须加强道风建设、人才建设、教制建设和寺院管理。4.出家人必须坚持以修行和弘法为本分,这是保持僧团本色的根本。5.培养教团意识,强化佛教团体负责人的忧患意识和责任感,是提高佛教整体自我调控能力(以便更好兴利除弊)的有效途径。6.要坚定不移地把帮助信众树立正知正见、正信正行,引导信众爱国爱教、觉悟人生、奉献人生,作为弘法的根本目标。7.坚持佛教的现代化和化现代相统一,推动佛教与社会主义社会相适应,是佛教保持强大生命力和摄受力的必要条件,这两者不能割裂开来。基于这一认知,长老吁请教界自觉养成忧患意识、教团意识、形象意识、本分意识、护法意识、人才意识、现代意识、开放意识、奉献意识,确立以"人间佛教"为主题、以禅宗弘法为重点、以僧团为中心、以信众为对象、以修行为落脚的弘法理念。[1] 他本着佛教契理契机的原则,秉承赵州"平常心是道"的禅风,提出了具有时代意义、能充分体现"人间佛教"精神的"生活禅"理念。他在佛教众多的修持法门中选择一种"既能达到明心见性、解脱生死的终极目的,又能适应现代人生活环境的修行方法",其宗旨为"继承传统(契理),适应时代(契机),立足正法,弘扬禅学,开发智慧,提升道德,觉悟人生,奉献人生"。"生活禅"理念要求"将禅的精神、禅的智慧普遍地融入生活,在生活中实现禅的超越,体现禅的意境、禅的精神、禅的风采","在生活中实现禅悦,在禅悦中落实生活"。在柏林禅寺的各项活动当中,他要求四众弟子们要"将信仰落实于生活,将修行落实于当下,将佛法融化于世间,将个人融化

---

[1] 明尧:《高高山顶立,深深海底行——〈禅〉刊办刊指导思想综述》,《中国禅学》第一卷,北京:中华书局,2002年,第441页。

于大众"。在弘法事业中强调"大众认同,大众参与,大众成就,大众分享"。

净慧长老秉承虚云和尚禅门宗风,服膺于太虚大师"人间佛教"的精神理念,融汇近现代两大高僧的思想精华,以禅宗为中心,推动佛教的复兴。其弘法理念与方法不仅着眼于中土禅宗与汉传佛教的整体性,并尤为注意立足于三河大地,汲取河北禅宗的优秀传统与精髓。"生活禅"作为一个契合当下时代根器的法门,不仅上溯禅宗历代诸祖之精神,而尤其根植临济禅师、赵州和尚之禅风。2011年由长老倡议,在石家庄召开的"首届河北赵州禅·临济禅·生活禅学术论坛"和 2012 年在邢台召开的第二届"河北禅宗文化论坛——辽金元时期的华北佛教"两大学术会议,名动一时、反响广泛。近年来净慧长老还主持修复二祖元符寺、匡教寺、邢台玉泉寺、大开元寺等禅门道场。长老晚年逐渐将弘法重心转向湖北,奋力重修湖北黄梅老祖寺、四祖禅寺下院芦花庵、当阳玉泉寺、度门寺等,推广在河北的弘法理念与经验。

自近世太虚大师肇启以来,"人间佛教"运动如火如荼地展开,逐渐影响到世界各地汉传佛教的发展。在这一脉络下的禅门振兴与佛教弘化无疑已经步入现代转型的阶段,净慧长老的河北弘化及其生活禅风的实践无疑是开启传统禅宗契合当下时代的新风貌。以本文之理路而言之,如将北朝慧可禅师行化邺都视为河北禅宗的第一个阶段,唐代赵州禅、临济禅为河北禅宗的第二个阶段,金元时期为河北禅宗的第三个阶段,则净慧长老的禅门振兴无疑是贯通了河北禅宗的第二、第三两个阶段。颇值得玩味的是,昔年虚老为净慧长老传临济法脉时,曾示表信偈曰:"当年二祖为心宗,求法忘躯立雪中。子志若能继先德,芳名千载自流通。"或许虚老早就料见净慧长老必将法化三河而与二祖慧可大师邺都传灯遥相呼应。

2012 年,本焕老和尚圆寂后,净慧长老即暗中嘱人为自己备龛;2013 年春,长老因肺炎入院治疗;4 月 18 日,长老与门人明尧居士通电话,询问"后天是什么日子",明尧居士说"是谷雨"。长老说:"那我明天要出院回寺里。"19日晚6时,回到四祖禅寺后,长老感叹:"回来就是好!"20日清晨,长老起身如厕,之后回到卧室坐在床边,对侍者说:"我要走了。"侍者答:"师父,您不要这样说。"长老沉默不语,侧卧在床上,口宣圣号"阿弥陀佛",然后安详示寂。吉州青原惟信禅师上堂云:"老僧三十年前未参禅时,见山是山,见水是水。及至后来亲见知识,有个入处,见山不是山,见水不是水。而今得个休歇处,依前见山只是山,见水只是水。"① 净慧长老亦提出"生活禅"的功夫次第:第一阶段,专注、清明、绵密,即守一不移的功夫;第二阶段,山穷水尽,即达到人法双亡、能所俱空的境界,一念不生的阶段;第三阶段,柳暗花明,即灵光独耀的开悟境界。② 净慧长老末后一着,风光霁月,生死自在,洒脱无碍,尽显禅家本色。与其说生活禅,无如是禅生活!

太虚大师论及中国近代佛教之衰落时,曾归纳为化成、政轭、戒弛、儒溷、义丧、流窳六个方面的原因,并总结了僧界四种"末流之陋习":(一)"清高流",山林高僧,不问世事,出世隐修。(二)"坐香流",丛林清众,打坐之外一切漠视,毫不关心佛教前途。(三)"讲经流",专务讲经以获利养。(四)"忏焰流","形同俳优,心存利养",以超度死人为业者。"而除第一流外,余之三流,人虽高下,真伪犹有辨,其积财利、争家业,借佛教为方便,而以资生为鹄的则一也。"③ 太虚大师为挽救佛教的危机,针对佛教丛林存在的种种积弊,提出"教理""教制""教产"的三大革命主张,提倡整理僧伽制度,积极兴办佛教教育,号召重视人生、社会,复兴佛教。太虚大师

---

① 《五灯会元》第十七卷《吉州青原惟信禅师》,《续藏》第80册,第361页下。
② 净慧长老生前多次开示过"生活禅"的功夫次第问题,此处引自净慧长老在2007年黄梅四祖禅寺第四届禅七法会第十天开示《开悟的境界》。
③ 《震旦佛教衰落之原因论》,《太虚大师全书》,台北:善导寺流通版,1980年,第十九编《文丛》,第42页。

犹忆当年立雪传灯人

所寄望的中国佛教之复兴,其归宗则在于禅,其谓"中华佛化之特质在乎禅宗。欲构成住持佛法之新僧宝,当于律与教义之基础上,重振禅门宗风为根本"①。"中华之佛教如能复兴也,必不在于真言密咒与法相唯识,而仍在乎禅,禅兴则元气复而骨力充,中华各宗教之佛法,皆借之焕发精彩而提高格度矣。默察中华佛法将来之形势……则禅宗之复振,殆为必然之趋势! ……吾折中于法相唯识学,以整理大小乘之内教及东西洋之外学,仅为顺机宏化之一方,而旨归之所存,仍在禅、净。"②印顺法师于《太虚大师年谱》中评述:"惟禅之宗重,有赖以身作则;惜大师悲心所转,未之能从事也!"③近代佛教复兴运动中,以恢复僧团、住持佛法自任"于律与教义之基础上,重振禅门宗风"的代表,无疑是虚云老和尚。

　　净慧长老秉承虚云老和尚宗门血脉,驻锡河北,恢复祖庭,树立僧团,重振禅风,其功其德可与昔年二祖邺城行化相呼应而与虚公悬记互印证。"生活禅"理念的提出则上溯禅门诸祖,而遥契赵州、临济禅风,继承了宗门的正统特色,保持了佛法的神圣内涵;又服膺于太虚大师"人间佛教"精神,倡导"觉悟人生,奉献人生",回向于佛教的入世维度,关注社会文化与当代人心,立本于禅佛教之立场而契合于当代世间之根器。正如黄夏年先生所说,中国佛教的第四个发展阶段是"以中国禅学作为中国佛学的代表而加以统一,全新发展的当今时期"④。净慧长老根植河北,持身宗门,拈提祖道,演扬新音,是赓续近代以来"人间佛教"之精神脉络,以禅为核心而对河北佛教乃至中国佛教复兴的一个尝试,开启了河北佛教禅宗发展的一个新阶段。在净慧长老身后如何继承其遗志悲愿,重振宗门道

---

　　① 《告徒众书》,《太虚大师全书》,台北:善导寺流通版,1980年,第九编《制议》,第586页。

　　② 《评宝明君〈中国佛教之现势〉》,《太虚大师全书》,台北:善导寺流通版,1980年,第十六编《书评》,第103页。

　　③ 印顺法师:《妙云集》中编之六《太虚大师年谱》"民国十五年"。

　　④ 黄夏年主编:《中国禅学》第六卷《卷首语·中国佛教的第四个阶段》,郑州:大象出版社,2012年,第1页。

眼,复兴中华佛法,无疑将是河北禅宗、河北佛教乃至中国禅宗与中国佛教新的时代课题与使命。

(能仁,北京佛教文化研究所法师;通贤,中国佛学院法师)

净慧老和尚"守望良心"观念探论

魏建震

当代高僧净慧老和尚将佛法与世间法融通,契理契机地提出生活禅。老和尚提出修学生活禅有四个要点:一是将信仰落实于生活,二是将修行落实于当下,三是将佛法融化于世间,四是将个人融化于大众。净慧老和尚又提出人生修养的四大选择:信仰、因果、良心、道德。良心,成为其生活禅修行体系的重要内容。净慧长老晚年对守望良心的呼吁之声更为急切。从2012年1月1日至2月8日,净慧长老在不同的场合,以呼吁良心为重点,做了二十多次演讲,以"守望良心"为题进行了结集。"守望良心",在净慧长老的思想、生活禅理论及实践中占据着重要地位。本文不揣浅陋,尝试对老和尚的"守望良心"的观念进行一些探讨,不妥之处请各位法师与学界前辈斧正。

一、净慧老和尚对"良心"概念的阐述

"良心",无论是在全世界的学术界,还是在人们的日常生活中,都是一个使用频率非常高的词语。但是在佛教文化体系中,却没有

"良心"这一词语。净慧老和尚第一次契理契机地将"良心"引入佛学思想体系,与佛教的教理与修行实践联系起来。在净慧老和尚的思想中,"良心"概念的内涵是十分丰富的,它既包含我们世俗生活中经常使用的"良心"概念的内涵,同时也包含着中国传统儒学对"良心"的定义,此外还有着自己具有佛教特色的内涵界定。净慧长老说:"佛教本来没有使用'良心'这样一个概念。佛教讲慈悲心,讲智慧,讲觉悟。'良心'是个复合的概念,在我们这个社会是一个通用的概念。不管信教的人也好,不信教的人也好,信这种教的人也好,信那种教的人也好,大家都要讲良心吧。但是,我在这里用'良心'这个概念,又把它赋予了新的内涵。"新的内涵,便是佛教的内涵,他说:"佛教本身没有'良心'这个词,但是佛教讲佛性、讲菩提心、讲大悲心,儒家提倡讲良心。社会上一般人也提倡讲良心。社会吸收了儒家的思想,接受了'良心'这个词。如果我们把'良心'这个词赋予佛教的内涵,那它就是菩提心与大悲心的统一。"①

净慧老和尚有关"良心"题目最著名的开示,是 2000 年 7 月在第八届生活禅夏令营讲话中,以"人生修养的四大选择"为题的开示。在这篇讲话中,净老提出良心为人生修养的四大选择之一,文中他对良心的概念进行了界定,他说:"从佛教的角度来讲,良心就是自利利他、自觉觉他、自度度他的善的意愿和觉照的能力,也就是大悲心和菩提心。良心是一种仁心,也就是利他的慈悲心,同时它又是一种觉照的心,它时刻警觉自己的三业,使之向善、向上。大悲心体现在良心的向善性,菩提心体现在良心的向上性;大悲心能救度众生,菩提心要上求佛道。所以向善、向上都包括在良心之内。向善、向上的仁心和决心就是我们的良心。"②这是他老人家对良心最为经典的界定,这个界定的主要内容后来印在 2012 年印行的《守望良心》的封面上。

---

① 净慧:《中国佛教与生活禅》,北京:宗教文化出版社,2005 年,第 184—185 页。
② 同上,第 301 页。

净慧老和尚阐发良心概念,就像佛陀说法,对不同的听者有着不同的说法。对佛教徒而言,老和尚的良心概念即为"佛性""本真心"。在2012年1月5日柏林禅寺禅七开示与大众交流时,他说:"从我们佛教徒来讲,能守本真心就是守住了良心。……打坐在做什么呢?如果把良心和佛心画一个等号的话,就是培养良心。在禅座上是守本真心,下座以后,在社会上做事,就好好落实——用良心做一切事情。"①在打坐修行时修行的是本真心,在生活中按照佛陀的教诲办事,便是守望良心。2012年1月26日,老和尚在柏林禅寺斋堂的普说《新春的期盼》中说:"我讲的第二个主题就是要坚守良心这块阵地。……'良心'二字如果用佛教最高的理念来诠释,就是我们的佛性。"②

　　"良心"概念在中国古代哲学思想史上占据着重要地位。净慧老和尚在开示中,也曾比较全面地借用过中国传统儒家的良心观念。他在《信仰、因果、良心、道德》一文中说:"所谓良心是什么呢?良心是非常奥妙的。只要我们有一颗恻隐之心,一念向善之心,一念慈悲之心,一念爱心,就说明你的良心在发生作用。良心在儒家的思想里面说是'天理良心',它和上天所规定的根本道理是一致的。上有天理,下有良心。天理就是宇宙万物的自然法则,良心就是我们的良知良能。人有良知良能,所以从古至今,善事的积累,好事的积累,功德的积累,总是占主要位置。这就是良心的落实。"③

　　为了阐发良心在当今社会道德建设中的作用,净慧长老在对一般社会大众开示时,还曾使用过一般意义上的良心观念。一般百姓在日常生活中常常说某人有良心,某人没有良心,大多是以这个人是否懂得感恩报恩为标准。净慧长老开示做人的六条标准"知因

---

① 净慧:《守望良心》,黄梅四祖禅寺2012年印行,第22页。
② 同上,第63页。
③ 净慧:《生活禅钥》,北京:生活·读书·新知三联书店,2008年,第246—247页。

果,讲良心,守道德,立志向,养识见,充才干"时说:"良心是什么?良心就是'知恩报恩'。要报四重恩:国家恩、众生恩、父母恩、三宝恩。"①

从以上净慧长老对"良心"的定义中,我们可以看出,他对"良心"的定义内涵是非常丰富的,既包括佛教理论中的"佛性""本心",又包括儒家文化中的"仁心""良知""良能",人们日常生活中所使用的"良心"的定义,也被净慧长老借用以说明佛法世间法不二的深刻哲理。

二、守望良心——佛法与世间法融通的媒介

在中国传统儒家思想中,良心、良知、良能是一个非常核心的命题。最早提出良心说的是战国思想家孟子,《孟子·告子上》说:"人者,岂无仁义之心哉？其所以放弃良心者,亦犹斤斧之于木也,旦旦而伐之,可以为美乎?"朱熹集注说:"良心者,本然之善心。即所谓仁义之心也。"《孟子正义》说:"良之义为善,良心即善心,善心即仁义之心。"王阳明在《传习录》中定义良心:"良心者,孟子所谓是非之心,人皆有之。是非之心,不待虑而知,不待学而能,是故谓良知。"吴定《紫石山房文集求放心解》曰:"孟子所谓'求放心'者,非纳其放心聚之于学之谓,'放心'即孟子所谓'放其良心''失其本心'者也。"②孟子所讲的良心,是不虑而知、不学而能的仁义之心。

在西方思想文化体系中,"良心"也是一个被普遍使用的概念。在西方著名哲学家康德的哲学体系中,"良心"是一个核心概念。"康德认为良心是作为理性存在的人本来就具有的,是天赋的、绝对的,良心实等于善良意志、义务意识、内心法则,是对普遍道德律的

---

① 净慧:《何处青山不道场》,北京:国际炎黄文化出版社,2008年,第54页。
② 文渊阁《四库全书》本。

绝对尊重,因此普遍的道德法则就处于更优先的地位。"①对于基督教教父和经院学者而言,良心就是上帝写在人心中的法。西方著名哲学家卢梭和巴特勒等人,都对良心有着深入的研究,他们的研究成果在学术界有着广泛的影响。

佛教经典中不使用"良心"一词,净慧长老将"良心"概念引入佛学领域,应该说是一种佛教理论的创新,这种创新符合佛教理论发展契理契机的原则,其基本法理根据便是佛法与世间法的不二性。净慧长老在《管理好我们的心》一文中说:"学禅以心为主,世间法也是以心为主。做人、做事,无不是以心为主。学禅特别强调心的作用,心的力量。"②学禅的心,则为佛心,世间心则为良心,做人、做事,无不以心为主,净慧法师将学禅的心与世间法的心相融通,提出"良心"概念。

"仁"在儒家思想体系中居于核心地位,净慧老和尚将"良心"定义为一种"仁心",显然是吸收了儒家思想关于"良心"概念的合理成分。将"仁心"定义为"慈悲心""菩提心",使"良心"概念最终回归到佛教思想体系之中。

良心,可以说是佛心在世间的表现形式。净慧和尚提倡良心,其意正在于搭起佛法教化世间的桥梁。净慧长老阐释佛法教化世间时说:"释迦牟尼佛应世说法是要教化世间、净化世间,使这个有着缺陷和烦恼的世间变成美满清净的人间净土。这是佛法住世的一个根本目标。离开了这个目标,佛法就将被束之高阁,毫无用处,佛法也就只是一种古董而已。"③佛法要教化世间,融入当今社会主流社会,应该使用世间通用的语言,这是净慧长老引"良心"概念入生活禅理论体系的根本目的之一。他说:"守住良心,是对所有不信佛的人来讲的,因为不信佛的人,不懂得什么叫佛心,什么叫本心,

---

① 何怀宏:《论良心》,上海:生活·读书·新知三联书店,1994年,第6页。
② 净慧:《生活禅钥》,北京:生活·读书·新知三联书店,2008年,第207页。
③ 净慧:《何处青山不道场》,北京:国际炎黄文化出版社,2008年,第8—9页。

良心他懂。为了使佛法融入当今社会的主流思维,所以我这几十年来,一直在大谈良心这件事。"[1]净慧长老大力提倡"守望良心",有着极其深切的世间关怀。

在净慧长老的禅修思想体系中,特别重视心的修行。此心即佛心、良心。净慧法师多次对禅修以修心为主、如何管理我们的心进行阐说。他的2004年国庆长假禅修讲话,即围绕"心"展开,其开示题目有"我佛法中以心为主""管理好我们的心""'守一不移'再释""十牛图颂"等。而净慧长老对"守望良心"的开示则见于《中国佛教与生活禅》《何处青山不道场》《生活禅钥》《守望良心》等。特别是《守望良心》一书,系统而深刻地阐发了净慧长老的"良心观"。

良心是一种判断善恶的标准,他不仅适用于佛教徒的修行,也适用于一般社会价值判断;良心,既是融通佛法与世间法的桥梁,也是生活禅由理论走向实践的桥梁。净慧长老开示说:"我们的这颗心是好心还是坏心,是善心还是恶心,就看所做的事情是不是符合天地大道的原则,是不是符合五戒十善的原则,是不是符合人民、国家和全人类的利益。经云:心生种种法生,心灭种种法灭。我们人生一辈子最重要的事情,就是要管好自己的良心,在'善用其心、善待一切、觉悟人生、奉献人生'的指导下,过好每一天。"[2]

三、守望良心——沟通生活禅理论与实践的桥梁

生活禅的禅修实践,便是在现实生活中贯穿佛法精神,做一个人格完善的人,通过人格的完善达到佛格的完成。基于这种禅修路径,净慧老和尚提出人生修养的四大选择"信仰、因果、良心、道德"和做人的六条标准"要知因果、要讲良心、要守道德、要立志向、要养识见、要充才干"。对于整个生活禅的修行体系来说,人格的修养便

---

[1] 净慧:《守望良心》,黄梅四祖禅寺2012年印行,第63页。
[2] 同上,第84页。

是生活禅的修行实践。信仰、因果这两种颇具形而上色彩的人生修养选择,是人生修养的理论基础。

在人生修养的四大选择之中,信仰与因果来源于生活禅的禅修理论。净慧长老所提出的修学生活禅的四个要点,第一点便是"将信仰落实于生活",此信仰即为佛教的正信。净慧长老认为,佛教正信包括四个方面的内容,即"以三宝为正信的核心,以因果为正信的准绳,以般若为正信的眼目,以解脱为正信的归宿"。信因果,为佛教正信的重要内容。净慧长老概括的佛教正行,也就是修行生活禅的四个要点。净慧长老开示人生修养的四大选择时说:"人不能没有信仰,信什么呢?最重要的是信世间出世间的因果律,这是一个根本。怎样来体现因果、落实因果呢?每个人要有良心。良心如何来体现呢?要用道德来体现。这四条一环紧扣一环。"①

净慧长老开示的做人的六条标准,知因果、讲良心、守道德是其中的三条标准。做人的六条标准,"把信仰、伦理、人性、实践、能力等各个层面都包括进去了"②,其中也包含着人生修养四大选择中的信仰选择。

人是否有良心,常常被传统儒学作为区分人与禽兽的标准。在净慧长老看来,人如果没有良心,和禽兽没有什么分别。2012年1月26日,在虚云禅林春节吉祥法会上,他以"信因果、有良心、懂感恩"为题进行了开示,他说:"一个没有良心的人就是最坏的人,一个没有道德的人就如同禽兽。没有良心的事现在是层出不穷,真让人痛心疾首。"③现在社会的道德堕落,与人们良心的缺失密切相关。

守望良心,首先要有正确的信仰,要知因果。信仰和因果是守望良心的前提与保障。守望良心,是道德建设的前提与根本。净慧长老有感于当今社会危机日益严重的状况,大声呼吁我们要保住良

---

① 净慧:《何处青山不道场》,北京:国际炎黄文化出版社,2008年,第25页。
② 同上,第53页。
③ 净慧:《守望良心》,黄梅四祖禅寺2012年印行,第55页。

心这块阵地。他悲痛而深切地说:"良心、良心,我们一定要保住良心这块阵地,靠什么来保住它呢?靠健康的信仰来保住良心这块阵地;靠因果的道理,靠善有善报、恶有恶报这样一些因果的事实来保住良心这块阵地。有了良心就有道德,有了道德就有良心。有了健康的信仰,有了对因果规律的坚定信仰,良心就有保证,道德就有保证。对于我们人类的未来,唯有这方寸之地最重要,这方寸之地,唯有'良心'二字最重要。守住了良心,我们人类就有美好的前景。""大悲心就是慈悲的心,就是同情的心,就是灵珠不昧的良心。"①

有了信仰和因果的理论,要将它们落实于实践,还需要一种自觉和觉照,良心所具有的觉照功能,担当起信仰、因果落实于道德建设的桥梁。净慧长老说:"所谓的良心,就是将信仰和因果变成了一种现实的自觉和观照力。人的行为,只有当它处在这种合乎因果规律的自觉和观照力的导引之下,它才是道德的。良心表现为对因果规律的自觉,道德表现为依因果规律而自律。"②

人生修养的四项选择,是净慧长老人生实践的宝贵经验总结,他说:"作为一个老年的僧人,从旧社会走过来,经历了许多的事情,总觉得人没有信仰不行,不讲因果不行,不讲良心不行,不讲道德不行。信仰、因果、良心、道德,这是做人的根本,本立而道生,坚持做人的八字方针,修身、齐家、治国、平天下才有保障。"③

有正确的信仰,深信因果,这些都是守望良心的保障,守望良心是道德建设的必由之路。我国著名教育家蔡元培先生曾说:"修德之道,先养良心。"④由信仰、因果走向社会道德建设,良心是其桥梁。沟通生活禅的理论与实践,良心也是其桥梁。

守望良心,信仰与因果为其提供理论保证,其实践途径则是为

---

① 净慧:《守望良心》,黄梅四祖禅寺 2012 年印行,第 64 页。
② 净慧:《何处青山不道场》,北京:国际炎黄文化出版社,2008 年,第 194 页。
③ 净慧:《守望良心·序》,黄梅四祖禅寺 2012 年印行。
④ 蔡元培:《中学修养教科书》,《蔡元培选集下》,杭州:浙江教育出版社,1993 年,第 906 页。

善。蔡元培先生指出:"涵养良心之道,莫如为善。无问巨细,见善必为,日积月累,而思想云为,与善相习,则良心之作用昌矣。"①为善,是佛教修行的最终命题。净慧长老说:"修行就是要诸恶莫作,众善奉行,自净其意。"②良心是一切善业的保证,净慧长老指出:"前生后世,因果报应,善有善报,恶有恶报,这是人类良心的阵地,是一切善法的出发点,是社会安定团结和谐发展最根本的基础,最根本的保证。如果我们否定了这块良心的阵地,人类就彻底不可救药了。只有良心的保证才是不可动摇的。良心的保证是发自内心自觉自愿的意乐行为。意乐就是甘心情愿,这样做了才符合天理良心,这样做了晚上才能睡安稳觉,这样做了举头低头才问心无愧。人类没有良心的培养,没有道德修养的提升,就无法根除社会的罪恶现象,就无法保证善行善业的持之以恒。"③

　　净慧长老提倡的人生修养的四项选择与做人的六条标准,并不同于一般意义上的伦理与道德的劝勉,而是基于他人成即佛成、成佛在人间的修行思想。生活禅修行的关键之处,也就在于通过成人而成佛。人生修养的四项选择,其最终落脚点就在于人格的完善。净慧长老说:"'信仰、因果、良心、道德'之间也有一种连贯性,它们之间能够互相推动,互相促进其贯彻落实,我在2002年2月26日提出四者相互关系的四句话:'以信仰巩固良心,以良心落实因果,以因果充实道德,以道德陶铸人格。'最后落实到人格的完善,人格的提升,人格的尊严,人格的庄严。太虚大师讲:'仰止唯佛陀,完成在人格,人成即佛成,是名真现实。'高山仰止是佛陀的人格,是佛陀的形象,是佛陀高尚无与伦比的人格影响。佛陀就像天上最亮的那颗星,就像冬日的太阳,夏夜的月光,是我们学习效法的模范,是出世大丈夫的最高榜样。佛陀的成就就在于人格的完善,'仰止在佛

---

　　① 蔡元培:《中学修养教科书》,《蔡元培选集下》,杭州:浙江教育出版社,1993年,第906页。
　　② 净慧著,宗舜、明道编:《生活禅语》,上海:同济大学出版社,2011年,第37页。
　　③ 净慧:《守望良心·寄语2012》,黄梅四祖禅寺2012年印行,第7页。

陀,完成在人格'。人格完善了,人成即佛成。用佛教的标准来讲,用生活禅的标准来讲,就是彻底地做到觉悟人生,奉献人生,人格就完成了,佛格也就完成了,这就是一条学习佛法、开悟成佛的必须遵循的道路。'以信仰巩固良心,以良心落实因果,以因果充实道德,以道德陶铸人格',实际上是延续了太虚大师'仰止唯佛陀,完成在人格,人成即佛成,是名真现实'的思想。我们能做到这八个字,完成这四件事,最后落实在人格的完善上。人格的完成就是觉悟人生、奉献人生的圆满成就。落实生活禅的目标,贯彻生活禅的宗旨,弘扬生活禅的理念,就是要在'人成即佛成'的大目标和大方向上,发扬佛教的优良传统,为这个时代做出应有的贡献。"①

除了做人,还要做事。净慧长老开示做事的"八字方针"为"感恩、包容、结缘、分享"。在世俗谛的一般意义上,良心与报恩是密切联系在一起的,俗语所言"算你有良心",表示该人还挂念着别人对他的好,保存着一些报恩的心。前文已述,净慧长老的良心概念便包含感恩的含义,净慧老和尚将良心与报恩联系起来,除了使用了他所赋予良心的含义外,报恩使用的也是颇具世俗情味的佛教的报恩理论概念,他号召大家报四重恩:报国家恩、三宝恩、父母恩和大众恩。国家恩、父母恩与中国传统的报恩思想相一致,三宝恩完全属于佛教的报恩理论,大众恩则是将一般意义上的报恩思想加以推衍,融合佛教理论而形成的报恩思想。感恩,在净慧长老提倡的做事八字方针中列为首条。做人与做事本为一体,做人原则中的良心,做事原则则为感恩。在生活中修行,在修行中生活,无论是做人还是做事,融通佛法与世间法的良心,都是必须要坚守的阵地!

守望良心,关乎着人类的前途与命运,净慧长老开示说:"我们人类一定要明白这个道理,良心守不住,良心这一阵地失守了,那么我们人类就真的走到终点站了,但是良心这块阵地慢慢地也在受到玷污、受到破坏。……我们无论如何,要守住良心这块阵地。当和

---

① 净慧:《守望良心》,黄梅四祖禅寺 2012 年印行,第 120—121 页。

尚的也好,当居士的也好,当社会普通的一个人也好,最通俗的道理、最容易为人所接受的道理就是'良心'二字。"①净慧长老将良心引入佛教领域,乃是针对当今社会弊病而发,正当时宜,深契其机!净慧长老的无穷的人格魅力和其高深的佛学修为,将使守望良心的观念很快被当今社会所接受,在当代社会道德建设中发挥无可替代的重要作用。

　　净慧长老说:"只有守住了良心这块阵地,我们人类才真正有希望。我们可以吃到不受污染的食品;可以用到没有被污染的一切用品;我们可以呼吸到没有被污染的空气;我们可以饮用到没有被污染的水,我们可以吃到没有被污染的粮食、蔬菜、牛奶、面包,包括酱油在内。"②

(魏建震,河北省社会科学院哲学所研究员)

---

① 　净慧:《守望良心》,黄梅四祖禅寺 2012 年印行,第 53 页。
② 　同上,第 63 页。

生活禅研究

论净慧法师"生活禅"建构的思想特质

陈永革

一、引言

2013年4月20日凌晨6时26分,近代高僧虚云和尚法子、中国佛教协会副会长、河北省佛教协会会长、黄梅四祖禅寺方丈、生活禅夏令营创始人净慧长老于湖北黄梅四祖禅寺圆寂,世寿81岁,僧腊67年,戒腊63夏。

净慧长老,祖籍湖北新洲,生于1933年。1934年冬(一岁半)由父母送入湖北黄冈县的汪集仙姑庙,由海善、仁德二尼师抚养;1948年(15岁)于武昌普度寺礼宗樵和尚正式披剃。法名宗道,字净慧。并依止武昌三佛讲寺大鑫和尚学经。1951年(18岁)时到广东云门寺受比丘戒,得以亲侍中国现代禅门泰斗虚云老和尚,深受器重。1952年,接虚云老和尚法脉,为临济宗四十四世。改革开放后落实宗教政策,净慧长老先后任《法音》杂志主编,柏林禅寺、四祖禅寺和玉泉寺方丈。20世纪90年代后,净慧长老提倡以"觉悟人生,奉献人生"为宗旨的生活禅,主张"在生活中修行,在修行中生活",举办生活禅夏令营等,影响深广。自2010年以来,净慧长老更是以其巨大的感召力,发心在湖北、河北每年举办中国禅文化论坛,再次发力推动中国禅与时俱进。"哲僧其萎矣,禅心犹可鉴。"净慧长老毕生参禅修行,孜孜推进中国禅文化融入人间、融化人生,功莫大焉。

今天,我们追思净慧长老对于中国佛教发展所作出的巨大贡献,深入而全面地探讨净慧法师所倡导的"生活禅",无疑是对其最好的纪念之一。

二、以学术充实佛教文化:作为禅宗研究新课题的"生活禅"

如何切实结合当代中国的现代化建设来弘扬禅文化,从而使博大精深的中国佛教文化重焕生机,是净慧法师二十多年倡导"生活禅"的菩萨心怀之所在。对此,他老人家指出:"如何进一步挖掘和继承禅宗文化的优良传统,深入探讨禅宗文化的现代化、生活化,使禅宗文化为当代社会的和谐发展发挥其积极作用,是我们传承和推动禅宗文化推陈出新的神圣使命和光荣任务。"[①]正是这种菩萨心怀,长老发心拓展中国禅宗研究,最终成就了当代中国禅文化研究的一大盛举。

净慧长老生前对于河北、湖北连续三年举办禅宗论坛寄予莫大厚望。特别是期待通过国内外佛教学者的广泛参与,将禅学研究纳入弘扬禅文化的社会文化范畴之中,进而丰富"生活禅"的人文内涵。

[①] 净慧:《在第二届黄梅禅宗文化高峰论坛开幕式上的致辞》,黄夏年主编《生活禅研究2》(上),郑州:中州古籍出版社,2012年,第15页。

他说:"2010年、2011年连续两年在湖北和河北成功地召开了三次学术论坛。在论坛上,就传统禅宗研究方面,学者们发表了许多很有见地的学术论文。特别使我们感到意外的是,这三次学术论坛共收到关于生活禅的论文近百篇,这是一次大丰收。我想我们要特别重视学者们关于生活禅研究的成果,这是禅宗研究的一个新课题。我们自己要消化这些宝贵的成果,着力吸收学者们论述的观点,分门别类加以总结,分成若干专题,编辑成书,出版流通,加大生活禅宣传的力度,使生活禅的理念和修行法门进一步融入生活,回归当下,安顿人心,和谐社会。通过对生活禅的弘扬,让禅宗活起来,让祖师禅活起来,让人间佛教成为有血有肉的实体,让整个佛教文化活起来,真正'将佛法融化于世间',让人间更美好,更幸福,更光明。"①切实推动中国禅宗文化研究与现实佛教运动研究相结合,体现了净慧长老禅宗学术研究的人文关怀。

三、以行动落实信仰:作为当代佛教真精神之体现的"生活禅"

综观净慧法师对"生活禅"的诸多阐释,"生活禅"最殊胜之处,在于它是传统佛教精神在当代社会处境下的真正体现。因此,净慧法师倡导"生活禅",虽然在一定程度上可说是作为佛教共法的禅修法门的生活化,但这绝没有涵盖"生活禅"的全部内涵。

净慧法师曾经明确界定"生活禅"说:"所谓生活禅,即将禅的精神、禅的智慧普遍地融入生活,在生活中实现禅的超越,体现禅的意境、禅的精神、禅的风采。提倡生活禅的目的在于将佛教文化与中国文化相互熔铸以后产生的具有中国文化特色的禅宗精神,还其灵动活泼的天机。在人间的现实生活中运用禅的方法,解除现代人生活中存在的各种困惑、烦恼和心理障碍,使我们的精神生活更充

---

① 净慧:《寄语2012》,载于《守望良心》,黄梅四祖禅寺恭印本,2012年,第9页。

实,物质生活更高雅,道德生活更圆满,感情生活更纯洁,人际关系更和谐,社会生活更祥和,从而使我们趋向智慧的人生,圆满的人生。"①

净慧法师从其弘法经历中,每每思考学佛者应该怎样真正地把学佛、修行落到实处。为此,他明确指出"应该把学佛、修行与生活有机地结合起来,在生活中落实修行"②。主张学佛、修佛与行佛"三位一体",其根本路径莫过于"生活禅"。因此,"生活禅"成为当代中国佛教具有明确精神导向的佛教行动文化,即把学佛修行者净化人生(利乐有情)、净化社会(庄严国土)的精神,完整地落实在生活中,落实在工作中,使佛法的精神具体化,将思、言、行与佛教信仰融为一体,实现佛法的人格化(行动化),"在生活中修行,在修行中生活"。这成为净慧法师提倡"生活禅"的现实情怀。

四、以时代承载传统:作为"人间佛教"当代形态的"生活禅"

净慧法师反复强调,"生活禅"既是传统禅法如何现代化的问题,更是佛教传统如何现代化的问题。具体言之,禅法如何适应现代社会,其实也就是佛教如何适应现代社会的问题。"生活禅"与其说是禅法修行问题,不如说是佛教如何修学问题。这就是说,"生活禅"的实践程度取决于"生活佛教"的实践程度。而"生活佛教"才是衡量"生活禅"的根本标尺之所在。然而,从另一个方面来说,"生活禅"又不能是"生活佛教"的精致化与具体化。这正是净慧法师倡导"生活禅"的理论精义之所在。因此,"生活禅"成为"生活佛教"的实践形态。在此意义上说,"生活禅"成为"生活佛教"的另一

---

① 净慧:《生活禅开题》,载于《生活禅钥》,黄梅四祖禅寺恭印本,2012年,第133—134页。
② 同上,第133页。

理论表述。

更进一步地说,"生活禅"是20世纪太虚大师等人所倡导的"人间佛教"运动在当代中国社会的一大实践。如果我们不能着眼于此,就不可能客观而历史地评价净慧法师的"生活禅"。即此而言,净慧长老所倡导的"生活禅",其实也就是"生活禅佛教"。只有如此,我们才能真正领会净慧法师通过"生活禅"及其以"当代"佛教真正承载"传统"佛教的良苦用心。而这种以"时代"(人格化为修学者)承载"传统"佛教的实践途径,无疑应该落归于修学者的如法教化、契机引导,落实到有利于佛教健康发展,有利于时代社会,有利于禅修者个体或群体。否则,佛教与时代社会相适应就是一句空谈而已。

当然,"生活禅"与"禅化生活"之间的契应关系,实际上包括着一种特定方位下相当复杂的动态关系。

五、以智慧丰富生命:作为禅宗智慧的"生活禅"

佛教既是以生命实践信仰的宗教,更是以智慧丰富生命的实践。

净慧法师视生活与禅修为一体化的生命过程,一再强调人间生活的禅法观照。生活内容多姿多彩,禅法同样是极为丰富圆满的,而禅与生活又是密不可分的。落实于生活之中的禅法,展现了禅法的"实在性",运用禅法智慧的生活则展现其"超越性"。就其自然形态来说,"满目青山是禅,茫茫大地是禅;浩浩长江是禅,潺潺流水是禅;青青翠竹是禅,郁郁黄花是禅;满天星斗是禅,皓月当空是禅;骄阳似火是禅,好风徐来是禅;皑皑白雪是禅,细雪无声是禅"。

从社会生活来说,"信任是禅,关怀是禅,平衡是禅,适度是禅"。从心理状态来说,"安详是禅,睿智是禅,无求是禅,无伪是禅"。

着眼于个体而论,"善意的微笑是禅,热情的帮助是禅,无私的奉献是禅,诚实的劳动是禅,正确的进取是禅,正当的追求是禅"。

从审美意识来说,"空灵是禅,含蓄是禅,淡雅是禅,向上是禅,向善是禅",如此等等。

总之,我们的生活时时处处充满着禅意和禅机。作为禅修者的生活,它处处都流露着禅机,处处都可以领悟到禅机,处处都可以实证禅的境界。禅修、禅证、禅行、禅境、禅意,无不皆与禅修者的生命智慧息息相关。

六、融合传统与时代的"生活禅"

尽管净慧法师反复强调"禅是修的、证的、参的,不是讲的",但讲禅法、讲禅史、讲禅修,放眼当代佛门高僧,最为孜孜不倦者,当推净慧法师。从禅修传统上看,与其说"生活禅"是禅修传统的当代自觉,不如说"生活禅"展现了融入传统禅法的人文自觉。

禅法修持作为佛教修证体系之共法,是全体佛教所共同的普遍特质。而禅宗之为中国化佛教宗派,禅系众多,其禅法修学亦历经如来禅、分灯禅、祖师禅等诸多变迁。从禅法与教门的契应性,止观禅、华严禅、念佛禅近代以降,伴随着佛教的整体复兴,宗门禅法也重新焕发生机。

佛法无边,法门无量,禅法万千。"一千七百个公案就是一千七百个法门,一千七百个进入禅的方式和方法。"净慧法师从18岁开始亲近虚云老和尚,是一个接受传统禅法的人。净慧法师从倡导"生活禅"到将"生活禅"引向深入,始终根植于中国禅法传统中更好地坚持与弘扬中国禅文化。在此意义上说,"生活禅"的提出,是继虚云长老之后当代中国宗门禅僧对禅法境遇的一个自觉选择。

从中国禅宗传统法系上说,净慧法师虽然承接着临济宗统,但在接引方式、禅修项目设计与安排、具体禅修指导等方面,则突出信行并重,定慧兼弘,并充分结合当代社会人心、知识之情境现状,别开禅法之新风。

"生活禅"具有三大思想资源,源于中国佛教史上的三大典范,即佛教中国化的开创者道安法师、开创南宗禅展现佛教生活化的六祖慧能大师以及倡导"人生佛教"推进佛教现代化的太虚大师。在此意义下说,净慧法师"生活禅"的建构无疑是将时代佛教融入传统佛教之思想的延伸与扩展。

(陈永革,浙江省社会科学院哲学研究所所长)

净慧长老生活禅的思想特质与时代意义

黄连忠

一、前言

　　净慧长老(1933—2013)是近代中国承先启后跨越时代的一位佛门高僧,早年亲侍虚云老和尚,一生坚苦修学,并提出以"觉悟人生,奉献人生"为宗旨的生活禅,主张"在生活中修行,在修行中生活"。他晚年在湖北黄梅与石家庄举行多场禅宗学术会议,规模宏大,海内外的学者云集,不仅扣紧了生活禅的主题,也是中国佛教史上以禅学为主题最为盛大的学术集会,影响极为深远。

　　禅宗从四祖道信、五祖弘忍到六祖慧能之间的传承,是中国禅宗史上具有传奇特色与最具意义的师资传授。前者,湖北黄梅的东山法门,原是北方中原的佛教中心,经由慧能受法到广东一带弘传,开创顿悟法门之南宗禅。南宗禅的基本特色就是生活禅,净慧长老生活禅的理念,即是以黄梅禅与慧能顿悟禅为核心思想,将道信"一行三昧"、弘忍"守心"与慧能"顿悟思想"的禅法,更为真切地开展为当代生活禅的实修法门。

净慧长老的生活禅开示,亲切细密,主题意识分明,层面广阔而易于实践,他强调在生活中时时刻刻都要将心安止于正确的禅定,专注而祥和,并且在生活中都要行持不受污染与超越分别而没有任何执着的本心与直心。若以笔者初浅的理解,净慧长老出身于传统的丛林,又受到虚云老和尚的指点,他自认为是"接受传统禅法的人",因此其生活禅是植根于传统禅门的真修实证,刻苦行持,对于众生心性体用观照深刻。因此,在1991年提出的生活禅理念,就是强调"生活就是禅,禅就是生活",将禅悟与生活之间无差别地融和,这是适应当代社会又契合佛法的重大主张。它在中国禅宗发展史上,具有重大的历史时代意义,并且也是中国禅思想的创新与突破,将慧能禅传承推向了另一个高峰。本文即以净慧长老生活禅的思想特质与时代意义为探讨主题,阐述其价值与时代意义。

二、从《净慧自赞》看净慧长老生活禅思想的形成与流变

　　笔者特别留意到净慧长老在2013年1月29日密付门人的一篇《净慧自赞》,崇戒法师注语:"长老于壬辰年腊月十八日写下此诗,交给崇戒列印,并嘱暂时不要发表,也暂不要交给马明博居士编入诗集。未曾想长老竟于2013年4月20日安详示寂。经请示明海大和尚同意,此诗收入《经窗禅韵》。"古来至今禅宗大德,往往谦卑自约,不如现代居士在新闻媒体中狂妄虚言,未证言证,净慧长老实悟亲证,却在圆寂前悄然密示,生前不以名闻利养或显异怪奇而惑乱众生,笔者有幸在净慧长老圆寂前几年亲近学习,长老亲近恳切、和乐自然。净慧长老为虚云老和尚弟子,禅宗修持一脉,幸得留存。近几年来,笔者因参加湖北黄梅、河北石家庄与邢台的禅宗学术会议,得以亲近长老,因缘殊胜。笔者亲聆法音,近身观察,谛听开示,亦有数句承问寒暄的机缘,对长老的佛门长者风范与慈悲智

慧说法,印象着实深刻。此外,长老开示,字字从心中流出,句句契应时代众生的机要。换而言之,笔者心中对净慧长老视为古代赵州禅师再世一般,长老的一言一行,都如同笔者在过去曾经亲近极为少数的高僧大德,感受到得道高僧的威仪细行与智慧流露。此外,笔者以为"赵州作主人"为一语双关,净慧长老于1988年主持赵州祖庭兴复,实则以赵州禅师绵密禅行为弘扬生活禅的基础,才接著述说"生活禅风立,修行不择根",笔者以为净慧长老的生活禅,主要是秉持赵州禅的风格特色与虚云老和尚的指导,其以生活中时时用心为基础,发展成心心念念不落有无为手段,证成无挂无碍的身心自在为目标,成功地建构了一套生活禅至简至易又蕴涵深厚的修持体系。生活禅的操作实践历程为"时时用心以收摄万法在生活中了无分别",这种"用心"的修持,其实就是收摄心念,以高度清明的全部注意力,活在当下。至于"修行不择根"则是指生活禅应用于当下的社会,对于各种根器或根机的众生都适用,生活禅通于大小乘的修持法门,也适用于当下的社会生活状况。至于"把握在当下,电光石火顷",即是指在生活中时时刻刻都要把握当下这一念,这一念在电光石火的短暂时间中,应以全部生命力活在眼前刹那,这也是指导生活禅修持的理念。此外,"七旬承道信,八旬侍弘忍;五载当阳道,玉泉度门兴"的叙述,是指2003年净慧长老驻锡湖北黄梅四祖禅寺,时年71岁,2013年81岁时应请为五祖寺方丈。从2003年到2008年,净慧长老在湖北当阳重兴玉泉寺与度门寺两寺。在"宝掌千年寿,虚公百廿春"一句中,笔者以为净慧长老透露了另一个重要的讯息,因为在2005年四祖禅寺开始在长老的发愿中重建,2009年10月27日黄梅县举行四祖禅寺重建落成暨开光庆典,四祖禅寺的开山祖师宝掌千岁和尚,据传活了1072岁,故称"宝掌千年寿",至于"虚公百廿春"即是指虚云老和尚(1840—1959)活了120岁。笔者以为这是长老暗喻自己的世缘已至,即将顺世圆寂。最后,"同参东西祖,道绝去来今",此谓东西两祖,即是西山的四祖道信与东山的五祖弘忍,净慧长老身兼两座祖师道场的住持,至于"道绝去来今"与前述的"截流识此心"遥相呼应,含蓄地说明了证入无人无我的境界,超越了古今时空的分别。

三、从《双峰禅话》论净慧长老生活禅思想的特质

在《双峰禅话》一书中提到净慧长老自述其生活禅是以四祖道信的开示为基础,结合了"生活禅与念佛禅",长老说:"在《楞伽师资记》里面,有一篇四祖禅的资料,叫作《入道安心要方便法门》。我准备根据这篇资料介绍四祖的禅法。以四祖禅为契机,我们就能真正找到一个在今天的时空环境下落实修行的法门、落实生活禅的法门。生活禅的要旨是:'在生活中修行,在修行中生活。'四祖念佛禅的要旨是:'离心无别有佛,离佛无别有心。念佛即是念心,求心即是求佛。'从理念到方法,生活禅与念佛禅可以相互融入,从而形成适应现代佛教学人修行的方便法门。"[①]长老以"在生活中修行,在修行中生活"为生活禅的核心思想,强调"生活禅与念佛禅可以相互融入",这是"在今天的时空环境下落实修行的法门",笔者以为生活中安心于禅法的修持与念佛的融入,这是无间契入生活禅法要的修持要领,四祖道信在《入道安心要方便法门》中阐释说明,禅修依循的方法与典籍等诸多问题。其中,点出以"我此法,要依《楞伽经》,诸佛心第一"说明禅宗修持的主要理论依据,证悟的实际内容与目标,就是体证"佛心"。在四祖道信《入道安心要方便法门》中说:"依《文殊说般若经》,一行三昧。即念佛心是佛,妄念是凡夫。……法界一相,系缘法界。是名一行三昧。……系心一佛,专称名字,随佛方便所,端身正向。能于一佛,念念相续,即是念中,能见过去未来现在诸佛。"道信又说:"如是入一行三昧者,尽知恒沙诸佛法界,无差别相。夫身心方寸,举足下足,常在道场,施为举动,皆是菩提。"笔者以为净慧长老取道信之"诸佛心第一"与"法界一相,

---

① 净慧:《双峰禅话》,上海:上海辞书出版社,2005年7月,第4—5页。

系缘法界"建立其生活禅的禅学理论①,关于"一行三昧"的禅法,也是后世六祖慧能"一行三昧"思想的来源,净慧长老将其念佛禅的"一行三昧"与生活禅的"一行三昧",两者紧密地结合起来,成为其生活禅思想理论的核心旨要。

除此之外,净慧长老强调"在烦恼的生活中安顿生命"的重要性,即是达摩以来的"安心法门",他说:"修学安心法门,一是要有善知识开道,另外也要自己善用其心。自己从修行实践中一点一点摸索经验,所以说'其中善巧,出自方寸'。善巧也就是方便,善巧就是智慧。安心不是盲目就可以做到,有善巧方便才能够安顿其心。安顿其心实际上就是安顿我们的生命。这里所说的一切,都是讲如何在烦恼的生活中安顿生命。这是学佛的第一要义,也是人生的第一要义。所以四祖大师就讲,要学一行三昧,必须先学般若;并且在学习般若的过程中,要做到'如说修行'。说的就是做的,做的就是说的。言所行,行所言,言行一致,就叫'如说修行'。"②净慧长老以为生活中的实践与经验,也是学习生活禅的要领,也正因为生活中的烦恼一一对治,得到善巧的智慧,也是实现一行三昧的重要历程,其中"先学般若"与"如说修行"最为紧要,这是从四祖禅法中得到的智慧。

净慧长老住持恢复了河北柏林禅寺,这原是赵州禅师的道场。长老对赵州禅师的推崇及其禅法的开示,尤有意义,如在《双峰禅话》一书中,提道:"有学人问赵州和尚:'老和尚啊!您一百多岁了,还有几颗牙呢?'赵州和尚说:'我只有一颗牙齿。'学人说:'那您吃饭怎么办?'赵州和尚说:'我粒粒咬着。'一颗牙齿,每一粒米到口里他都能咬着。这是什么意思呢? 这是说的功夫上的话。就是说他的功夫已经很纯熟了,但是在保任的过程中,他还是一点也不放过,'粒粒咬着',没有一念杂念,没有一念是心有二用,念念

---

① 净慧:《双峰禅话》,上海:上海辞书出版社,2005年,第10页。净慧长老另有一段说明:"《楞伽经》讲的'诸佛心第一',是讲十方三世一切诸佛,都是把心作为修行的起点和归宿。离开了心,一切修行都成了无源之水,无本之木。"

② 净慧:《双峰禅话》,上海:上海辞书出版社,2005年,第36页。

无二,念念无念,念念无求,灵明独照,与佛境界无二无别。如果我们每个人都能达到每一粒米都不放过,粒粒咬着,那是什么境界?那就是一心不乱,那就是一心专注的功夫。"①不仅如此,长老曾经开示:"赵州和尚所说的道场就是生活本身,常在道场,修行就是生活,生活就是修行。赵州和尚还有其他不少接众公案,如吃茶去、洗钵去等等,都表达了同样的意旨。"②因此,生活的当下即是修行的道场,生活中的一切,都是展现修持的境界,这也是生活禅的精神,在净慧长老《生活禅开题》一文中,曾经说:"所谓生活禅,即将禅的精神、禅的智慧普遍地融入生活,在生活中实现禅的超越,体现禅的意境、禅的精神、禅的风采。"③

净慧长老在《生活禅钥》中自述其18岁开始亲近虚云老和尚,这一段经历虽然不长,又因时代的背景因素,自谦未扎实地用功夫,他说:"我从18岁开始亲近虚云老和尚,应该说是一个接受传统禅法的人。但是由于所处的时代,实际来说,没有真正能够很好地在修行上扎实地用功夫。虽然我亲近虚云老和尚前后有10年左右的时间,但是那时我们一天天忙于搬柴运水、打地抛砖、种田博饭,大概有5年左右的时间是这样过来的。"④即便如此,在虚云老和尚这位明眼大善知识的跟前,对于净慧长老的禅法修行与点拨指导,必然是生活禅教育中最为紧要的部分⑤,笔者以为这是长老生活禅思想蕴酿形成的重要背景,在搬柴运水与打地抛砖的生活当下,更能展

---

① 净慧:《双峰禅话》,上海:上海辞书出版社,2005年,第14页。
② 净慧:《关于"生活禅"理念提出二十周年的一点感想》,收录在《生活禅研究》,郑州:中州古籍出版社,2011年,第17页。
③ 净慧:《生活禅开题》,原载于《禅》1993年第一期,本文引自《生活禅钥》,北京:生活·读书·新知三联书店,2008年,第164页。
④ 净慧:《生活禅钥》,北京:生活·读书·新知三联书店,2008年,第170页。
⑤ 净慧长老另在《关于"生活禅"理念提出二十周年的一点感想》一文中写道:"我是1951年在广东云门寺依止虚云老和尚受戒。从那个时候起,我开始接受禅宗的教法并依之修行,并继承了虚云老和尚的法脉。"此文收录在《生活禅研究》一书,第16页中刊录了这一段话。

现古代禅宗丛林教育的学习特质,也是最为扎实的生活禅。

四、净慧长老生活禅思想的时代意义

净慧长老在首届河北赵州禅·临济禅·生活禅学术论坛论文集的《生活禅研究》一书中写道:"1990年到1991年之间,在开始修复河北省赵县柏林禅寺的同时,我们第一次提出了关于'生活禅'的修行理念,1992年冬在柏林禅寺举办的首届禅七期间正式提出修生活禅的一些具体要求,1993年暑期,针对青年佛教学子举办了第一届'生活禅夏令营'。从此以后,我们在柏林禅寺、四祖禅寺的一些主要法务活动中,均以弘扬生活禅为主题。经过这么多年的努力,生活禅的理念,得到越来越多的人认同,使生活禅成为一部分人认同佛法的切入点,效果明显。"①这是长老在《关于"生活禅"理念提出二十周年的一点感想》一文中,对二十年来生活禅弘扬的回顾。这二十多年来,生活禅的思想不仅得到广大弘扬,而且也得到各界的赞扬与肯定,在赵州禅师住持柏林禅寺的古佛道场时提出"生活禅"的理念,笔者以为这是当代禅宗的弘扬,是盛世大唐禅风的再现,更具有高度象征与时代意义。

现代人渴望在享受科技文明鼎盛之余,也能够享有丰富的精神生活,生活禅如何适应这个社会,如何引领众生进入佛法的堂奥,净慧长老以为现代人在选择信仰或修行时,会有三种心理倾向,他说:"现代人在选择信仰和修行法门时,一般来说可能会有三种心理倾向:一是追求简易的倾向。现代人喜欢简单方便,不喜欢复杂。……二是追求休闲的倾向。……也就是说,所介绍的修行方法要能够让他们在身心上得到充分的放松和休息。……三是追求生活化的倾向。……容易与生活打成一片,融为一体,不要使现实生活与修行

---

① 净慧:《关于"生活禅"理念提出二十周年的一点感想》,收录在《生活禅研究》一书,第14页。

之间的距离拉得太大。所以,我们在提出'生活禅'的修行理念时,明确地将它的修行特色定位为'在生活中修行,在修行中生活',就是充分地考虑到现代人的这种生活方式和心理倾向。"①笔者以为"追求简易""追求休闲"与"追求生活化"这三项特质,正是显示现代人普遍渴望在现实生活中,能够拥有简易、休闲与生活化修持佛法的法门。而生活禅的提出,正是回应这项时代特征,展现了高度契合与融通无碍的智慧。②

净慧长老在《双峰禅话》一书中,还提到"零距离"的生活禅思想,他说:"我记得在去年(指2003年)美国进驻伊拉克的时候,各种资讯都及时报道前线的情况。那时候在新闻上形容报道的及时,用了个非常形象的词'零距离'。说我们每个人和前线是零距离,没有距离。我看到这个词很受启发。修行,就是要让修行与生活心心念念保持零距离,没有距离,那就是'在生活中修行,在修行中生活''生活禅,禅生活'。如果修行与生活成为零距离,那就完全是修行人的境界,从而达到正等正觉,菩萨的境界。菩萨的境界,就是菩萨道与生活零距离,菩萨道与生活成为一体。我们每个人可以反思一下,看自己能不能够用这样一种修行与生活打成一片的要求,达到每天24小时都在生活中自觉觉他、行菩萨道的境界。"③笔者以为净慧长老的生活禅思想是完全融入现代生活的觉醒,不仅能从佛教经论与传统修持法门中得到启发,更能于世间法中的生活当下得到殊胜的领悟。净慧长老以为的"零距离",实际上是揭示说明了"生活当下无差别"的意义,将"生活禅,禅生活"统摄在"让修行与生活心心念念保持零距离",笔者以为这是生活禅与现代意义紧密的联结,不仅阐释了"在生活中修行,在修行中生活"的最高境界,也阐释了修行的理念与路径,更突显生活禅在生活中的创意思维与时代意义。

---

① 净慧:《关于"生活禅"理念提出二十周年的一点感想》,收录在《生活禅研究》一书,第18页。
② 同上,第19页。
③ 净慧:《双峰禅话》,上海:上海辞书出版社,2005年,第212页。

除此之外,净慧长老特别强调生活禅是"适应今天的生活节奏和时代因缘",他说:"我从1991年提出生活禅的理念,到今年(2004年12月5日讲《如来禅,祖师禅,生活禅》)也有十几年了。通过每年打禅七的提倡,通过夏令营活动的提倡,通过在河北办《禅》刊的提倡,生活禅'觉悟人生,奉献人生'的修行理念,逐步为佛教界和社会人士理解接受,也有不少的人根据'在生活中修行,在修行中生活,从生活禅进入禅生活'的思路进行着修行实践,不断地总结、不断地提高。生活禅的理念,是为适应今天的生活节奏和时代因缘而提出的佛教修行实践的新理念,这个方法,没有离开如来禅、祖师禅的精神。生活禅,是以菩提心作为出发点,以般若见作为见地,以息道观作为修习禅定的方法,以融入生活、消融烦恼作为日常实践的功夫。"[1]净慧长老对于生活禅的提倡,并非仅是停留在佛学理论的层次,而是真正落实到日常生活之中[2],并且积极地透过打禅七、夏令营等活动进行推展,并以《禅》刊的发行为辅助,透过"觉悟人生,奉献人生"的修行理念将佛法与世间法紧密地结合,形成"在生活中修行,在修行中生活"的互动联结,更进一步地呈现"从生活禅进入禅生活"的实践,笔者以为这是中国禅跨越了封建时代到当代生活最大的突破,深具时代象征的重大意义。同时,"不断地总结、不断地提高"是不断地自我提升,以达到至善至美的境域。更为重要的是,净慧长老提出"以菩提心作为出发点,以般若见作为见地,以息道观作为修习禅定的方法",笔者以为这是体相用范畴的具体应用,"菩提心"是修证的本体,也是修行的出发点;"般若见"既是见地,也是境界的指引与呈现,这是境界的范畴;至于"息道观"则是以修习禅定为具体实践的方法。笔者以为净慧长老十分重视佛教传统禅定的修持,这也是生活禅真正的根本。因此,"菩提心"是目标及

---

[1] 净慧:《双峰禅话》,上海:上海辞书出版社,2005年,第290—291页。
[2] 梁世和:《生活禅修行次第体系》,收编在黄夏年主编《生活禅研究》,郑州:中州古籍出版社,2011年,第41页。

理想,"般若见"是理论与境界,"息道观"的禅定修持,就是日常生活最重要的行持,这三者缺一不可,互证发明,最后三者统摄在"融入生活、消融烦恼作为日常实践的功夫",这是切实紧要的开示,也是生活禅的核心理念,深具佛法的精神与时代的意义。①

此外,在"觉悟人生,奉献人生"的生活禅理念中,净慧长老提出这是佛教的根本精神,并以"善用其心,善待一切"为纲领,他说:"佛教的千经万论也只讲这两件事(觉悟人生,奉献人生),这两件事就是大乘佛教的根本精神。觉悟就是智慧,奉献就是慈悲。以大智慧觉悟人生,以大慈悲奉献人生。佛法最根本的精神通过这八个字表达出来,当代社会中所有的人都能够理解,都能够接受。……最近这一两年,我又根据《华严经·净行品》,提出'善用其心,善待一切'的理念。'善用其心'是《净行品》的思想,'善待一切'是《净行品》的实践。这两句话可以作为'觉悟人生,奉献人生'的补充,或者说是更加具体的要求。怎么样觉悟人生呢?你要'善用其心';怎么样奉献人生呢?你要'善待一切'。不能'善用其心',谈不上觉悟人生;不能'善待一切',谈不上奉献人生。"②笔者以为净慧长老将大乘佛教的慈悲与智慧,使用社会上普遍能够接受的词语,这也是一种佛法适应社会的慈悲智慧的转化。长老的用心即是"当代社会中所有的人都能够理解,都能够接受",这也是慈悲智慧的具体的展现。这是不以佛教为本位,让众生来适应理解佛教思想,反而是佛法适应当代社会的理解,能够让没有佛法信仰的社会大众,更容易地明白佛法的精神,更容易地接受佛法的引领,走向光明的人生。不仅如此,净慧长老以《华严经·净行品》中的"善用其心,善待一切"这八个字,具体说明了"善用其心"则能"觉悟人生","善待一切"才能"奉献人生"。笔者以为,"善用其心"与"善待一切"用语虽然平近,但是意义却极为深远,两者皆具有大乘佛法的精神,也是

---

① 净慧:《生活禅钥》,北京:生活·读书·新知三联书店,2008年,第175页。
② 净慧:《双峰禅话》,上海:上海辞书出版社,2005年,第292—293页。

"觉悟人生,奉献人生"的具体内容。

因此,以禅定的修持为根本,以"觉悟人生,奉献人生"为生活禅的理念依归,并且具体展现在"善用其心,善待一切"的生活之中。净慧长老说:"生活禅的实践,一方面是要很好地修习禅定;一方面又要落实'优化自身素质,和谐自他关系''善用其心,善待一切'等理念,使自己成为人格完善、关系和谐的人,进而推动整个社会和人类的不断净化、进步、祥和。生活禅的根本要求,是要'在生活中落实修行,在落实修行中生活',使修行在每一个当下都成为现实。"[1]净慧长老的开示说明了修习禅定是生活禅的根本,并且善用其心地使自己人格完善与关系和谐,进而以生活禅提升人类的生命境界,让修行与生活互为增上,实现理想的生活,完成生命的圆熟,这是生活禅展现的重大时代价值与意义。

净慧长老的生活禅理念,反映了当下时代众生对于解脱的渴望,其开示的四句口诀,即是展现佛法的光明普照世间,他说:"关于生活禅的四句口诀:'将信仰落实于生活,将修行落实于当下,将佛法融化于世间,将个人融化于大众。'每个佛弟子都按照这四句话来落实信仰,落实修行,落实佛法的精神,落实自己的社会生活,佛法有希望,我们个人也有希望。这种精神能够延伸下去、扩展开来,有更多的人能够领会这种精神,佛法的光明就会照亮我们整个社会和人类。"[2]落实信仰,即是对佛法应发起真实的信心与愿力,真诚地实现信仰佛法的理想与目标,落实修行,落实追求佛法光明与解脱的精神,落实在自己的社会生活之中,并将此精神无限扩展,照亮人类的社会,展现生活禅的最大意义与价值。

五、结论

净慧长老生活禅的思想,在近几年的学术会议中,受到高度的

---

[1] 净慧:《双峰禅话》,上海:上海辞书出版社,2005年,第293页。
[2] 同上,第282—283页。

关注与热烈的讨论,如第一、第二届河北禅宗文化论坛,以及第二、第三届黄梅禅文化论坛,前者结集生活禅的主题论文集为《生活禅研究》两册,后者结集为《生活禅研究2》上、下两册,共收录了126篇关于"生活禅"的主题论文,不仅论文质量皆是一时之选,也是22年来生活禅提出后,最大规模与最为深入的探讨。同时,以上四届研讨会,笔者皆躬逢其盛,对于净慧长老提出的生活禅,以为在中国佛教史上,继清末民初的人生佛教或人间佛教之后,具有开创性的思想价值与跨越千年直追盛唐禅风的时代意义。

在2013年1月29日净慧长老密付门人的一篇《净慧自赞》中,可以略见长老一生的行持经历与长者风范。笔者亲近长老的过程中,既感受到古代禅宗大德再世的清净道风,又感受到当代高僧适应现代与解救苦难众生的慈悲智慧。另外,在广博精深的法语开示中,不仅是长老法师的上堂说法,而且具备学术论证分析的脉络,其语意平和,内蕴深远,身教与言教都融合无间地展示了生活禅的高僧行谊与现代风姿。

生活禅至简至易又深蕴禅悟的哲理,强调修行即在生活的当下,超越外在的形式,为当代人类的社会群体生活,指引出一条身心究竟解脱与自在无碍圆满的生命道路,进而达到和谐群我、社会安康与人间净土的境界,终究可以实现全体人类生命圆满超越的终极目标。虽然净慧长老圆寂已然月余,但是其精神与思想,将是吾人永远的典范,生活禅思想的光辉与火炬,将继续引领吾人学习佛法,"觉悟人生,奉献人生",在生活中具体实践生活禅的理念,才能真正展现其思想价值与崇高的时代意义。

(黄连忠,台湾高苑科技大学教授)

觉悟人生是大智慧,奉献人生是大慈悲
——"生活禅"与大乘佛教"悲智"思想,兼怀净慧长老

喻 静

一

虽然"若佛出世,若未出世,此法常住,法住法界"①,2500多年前佛陀成就正觉、安立教法、开显教理,指示出一条涅槃证悟的道路,此"一大事因缘"亦不得不落实于人类社会有限的历史时空,所谓"印度佛教"由此肇始。其后佛法随类流布、随缘显隐,应机化育、因果相续。东汉年间,安世高和支娄迦谶译出最早的汉语佛经,佛法亦开启依托汉文字而流布的新篇章。以汉译佛经为核心的汉传佛教终究还是要解决"契理契机"的问题——契理,指契合佛法终极真实、契合佛陀垂教本怀;契机,指契合时节因缘,契合所在地的历史地理、文物典章。道本教迹,理不变而事常新。佛教在中国的历史时空和文化时空中迁变流转、生灭聚散,和中国本有之文化积淀互相生发而开出新气象。以"法尔如是"论,佛法无时无方,无新无

---

① (南朝宋)求那跋陀罗译:《杂阿含经》第十二卷,《大正藏》第2册,第84页。

旧,无传统无现代,印度佛教与中国佛教只是一个佛教;以"随物应机"论,不仅中国佛教作为总体要为佛之"一音演说"找到专属自身的表达方式,不同历史阶段的中国佛教还要直面不同的时代课题。所有这些努力皆不出"契理契机"四字,为此而作精勤不懈的上下求索、善巧方便地弘化一方的典范,莫如志求佛道以续佛慧命的历代高僧大德。

中国佛教以大乘佛教为根本。中国本土宗教信仰、文化传统与外来的佛教信仰、文化传统相遇而后渐有中国大乘佛教,是为交互生发、彼此调适之过程,如种子落地,各种因缘凑泊而发出"这一株苗"。佛教中国化的历程亦可化约为从汉语文化中找到恰切的、既能和儒道教会通又不与儒道教混淆的独有表达,以使佛法真谛获得彰显的过程,一些在汉文化语境中看着眼熟但其实从未有过的新词出现了,比如"慈悲";一些佛教独有的价值观依附于汉文化中的旧词来表达,但内在含义已大不同,一代代弘法僧只好不停解释、辨析以正本清源,比如"孝"。北宋释契嵩著《孝论》,与其说他以一介释子试图会通儒佛之"孝",为佛教之"孝"争得一方空间,莫如说他要发明佛教之孝的独有品格——兼具世出世间,比儒家之孝更普遍、更广大。然而佛教的"孝"没有专门的汉语表达与之匹配,依旧名之"孝",如此便只好任由世人望文生义、混淆尔我。把《孝论》放在全部《辅教编》中看,契嵩婆心恳切,反复申论佛教之"孝"的独立性、优越性、与"外道"不共性。然而这些表述最后不能收束到一个概念上来。无奈之中,契嵩有时大体归"佛教之孝"于"慈悲"这一德目下。①

在佛教东传之前,中国本土文化典籍中仅有单独使用的"慈"或"悲",各有独立的用法和清晰的意义。今天我们使用的"慈"和《尚书》《老子》中的"慈"意思并无不同,"悲"和《诗经》《楚辞》中的"悲"也大体相当。真正堪称典范的是"慈悲"——这是一个出自梵

---

① (宋)释契嵩:《镡津文集》卷三,《大正藏》第52册,第660页。

文佛经又本于中国固有文化传统的专属于佛教的汉语新词。与乐曰慈,拔苦曰悲,庆物曰喜,齐益怨亲曰舍,"慈悲"在佛教中固然也有分别论之,然两者与"喜舍"合而为"四无量心",即四种广大平等的"化物心"。"四心"一而四,四而一,时有隐显。单独论慈心或悲心或慈悲心,只是为发覆其中某一面向。佛教的"慈"或"悲"和中国本土文化语境中的"慈"或"悲"最紧要的区别在于"舍",若不修成舍心,则慈心和悲心无从谈起。亦即,若"慈""悲"和"仁""爱"还略可会通的话,去怨离亲、等视无量有情的舍心却是佛教所独有的,本于佛教不与外道共的彻底的"空性见",位在出世。世间的仁爱是世间的慈悲,《大智度论》名之"小慈小悲";出世间的慈悲,才是真正的"大慈大悲"。① 不容忽视的是,"慈悲"以及由此衍生的"慈悲为怀""慈悲济度""大慈大悲""慈悲方便"等在中国人的生活中日用而不知,由此我们或可约略体认来自印度的佛教最终和中国本土的儒道二家互融互摄,共同成为传统中国的文化根基和价值源泉。

"慈悲"最早于何时出现于哪部佛经中,殊难考订,东汉支谶译《般若道行经》是最早传入汉地的大乘般若类经典,经中有"慈哀",义同"慈悲"。后秦鸠摩罗什译《大智度论》中有对"慈悲"的详细论述,涉及"慈悲"词义的界定、慈悲心的修习、"众生缘慈悲""法缘慈悲"和"无缘慈悲"的分野、大小乘慈悲观的不同等,不一而足,可以说第一次对"慈悲"作出系统论述和规范。汉译佛经使用"慈悲"一词至少不会晚于鸠摩罗什来华。此后,慈悲有了稳定的意义系统,成为"佛道之根本"。佛道即大乘菩萨道,某种意义上,大乘便是借初发心中有无"慈悲心"而自别于小乘,和小乘分道扬镳的——初发心中慈悲心与解脱心兼具即为菩提心,贯彻慈悲心的修行是菩萨行,通达佛之慈悲的自利利他的解脱道路便是菩萨道。反之,则分别是出离心(仅具解脱心)、解脱行和解脱道,前者可证得大乘佛果,

---

① 龙树造,(后秦)鸠摩罗什译:《大智度论》卷二七,《大正藏》第25册,第256页。

后者可证得小乘阿罗汉果。

"慈悲"和"智慧"须臾不可离,两者不一不异、相辅相成、彼此成就。智慧即般若空智,即对缘起法的证悟,为佛教区别于其他宗教之根本。修舍心的过程也是抵达般若空慧的过程:根据亲疏而行有等差、有偏向之饶益,或尚易行,住于空性而行平等、普遍之饶益,殊为难作;又慈悲喜是有行,有行易行,舍是空行,空行难发。《维摩诘所说经》从利益教化的角度分判"慈、悲、喜、舍"四心的次第:菩萨以慈心令众生发菩提心,以悲心救众生脱离苦海,以喜心看到众生住于正法不动摇,以舍心所生般若空慧摄受一切众生的菩萨行。① 故菩提道中的菩萨先修慈与乐,次行悲拔苦;所化众生依教受法,虽未得脱,去脱不遥,故随生喜;一旦看到彼人依法修成智慧心,菩萨即放舍,好比父母养子长大,心即放舍。② 一言以蔽之,大乘佛教的义理和修学皆围绕"慈悲"和"智慧"而安立,菩提道的践履不能偏废任何一方:智多则枯,悲多则润,唯行中道,悲智双运。

大乘佛教"上求菩提,下化众生"的精神,就是慈悲精神。菩萨的救度情怀、平等精神、利他精神和广博之"爱",更使在世间苦难中沉浮的每一个人获得心灵依怙。"慈悲"就像大乘佛教的"使者",为大乘佛教进入中国人的心灵立下首功。一说起慈悲就会联想到佛教,慈悲精神为佛教专有,这便是大乘佛教以"慈悲"而在中土已有文化传统中成功确立自身形象之明证。从这个意义上说,"慈悲"就是大乘佛教,大乘佛教就是"慈悲",慈悲是大乘佛教打开中国文化之门的钥匙。

二

"慈悲"从产生之日起便脱离了本土原有的"慈"或"悲"的意义

---

① (后秦)鸠摩罗什译:《维摩诘所说经》卷一,《大正藏》第14册,第544页。
② (隋)慧远撰:《大乘义章》,《大正藏》第44册,第872页。

规定,欲窥"慈悲"堂奥,唯有进入佛教义理内部。"慈悲"作为佛经以外未曾有的新词,承担起"窥一斑而见全豹"、以一词之力通达佛教精神核心的重任。从汉传佛教的内在发展理路看,这也是由最早的译经僧和佛教理论家所完成的"契理契机"的方便。汉传佛教两千多年的坎坷进程也向我们昭示了另外一种"契理契机"的努力,那就是直面时代课题,以悲智和时代同荣辱、共沉浮。这种努力,由一代代高僧大德承担。他们前赴后继,阐佛道而辅新命,以继往圣绝学的担当、以开万世太平的大愿而写下一页页动人篇章。如明海大和尚在净慧长老示寂追思大会上所言,他们的生命"和诸佛菩萨联结在一起,和中国佛教两千多年的慧命血脉联结在一起,和一段段活生生的上求佛道、下化众生的菩萨行联结在一起。这菩萨行不再是一堆概念,它从经本上跳出来,变成有血有肉、鲜活可触的生命旅程。这旅程一波三折、跌宕起伏,其中有历史的惊涛骇浪,有众生共业的血泪俱下,有菩萨坚韧的守候、沉默的担当以及放下得失是非后的洒脱自在"。他们是"与众生打成一片、载沉载浮的人间菩萨",他们"入泥入水,与众生同苦同乐、共辱共荣,以众生劫难的烈火铸造菩萨的悲心大愿,从众生共业的污泥浊水中盛开觉悟的圣洁白莲"。①

19 世纪以前,无论朝代如何兴亡,无论变革如何生灭,无论国运如何起落,无论生民如何浮沉,中国宗教、思想、文化和价值观是一以贯之的,儒、释、道三家作为悠久的传统始终护佑王朝的"臣民",使中国人的身心不至于因各种外在的变数产生断裂感而惶惶不安一无所依。甚或佛教遭受"三武一宗"时期的甚深法难,佛教徒皆能从危机中发掘生机,尚有一星余烬便能复燃,继而开出新气象。禅宗便是从会昌灭佛大难中开拓出一条制度上农禅并举、不作不食,法门上明心见性、顿悟成佛的生途的。危机从来和生机相伴随、

---

① 明海:《净慧长老示寂追思大会答谢辞》,2013 年 4 月 25 日于湖北黄梅正觉禅寺。

相等齐,这是佛陀教导的应有之义,然而断裂终至发生。虽然现代性作为历史事件是潜移默化、由隐而显的漫长过程,但1840年的鸦片战争,往往被方便地取用为中国社会由传统走入现代的"门槛","几百年未有之变局"发生了——岂止几百年,极言两千年亦不为过。很快,中国历史进入了20世纪,仿佛有一道门槛,把中国两千多年的历史一分为二:门槛那边是旧传统,门槛这边是新生活。佛教现代化问题应运而生,太虚大师以及他所首倡的"人间佛教"应运而生。

太虚大师提出了佛教的"新"与"旧"的课题:"平常所说新,乃对旧的反面而言,而佛法真胜义中无新无旧。""新,需要佛教中心的新,即是以佛教为中心而适应现代思想文化所成的新的佛教。这佛教的中心新,是建立在依佛法真理而契适时代机宜的原则上。"①这种"新"与"旧"的紧张依不同的治乱方略和意识形态又衍化为"保守"与"革新"、"传统"与"现代"的紧张,尤其在西风东渐的语境下,似乎现代的就是好的,意味着普遍、民主、进步;传统的就是坏的,意味着特殊、专制、落后。20世纪初以"民主"和"科学"为大旗的启蒙,貌似启发了中国人的现代心智——人不为神所主宰,具备理性和主体性,其实是在素无"信仰和理性"对峙的传统中国人心田里硬生生地植入了"信仰和理性"的对峙。信仰从此为理性所压抑,中国人的身心走上亘古未有的改造之途,中国人的精神生活发生急剧的结构性变化。

说起来太虚大师和净慧长老皆可算"门槛这边"之人,不过两者又有不同:太虚大师和他的同时代人是从"门槛那边"跨过来的,和传统血脉相连,原本传统之人,勉力现代之事。他们当中有人要彻底砸烂传统——胡适也好,陈独秀也好,其实都是传统文化的优秀学生,至少知道要砸烂的是什么;有人对传统满怀温情忠诚不

---

① 太虚:《太虚大师全书》第一编第二册,台北:台北善导寺佛经流通处,第1版,第450页。

渝——如陈寅恪、王国维,自觉做了传统精神的托命者和殉道者。也有人想让传统在浩浩荡荡的现代潮流中有一个好的安顿,既不失其体又能物尽其用,太虚大师就从这里出发了。而净慧长老面临的时代现实是,经过一百年的现代洗礼,经过1949年后的翻天覆地,其同时代的大多数人对中国传统已经非常隔膜了。

佛教作为前现代传统,在太虚大师的年代尚有足够的民众根基。太虚大师发心推动"佛教现代化",意欲变出世的佛教为入世的佛教、变鬼化的佛教为人化的佛教,这些主张还能引起各路思想家的讨论和普通百姓的关注。到了20世纪90年代,净慧法师不得不做一项更基础的工作:重新塑造中国人的"信仰体质",重新开垦现代人的心田,让佛教这颗古老的种子落下来,让久远的前现代传统生根、发芽。这是拓荒者的使命。太虚大师的"人间佛教"理念需要在新的时节因缘下"接着说""接着做","生活禅"就是在这样一片信仰废墟中呼之而出的。

在其早年文章中,净慧长老指出,佛陀对人类内心世界及生命规律的揭示过去如是,现在如是,未来亦如是;佛陀的教法是当机的,这个机是指一切时空里的众生。所谓"传统"与"现代"、"革新"与"保守"都不过是葛藤,只有从这些葛藤中释然,才能以"沉着坚毅又进取无碍"的心态,学习佛陀和历代祖师的胸怀、胆识和善巧方便,维系佛教万古长青的生命。现时代佛教发展的种种疑难和缺陷都集中在契机这个问题上。佛教要"现代化",也要"化现代"。"'生活禅'来源于祖师禅的精神和'人间佛教'的思想,目的在于落实人间佛教的理念,进而把少数人的佛教变为大众的佛教,把彼岸的佛教变成现实的佛教,把学问的佛教变成指导生活实践的佛教。"[①]"禅如何适应现代社会也就是佛教如何适应现代社会的问题。佛教适应现代社会不仅仅是一个知识的问题,最重要的是要让现代人了解怎样修行、怎样改变自己、怎样在佛教里找到安身立命

---

① 净慧:《中国佛教与生活禅》,北京:宗教文化出版社,2005年,第1版,第126页。

的地方。这才是佛教为什么适应现代社会,或者是说为什么要现代化的原因。"①"生活禅"倡导已逾二十年,净慧长老以悲智具足的大乘发心、以悲智双运的大乘发行践履大乘菩提道,他正渐行渐远,无限趋近于大悲大智的无上正等正觉。

三

经中说:"菩萨见众生老病死苦,身苦,心苦,今世、后世苦等诸苦所恼,生大慈悲,救如是苦,然后发心求阿耨多罗三藐三菩提。""大悲救护众生性生,非余善生"②,净慧长老自幼出家,善根深厚,对现代中国人的苦感同身受,悲心顿起。他谛观因缘,融通经论,以大乘行者之悲智,发显佛陀本怀,点醒迷茫的同期人,开出对治良方。1991年前后,净慧长老提出"生活禅"修行理念并用"觉悟人生,奉献人生"八个字张目,以觉悟人生对治人类的迷失,以奉献人生对治人类的自私。③ 1996年,长老又倡导"三个回归"——文化回归、信仰回归和生命回归,并把发大乘菩提心作为对治现代病的一剂猛药:"菩提心以自利利他、自觉觉他、觉行圆满为究竟","是人生价值的最可靠的基础和内在标准","只有依止菩提心,生命才会有根"。④ 2000年以后,净慧长老把"感恩、包容、分享、结缘"作为做事的八字方针,"以感恩的心面对世界,以包容的心和谐自他,以分享的心回报社会,以结缘的心成就事业"。又把"信仰、因果、良心、道德"作为做人的八字方针,同时将落实信仰的要求定位在"以三宝为正信的核心,以因果为正信的准绳,以般若为正信的眼目,以

---

① 净慧:《入禅之门》,河北省佛教协会虚云印经功德藏印,2005年,第101页。
② (东晋)佛驮跋陀罗译:《大方广佛华严经》卷五十九,《大正藏》第9册,第779页。
③ 净慧:《禅在当下》,北京:方志出版社,2010年,第1版,第203页。
④ 净慧:《中国佛教与生活禅》,北京:宗教文化出版社,2005年,第1版,第10—14页。

解脱为正信的归宿"四句口诀上,强调修习生活禅不离解脱道的大方向。①

可以看出,生活禅内涵的完善和充实不是一蹴而就的过程,需要在佛的清净法界和人的娑婆世界、净缘和染缘、出世间法和世间法、解脱道和菩提道、佛法和生活、传统和现代这些维度之间作不断调适。净慧长老选中"生活"二字,因其"既通俗又普及",把生命活动的总和用"生活"概括,是"现代人,现代生活或者说西方文化,给我们的一个最重要的贡献"。② 而生活禅的基石落实在"觉悟人生,奉献人生"两句话上,也是为了使生活禅理念和传统大乘佛教能够对接。"大乘佛教有两大宗旨:一是智慧,一是慈悲,所谓一智二悲。……有大智慧才能觉悟人生,有大慈悲才能奉献人生。"③ 慈悲与智慧通常被比作大乘菩提心的"两翼"或大乘菩萨行的"两轮","生活禅"及其宗旨可以说以现代日常语言善巧方便地融摄了这"两轮"和"两翼"。

净慧长老坦陈,"一智二悲"是大乘佛教讲了一两千年的命题,如何赋予其时代精神? 用什么词把慈悲与智慧的理念连接起来? 柏林禅寺僧团经过反复探索、推敲,确定为"觉悟人生,奉献人生",前者对应"智慧",后者对应"慈悲"。④ 虽然智慧和慈悲一体两面,人人皆知两者须相齐并重,但在传统佛教经论中,说法从来不一而足。《大宝积经论》以为"唯智根本",《大智度论》以为"大悲是一切诸佛、菩萨功德之根本"。《大日经》云:"菩提心为因,大悲为根本,方便为究竟。"《瑜伽师地论》:"菩萨菩提,悲所建立。"盖起悲则能感知他苦,能知他苦才能生起济拔他人的心愿,有此心愿才会寻求种种方便以实现之,而方便必缘于智慧。

佛之一切智智都是不落言诠的,文字都只能执其一端。与根器

---

① 净慧:《生活禅钥》《禅在当下》等著作。
② 净慧:《禅在当下》,北京:方志出版社,2010 年,第 1 版,第 202 页。
③ 同上,第 203 页。
④ 同上,第 203 页。

偏悲者说智,与根器偏智者说悲,抑或反之,"佛以种种因缘答"。然而出世间的空性智慧岂是现代中国人所能即刻领悟、如理作意的?在此时此刻的因缘时节下,"慈悲"比"智慧"更能引发共鸣,世人可以用诸如"同情心""同理心""爱心""仁心"或"良心"去比附。为现代人量身定做的"生活禅"若从"慈悲"入手,从伦理教化的领域入手、从讨论日常人伦关系的角度入手,定能获得"生活"中人的最大可能的共鸣。故净慧长老自生活禅理念提出后,讲得最多的就是"感恩结缘"四个字;"在生活中,培养以感恩、包容、分享、结缘为内涵的理念,不断和谐自他关系,从而落实奉献人生的要求"①。

"奉献人生"本质是以"生活"为道场修习慈悲心,大乘佛教菩提道中菩萨所必行之"六度""四摄",即通达慈悲的津梁。然而在传统佛教经论中,"慈悲"不仅仅是日常运用不可或缺的伦理德目,还是以闻思修慧为前提的禅定实践。慈、悲、喜、舍四无量心的修习也是大乘行人的基本功课。心量的开拓可以无限大,禅定中生起的慈悲也可无限大。有了慈心定的修习,方堪称有"慈悲"及"无量"的主观体验,这种体验进一步通过逻辑的方式外化,才有"慈悲观"。"慈悲观"的"观"首先是"止观"的"观",然后才是"观念"的"观"。教化世人懂得"慈悲"、懂得奉献、和谐自他,可以从宣讲观念入手,但慈悲心的修习——从小慈小悲到中慈中悲,再到大慈大悲,只能由止观起步。

2009年,净慧长老进一步指出,"觉悟人生,奉献人生"与佛教传统修行次第之间也是完全能够连接的:"传统的修行次第有所谓大乘和小乘,小乘所修的是以出离心为基础的解脱道,大乘所修的是以菩提心、大悲心为基础的菩萨道。解脱道以自觉为主,菩萨道以自觉觉他为主。如果我们把解脱道与菩萨道都归纳到生活禅这个系统当中,那就是说,觉悟人生强调的是解脱道,奉献人生强调的是菩萨道。""如果我们把优化自身素质、和谐自他关系和解脱道与

---

① 净慧:《入禅之门》,河北省佛教协会虚云印经功德藏印,2005年,第1页。

菩萨道进行一个连接的话,那就是以解脱道为目标来优化自身素质,以菩萨道为目标来和谐自他关系。以此两道的完美结合,落实"觉悟人生,奉献人生",善用其心善待一切,自觉觉他,自利利他的生活禅宗旨。"①

小乘行人能否"回小向大"而趋入菩萨道?解脱道和菩萨道的关系如何?这是一个众说纷纭的问题。净慧长老在生活禅的学修框架下融摄了两者,不废一法,事事无碍,以此贯彻大乘佛教的圆融精神。但无论"见地"如何、"功夫"如何,净慧长老始终把"发菩提心"置于首位,发心最重要,发大心才能有大行。他为生活禅开出四项"根本":"第一是菩提心,第二是般若见,第三是息道观,第四才是生活禅。"②"没有菩提心的人,智慧慈悲不能具足,特别是慈悲心生不起来。因为他没有度众生的心,没有为社会、人类、大众奉献自己的心,没有想到要为一切众生来舍自己的头目脑髓。这种心发不起来,那么他学禅不过是为了一己之安乐、一己的自由自在而已"。③

太虚大师有"不登祖位,不能真正弘扬大乘"的断定,"祖位"就是六根清净位,是即将入初地的菩萨圣位的候补者。没有解脱道作为助缘,菩萨道不能成就。修解脱道的方法不胜枚举,以慈悲心的修持为例,小乘把"五停心观"的修习作为禅定初阶,五种观法中即包含"慈悲观"。上述慈、悲、喜、舍四无量心是声闻乘和缘觉乘的解脱道行略,也被菩萨乘的菩提道摄为"菩萨助行"和"方便道"。④ 在讨论生活禅"四项根本"之一"息道观"时,净慧长老把"五停心观"中的"数息观"当作入禅门的"最简便、最亲切"的方法。关键之处在于,解脱道的出离心和解脱行可以作为菩萨道的助缘,但发心一定要发菩提心。

---

① 净慧:《禅在当下》,北京:方志出版社,2010年,第1版,第204—205页。
② 净慧:《生活禅钥》,北京:生活·读书·新知三联书店,2008年,第1版,第175页。
③ 同上,第176页。
④ (后魏)菩提流支译:《大宝积经论》,《大正藏》第26册,第206页。

《大般若经》中,须菩提曾向佛请教:"世尊!若诸法无有性,菩萨行何等道入菩萨位?为用声闻道?为用辟支佛道?为用佛道?"佛告须菩提:"不以声闻道,不以辟支佛道,不以佛道得入菩萨位;菩萨摩诃萨遍学诸道,得入菩萨位。"净慧长老熔解脱道和菩萨道于一炉的思想,正是对佛陀本怀的发覆与承续。

然而作为禅宗子孙的净慧长老绝无"空谈秘密真诠"之意,他反复强调,中国禅宗的"禅"不是一种理论,不是一种思维方式,而是生命的全部。禅宗把佛教思想真正落实到平常日用中,"我们要从实际的修行中来落实所有高深的理念,在修行上使意识得到净化"[①]。

二十多年来,净慧长老借助柏林禅寺每年夏天主办的生活禅夏令营,不断地把"生活禅"理念传达给年青一代。而每年冬季柏林禅寺和四祖寺都举办冬季禅七,用宗门最传统的方式促成修行人"克期求证"。《守一不移》和《禅在当下》辑录了净慧长老在柏林禅寺、四祖寺冬季禅七的诸多开示。长老以为,禅堂用功,理应"参话头",用一连串问号克服妄念、制心一处,追溯生命本源、迫近涅槃境界。然现代人根基浅薄,妄念难以制服,只好网开一面,包容一切修行法门,这是一种方便。长老住持禅七亦将近二十届,如果"方便地"把每年举办夏令营归为"慈悲",把每年举办冬季禅七归为"智慧",长老的最后二十年就是践履悲智的二十年,长老的生命始终安立于"慈悲"与"智慧"当中。

四

2012年因"世界末日"的传言而不同寻常。从是年1月1日至2月8日的短短三十多天时间,净慧长老南北奔波、昼夜操劳,在湖北四祖寺、老祖寺,河北柏林禅寺、虚云禅林、真际禅林等多个场

[①] 净慧:《生活禅钥》,北京:生活·读书·新知三联书店,2008年,第1版,第179页。

合进行了二十多场演讲,《守望良心》即二十多篇讲演稿的结集。其时末日谣言蛊惑人心,世间乱象又添几分。净慧长老的多篇讲演稿皆以佛教缘起正见及因果铁律破斥"末日说"之无明,以四两拨千斤之力助有缘大众卸精神重负。长老时八十高龄,犹孜孜矻矻、苦口婆心,大年三十亦在旅客稀有的列车车厢度过。长老不以为苦,反以为乐,赞其"专列",叹此"待遇"平生未有。佛陀慈悲垂教,遂有正法住世,长老慈悲度生,遂有生活禅法。大众信受、欢喜奉行之余,焉知长老置老弱病残身于不顾,以头目脑髓布施众生而在所不惜——一年多后的2013年4月20日,长老示寂,以一期生命之还灭向众生作最后的供养:"诸行无常,是生灭法,生灭灭已,寂灭为乐。"

《守望良心》唯恳切叮咛、蹈空而不落空,是一个老人以其虔信、睿智与慈愍对世人的殷重嘱咐。长老此书甫一发行,即被索要一空,又重印。假此书与长老结缘之人讵又能料,不久后此等菩萨亲教将不复值遇——每念及此,终得体会《大般涅槃经》中弟子闻佛行将般涅槃而哀叹:"苦哉仁者!世间空虚!世间空虚!"

人之将老,其情至切。长老在书中提醒读者,要珍惜"跟一个老人见面的机会",要珍惜"人身难得,佛法难闻"这些祖师的训语。长老出生于1933年,自小由比丘尼抚养长大。他是从今上溯80年这一段中国佛教发展历史的参与者、见证者、践履者、书写者。《守望良心》中有几处生动的自传材料,莫不是沉潜在历史洪流下的动人浪花。

2012年1月16日,农历腊月二十三,小年。长老在四祖禅寺旁边的芦花庵细数自己一生中和比丘尼的因缘:一岁零五个月就由海善、仁德两位比丘尼抚养,一直到十五岁才拜比丘尼为师当沙弥。海善比丘尼临终前有未竟心愿却无人能猜,幸有长老领会了她的"西归意",扶她起来以坐姿往生。长老赴京,专程到仁德比丘尼处道别。他出其家门尚不过五十米便被唤回——仁德比丘尼已人事不省,几个小时后即在长老的助念声中往生。由长老送终,这是仁德比丘尼一生的心愿,愿力终成奇迹。为了感恩,长老辛勤修建了石家庄虚云禅林、黄梅芦花庵和新州庆福禅寺等比丘尼道场。①

人之将老,其意至深。净慧长老把智慧表达为"刚性",把慈悲表达为"柔性","由智慧而觉悟人生,这是自我修养,要有刚性;由慈悲而奉献人生,这是利他精神,要有柔性"。② 学禅,就是要学刚柔相济的大丈夫气概,妙用于个人生活、社会生活甚至治国方略。长老以为,近现代以来,为了抵抗西方殖民者侵略、摆脱家国俱亡的险境,中国只好发展再发展,提高再提高,只好过度消耗地下地上各种不可再生的自然资源。"脚步越来越快,痛苦越来越多,压力越来越大,焦虑越来越多,恐惧越来越多。"个人没有幸福感和安全感,更没有正义感。"中国的国威扬不起来,主要还是人心的力量不够,英雄气概无法树立起来。禅教导我们做一个顶天立地的人,做一个刚毅不阿的人,做一个不畏强权的人,做一个有自尊心的人。"③净慧长老高扬良心的大旗,他自己,何尝不是这个社会的"良心"? 哲人其萎,大地陆沉,良心陨落,呜呼哀哉!

人之将老,其言唯善。2012 年 1 月 2 日,净慧长老在《禅》刊座谈会上连说六个"一定":"我们一定要树立佛法的正知正见,一定要树立牢固的因果观念,一定要树立牢固的前生后世轮回观念,一定要相信命运是可以改变的,一定要相信人是可以大彻大悟的,一定要相信自心具有无量的功德、具有无限的能量。只要清除覆盖在心底上的尘埃,心地的光明一旦显露出来,就能照天照地。我们每个人都有一个如来宝藏,这个如来宝藏就在我们的五蕴身心之中。我们能够照见五蕴皆空,就能度一切苦厄,就能打开如来宝藏,受用无穷,利乐无穷,永不迷失,永远生活在觉悟的阳光之中。"④

长老开示毕,语众人曰:"今年冬天在南方过冬,室内有暖气,室

---

① 净慧:《守望良心》,湖北:黄梅四祖禅寺印行,2013 年,第 25—29 页。
② 同上,第 117 页。
③ 净慧:《守望良心》,湖北:黄梅四祖禅寺印行,2013 年,第 117 页。
④ 同上,第 7—8 页。

外有清新的空气,四面是青山,老祖寺门前还有一池清澈见底的碧水。……夜深人静,万籁无声。一个孤独的老人危坐灯前,或读书,或改稿,喝一杯茶,转两圈,又重复那些事。……"①彼时恰是腊月初九的北京,不远处的圆明园,暖阳西斜,倦鸟思归。

　　一个月以后的2月2日,长老复于开示毕云:"我已经快到人生的终点站了,已经是一个没有希望的人,是一个不会再有什么作为的人,我把对佛教的希望,对世界的期望,把未来所有的作为,都寄托在你们这些年轻的四众教友身上。希望你们能够以自己的清净三业,以自己的无上菩提心,上求下化,推动佛陀的法轮不断地向前发展,这就是正法久住的意义。"②彼时恰是正月十五的黄梅,四祖禅寺为寂静的群山所环抱,天心月圆,映照万川。

　　回首以往,隐然似有所悟:长老未尝不有作最后嘱咐之心愿,此书未尝不是长老有意留给世人的"最后遗教"。若言《佛遗教经》是佛入灭前提撕佛法纲要,对声闻众作殷切教诲,《守望良心》便是净慧长老示寂前陶铸生活禅钥,为僧团、为十方信众、为这个世界的有情众生指点解脱生死的道路、开启自度度他度尽一切苦厄的大门。长老是真正的人间菩萨,菩萨不尽有为、不住无为,以众生病故乃示病,以世间黯昧故乃示灭,以度生大愿故乃重光。"我生有涯愿无尽",若见尘壒枯木春来花开,便知菩萨愍念众生、不舍众生,正慈悲显现、乘愿而来。

　　　　（喻静,中国艺术研究院中国文化研究所研究员）

---

① 净慧:《守望良心》,湖北:黄梅四祖禅寺印行,2013年,第11页。
② 同上,第113页。

人间佛教思想与禅宗优良传统的结晶
——论净慧法师"生活禅"模式的创立

邓子美

净慧法师(1933—2013)继承了虚云大师衣钵,同时也崇仰太虚大师,深受赵朴初人间佛教思想影响。"生活禅"就是禅宗优良传统与人间佛教思想的结晶。

一、净慧法师所继承的禅宗优良传统

禅宗是佛教与华夏文化传统融合的成功典范,它产生于魏晋南北朝至隋唐,这一时代也正是华夏文化以其伟大胸怀,接纳与吸收印度文化、西域文化与周边游牧民族文化以熔铸成中华文化的大时代。禅宗保持了佛教的超越性本色,同时为佛教能在华夏生根、发芽、开花、结果,自然也接受了儒家、道家文化的积极影响,形成了自身的优良传统。

禅宗的优良传统首先就是农禅合一,其本质是生活方式与生产方式的中国化,主要体现在社会与制度层面。在近百年来社会生活方式与生产方式都有根本转变的大时代,要发扬这一传统,当然不可能仅仅以农禅合一为限,太虚法师所指出的工禅合一等同样能体现僧众以自己的劳动作为供养僧团的来源之一的传统。

禅宗的优良传统更重要的体现是在精神层面唤起了华夏宗教精英内在的"自觉"意识,其对印度文化精髓的成功吸收与消化的核心并不在生活方式与生产方式等这些外在方面,而是从精神层面唤起本土宗教精英的内在"自觉"。其一,自觉是个体经前人的启发后的开悟,这与西方宗教的"神启"完全不同;其二,在同门中通过对师传的感恩表达,从而有了本群体共有的开宗立祖的自觉意识,这是唐宋禅门龙象辈出的主要原因,即立志甚高;其三,在中国佛教史上,禅宗最早具有了直承如来,中经达摩"入魏传可,可传璨、璨传信、信传忍"①的独树一帜,开宗明义的自觉意识。别的宗派都是仿效禅宗由后人续编的,甚至儒家的道统说也受禅宗的启发。这一高度自觉源于通过修行"心心相续""忽然澄寂",以至于"无念";"入此位中,忆佛心谢,即不须征——即看"②的真见地。当然,这一见地中仍含富有中国圆融特色的消化融会贯通南北朝以来"般若"、"涅槃"、"净土"、天台、华严各家成佛最高境界的痕迹。但"真"未必只有印度人的见地才能达致。五祖弘忍的确信在于:"今唯有一法,能令凡圣同入决定(境界)……众皆屈伸臂顷,便得本心。"③至六祖慧能,禅宗独特的心法遂以更鲜明的受儒家影响而较易为华夏接受的"明心见性"标示出来。这一自觉是不同于印度佛教的中国佛教已经独立的标志,但此"觉"又是佛教修行本来的核心内涵,也达到了儒家修养不可能有的深度。

禅宗的优良传统尤其体现在其修行方式平民化与生活化。自弘忍始,改变了达摩以来师徒往往单独秘授的传法方式,"法门大启,根机不择"④,诸徒分头并宏,使禅门以前所未有的中国式"家

---

① 《唐中岳沙门释法如禅师行状》,陆耀遹编:《金石续编》第6卷,上海宝善书局光绪十九年(1893年)印本。
② 释道信:《入道安心要方便》,《楞伽师资记》,《大正藏》第85卷。
③ 同①。
④ 杜朏:《传法宝记》,《大正藏》第85卷。

族"子孙繁衍方式发扬光大,深入中国社会各阶层。当然,这也是以出家为尚的印度沙门传统在宗法社会环境下的变异。尽管分头并宏并非东山首创,东晋道安法师早已"分张徒众"①,但那是战乱环境下的被动之举,而四祖、五祖则是为光大宗门采取的主动的自觉举措。五祖弘忍依佛教超越性的根本,要求修行者"守心",不可"随俗贪求名利",这也与儒家早期心性论要求"正心诚意""非礼莫视"相通;他还要求寓禅修于日常行事之中,将成佛视为不离现实生活的精神解脱境地,而不是印度阿罗汉般地"灰身灭智"。这一平民化、生活化方向,在很大程度上也受到了儒家积极入世与修身养性思想的影响②,受到道家顺其自然思想的影响,尤其被马祖道一、临济义玄、赵州从谂等禅师发扬。

最后,禅宗的优良传统还体现在六祖慧能创造了中国佛教的经典——《坛经》,使印度佛教中包含着普世价值的部分内涵,被中国社会普遍接受,且被公认具有崇高地位,最终融为中国优秀传统文化的重要组成部分。

净慧法师所继承的正是禅宗的这些优良传统,同时还包括禅宗在六祖之后反对盲目崇拜,纠正学习经典过程中的教条主义倾向,开立一花五枝的创新精神等。具体来说,他直接继承的虚云大师的禅学思想,也强调了虚云大师顺应时代潮流的一面。③ 他认为,早在清末民初,佛教界就面临着如何迎接现代思潮挑战的大问题。在这一问题面前,当时有两种倾向:一种是以仁山、太虚等为代表的激进派,另一种是以濮一乘等为代表的保守派。"虚云老和尚在这个挑战面前,似乎倾向于保守派,但对激进派也有所妥协。他是以传统为主,但更是择善而从。激进派对佛教有利的(主张)他也能接受。如创办佛学院由太虚极力倡导,但虚云在鼓山、南华寺等地也

---

① [荷兰]许里和:《佛教征服中国》,南京:江苏人民出版社,1998年,第327页。
② 洪修平:《中国佛教与儒道思想》,北京:宗教文化出版社,2004年,第96页。
③ 邓子美:《虚云大师与近代禅门之振兴》,《广东佛教》1994年第1期,第47页。

创办了佛学院,而且他在鼓山还邀请了当时激进派里边最有名的大醒法师去讲课。"①也可以说,净慧法师是虚云门下最能顺应时代潮流的弟子之一。他把虚云大师的禅学思想概括为:

1.基本保存了明清以来佛教丛林里的一套规矩。
2.兼容并蓄长老大德接引学人的方式方法,灵活应用。
3.禅戒结合,恢复与坚持以戒律为主、清规为辅的体制。
4.对传统佛教中一切有利于摄受大众的法事活动,如水陆法会等,也有选择地继承下来。
5.常年坚持打禅七。打禅七的时候,每晚进堂讲开示。
6.以参"念佛的是谁"话头为主,甚为猛烈锐利。
7.在自力的基础上,以弥勒净土的他力,补晚年力衰的不足。②

这些,为净慧法师创立"生活禅"模式奠定了基石。

二、人间佛教思想与净慧法师经历的社会剧变

佛教本有人间化与其超人间即超越性的双重趋向,而中国佛教,特别是禅宗受儒家积极入世思想的影响,其人间化趋向较之印度佛教更为明显。而中国近现代又是较之魏晋南北朝隋唐更为剧烈的社会转型时代,为使佛教在这一大时代能继续生存发展,太虚大师等近现代佛教高僧大德进而首倡人间佛教思想。

净慧法师生长在抗日战争的苦难岁月,那时佛教已至被毁灭的边缘。他自幼在寺院被比丘尼收养,1948年,仁德比丘尼安排他到武昌普度寺,由宗樵和尚剃度。1951年初,他投虚云禅师受戒。1954年、1955年他两次应虚云之召,前往江西云居山真如寺领受开示参学,受到禅门优良传统的熏陶。1956年,入中国佛学院求学,

---

① 净慧:《虚云老和尚的禅风》,《中国佛教与生活禅》,北京:宗教文化出版社,2005年,第387页。
② 同上,第388—390页。

得以受太虚弟子法尊、正果、尘空、茗山等法师耳提面命,初步接受了人间佛教思想。1979年后,随着改革开放,中国佛教进入了恢复发展的大时代。净慧法师在此时阐发说:太虚"是20世纪中国佛教史上的一位杰出的思想家。他总结继承了两千年来中国佛教各宗各派的思想,剖析了佛教在历史的积淀中形成的种种流弊,在东西新旧文化急剧的冲击中,陶古铸今,架构了具有划时代意义的、以人生佛教为特征的太虚佛学思想体系"。他认为"人间佛教思想具有重视人生和以人为中心两方面的意义,突出地体现了佛法济世利人的积极精神,是全部佛法的精髓之所在","把握了中国佛教生存和发展的关键"。他引用太虚的话说:"人间改善,后世胜进,生死解脱,法界圆明","是四重为全部佛法所包容之目。然以言终极,惟法界圆明之佛果始为究竟,亦可谓此乃全部佛教之真正目的,前三层皆为达此目的之方便也"。"人生佛教""特重于人生改善而直接法界圆明",但也融摄着生死解脱与后世胜进(如往生净土)。而人生的改善,首先是生活合理化,行为道德化。① 净慧法师强调的太虚思想坚持了佛教的超越性——生死解脱与后世胜进,坚持了尤其在中国得到广大发扬的大乘佛教菩萨行,也与现代社会所需的宗教相吻合,即宗教的伦理化、合理化。

净慧法师还指出:"在现时代弘扬佛法,首先要大力地宣传人间佛教,将佛教与现实生活融为一体。现实生活始终是佛教生存和发展的土壤。我一直提倡'生活禅',并提出'觉悟人生,奉献人生'的口号,并将之展开为:在尽责中求满足,在义务中求心安,在奉献中求幸福,在无我中求进取,在生活中透禅机,在保任中证解脱;将信仰落实于生活,将修行落实于当下,将佛法融化于世间,将个人融化于大众……修行理念。这些理念比较全面地提示了人间佛教的内

---

① 净慧:《人间佛教与以戒为师》,《中国佛教与生活禅》,北京:宗教文化出版社,2005年,第17、18页。

涵。"①净慧法师认为："坚持走人间佛教道路，将佛法与现实生活结合起来，是中国佛教的唯一出路。离开了这个基本方向，佛教必将在日趋激烈的中外文化大碰撞中被无情地淘汰。"②可惜许多人对此仍缺乏认识或认识不清。1981年起，他先后任中国佛教协会会刊《法音》主编、中国佛教协会副会长、河北省佛教协会会长等职，主持了河北临济寺的修复与柏林禅寺的重建等工作。晚年住持湖北黄梅四祖禅寺。

净慧法师的一生，经历了佛教濒临毁灭与重兴的时代剧变。而他继承与坚持了禅宗优良传统，以体现时代精神的人间佛教思想为指导，善巧地顺应了这一时代需要，开创了"生活禅"模式。

三、"生活禅"模式的创立

尽管如许多学者所论述的，净慧法师创立的"生活禅"之意蕴，在不少祖师的阐发开示中已有，但正如净慧法师自己所说：当时（20世纪80—90年代）"社会上一方面是在把禅推向了一个热潮，另外一方面在某种程度上也把禅歪曲了，迫于这样一种形势，我从历代祖师的语录、从佛言祖语中体会到修行不能离开生活，于是就提出了'生活禅'"③。可见，这一理念的正式提出，表明了净慧法师对禅宗富有的宗教自觉被扭曲的忧虑，也是他自觉继承禅宗、禅文化本有的创新传统的体现。

净慧法师在会见星云法师时，把星云创立佛光山的一系列做法与所运用的精神称为"人间佛教的星云模式"。据此，也可将净慧法师自己重建柏林禅寺，以及从1993年开始，在柏林禅寺首创并连续

---

① 净慧：《发扬佛教慈悲济世的精神，维护世界和平》，《中国佛教与生活禅》，北京：宗教文化出版社，2005年，第43页。
② 明尧：《高高山顶立，深深海底行：〈禅〉刊办刊指导思想综述》，《法喜》2002年第2期。
③ 净慧：《入禅之门》，河北虚云印经功德藏，2001年，第89页。

举办了近20届生活禅夏令营,摄取并影响了一批精英的一系列做法与精神称为"生活禅"模式。

"生活禅"既全面继承了虚云大师的思想与方法,也是人间佛教思想在禅宗中的体现。净慧法师在中国佛教协会的长期工作中,尤其受赵朴初提倡人间佛教的思想影响,把人间佛教理念落实于禅门当下,针对130年来,"有相当一部分人在接受佛法的过程中,因过分强调出世和死后解脱而偏离了中道,不知不觉滑入了与现实社会相疏离的消极状态",或如太虚所指出的遁迹山林,自绝于人群,忽视了社会责任与义务;或孜孜于死后解脱,热衷于度亡,忽视了当下之解脱。因而要在现实社会的"生活中实现禅悦,在禅悦中落实生活"。① "生活禅"是不脱离社会生活的以参禅为主的对佛教根本——解脱的追求。

净慧法师认为:"生活禅"也是南宗禅六祖慧能思想,即《坛经》思想在现实生活中、修行中的运用。他甚至认为:"生活禅是最难的修行法门","是最契合如来本怀、契合历代祖师本怀的法门"。② 这就是说,生活禅也继承了达摩如来禅和六祖祖师禅的内在精神,是禅法一贯精神的现代展现。以这一精神指导参禅,净慧法师点出了具体途径:破执—修证—开悟—保任—度众生。但他也承认,这只是佛法万千法门之一,颇有难度,但万法总归一,各种法门,包括净土法门调服妄心的目的是一致的。③ 他还指明了"生活禅的次第是:发菩提心,立般若见,修息道观,入生活禅"④。

对于大乘佛教与南传佛教的关系、悲与智的关系、经教与宗门的关系、生活与信仰的关系、理悟与事修的关系等问题,净慧法师也

---

① 净慧:《佛法·生活禅·夏令营》,《中国佛教与生活禅》,北京:宗教文化出版社,2005年,第123、120页。
② 净慧:《〈六祖坛经〉与生活禅》,《中国佛教与生活禅》,北京:宗教文化出版社,2005年,第116页。
③ 同上,第115—117页。
④ 净慧:《第八届生活禅夏令营开营式上的讲话》,《中国佛教与生活禅》,北京:宗教文化出版社,2005年,第166页。

有深入的理解与阐述。特别是继承了达摩"借教悟众"的思想,净慧法师主张参禅必须"有很好的教理基础","要力戒狂禅,同时也要避免文字禅、葛藤禅"。① 在具体的参学修行方面,他也根据经典与个人体会,总结出不少要诀。比如"如何参话头","禅观十善"②,"念佛与调五事"③,"居士六法"等。尽管其中不少都是常识性的内容,但在民间充斥着对佛教的扭曲与误解的大环境之下,普及相对于神佛不分的民俗信仰而言的"正法",仍可起很大作用。净慧法师归结说:"'生活禅'来源于祖师禅的精神和'人间佛教'思想,目的在于落实人间佛教理念,进而把少数人的佛教变成大众的佛教,把彼岸的佛教变成现实的佛教,把学问的佛教变成生活实践的佛教。"④

"生活禅"于1993年首届夏令营上正式推出,成了佛教与现代青年之间的桥梁。夏令营已连续举办了近20届,成为柏林禅寺的特色。根据前19届的统计,参加夏令营的总营员约为5300人,大部分为大学本科学生,其中硕士生、博士生与高中、大专生比例相仿。⑤净慧法师提倡"生活禅"的最大贡献是吸引青年精英,并把禅宗富有的宗教自觉传授给当代青年精英,对中国佛教未来的意义将难以估量。

"生活禅"本来就应该涵盖现代社会最重要的职业生活,因此净慧法师曾多次参与王志远教授等组织的企业家参禅清修活动,笔者

---

① 净慧:《大乘·小乘·生活禅》,《中国佛教与生活禅》,北京:宗教文化出版社,2005年,第150页。

② 禅观十善分为内外各五善,外五善为"广行布施,严持戒律,恭敬三宝,孝敬父母,读诵听学",内五善为"数息观、不净观、慈悲观、因缘观、念佛观"。

③ 调五事为"调饮食,调睡眠,调身,调息,调心",并各有具体方法。

④ 净慧:《第八届生活禅夏令营开营式讲话》,《中国佛教与生活禅》,北京:宗教文化出版社,2005年,第166页。

⑤ 魏德东:《当代中国宗教红市的发展:以生活禅夏令营为例》,朱文通、崔鲁威:《人间佛教融入与适应现代社会生活的新探索:以柏林禅寺生活禅夏令营为例》,《首届河北三禅论坛论文集》(下),河北省佛教协会,2011年,第347、365页。

期望明海法师(1968—　)及众多净慧法师弟子能继续在这方面推进。同时我们相信，柏林禅寺所体现的与河北、北京、天津这一高校集中地区相邻的地缘优势，举办以大学生为主的夏令营这一出自净慧法师的创意所垂之传统，必定会得到发扬。

总之，生活禅模式的主要特点就是慧能—马祖—临济—赵州一系的禅门修行方式与近现代人间佛教思想、现代社会生活的密切结合。

(邓子美，江南大学宗教社会学研究所教授兼四川大学宗教学专业博士生导师)

历史上的一次寺院体制建设潮流
——兼谈生活禅之历史源流及未来进路

王仲尧

两宋时,在丛林制度基础上发生较集中的寺院体制变革,奠定了中国佛教基本的制度基础。李觏(1009—1059)记东京太平兴国寺改制事件并评:"往时丛林私于院之子弟,闭门治产,诵经求利,堂虚不登,食以自饱",及"圣上莅阼,体闻释部之缺,因诏'凡禅居为子弟,前旅有者,与终其身,后当择人以主之'"。① 这表明社会制度对禅寺推行十方体制的支持态度。《佛祖统纪》曰:

> 道籍人弘,人必依处,此三者不可不毕备也。吾道始行于陈、隋,盛于唐,而替于五代,逮我圣朝,此道复兴,螺溪宝云振于前,四明慈云大其后,是以法智之创南湖,慈云之建灵山,皆忘躯为法,以固其愿而继之;以神照启白运,辩才兆上竺,于是浙江东西,并开讲席,卒能借此诸刹,安广众以行大道,孰谓传

---

① (北宋)李觏:《旴江集》卷二四《太平兴国禅院十方住持记》,台湾"商务印书馆"1986年影印《文渊阁四库全书》第1095册,第204页下。

212　生活禅研究　3

弘之任,不在于处耶!①

强调弘法须道、人、处三者毕备,"处"即弘法场所寺院,"法智之创南湖,慈云之建灵山"指知礼主持的南湖延庆寺改制及遵式主持的杭州天竺寺改制②,志磐对之评价极高,认为是为天台宗"圣朝"复兴打下基础。志磐之论无非代表教界对寺院体制之认识。时寺院无论采用何种体制均须正式立案,即为定制;若需变更,须再申正式公文,否则属于违法。如景定四年(1263)十月杭州(仁和县)慈云院改制,"住持僧崇宁状""临安府都僧正司申准尚书礼部台判"。③这成为基本的佛教制度文化背景。

一、历史上的一波寺院制度建设潮流

在意识形态、政策导向和制度文化背景下形成历史上的一波寺院制度建设潮流,具体情况文献多载。非仅禅宗丛林,发生在各地的佛教各宗派寺院改制亦普遍,天台、华严或律宗寺院皆不例外。这种相当引人注目的现象同时也是在正式体制内受支持鼓励之举,成为历史的罕有现象。

1.禅寺改制:以秀州、明州、湖州三地为例

禅宗丛林改制历史文献记载最多,以江南之秀州、明州、湖州三地为主做些分析。

---

① (南宋)释志磐:《佛祖统纪》第一〇卷,《天竺遵式法师》,《大正藏》第49册,第209页上。
② 王仲尧:《南宋佛教制度文化研究》(下册)第八章有关内容,北京:商务印书馆,2012年,第408—426页。
③ (清)阮元:《两浙金石志》第一三卷《城东慈云院甲乙传流住持部据府帖》,道光四年广东刊本,《历代碑志丛书》第19册,南京:江苏古籍出版社,1998年,第309页下—310页上。

（1）秀州地区

秀州即今浙江嘉兴,宋时经济文化发达,宗教方面亦属先进地区,禅寺改制情况多见。如秀州海盐(今海盐市)法喜寺革制十方,之后人人欢喜,弘法事业迅速发展。左朝奉大夫李正民于绍兴十四年(1144)撰《法喜寺改十方记》碑载:"绍兴九年(1139)春,秀州海盐县始以法喜旧寺革为禅林",于是"三门洞启于前,正殿磅礴其后,凡僧堂、丈室、钟楼、经藏、库厨、舍寮,为屋一百五十楹,皆因其故而鼎新之,人不知斧斤之劳,户不闻版筑之声,恍如神施鬼设,徒见其变化之速"。① 既革制为禅,自然按例实行十方体制,法喜寺在新体制下所有当事者精神焕发,革故鼎新,"恍如神施鬼设",寺院面貌一新。

又如秀州惠安禅院,朝请大夫充秘阁修撰刘阜民于绍兴甲子(十四年,1144)撰《惠安禅院记》碑载,秀州松江府"惠安(禅院)本星居也,其徒以(道)立闻于州,刺史王公浚明请于朝,始更禅刹,命(道)立来主道场"。"始更"寺制之后,"昔所谓瓦砾者,今楹桷雄丽矣;昔所谓荆棘者,今金碧辉映矣",也是说改制后丛林气象顿时改观。②

又如精严寺,朝散郎试兵部尚书王希吕撰《精严禅寺记》曰:"淳熙四年(1177),直宝文阁韩公彦质……请于朝,愿以是寺改为十方,有旨从之。于是籍寺所有,得二万余缗,招一因师俾主其事。"韩彦质知嘉兴府时主持将此寺改制后,寺产公开,招请僧人一因来任住持,但不久发现一因并不堪其任,乃予贬黜,"犹命诸山选一道行可以经理者"出任住持,后选任"道学既高,世法亦熟","年未五十,而十王名刹"的景寿前来任是职,此后在其主持下无论寺院建筑还是经济经营皆取得引人注目的成就。③

---

① （南宋）李正民:《法喜寺改十方记》,见(元)单庆修、徐硕纂《至元嘉禾志》第二三卷《碑碣八》,中华书局1990年影印《宋元方志丛刊》第5册,第4589页下—4590页上。
② （南宋）刘阜民:《惠安禅院记》,见《至元嘉禾志》第一八卷《碑碣》,中华书局1990年影印《宋元方志丛刊》第5册,第4551页下—4552页上。
③ （南宋）王希吕:《精严禅寺记》,见《至元嘉禾志》第一八卷《碑碣》,中华书局1990年影印《宋元方志丛刊》第5册,第4545页上、下。

(2)明州地区

明州即今浙江宁波,是京城之外丛林最发达的地区之一,也是禅寺改制最积极的地区之一。如明州昌国县(今浙江舟山)梅岑山观音宝陀寺,"绍兴元年(1131),郡请于朝,革律为禅"①,乃始采用十方体制为寺制。又如明州鄞县太平兴国寺,"有子院三:曰浴院,曰经藏院,曰教院,惟浴院为十方山主,余皆甲乙住持",嘉定十三年(1220)毁于火灾,后重建,"今为十方住持",之后全寺三个子院(即属院)都实行改制后的寺院体制,如经藏院,因"嘉定十三年火,徙建于旧寺之东偏(面),本甲乙主持,今为十方常住"。② 又如明州鄞县报忠福善院,建于唐光启二年(886),"本甲乙徒弟院,乾道四年(1168),改充十方禅院"③。此类事例史籍多载,不赘述。

然可以肯定自此之后凡丛林皆取十方体制,并无例外。后世所谓"子孙丛林"之说实际是变形概念,并不成立。既是丛林,必实行十方制度,否则即是非法。

(3)湖州地区

湖州即今浙江湖州市。文献记载,时地处偏远的安吉州南林镇(今南浔区)有一个创建不久的小院报国寺,乃由释宗伟等人集"诸檀越募缘,创立屋宇数□□(仲尧按:从下文看缺字当系'十间'二字),建置佛像,今粗圆备,专一行道(原注:下缺九字)",规模初具后成为接待忏院。宁宗嘉定十一年(1218)四月得当地政府"出给公据"给额,成为合法寺院,嘉定十三年(1220)庚辰九月间宗伟立石为志。④ 因尚未得正式敕额,故只能称"接待忏院"。以后寺院弘

---

① (南宋)罗濬等:《宝庆四明志》第二〇卷《梅岑山观音宝陀寺》,中华书局1990年影印《宋元方志丛刊》第5册,第5255页上。

② (南宋)罗濬等:《宝庆四明志》第一一卷《太平兴国寺》,中华书局1990年影印《宋元方志丛刊》第5册,第5132页上、下。

③ (南宋)罗濬等:《宝庆四明志》第一三卷《报忠福善院》,中华书局1990年影印《宋元方志丛刊》第5册,第5169页下。

④ (清)陆心源辑:《吴兴金石录》第一〇卷《接待忏院公据碑》,台北新文丰出版公司1982年(第2版)《石刻史料新编》第一辑第14册,第10793页下—10794页上。

法事业获得发展,但是其间情况不明。至理宗端平元年(1234)二月已正式得报国禅寺敕额①,成为了合法寺院。此案例有一定典型性,因特定原因围绕这座小寺院的存世文献有好几件,信息保存较全,如据端平元年立石的《报国寺告示碑》所记其间寺制经历,知其如何从一座小忏院起步,终成为正规、有额寺院,约经历三十年时间。② 文献记载时秀州、明州、湖州类似案例尚多。

2.天台教寺改制

天台宗寺院宋时称教寺,天台教改制之例除知礼主持的四明延庆寺及遵式主持的杭州天竺寺改制外其他尚多。如《释氏稽古略》记载多则南宋临安绍兴年间创建之天台寺院至中后期改制情况,下示数例。

> 天申万寿圆觉寺:绍兴十三年(1143)"敕于临安府西山建天申万寿圆觉寺成,四月十九日令藩邸看经僧德信奉香火,至理宗宝庆二年(1226)五月十三日始诏师赟住持,传十方天台教观"③。

这座天台教寺院初建时由德信主持寺务,理宗宝庆二年改制,并以敕差方式任师赟出任第一任住持。

> 时思荐福寺:"宁宗庆元三年(1197)冬十月卜地灵隐之西,建时思荐福寺成","嘉定十年(1217)六月庆远军节度使吴琰请予朝,曰'时思荐福,乞依上下天竺事体,永传十方天台教观';始诏景迁开山住持(吴寺碑刻)"。④

---

① (清)陆心源辑:《吴兴金石录》第一〇卷《接待忏院公据碑》,台北新文丰出版公司1982年(第二版)《石刻史料新编》第一辑第14册,第10795页上、下。

② (清)陆心源辑:《吴兴金石录》第一〇卷《报国寺告示碑》,台北新文丰出版公司1982年(第二版)《石刻史料新编》第一辑第14册,第10798页上、下。

③ (元)释觉岸:《释氏稽古略》第四卷,高宗绍兴十三年,《大正藏》第49册,第890页上。

④ (元)释觉岸:《释氏稽古略》第四卷,高宗绍兴十四年,《大正藏》第49册,第890页中。

即创寺二十年后依历史上天竺寺改制之例改制。

褒亲崇寿寺:"绍兴十九年(1149)五月二十三日勅赐婕妤刘氏功德院,以褒亲崇寿为(寺)额,宁宗嘉定十七年(1224)始诏正悟法师元粹开山住持,传十方天台教观。"①

褒亲崇寿寺于绍兴十九年得额,嘉定十七年诏正悟元粹开山住持,"开山"即为首任,是知此时改制。

临安之外各地天台宗寺院改制情况北宋已多有,南宋更见频繁,再举数例:

慈溪妙应院,北宋治平四年(1067)建,"本甲乙主持,嘉定(1208—1224)中改为十方教院"②。

妙应院从北宋创建后经历一百五十余年,南宋嘉定年间改制为十方教院。

明州奉化县清莲院,"本甲乙住持,久而圮",约宝庆年间(1225—1227)"皇子魏王申请为十方祝圣道场,以传天台宗教,由是内外栋宇,革故一新"③。由文献知该寺较长时间内似与体制有关,弘法及经营皆出问题,时近废圮,改制后革故鼎新,终得振兴。

从存世文献所载信息统计得知天台宗寺院改制表现最为积极,也是丛林之外改制数量最多的宗派寺院。

3.华严教寺改制

华严宗寺院在时代潮流中亦多与时俱进改革制度,笔者据不全阅读所见,仅南宋宁宗、理宗二朝改制的华严教院有:理宗宝庆

---

① (元)释觉岸:《释氏稽古略》第四卷,高宗绍兴十九年,《大正藏》第49册,第890页下。
② (南宋)罗濬等:《宝庆四明志》第一七卷《妙应院》,中华书局1990年影印《宋元方志丛刊》第5册,第5219页下。
③ (南宋)罗濬等:《宝庆四明志》第一五卷《清莲院》,中华书局1990年影印《宋元方志丛刊》第5册,第5196页上。

三年(1227)时之临安上天竺寺、临安高丽慧因寺、平江府吴江县华严宝塔教院、绍兴府某教寺和如意教院、嘉兴府华亭县某教院和□福教院等,绍定四年(1231)临安府上天竺寺、高丽慧因寺和崇先教寺、嘉兴府常□教寺、广福教寺和□□教院,平江府宝塔教院等。①

上皆临安及附近情况,其他地区也不少,如《咸淳玉峰续志》载江苏昆山广孝寺,"始者甲乙住持,继因僧徒纷扰,朝省更为十方教士寺"②。

又如福建泉州九座山太平院,"创建于唐",入宋后一度香火大盛,但是嘉定乙亥年(八年,1215)、宝祐乙卯年(三年,1255)两度毁于火灾,后本地太守潘公主持重建,"求名僧能声动群听者"主之,"于是华严主僧法本,以才被选",来寺实行丛林式十方体制。该寺地处深山僻壤,"介仙游、永福、德化、龙溪万山之间,去郡县绝远,人迹之所不至,与木石居,与豕鹿游",改制后寺院大获发展,弘法顿现成就:"泉之贵豪、旁境檀信,翕然乐施,得钱万缗,粟五百斛","泉"即泉州,各界丰厚檀施,寺大兴工程建筑,"未几曰殿,曰钟楼,曰经阁,曰罗汉堂、大士僧伽堂、祖堂,曰法堂、僧堂、寝堂,曰方丈",乃至爵密寮、庐隐寮、寿寮、浴院、门楼皆建成,规模焕然。名士刘克庄特撰文赞:"师以一僧能之,不惟大丈夫哉。"③如此成就,除因法本本人之悲愿及才华出众之外,制度机制之功,似亦不容忽视。

4. 律寺改制

律寺亦然,改制情况渐渐出现。北宋东京大相国寺中是分院居住,"各居庖爨",寺"旧有六十余院,或止有屋数间,檐庑相接,各居

---

① (清)阮元:《两浙金石志》第一一卷《宋高丽寺尚书省牒碑》,江苏古籍出版社1998年影印《历代碑志丛书》第19册,第264页下—265页上,268页上、下。

② (南宋)谢公应:《咸淳玉峰续志·寺观》,中华书局1990年影印本《宋元方志丛刊》第1册,第1108页上。

③ (南宋)刘克庄:《后村先生大全集》第九一卷《重建九座(山)太平院》,上海商务印书馆民国25年(1936)影印《四部丛刊初编》第276册,第788页上、下。

庖爨,每虞火灾,乃分东西,各为两律两禅"①。又如江西淦州建兴寺,"肇唐武宗中,始其徒盛大,支为院十有四,环列左右,代迁时移,今所存者独六院,而院各有田以饭其众,岁久稍增益之;独寺正殿为公堂,故有田百六十亩有奇,岁入租八十有四石,以资董视营造之费者,前是未有所增焉"②。"院各有田以饭其众",即各分院分有田地,经济独立核算,分居各爨。

《释氏要览》载南方律居(寺)"或有同法同食,或同法别食"③;已现共居同爨情形。《释氏要览》作者释道诚"时居钱塘月轮山,居讲经论、赐紫沙门",钱塘月轮山寺即有名的杭州六和塔寺,《释氏要览》撰于天禧三年(1019)秋,道诚时任寺主,所记应是实际经历。其谓"共爨会食"情况之所以值得关注,是因原寺院财产属本寺僧人,他人不能染指,这种僧团要以师徒关系形成,这样大寺中可能存在数个小团体。但如出现全寺"共爨会食"情况,则表明原体制至少有所松动,或至少是向新体制转化的迹象。

律寺改制案例北宋已有,南宋初明显多了起来。如明州慈溪县华严院,"宣和(1119—1125)初,改十方禅院",南宋绍兴二十年(1150)"复为律院",宝庆年间(1225—1227)革制,因改制当时是律寺,《宝庆四明志》中归类为"十方律院"。④《宝庆四明志》载四明地区律院皆分十方甲乙体制,故推知实行十方制度的律院皆从甲乙寺院改制而来,且为数不少。

又如秀州精严禅寺原为"律居",是创于东晋之地方名寺,但所处地理位置较特别,"寺邻与市,寺亦为市,僧居于寺,僧亦为市",寺

---

① (南宋)孟元老:《东京梦华录》卷三"相国寺万姓交易"条引周辉《清波别志》中,台湾"商务印书馆"1984年影印《景印文渊阁四库全书》第1039册,第105页上。
② (元)傅若金:《傅与砺文集》卷三《新淦州建兴寺施田碑》,台湾"商务印书馆"1984年影印《景印文渊阁四库全书》第1213册,第312页上。
③ (北宋)释道诚:《释氏要览》第三卷《住持·律住持》,《大正藏》第54册,第302页中。
④ (南宋)罗濬等:《宝庆四明志》第一七卷《慈溪县志·华严院》,中华书局1990年影印《宋元方志丛刊》第5册,第5220页上。

历史上的一次寺院体制建设潮流　219

院即市场,僧居于中,耳濡目染,其中"勤力精进"者"往往有之",而"闻道未笃,六贼所诱,一念不固者亦所见不免";其时"分房列户者以百数,而为之徒者且数百人"(执行甲乙承继制),眼看风气败坏,淳熙四年(1177)乃实行改制。之后面貌一新,殿堂僧舍皆新修葺,经营亦得成就,"水田二千余亩,岁得米一千余石;芦场二千余亩,岁得薪五万余束"。时人评其"奋空拳,竭愿力,了大事",乃应归功于改制及执行新体制。①

5.相关概括

再将视域扩大些看可知上述绝非特例。江少虞(?—约1131)撰《宋朝事实类苑》记福建地区建州辖下共有六县,各县寺数如下:"建安佛寺三百五十一,建阳二百五十七,浦城一百七十八,崇安八十五,松溪四十一,关隶五十二。"②合计964座佛寺。由此条信息及文献记载相关情况推知:一是作者著此文前曾任该地区行政长官,较有可能保证数据的可靠性,且据宋时较严格籍账体制,因作者身份关系,较能保证所述数据皆属正式在籍的合法寺院;二是相关数据中不少寺院属新建,据制度规律,在特定制度文化环境下因制度伦理制约作用,新建寺院更宜采取新制以博取社会之公信度。

二、生活禅历史源流及发展进路相关思考

净慧长老弘扬佛教优良传统,开创时代应机宗风,以生活禅接引众生,利乐有情,是适应历史潮流,将人间佛教发展推向新阶段的表现,成为20世纪末以来最具影响力的中国佛教新思想、新理论、新体系,功在当代,泽被千秋。

上述历史上的佛教寺院体制变革之所以引起笔者的注意,是在

---

① (南宋)王希吕:《精严禅寺记》,(元)单庆修、徐硕纂《至元嘉禾志》第一八卷《碑碣》,中华书局1990年影印《宋元方志丛刊》第5册,第4545页上、下。

② (南宋)江少虞:《宋朝事实类苑》第六一卷《建州多佛刹·风俗杂志》,上海古籍出版社1999年排印本(下册),第816页。

于兹而建立了中国佛教在人间佛教发展理路上的制度转化,坚强的制度保障成为此后中国佛教发扬光大的根本所在。我们可以注意这样一个事实,即从兹及今,中国佛教的基本制度正是从这个基础上延续承袭。

生活禅的实践意义、思想源流、般若进路等重要方面,学者已多有注意并作出卓有成效的研究,但是任何一种学说思想或文化观念,皆须有相应体制平台作为生存发展的制度保障。学者多指出无论生活禅的思想特质、修行体系以及历史定位,说明其乃人间佛教在新时代的具体实践途径,是人间佛教理念及实践在新的社会和历史条件下的继承与发展,这些莫不与相应的制度和文化相关。如中国佛教在当代社会的发展模式以及在未来世界范围内的传播形态,都会涉及现实的制度方式和传播模式问题,这些也同样都是一种制度保障问题,即以何种姿态、身量、范围、体制以及文化路径去发出自己的声音,表达对中华文化内核的体现与继承方式,并进而作为推动新时期世界文明进步的一种导向。

因受传统文化思维模式的影响,学界易将关注和研究重心放在思想渊源及理论体系方面,而体制保障及制度文化作用亦是一种文化得以创建、立足以至于生存、发展、延续的根本所在,亦须加以重点关注和展开深入研究。近年来学者已敏锐注意到生活禅对经典理论渊源、对佛教优秀文化传统的继承关系以及相应的生活禅作为人间佛教实践模式在新时期继往开来的弘扬问题,如学者已提出生活禅与六祖的关系问题,生活禅的经典渊源关系问题以及对生活禅修行及理论意义的较全面总结概括。[①] 这些观点笔者亦深以为然,但同时笔者还强烈认为研究并认识历史上佛教制度体系之建构方

[①] 李万进:《试论生活禅与六祖禅的关系》,黄夏年主编:《生活禅研究2》(上),郑州:中州古籍出版社,2012 年,第 35—53 页;韩焕忠:《杂花庄严生活禅——浅谈生活禅与〈华严经〉的基本关系》,《生活禅研究2》(上),第 81—90 页;明尧:《从对解脱观、出离心、忏悔观、修行观、妙用观等基本概念的理解看生活禅的意义》,《生活禅研究2》(上),第 260—272 页。

式、制度文化之流变形态、制度变革之历史事实及其中蕴含的精进之思、大悲愿力、实践特征,有利于深入认清和辨识、了解生活禅的发展进路,以及这个进路上可能的障碍、困境和可能达到的高度。净慧长老曾将生活禅修行大纲概括总结为四大要点,即将信仰落实于生活,将修行落实于当下,将佛法融化于世间,将个人融化于大众。学者认为"这四句大纲,有力地澄清了人们关于'修行'概念的种种误解,还原了'修行'的真实面目,不仅充分地继承了祖师禅的精神特色,同时又具有极强的纠偏之时代意义"。[①] 笔者肯定上述意见重要性的同时亦认为,关注制度文章,不但应是进一步弘扬光大生活禅的题中应有之义,且可能是保证生活禅作为人间佛教在新时代发展方向的保障。《易》曰:"其有忧患乎。"

(王仲尧,浙江工商大学宗教研究所博导)

[①] 明尧:《从对解脱观、出离心、忏悔观、修行观、妙用观等基本概念的理解看生活禅的意义》,《生活禅研究2》(上),第269页。

诸子禅与生活禅

吴 平

一

任继愈先生认为春秋战国时期的诸子百家争鸣是中华文化发展的第一次高潮,隋唐时期禅宗的形成与发展则体现了中华文化发展的第二次高潮。我认为两次文化发展高潮之间有着必然的联系。禅宗的形成与发展,是强大的、血气方刚的儒道文化面对印度佛学的挑战而做出的必然选择,也可以说是子学融合佛学的成功之作。

外来的佛教要在中国得到发展,就必须使自己的思想符合中国文化的传统,这种现象称为佛教中国化。事实上从印度佛教传入中国开始,佛教就一步步地适应中国社会的现实条件,以求得到生存和发展。佛教最初传入中国时,是通过依附中国本土的黄老思想和道术而得到传播的。魏晋时期,玄学大盛,佛教又附庸玄学而得到发展。至南北朝时期,随着势力的壮大,佛教逐渐成为与儒道相抗衡的独立力量。至隋唐时期,佛教在中国的发展进入全盛时期,出现了天台宗、华严宗、禅宗等带有中国特色的宗派。其中禅宗既吸取了印度大乘佛教空宗与有宗的思想,又融合了中华本土儒家与道家的思想。正因为禅宗是中印两种文化融会贯通之后的产物,所以它的思想比起佛教其他宗派来说,在中国更具有生命力。

禅宗中国化最关键的一步,就在于它顺应了儒、道、佛合流的总趋势,这主要体现在以下两个方面:

首先,慧能力求使禅宗南宗教义与儒家思想相融合。慧能的"即心即佛"说与孟子的"性善"论有相似之处。孟子的"性善"论,目的在于说明人人皆具备成为圣人的可能性,以及为使可能性最终成为现实性必须完成的道德修养。孟子认为人性之善——仁、义、礼、智、信皆"植根于心",所谓道德修养,也就是如何存养、扩充此"善端"。慧能的"即心即佛"说也是这样,他将一切万法乃至众生诸佛都归结于"自心",只要在心上用功,就可解脱成佛。孟子主张人性是先天至善的,人之不善是因为后天没有发其善端、尽其性。孟子还认为人人都有成善的天性,都可达到至善,正所谓"人皆可以为尧舜"。慧能认为人人皆可成佛,显然是受到孟子思想的影响。孟子将天道与人道合二为一,提出了"尽心知性知天"的天人合一思维框架。慧能提倡"佛向性中作,莫向身外求",进一步把佛性与人性统一起来,这基本上是孟子"天人合一"论的延伸和发挥。这一方面表明禅宗向儒学的靠拢,另一方面则表明禅宗正在进行以中国传统文化为标准的舍异存同的文化选择。

由于中国古代社会是靠宗法血缘关系维系的,祖先崇拜、忠孝恺悌等宗法观念通过儒家思想的强化而深入人心。慧能以前的佛学主张严守清规戒律,缺乏世俗可行性,因而其传播就受到限制。慧能大胆地对传统佛教进行改革,提出了一条大众化、世俗化的修行方法,这无疑是受儒家修心养性的内省方法的影响。

其次,慧能将道家思想的精髓融入禅宗。慧能要求徒众在现实世界中"来去自由",在日常生活中"自在解脱",这与庄子的"无待"和"逍遥"思想有相通之处。庄子从肯定人的自然本性出发,认为人们由于受外物的制约(即所谓"有待")而失去自由。由此人们应该超越一切外物和自我的牵累及干扰,追求高层次的精神宁静与自由。这样一来,既可生活在这一矛盾纷争的现实世界,又可获得"无待"与"逍遥"的自由。追求这种自由的主体是"心",自由不过是"心"在自己的小天地里遨游。同庄子相比,慧能更加突出主体"心"的地位,他所说的"自由"也就是"心"的自由。在慧能看来,进入自由境界也就意味着成佛,而一旦悟道成佛,就可获得极大的自由。张中行先生说得好:"禅法到慧能,作为一种对付人生的所谓道,是向道家,尤其庄子,更靠近了。我们读慧能的言论,看那自由自在、一切无所谓的风度,简直像是与《逍遥游》《齐物论》一个鼻孔出气。"[1]这番话确实简明扼要地道出了南宗禅与庄子的相通之处。

庄子思想的核心是人格独立与精神自由,这种独立自由在当时的社会现实生活中不可能直接得到,因此庄子向内心隐遁,通过"心斋""坐忘"来泯物我、同死生、超利害,体验内在的生命秩序。慧能的"无念"说虽带有宗教修行目的,但在形式和效果上与庄子的"心斋""坐忘"说十分相似。慧能所追求瞬刻永恒的"大彻大悟",比庄子的精神自由的体验更深刻,也更突出。

禅宗就是这样在儒道文化的母胎中,完成了中印文化的交融,孕育出全新的中国禅宗,可以称之为"诸子禅"。这种中国特色的禅宗,第一个特色就是创新。诸子禅既避免了儒家缺乏理性思辨之短,又弥补了道家缺乏具体生活内容之不足,同时也抛弃了佛学中烦琐的学风,其充满活力的创新精神,正体现了"新子学"的特色。

诸子禅的第二个特色是面向世俗生活。慧能大胆地改革了佛教,开创了一代新禅风。这种改革使中国的佛教出现了一种前所未有的新气象,最明显的特征是把佛教导向一个人性化、世俗化的新天地,也就是尽量冲淡宗教神学的气息而增加世间人性化的意味。他用一个具体的现实人心去代替一个抽象玄奥的如来藏清净心,将佛性从彼岸世界拉回到每个人的自心,把依靠佛教经典转向相信个

---

[1] 张中行:《禅外说禅》,哈尔滨:黑龙江人民出版社,1991年,第123页。

人的顿悟,把仰仗菩萨的救度变为依靠自力的解脱,从而使这场佛教改革具有相当的深度和广度,成为中国文化史、中国佛教史上极其重要的里程碑。

诸子禅对儒道思想的继承与融合,反过来又对中华文化产生了深远的影响。可以毫不夸张地说,如果没有诸子禅,一千多年来的中华文化就会黯然失色。

二

生活禅与诸子禅的两大特色一脉相承。随着经济的发展,生活禅在现代生活中的作用越来越重要,生活禅在人们心目中的地位也越来越高。因为生活禅意味着心灵的超脱与自在,智慧的顿显与运用,行为的潇洒与自由,个性的独立与张扬,生活的和谐与完美,生命的解脱与升华。而这一切,正是一个人在基本的物质生活得到满足之后的精神追求。

自六祖慧能开始,禅彻底中国化了。在儒道思想的影响之下,禅宗僧人将出家为僧当作人生的更高追求,在他们的眼中,青灯、古佛、孤月、枯木、寒泉、凉风,这些容易让人感伤的意象被物化成为良辰美景,就是用再美的语言也无法描绘。他们将表面上离群索居的生活和豁达快乐的心情融为一体,从而生活得坦荡自如、潇洒风流。我们很难在禅宗文献中找到一个萎靡不振、垂头丧气的禅师。

禅究竟是什么?生活禅对禅的理解更加贴近大自然,更加贴近社会人生。从自然现象来说,满天星斗是禅,清风徐来是禅;青青翠竹是禅,郁郁黄花是禅;满目青山是禅,潺潺流水是禅;茫茫大地是禅,浩浩江河是禅。从社会人生来说,助人为乐是禅,无私奉献是禅;吃饭睡觉是禅,担水劈柴是禅;一言一语是禅,一举一动是禅;一呼一吸是禅,一唱一和是禅。禅并非遥不可及,而是触目皆是。可见禅就是真实的宇宙万象,就是平常的社会生活,是人们那丰富的精神世界,也是真、善、美、智,更是人的生灵之气与大自然的浩然之气的融会贯通。

既然我们的生活当中处处充满禅意,那么我们每一个人都应该活得潇洒自如、轻松愉快。然而我们大多数人却没有身心愉悦的感受,相反都觉得活得很累。于是,"活得真累"成了一句非常流行的口头禅。为什么会有"活得真累"的感受呢?这是由于现代人生活在市场经济的大潮中,紧张而忙碌,承受着工作、就业、养家糊口的层层压力,心头又背负着金钱、名誉、财富等重重负担,始终放不下,由此带来种种烦恼和痛苦。很多人为了追求财富,将生活当成过程而不是目的。这样本末倒置的做法,导致了许多症状,如抑郁、焦虑、失眠、神经衰弱、心灵空虚、身体疲倦等。

面对现代人的种种烦恼和痛苦,生活禅的现代意义显得越来越重要。生活禅要求人们在现实生活中保持一颗平常心,一切放下,放弃对金钱财富的追求,放弃对名利的执着,同时对得与失、成与败抱着超脱的心态,这样就不会产生种种烦恼和痛苦。所谓"平常心",就是"累了就要去休息,饿了就要去吃饭"。而追求金钱财富的现代人往往累了不知道休息,饿了也没有好好地吃顿饭,种种欲望压在心中,无法解脱,以致无法享受生活中的情趣。其实在工作中同样也有许多情趣,但一个不能做到一切放下的人,是无法品味到的。

人们只要能做到以平常心去看待世间万物,就会进入一种无我的禅境,结果生活变得简单了,心情变得达观了,生命变得自在了。由此可见,生活禅是人类生存的智慧和艺术。禅确实能在人们的心灵世界洒下清凉的甘露,灭掉种种欲望之火,从种种烦恼和痛苦之中解脱出来,进而品味到解脱之后的轻松愉快和大彻大悟之后的自由自在,就像一个人从黑暗的小屋走进阳光明媚的大自然,顿时觉得心旷神怡。

有不少人认为禅是一种消极避世的法门,这其实是一种误解和偏见。生活禅开导人们要达观地看待人生的得失输赢,告知人们有些事情不可强求,不必强求,但不是要人们逃避现实。生活禅是积极入世的,其宗旨是"以出世的精神做入世的事业",要求人们真心实意地投入生活,将禅的精神、禅的智慧融入生活,自主、自在、自觉、自律地去做平常所做的事情:穿衣、吃饭、上班、工作,在生活中运用禅的智慧解除种种困惑烦恼和心理障碍,进入禅的意境,体现禅的情趣。

要想获得生活禅的智慧,首先必须从禅定入手。端身安坐,全身放松,静气敛神,顺其自然,意无杂念,禅定给人的感觉就像是一次心灵的漫游,逐渐进入宁静致远的境地。心灵的尘埃、身体的污秽被驱逐得一干二净。可以说每一次的参禅打坐,都是一次心灵和身体的净化过程。

有了坐禅的体验,就会感到日常生活中处处充满禅意、禅趣。例如,禅宗僧人常以清茶一杯补充营养,恢复体力,以此帮助面壁静坐,参禅悟道。可以这样说,茶道为禅道推波助澜,禅道为茶道增光添彩,茶禅一味,真是其味无穷。

当今社会,人们的物质生活非常丰富,其精神生活却异常贫乏。因此,修习生活禅,可以放下眼前的种种执着和焦虑,从生活中找到禅的情趣,让禅与生活打成一片,融为一体,从而生活得愉悦安详、幸福美满。

(吴平,华东师范大学中文系先秦诸子研究中心副主任)

生命的禅境——认识"贪"
——生活禅的认识原理浅识

释坚意

一、前言

　　生死流转的过程，贪是因为情感与意志的错乱，导致产生欲念，并生执取之欲而辗转有许多的造作。执取之欲即是与无明相应，所以造下的即是流转生死之心，是生老病死的无常变化之因，也是流转三界的因。贪则是"三毒"中流转生死的主因，相较于贪，嗔的发动比较容易觉察，但是嗔乃以贪为本质，因为贪不得，不顺己意而生嗔，所以贪是生命本能产生的烦恼根本。

　　经典中看到明显的过患是嗔心，其形象也相对地不被接受，并会相对地产生排斥，这是因为众生无始以来趋乐避苦的生命本质。贪的形象以世法来看，都是令众生欢喜的心所，即使贪行人不欢喜，也会覆盖或避开。这是因为贪著于美好境，逆境不为自己所喜爱，自己的逆境习惯于覆盖，更何况是他者的逆境，会表现出视而不见或事不关己的态度，这都是贪心的外在相貌表现。因为有贪染的心，对于逆境愿意忍耐，有一个明确的目标，本文趋向内在的心态探讨。

二、贪爱的根本与因缘

　　古仙人道指引修道的方向,必引导趋向淡泊名利与欲望,不同层次的人,其产生的生命需求各有不同。根据研究,整个地球的80%的资源,为20%的人使用,另外80%的人是处于贫穷贫乏的状态,因为他们要努力地瓜分剩下的20%的资源,但是拥有80%的这些人真的就满足了吗?佛陀见到人的心里深层①:

> 若有贫穷者,但求于衣食。
> 既得衣食已,复求美好者。
> 既得美好者,复求于尊贵。
> 既得尊贵已,求王一切地。
> 设得尽王地,复求为天王。
> 世间贪欲者,不可以财满。

　　人在不同的物质饱足层次,因为欲望的驱使,会有更大的要求,对外在六尘的追求永无止境,名与利令人终生追逐,无有止息。"利养心重,败人善本,令人不到安隐之处"②。因为利养心驱动我们展开欲念,进一步地迈向贪之心,所有的恶业以此而生,所以心之安与否,不关乎外在物质有多饱足,而在于内心的知足与止息。

　　贪欲之心影响人生不得安稳,贪欲从何而来?"世间诸欲本,皆从思想生,住世间欲本,而有染著心。"③贪欲从思想而有,有情为

---

① 龙树造,(后秦)鸠摩罗什译:《十住毗婆沙论》第二卷《地相品》3,《大正藏》第26册,第27页中。
② 瞿昙僧伽提婆译:《增壹阿含经》第五卷《不逮品》11,《大正藏》第2册,第567页下。
③ (宋)佛陀什共竺道生等译:《弥沙塞部和醯五分律》第十七卷《分初受戒法》3中,《大正新修大藏经》第22册,第114页。

蕴、处、界和合而有,"一切有情皆依食住。唯依取蕴建立有情"。①以四食②滋养而延续生命,众生无法解脱此苦迫,所以说众生即是苦迫,其为苦聚的症结点为何?经中的解答"无明所盖,爱结所系,众生生死轮回,爱结不断,不尽苦边"③。缘起十二支对爱支在经典中的定义"痴求欲名为爱"④,说明由于无明而有欲求,即称为爱。爱的表现是意根攀抓各种见行,"爱欲生众生、意在前驱驰"⑤。生命体在六入处与外界接触产生触、受驱动爱,人与动物的区别,在于人还需要识食,识食使人为提升品格而努力,也可以因为贪欲的发动与蒙蔽,而造恶业因。在整个生命的活动中,生命体认为有真实的生命存在并产生各种感受,因而生贪爱并染著,无法停止对于四食的品味与长养。更根本的是无明与贪爱的结合,让生命进入不断受生的生死流中:"彼愚痴无闻凡夫无明所覆,爱缘所系,得此识身,彼无明不断,爱缘不尽,身坏命终,还复受身;还受身故,不得解脱生、老、病、死、忧、悲、恼、苦。"⑥"所有诸苦何由而有。当知皆以身为因缘,身因于爱"⑦,生命中所有的苦迫都由爱生而来,爱与无明就像火与柴一样,相依而燃,缺一不可。若探其原因"无明为前际生死根本,爱为后际生死根本;或说无明发业,爱能润生"⑧。无明之因造就业因,又生爱而再创新因,如此轮回不已,爱乃由无明为因,透过六根与六尘接触,发动无明的本能所产生的爱染,即是未来因,爱染的过程会借助事相有具体的表现,并因为深浅度不同,爱染的角度与事物不同,而有不同的心态。

---

① 护法等菩萨造,玄奘译:《成唯识论》第四卷,《大正藏》第31册,第17页下。
② 四食:一、粗抟食,二、细触食,三、意思食,四、识食。
③ (宋)求那跋陀罗译:《杂阿含经》第十卷,《大正藏》第2册,第69页中。
④ (宋)求那跋陀罗译:《杂阿含经》第十三卷,《大正藏》第2册,第92页下。
⑤ (宋)求那跋陀罗译:《杂阿含经》第三十六卷,《大正藏》第2册,第265页下。
⑥ (宋)求那跋陀罗译:《杂阿含经》第十二卷,《大正藏》第2册,第84页上。
⑦ 诃梨跋摩造,(后秦)鸠摩罗什译:《成实论》第九卷《124贪过品》,《大正藏》第32册,第310页中。
⑧ 印顺法师:《佛法概论》,台北:正闻出版社,1992年第2版,第79—80页。

> 如说乐者不求。苦者多求。是贪增长名求。求时若得名为得。爱因得则筹量是可取是不可取。若心决定是名因筹量故欲爱。因欲爱故贪著。贪著名深爱。贪著因缘取。取名为受。因受生悭。因悭守护。因守护故备受鞭杖力稍等。①

引文说明乐来自不求,不被外境所迷惑与影响,苦来自追求,所以佛说求时苦、求不得也苦、求得失去产生爱别离苦,起了欲求之心就等同于启动苦。上文将贪欲心的变化做了分析,苦来自求,贪增长起追求之心,追求获得后开始内心谋算是否占为己有名为爱,当内心决定纳为我所有的范围,从此开始产生行动以达到获取的目的,这些身口意的启动,即自己创造轮回三界(三有)的因。不明白一切无常,对于我所产生永恒拥有的错误认知,贪染自己拥有的而不愿意布施,即是悭吝。若经过谋略,计以布施换得更多的好名声或回报等,布施经过核算已经变质,表象看来是布施的行为,内心的动机却还是贪欲,想要获得更多的回报,名为多欲,若布施少却求多,名为不知足。因为悭心而守护所拥有,以上的这些过程,将生出种种的欲求与诤。或对于自己的家世出身、强健体魄、年轻色好的种种条件,因为爱染而产生骄慢心,这些优越条件都是世间人所追求的。然而佛的示现说明,修道过程所造的正因,附属条件将具备优越种族,并具备三十二相八十种好,修道精神的解脱,在于出离不染著的智慧,因为再优越的条件也无法跳脱生老病死的无常。

以上从心理的角度分析贪的运作,对于事相,贪行者不易从是非明辨的角度着手,受其心理的驱动,贪者习惯从对自己是否有利的角度切入,所以不易产生正义感。正义是对大众有益的,是愿意付出,并为众生的利益愿意牺牲自己,贪行者的目标是对自己有益,或公益表现带来后续利益大于现前的利益。贪行者经常为利益目

---

① 诃梨跋摩造,(后秦)鸠摩罗什译:《成实论》第九卷《122 贪相品》,《大正藏》第 32 册,第 309 页下。

标转换焦点,不因人或物,而是以利为主随时可以转变。因此于外相心贪行者,似乎比较不执着,此来自贪行者执于更大的利益,而不停留于某一人或某一事或某一物,所以相对于其他性情的众生,贪行者是识时务者。所以在事相上贪行者在人生道上的得分高。内在的解脱呢？贪欲的发动,会让自己往不可知的险境前往,对于趣向相应的众生,以苦为乐耽著其中。以上的种种本质都一样,因为无明所生贪染之心而生之种种相。

三、贪的过患

贪欲是对美好事物的爱染,爱染便想拥有,因此贪欲心强者,不但对外境追求美好事物纳为己有,对于自己的行为举止,也会相应于趣向而自我培养,因此贪行者的对应与表现,令人生欢喜,笔者于其他文章分析过贪行者的外貌与表现如下:

> 贪行者喜欢美好的事物,对自己的行仪也很在意,注重自然优美的样态行走。
>
> 注重自己的行住坐卧姿势,更会保持自己以令人喜悦而优美姿势出现。
>
> 欢喜甘美之食,饮食时依注重优雅的姿态,所以食时作不大过一口的圆团而食,并细尝各种滋味,故作优雅。[1]

以世间角度看,美好的表现是生命的提升,好威仪更是应该要学习的。此还分为事与理,以理为基础与根源,若因为内心的解脱,而产生外仪的详续,此乃行者的表现;若因为自己的威仪与美好,但贪的

---

[1] 释坚意:《人间佛教的生活禅运用》,第十一届海峡两岸"印顺导师思想之理论与实践"学术会议,2012年5月26日至27日,玄奘大学宗教学系、财团法人弘誓文教基金会,第542页。

使然与贪爱心相应,就如上所说造就三界轮转之因,不论在事相的表现多美好,即使外相获得一百分,就解脱的角度,也只是更多爱的贪染。

贪行者在生命流中,不断地追求与学习美好的一切,并形成习性与喜好,在这些喜好中对自己产生欣赏与优越心,所以辗转地优求自己:威仪表现良好,自己欣赏产生自我爱染,因为自我爱染更加地学习好威仪,形成一种轮回。以下的图示,分析贪行者在惑、业、苦的架构下,从外环中可看出更具体的轮回事相。

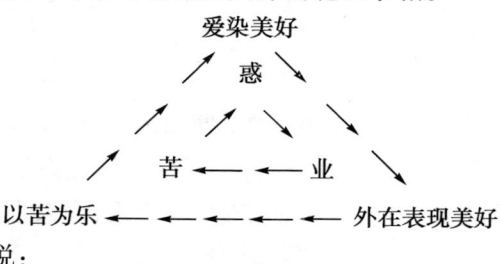

```
            爱染美好
              惑
           ↗  ↙ ↘
         ↗   ↓    ↘
        苦 ← ← ← 业
   ↗
以苦为乐 ← ← ← ← 外在表现美好
```

经典中说:

> 多贪欲者。喜乐女色及花香璎珞伎乐歌舞。到淫女家饮食聚会。憙大众集及诸戏具。憙随爱语心常欢喜。面色和泽先意问讯。含笑语言难忿易悦。多怜愍心身体便疾。性多躁动自深著身。如是等名多贪欲相。是相皆与系性相顺。是故难断。①

贪行者喜好多人聚多人语,与解脱必须能耐寂静相反,从对境中觅寻贪求的人或物,这是对外境与外物的贪染,同时有舞台可表现,这是对自己贪染的表现机会;又常面带好色,礼貌相对,语合无诤,相应于此习气,贪行者面对事物通常求和,而不愿意是非明辨,采取中立或避开的方式,不愿意不好的事沾身,总认为事不关己。

---

① 诃梨跋摩造,(后秦)鸠摩罗什译:《成实论》第九卷《124 贪过品》,《大正藏》第 32 册,第 310 页中—311 页上。

修道过程中首要建立的是是非明辨,在明辨的过程中建立正知见,迈向解脱的八正道正知见为前导,若无法建立正知见,则无法迈向解脱,所修的也只是相应生死流的有漏法。

贪行者对自身多生深染爱,因此常怜悯自身,佛教说身心相依,心念影响着色身,坚定勇猛刻苦的心与怜悯是相对之心,当我们不断地自我爱怜,对于色身怯弱的心态必会产生,由于对自身的爱染,常表现出体态虚弱貌,并陷入自我怜悯,也会以此吸引其他人的注意,甚或以此为手段,达到吸引目标的关注与怜悯,所以贪行者会无病呻吟,这都是贪染的自然表现,对自己错误的意念投射;由于喜好美好与自身的爱染,因此以大众中引起注意为食,也就是需要生命的舞台,内心不甘寂寞,不断地索食所以性多躁动,时常缘外境引起注意,满足自我的爱染心。

从以上种种所探讨的行为,都与顺性相应,在人道中并非逆境表现,除了对目标的竞争者,不会令人不舒适,因此不易被察觉,所以经典中的贪形容为"贪欲如贼。而众生不见其恶。又贪欲常于软美门中行。故名深恶"[1]。以贪为本质的表现就如同软贼一样,贼行恶时是偷偷摸摸的,不易被发现,发现时是因为觉察实物的遗失。内心的损失要相对于解脱才会被觉察,世间行相为人所喜爱,不但不会察觉,还会深染其里,故被定义为深恶,对生命有深层的影响。再探究贪欲心发,会触动人的种种抉择与作为,所谓意为前导发动身口,经典举出一般人切身的事为例:

> 贪欲种种因缘能缚人心。谓父母兄弟姊妹妻息及财物等。又众生以饮食淫欲等贪欲覆心则能受生。若贪禅定则生上界。又此贪欲能为和合。一切世间所乐各异。贪欲和合犹如干沙

---

[1] 诃梨跋摩造,(后秦)鸠摩罗什译:《成实论》第九卷《124 贪过品》,《大正藏》第32册,第310页下。

得水相著。①

经典提到贪欲对人心的系缚,并举出贪的目标与对象,以干沙得水譬喻贪欲心发动对外尘境的系缚,为纳摄为己有,所产生的表现,干沙遇水其吸取极快,而且不可分离会立即交融,譬喻生命的本能,贪欲令人难以脱离,六根对六尘不论是亲友手足,或是财物,乃至于饮食与淫欲,甚或追求外表看似平静的禅定,只要有一丝贪染都是有漏的三界因,包含看似迈向解脱的禅定,只要产生受乐感,就是受生上界天的果报,无法趣向解脱,所以说贪欲是生死的大患。

贪欲在外相上的过失,有如以上所举人事物之贪染,内心的辗转与变化会产生不同的果报,在经典中佛陀做了分析:

> 佛说爱欲有五种患。一味少过多。二诸结炽盛。三至死无厌。四圣所呵弃。五无恶不造。又此贪欲常令众生顺生死流远离泥洹。有如是等无量过患。当知欲为多过。又诸烦恼生皆因于贪。如贪身故起诸烦恼。又爱使不拔则数数受苦。如毒树不伐则常害人。又贪能令众生荷负重担。②

经典举出爱欲的过患的享受滋味短暂,从上分析欲望是无法满足的,只是令人身陷其中,人劳累色身努力地争取世间的物质,为了令色身安置,劳累与安置是两个极端,看似冲突却在其中矛盾循环不得而出,产生的苦迫却多,苦迫辗转生出多烦恼,无可满足无有终结止息处,命终仍耽爱无法放下,经中说:

> 有人或于去来事中而生贪欲。故知常痴中行。又众生以

---

① 诃梨跋摩造,(后秦)鸠摩罗什译:《成实论》第九卷《124 贪过品》,《大正藏》第32册,第310页下。

② 同上,第310页中—311页上。

贪欲因缘乐少苦多。所以者何。如富贵处少散坏时多。又爱欲者为乐因故备受诸苦。谓求时苦守护时苦用时亦苦。如稼穑商贾征伐仕进等。是求时苦守时恐怖畏失故苦。现在无厌故苦。又欢爱会少别离苦多。故知欲为多过。①

发动爱欲为了追求获得的乐因,追求时苦费心思,为此耗费身心体力而苦;耗费心力又得不到,面临此违逆境时易生嗔,此意是苦。获得后容易落入常见,认为即是常态性的拥有,拥有后担忧失去,这是对外境的不确定性产生之苦,分为两种:一种是有觉受性的人,经典说"情海千尺浪,苦海万重波",爱欲的变动令人害怕失去是苦。另一种是对于物品的爱著,害怕失去令人心不得自在,无法解脱,禅宗有金碧峰禅师修行为例。明朝有位金碧峰禅师自证悟实相后,能放下对诸缘的贪爱,唯独对皇帝御赐的一只玉钵爱不释手。每次入定前,一定要先仔细地把玉钵收好,然后才安心地进入禅定境界。一天,阎罗王因为他世寿已尽,应该到地狱把业报还清,便差无常鬼来捉拿禅师。但金碧峰禅师预知时至,进入甚深虚空定境界,不来不去、四大皆无,与法界同体。无常鬼在整个三界之中就是找不着金碧峰禅师,请教当地的土地公,土地公说:"这位金碧峰禅师是位明心见性证悟的圣僧,想必现在正入于禅定之中。只要想办法拿到他喜爱的玉钵,他起心动念,就会出定了。"无常鬼一听,想办法动玉钵令出声,禅师听到心念一动,就被套住脖子,禅师了知凡事一起心动念即落入因果,于是求无常鬼解开锁让他办一件事,事情办好他立刻跟他们去见阎罗王。于是金碧峰禅师立刻一手高高地将玉钵提起,说道:"玉钵啊,玉钵!想不到我和你之间还有因果!"说完便将玉钵摔得粉碎,再次结跏趺坐入于深定,缓缓住于虚空,身呈半透明状,留下一偈曰:"若人欲拿金碧峰,除非铁链锁虚空;虚空若能锁得

---

① 诃梨跋摩造,(后秦)鸠摩罗什译:《成实论》第九卷《124 贪过品》,《大正藏》第32册,第310页中。

住,再来拿我金碧峰。"

贪行者若获得却不满足苦,此乃从内心的变化为角度,是为内因,贪欲的满足必须透过外境的刺激,这种外来之乐会渐渐地逝去,所以必须不断地加重刺激,例如人吃辣味,会从一次次的适应后再加重,才能再提起乐受,因此不但欲求的满足无常,受觉也无有恒常感,要不断地追求新事物或加重刺激,令人从中疲于追求。众生为求欲望的乐因,其苦与过患多。

人性善或恶?有许多的哲学观点,但人对于物质的爱染,并非一开始就迷惘,有因为一点一滴为物质所侵袭,也有因为其性本贪欲心强,以下就贪欲的深浅度也因为染著不同,所形成的苦也不同。

> 一有耽著心。谓于自财所。二有贪婪心。谓乐积财物。三有饕餮心。谓于属他资财等事计为华好深生爱味。四有谋略心。谓作是心。凡彼所有何当属我。五有覆蔽心。谓贪欲缠之所覆故不觉羞耻。不知过患及与出离。①

众生有我,我所必然跟随而有,对于自己拥有的财物执着,产生耽著心,钱财对世间人可算是第二生命,所以守护自己的财产,也是理所当然。但相对于佛陀连色身都能舍,因此以解脱的角度探看耽著自财,就不再是那么理所当然了。从佛陀的足迹,解脱之道可以证无我,既无我何来我所?心就此获得解脱。对于自己的拥有,进一步地喜欢囤积,看着银行的数字增多而乐不已,从耽著于此更生贪婪心,喜好积累就成为将更多的外务纳为己有的因,所以就不再只看自己的拥有,进一步向外搜索吸纳;欣羡他人的财物也存在着无形的陷阱,不满于己袋中,眼望他所有,比较心从此产生,并与骄慢心相应,不服气他人的良好,而想让自己与他者一样,或比他人拥

---

① 玄奘译:《瑜伽师地论》第59卷《摄决择分中有寻有伺等三地之二》,《大正藏》第30册,第631页上。

有更多,获得更优越的外在条件。"深贪著者则不顾戒及种姓教法威仪名闻。不受教化不见衰患不观罪福。如狂如醉不知好丑。亦如盲人不见福利。"①此乃因光明的心被贪欲所障蔽,不觉得自己所做为恶,乃至于为达目的不择手段,因此将所为视为理所当然,无法照见其过失处,"佛教以惭愧心为人与畜生的分别,儒家以羞恶之心为良心的一端"②,不论佛教或儒教都以惭愧与羞耻心为人与动物的区别,贪欲的迷惑力却让人失去最基础的道德。人们对于强烈的嗔,因为发动时相貌明显,而令人深感不喜,并觉得恶过大,经典中有深层的分析,"贪罪轻而难舍,于嗔恚故名为轻罪。其实是重"。贪相对于嗔,究其相貌而言看是轻,但因为无处不在,迷惑甚深,不易发觉,因此视为重罪,重障解脱之道,因此更应该戒嗔。

佛陀提出人间有八苦:求不得苦、爱别离苦、怨憎会苦、生老病死苦以及五蕴炽盛苦,佛陀举出八苦是从果来谈,从已呈现的果报现象分析苦,上述谈到苦的根源来自贪,生老病死之苦乃贪执于生命希望持续拥有,不论是生命或青春乃至于健康等,苦的根源就是贪,所以经典对于贪是事实,以无常的角度说明造成苦的现象。"所贪爱事必当离散。离散因缘必有忧苦。如说天人皆乐色贪色喜色著色。是色坏时忧悲心悔。受想行识亦如是。"③无常就是会变化离散,这变化与离散无法掌握,并不可预期而产生苦,我们对于内心的受想行识,也会同样生苦,对于生命各种样貌的回忆,据以为与自己的生命联结,从这些记忆中编织出我是什么样的人,所以记忆也是人的财产,人会因为记忆推敲出自己的人格特质与生命意义,这些记忆不被认同或散坏也会感到苦。

贪既是苦因与苦果,佛陀处处警告弟子,贪如毒一般应当要警

---

① 诃梨跋摩造,(后秦)鸠摩罗什译:《成实论》第九卷《124 贪过品》,《大正藏》第32册,第310页下。
② 印顺:《我之宗教观》,台湾:正闻出版社,1987年第7版,第235页。
③ 诃梨跋摩造,(后秦)鸠摩罗什译:《成实论》第九卷《124 贪过品》,《大正藏》第32册,第310页中。

觉,并苛责弟子不应贪著,也以种种善巧方便譬喻,解说贪欲在生命中的样貌,令人得以理解贪的形貌,在修道过程中才得以观照修正。

>佛于处处经中说种种喻。呵此贪欲。谓能害慧命故说为毒。在心即苦故名为刺。能断善根故名为刀。能烧身心故说为火。能生诸苦故名为怨。从心中生故名内贼。以难拔故名为深根。能污名闻故名淤泥。障善道故名曰妨碍。内疼恼故名箭入心。起诸恶故名不善根。注生死海故名为河。劫盗善财故名为贼。贪欲有如是等无量过患。是故应断。①

心在贪的现象展现,无明同时活动,必然障避智慧的光明,佛在经中以种种的譬喻形容贪,从心、善根、身心等角度提点,因会造成苦的积聚。其样貌对内所产生的迫害有如刺、有如箭,令心因而生苦,但贪著时身染其美好,所以是深根难以拔除,所以说为毒;对身的扰动而生苦,热恼现象名为火,火生聚为怨;除去身心的现象,在外的显现,污其名为淤泥,无法清明,引人入生死海所以为河,贪欲的心识,令身语造诸罪过名为不善根,趋向恶法截去善根,所以为劫盗。以上举出诸种譬喻形容贪的不善根,所以应当断除。

四、与贪相应的心所

覆:掩盖自己的过失,不想让人知道,贪行者不但喜欢美好事物,同时学习训练自己表现美好,所以贪行者排斥自己的缺陷与过失,并不喜见他者的过失,会将错误与过失视而不见,过后不喜谈论。贪行者会避开错误,面临嗔行者对于人与事物的要求,也会觉得没有必要,只要向前走,只要快乐就可以,因此覆盖过失就成为生

---

① 诃梨跋摩造,(后秦)鸠摩罗什译:《成实论》第九卷《124 贪过品》,《大正藏》第32 册,第 310 页中—311 页上。

命的特质,也是其个性的一部分,所以佛陀说贪行者难以解脱,覆盖过失令心无法去除烦恼,无法从烦恼中出脱,就无法获得解脱与自在。在人世间菩萨行者虽住世间,但自己的身行都成为众生的典范,愿意面对过失,也是一种直下承担的直心与根性,并且在面对烦恼的过程中,剖析自己并愿意在大众中摊开自己的缺失,让自己的缺失给予众生形成警惕,这也是一种牺牲自我爱成就众生的功德。反之,覆心所在外貌与人际产生看似好的结果,但实际对内心的修持,只是将黑暗增加更深的一层,所以与修道背道而驰,而覆心所是随贪痴而有,为了达到目的,将掩盖自己的不好,不令他者知道,并以此提高自己的身份,从此追求比自己更好的人际团体。

贪行者在覆心所的另一面表现,对境时都先核计一番,当对自己无利益,又必须付出时,凡有损伤自己的,也会覆盖自己的能力,假装不会做事或能力有限,在覆盖自己能力的同时,也起以下要谈的诳心,表里不一的欺骗,为的就是自己的利益,但其在表现的过程,柔软有礼不易被发觉,所以容易于此造恶的同时,醉染自己能达到目的的表演。

诳:虚伪的欺骗,表里不一,假装正经,随贪痴起。贪行者为获取所设定的目标,希望贪得,与上所提的若从饕餮心进入谋略心,将发动身语意,想尽办法把他者物占为己有,此过程中欺骗只是手段之一。因为对自己痴醉的贪爱,所以会把人际的对待、自我欺骗美好化。不但对外为获得利益欺骗他者,对自己的内心也不愿面对不美好与不圆满,因此愿意自我欺骗,把一切都做美好的解释,认为他者都对自己很好,此来自自己的圆满与美好,吸引他者对自己的差异对待。

谄:巧取卖乖,拍马屁,讨好于人,随贪痴起。上谈覆时也同时谈到,覆盖之后随之就是谄,拍马屁是为了攀缘比自己好的事物,或从谄曲中迷惑他者,或获得表现的舞台,以满足对自己的贪著。

憍:对于自己优越的条件深深爱着,有七种条件不但自生染著,并以此相对于他产生高举心。"云何七种憍。谓无病憍。少年憍。

长寿憍。族姓憍。色力憍。富贵憍。多闻憍。"①憍随慢贪起。贪行者以醉贪自己,因此会自以为了不起,且与他者比较的同时,会认为自己更优越,为了贪著更多的名利,必须不断地提升自己,让自己进入更高的追求地位,在这过程中慢心随之而起,经典举出慢心有七种:"诸众生有七种慢。一者慢。二者大慢。三者慢慢。四者我慢。五者增上慢。六者下慢。七者邪慢。"②慢也是随生死的根本烦恼,在贪心起的同时,慢心容易不知觉地具起。

第一种是"慢"。慢的意思是说:确实胜过别人,所以有比较心,认为自己所有都胜过他者;因为确实胜过别人,从比较心起执着,所以心中起了慢,让心高举无法平静。

第二种是"过慢":过慢中的"过"字是指过失,所以有过失的慢就叫作过慢。有他者强过自己,因为慢心不服气,而认为他者与自己一样。

第三种是"慢过慢"。慢过慢是说他的心是在有过失的慢心上面再增加另一个慢心,逢与程度相当的认为自己胜过他者。不如别人时,应当如实承认,若说他者与自己相当,这已经有过失,更何况假说赢过人家,有超过本分之处,所以叫作慢过慢。

第四种是"我慢",又称为根本慢。因为这种慢心是一切慢的根本,是一切人生来就有的:因为有"我"而生慢。凡是基于自我的存在生起的慢,都属于我慢。他是因为有"我"而作了比较高下,产生了慢;是因为"我"的存在,有"我"所以起慢,仗恃有"我"而生慢。

第五种是"邪慢"。自己没有功德,却认为自己很有功德,而且向人炫耀,此乃邪见,故说邪慢。

第六种是"卑慢"。他者胜过自己很多,但不愿意面对真相,却说他只是略胜自己一点点,自卑的慢心而自欺欺人。

第七种是"增上慢"。增上慢就是未得谓得、未证言证。对修行

---

① 护法等造,(唐)玄奘译:《瑜伽师地论》第二卷,《大正藏》第30册,第289页中。
② (北凉)昙无谶译:《大方等大集经》第二卷,《大正藏》第13册,第10页上。

者而言,修行境界已经有证量,但误判证量层次而生的慢心,此也属心高举。

悭:指吝啬,分文不舍,片善不施,随贪心起。悭有五种:"五悭者。住处悭家悭施悭称赞悭法悭。"①佛陀在经典中指出五种悭心所呈现的果报:

> 有五种悭,能坏众生。何等为五? 一者,悭惜所住邻邑,由此当于旷野中生;二者,悭惜所居宅宇,当作蛊身,恒居粪秽;三者,悭惜端正好色,当感丑恶、不如意形;四者,悭惜所有资财,当受贫穷、衣食乏少;五者,悭惜所知之法,当有顽钝畜生等报。若悔己先业,造佛尊仪,则永离悭心,无前所受。②

悭心本就有其果报,众生在生命因为曾有的努力,而获得美好的果报,却因为爱染,再缘取自己所拥有的物质而起悭心,想占有并不愿意分享,所产生的苦果,将让生命再进入学习,众生不明其中的道理,或因为爱染而无法起舍心,将会于物质中不断地重修学分,所以必须轮回不已。贪行者为了获得更多,因此会缘取,为了执取不舍产生的受,因受而不舍生悭,所以想要守护,经典印证如"因欲爱故贪著。贪著名深爱。贪著因缘取。取名为受。因受生悭。因悭守护"③。

五、结论

本文探讨贪的原因与根源,又嗔心与痴心的发动乃根源于贪,

---

① 诃梨跋摩造,(后秦)鸠摩罗什译:《成实论》第十卷《136 杂烦恼品》,《大正藏》第 32 册,第 321 页上。
② (唐)提云般若译:《佛说大乘造像功德经》第二卷,《大正藏》第 16 册,第 796 页上。
③ 诃梨跋摩造,(后秦)鸠摩罗什译:《成实论》第九卷《122 贪相品》,《大正藏》第 32 册,第 309 页下。

贪又如软贼,潜藏在世人所追求的世法中,因此不易被发现,贪对生命的系缚,令生命不得自在,许多人用一生的努力,获得了世间想要的名闻利养,又从中想要获得超脱,放弃这些认为就是解脱,但贪的实相是什么呢?

>经中说。贪爱为系。如黑白牛自不相系。但以绳系。如是眼不系色色不系眼。贪欲于中系。若缘是系则无得解脱。又经中说。众生为无明所盖爱结所系。往来生死无有本际。又经说。贪断故色断乃至识断。此贪以无常等观故断。断此贪欲则心得解脱。色贪断则无色。无色则苦灭。乃至识亦如是。[1]

众生在得名利权位前努力追求,立定人生目标,一旦追求到后,除了所想要的获得之外,在启动此业的同时,随之而来的其他因缘也就此展开,因此有人有钱却没时间花钱,有钱又有时间却没健康的身体使用,对于这些不得自主的现象,都会说人在江湖身不由己,真的如此吗?以上的经典为我们解开了这个困惑,一切都是人的贪欲心作祟,因为贪欲使然,与这些世间的种种相系,若弃贪不染著,则心自主独立,然则我们即可于用时驾驭于物,而不被物境所转动,才能获得自在自主。

原以为嗔是可怕的,嗔的形态明显易令人排斥,于本文中发现,贪为更进一步生嗔而造恶,嗔来追随着求不得而产生,要断嗔必先弃贪,许多嗔行取向的众生,迷失于自认为不好名利。在同时却是贪取于清誉,若连清誉都能弃舍,完全不贪,无有任何的喜好,就能获得空性智慧,能获得自由自主的人生,不被三毒所系缚。

(释坚意,台湾玄奘大学宗教系讲师)

---

[1] 诃梨跋摩造,(后秦)鸠摩罗什译:《成实论》第九卷《124 贪过品》,《大正藏》第32册,第310页下。

天台止观与生活禅[①]

李四龙

太虚大师说,中国佛教的特质在禅。天台宗和禅宗是最注重禅修的两个佛教宗派。大家往往偏爱禅宗的意趣,却对天台宗的禅趣不甚重视。实际上,净慧长老对此明确表示,两者可以结合。他说,生活禅有四个"根本":第一是菩提心,第二是般若见,第三是息道观,第四才是生活禅。[②] 长老认为,天台宗讲息道观讲得最好最透彻。生活禅,在过去的20年里,对很多中国佛教徒有非常大的影响,在生活中修行,在修行中生活。现代人经受着生活与工作的繁重压力,如何才能给予有效的缓解?生活禅给了大家一盏生活的明灯。

本文拟从净慧长老生活禅的思路,介绍天台宗的止观禅法及其

[①] 此文原题为"天台止观的现代意义",最初是在2011年11月韩国金刚大学"佛教与未来世界"国际学术研讨会上发表,该会由韩国天台宗圆觉佛教思想研究院主办。此次参加第三届"河北禅宗文化论坛",原拟撰写有关邺城地论师的专题论文,以期契合"魏晋南北朝时期的北方佛教——以邯郸佛教为中心"的会议主题,但因净慧老和尚舍报示寂,遂将一篇旧作略加修改,增加有关生活禅的内容,谨致哀思。

[②] 净慧:《生活禅》,2001年6月18日讲于柏林禅寺问禅寮。

现代意义,特别是安顿身心,乃至明心见性的意义。

一、适合现代人的禅修阶梯

在天台宗实际创始人智者大师那里,二十五方便有着十分重要的意义。从他早期的《次第禅门》,到后来的《童蒙止观》(又称《修习止观坐禅法要》)和《摩诃止观》,智者每次都花了大量的笔墨予以明确的说明。特别是《童蒙止观》,该书当时就是为他的俗兄而作,目的是方便在家众修禅。这部小止观的篇幅并不大,共分十章,其中前五章是讲"二十五方便":

第一,"具缘",即指修禅要有五方面的基本条件:持戒清净、衣食具足、得闲居静处、息诸缘务、近善知识。佛教修行始于持戒,戒字梵文"波罗提木叉",意为"走向解脱"。因此"持戒清净"是解脱之初门,初学者在现实生活里易受种种诱惑而怠惰松懈,故列此条为初缘。智者对此列出三种修行者:一是未做佛弟子时未曾犯五逆重罪,出家以后清净持戒;二是受戒以后不犯重戒,却对轻戒多有损毁,为此需要如法忏悔;三是受戒以后常破重戒,则需依大乘经教至心忏悔。[①]

高层次的禅修者,往往讲"坐亦禅行亦禅",语默动静莫非是禅。但对初学者来说,还是要调整饮食、衣着,饥饱冷暖都要适宜,忌走极端;禅修之处也要清幽,忌讳喧哗;各种俗事杂务,诸如生产事业、人情关系,乃至治学研究,都能放下;修禅不可能一蹴而就,因此还需要亲友的护持、同学的砥砺、老师的传授。

第二,"诃欲",即要去除五种世俗的欲望,色欲、声欲、香欲、味欲、触欲。诃色欲,是破除对女色、男色,以及各种宝物的贪恋;诃声

[①] 这种忏悔需要借助于"十法":一者明信因果,二者生重怖畏,三者深起惭愧,四者求灭罪方法,五者发露先罪,六者断相续心,七者起护法心,八者发大誓愿度脱众生,九者常念十方诸佛,十者观罪性无生。参见《童蒙止观》第一章。

欲,是破除对各种音乐、歌声的贪慕;诃香欲,是破除对男女体香、各种香料或香气的贪爱;诃味欲,是破除对各种口腹之欲的贪求;诃触欲,是破除对男女身体,以及各种舒适的触觉的贪欲。智者大师说,这些俗世的快乐,"无实如梦",让人饱受无量烦恼,"无累无所欲,是名真涅槃"。

第三,"弃盖",是要去除五种影响修禅的障碍,即贪欲盖、嗔恚盖、睡眠盖、掉悔盖、疑盖。弃贪欲盖,并不是重复前面提到的五种世间欲望,而是说在端坐修禅时,需要断除念念相续的欲觉,否则"欲火烧身",智者大师说,"贪欲之人去道甚远"。弃嗔恚盖,是断除修行者的嗔恨心,智者大师说,"嗔是失佛法之根本,坠恶道之因缘,法乐之冤家,善心之大贼,种种恶口之府藏"。弃睡眠盖,是要去除修禅时的昏沉状态,睡眠如死,无法由定生慧,因此禅堂设有"禅杖",警策昏睡者。弃掉悔盖,既要避免身、口、意三方面的轻浮放逸,不做"掉散之人",又要防止沉浸于悔过自责,妨碍安心坐禅,智者大师甚至说,"悔恼火所烧,后世堕恶道"。弃疑盖,则是要增强修行者的自信心,去除对自己、师父和佛法的疑心、轻慢心。智者大师说,睡眠盖和疑盖合起来是指痴心。所以,除五盖,也就能去除心头的"三毒"。

第四,"调和",善调五事,使之适合,即调食、调睡眠、调身、调息、调心。调食,主要是让修行者"饮食知节量",以使四大调和,身安道隆。调睡眠的作用,是让修行者免于心识昏迷,令神气清白念心明净。调身、调息、调心,是指从身体、呼吸、心态三方面调整自己,做好禅修的准备。事实上,在很多初学者的心目中,"三调"就是修禅。智者大师说,不同层次的修行者有不同的调身、调息与调心方法,而且"三调"应当合说,不能人为地分开。他在《童蒙止观》里说的,只是针对"初入禅"的初学者。身体的调整有不少具体的要求,但总的原则是身体端正、心情放松,所谓"不宽不急是身调相"。

"调息"的方法,智者大师说得很有意思。他说:

息有四种相：一风，二喘，三气，四息。前三为不调相，后一为调相。云何为风相？坐时则鼻中息出入觉有声，是风也。云何喘相？坐时息虽无声，而出入结滞不通，是喘相也。云何气相？坐时息虽无声亦不结滞，而出入不细，是气相也。云何息相？不声、不结、不粗，出入绵绵，若存若亡，资神安隐，情抱悦豫，此是息相也。

守风则散，守喘则结，守气则劳，守息即定。坐时有风喘气三相，是名不调而用心者。复为心患，心亦难定。若欲调之，当依三法：一者下着安心，二者宽放身体，三者想气，遍毛孔出入，通同无障。若细其心，令息微微然。息调则众患不生，其心易定。①

这段文字简洁明了，是初入禅的调息法，告诉我们修行者特殊的呼吸方法。他说，"不涩不滑是调息相"，这种呼吸的感觉是出入绵绵，若存若亡。每天若能依此调息，则可心定神安，众患不生。

净慧长老说："禅宗同样重视数息。四祖、五祖的法语当中多次提到要怎样来调呼吸，菩提达摩的禅法'内心无喘'从功夫上来讲也是在修数息观。"他对上面这段文字做出了禅宗的解读，他说："要使我们呼吸的不调相变成调相——风、喘、气这三者为息的不调相，只有到了息这个阶段才是调相——所以要'内心无喘'。当然，这个'内心无喘'既有功夫上的意思，也有见地上的意思。从功夫的意义来讲，菩提达摩也是修数息观，'如是安心者壁观'，壁观者就是使内心无喘。"

在具体的修法、功夫上，净慧长老有细致的说明。他说："佛家禅定的修行是在一呼一吸的转折上面做功夫。呼出来吸进去叫一呼一吸，它的中间转折是什么？就是息所住的那一刻。息可以分为三个阶段，就是出息、入息、住息，要在住息上面做功夫，你的心才能

---

① 智顗：《童蒙止观》，《大正藏》第46册，第466页上。

够真正安定下来。对修行得比较成熟、比较有功夫的人来说,住息的时间越长,得禅定的可能性就越大。或者是说,这样就离得禅定的时间很近,你就很有可能将这一呼一吸的转换之间的息住在那里,那么你当下就能够入定。所以要使我们的意念和呼吸保持一致、保持同步,就必须要非常清楚地知道入息、出息和住息。"平常的书里,通常只讲出息、入息,这里提到了观察"住息"的重要性。这是一个很重要的窍门。

缘此他还解释:"刚开始在进入数息观的时候,我们可能呼吸很粗很粗,有时候鼻子不通气,呼吸像拉风箱一样,那个时候就是风,不是息,这是息的不调相。经过一段时间,这个风相会消失,就出现喘。喘就是我们呼吸出入不均,快一下、慢一下,结滞不通,这也是息的不调相。当每一呼每一吸之间的距离基本上趋于稳定,只是在呼吸上比较粗,感觉得很明显,这就是气。风、喘、气这三者叫'息不调相'。息的调相就是息,息是'若有若无,绵绵密密',出入比较均衡,而且又没有声音。"[①]净慧长老还说,调息是修一切法门的前提,即使是念阿弥陀佛也要调息,息调不好,念佛也吃力。

调心,实际上是修禅的根本。不过,作为初入禅的准备,智者大师说,"调心"是以两事为目的:(一)调伏乱想,不令越逸;(二)当令沉浮、宽急得所。也就是说,主要是以调整心态为主,所谓"不沉不浮是心调相",还没有升格到生起智慧的层次。若是在端坐修禅时,调心还应观察身、息、心三事是否调和。若在打坐结束、将要出定时,还需注意出定的调身、心方法,勿令烦躁不安。

第五,"方便行",即修行过程中的善欲、精进、正念、巧慧、一心。这里所谓"欲",平常的说法是"志、愿",欲离世间一切妄想颠倒,欲得一切诸禅智慧法门;精进,是要坚守戒律,不懈努力;正念,是念禅修为世间可贵之事;巧慧,是指明白禅定的智慧之乐胜过世俗的快乐;一心,是指下定决心修行止观。显然,智者大师说的"方便行",

---

[①] 净慧:《入禅之门》,北京:宗教文化出版社,2008年,第95页。

对应于三十七道品里的"五根"：信根、精进根、念根、定根、慧根，只是顺序上略有出入。

综观智者大师一生的撰述，前后颇多变化，但对"二十五方便"的说法基本没有改变。这是经过了大师深思熟虑之后、作为定论的禅学基础。这套方法，虽然在古代只是禅修的初级阶段，但到现代社会，却能成为大家简便易学的实用教程、入门阶梯。

二、贯通大小乘的数息观

天台宗的思想虽说博大精深，但在禅修方法上，智者大师很明显是在努力总结概括前人的禅法，要为修行者提供简便易行的方法。在他的《次第禅门》里，读者很容易看到南北朝时期在中国佛教界出现的各种各样的禅法，名目之多令人惊叹。在所有的禅法里，智者对数息观情有独钟，甚至还应陈尚书毛喜之请，撰写了一部《六妙门》。

六妙门，是指《安般守意经》里的"安般六事"：数、随、止、观、还、净。这个禅法，在东汉末年已由安世高译出流传。有资料表明，三国时期的南京还在流传这个数息观。到了南北朝末年，智者大师去南京，给当时的高官介绍禅法，讲的还是数息观的"六妙门"。不过，他讲的内容已远非传统的"安般六事"。

在智者大师的禅法体系里，禅观的对象有时可被概括为"身、息、心"或"息、色、心"三大类。在他的《次第禅门》里，观察"息"的禅法属于"世间禅门"，观察"色（身）"的禅法属于"出世间禅门"，六妙门、十六特胜①、通明观②等，则被看作是"世间亦出世间禅"，并称"三世诸佛入道之初，先以六妙门为本"。数息观原本属于小乘

---

① 十六特胜，是与"息"有关的禅法，被称为数息观中最殊胜的十六种观法。具体包括：知息入、知息出、知息长短、知息遍身、除诸身行、心受喜、心受乐、受诸心行、心作喜、心作摄、心作解脱、观无常、观出散、观离欲、观灭、观弃舍。

② 通明观，是指四禅、四无色定、灭尽定等九次第定，达到"六通三明"的境界。

五门禅法之一,甚至在《童蒙止观》里,智者大师还说:"数息在禅定,是名行头陀。"也就是说,数息观可被看作是小乘的头陀苦行。但他在包容小乘禅法时,总是要求修行者能有大乘的境界:一是先发普度众生的大誓愿;二是要明三界唯心的道理,心无染著。因此,他的六妙门,就被赋予大乘的意义,贯通大小乘。智者大师说,六妙门是"内行之根本""三乘得道之要径"。

数息:修行者系心于入出之息,身心放松,不做刻意的思考,只想着当时的呼吸,从一至十数自己的气息,循环往复。智者大师说,通过"数息",可以进入四禅、四无量心、四无色定。

随息:修行者系心于入出之息,随顺而行,息入时,念随彼息入行至身中的喉、心、脐、髋、髀、胫乃至足趾;息出时,念亦恒随彼息所至处。智者大师说,"随息"则可出生十六特胜,最终亦可得入涅槃。

止息:修行者至此系念唯在鼻端,或在眉间乃至足趾,随所乐处,安止其心。智者大师说,止息可以进入五轮禅(地轮三昧、水轮三昧、虚空轮三昧、金沙轮三昧、金刚轮三昧)。

观息:修行者以"观"为妙门,观察"息风",以及与"息"俱有的大种造色,乃至依色而住之心、心所,并以"五蕴"为自己的观察对象。智者大师说,"观息"能生出九想、八念、十想、八背舍、八胜处、十一切处、九次第定、师子奋迅三昧、超越三昧、练禅、十四变化心、三明、六通及八解脱,最终亦可得入涅槃。

还息:修行者至此返本还源,不起分别,证入真空。智者大师说,"还息"可以悟入空、无想、无作、三十七道品、四谛、十二因缘、中道正观,最终得入涅槃。

净息:修行者至此能体识一切诸法本体清净,获自性禅。智者大师说:"得此禅故,二乘之人定证涅槃。若是菩萨,入铁轮位,具十信心;修行不止,即便出生九种大禅……得大菩提果。"

虽然每一步骤可能引生的禅法令人眼花缭乱,但智者大师欲以"六妙门"整合禅法体系的心意昭然若揭。在安世高译的《安般守意经》里,数息观只是五门禅之一种,而五门禅不过是修四念处观的

天台止观与生活禅 251

准备。在小乘的禅法体系里,五门禅、别相念住、总相念住、暖法、顶法、忍法、世第一法,是入见道位前的"七方便行位",即"三贤四善根"。而在智者大师的《六妙门》里,随、止、观、还、净,可证涅槃,"净妙门"还能入菩萨乘的大菩提果。修六妙门,除了能分别生出诸禅,还可以"次第相生"、"随便宜"、"随对治"、"相摄"(互发互证)、"通别"、"旋转"(能出一切功德)、"观心"、"圆顿观"与"证实相"。现代修行者甚至还宣称,"六妙门"可以兼通显密。这种贯通大小乘、显密法的数息观,堪称是接引普通信众的方便法门。

在智者大师的禅法体系里,《六妙门》是对《次第禅门》的简化。不仅如此,智者大师还把前三种妙门(数、随、止)统称为"三止",后三种妙门(观、还、净)称为"三观"。所谓"三止",乃对应于"随缘止、入定止、真性止";至于"三观",他说:"观众生空,故名为观;观实法空,故名为还;观平等空,故名为净。"在《次第禅门》中,智者大师说"唯禅为最",而到后来,他是以"止观"统摄一切的。

三、简洁明了的止观相即

禅,本来就有"止观"的意思。但用"止观"把"禅"的意思诠释得如此透彻、丰富,则是智者大师的发明,无怪乎他的学生灌顶说:"止观明静,前代未闻。"《摩诃止观》是智者大师毕生禅学思想的结晶,也是中国佛教史上不朽的鸿篇巨制。书里提出了许多著名的理论学说,像"一心三观""三谛圆融""一念三千""十乘观法"等,但最重要的还在于它明确了"止观相即"的禅学理念。

在小乘佛教里,"止观"原先是指两种具体的禅法,通常也用来指代一切修行法门。譬如,安世高所译的《阴持入经》说,人生最根本的烦恼,一是痴,二是爱,而根治的药方,一是止,二是观。止(śamatha),音译为奢摩他,止息妄想,想要达到止心不乱的禅定;观(vipaśyanā),音译为毗钵舍那,观想诸法,想要获得人生解脱的智慧。在数息观里,止、观,仅是"安般六事"的两个阶段。但是,到了智者大师的笔下,止与观,这种层次上的差异不复存在,被认为"体性不二"。他说,"止亦名观,亦名不止;观亦名止,亦名不观"①,也就是说,止观相即。

智者大师的止观体系,包括渐次止观、不定止观、圆顿止观三种。止观相即,其实仅限于他所讲的圆顿止观。天台宗对"止观"的界定,要从"实相""法性"入手。灌顶在《摩诃止观》的"序言"里说:

> 纯一实相,实相外更无别法。法性寂然名止,寂而常照名观。虽言初后,无二无别,是名圆顿止观。②

因此,"圆顿止观"里的止观,其层次差异只有逻辑上的先后,就其根本而言,"纯一实相",彼此相即,并没有时间意义上的先后。

无论是在空间上,还是在时间上,止观相即都是表示诸法"当体全是""体性不二",所要表达的内容,即在生活的平常一念里,能够当下把握"诸法实相"。换言之,真正的止观修行,应当着眼于宇宙、人生的根本,而不能局限于自我的小世界。止观的修行,因此已从小乘的个体修行,演变为大乘佛法的禅学基础。正是有了这样的见地,我们平常的一念心,才可以达到"无明即法性"的境界,不把"烦恼"与"菩提"看作对立的两端,正如"生活禅"所言,在生活中修行,在修行中生活。在生活中感悟自我的空性,化解众生的烦恼,自行化他,体性不二。

这套禅学理念简洁明了,最后落实到"观心"实践,与禅宗的"明心见性"颇有异曲同工之妙。天台宗给初学者设立"二十五方便",让数息观成为贯通大小乘佛法的桥梁。天台宗这套阶梯清楚、理念简洁的禅法,应该能契合、满足现代人的精神需要,有助于现代

---

① 智顗:《摩诃止观》第三卷上,《大正藏》第46册,第22页下。
② 智顗:《摩诃止观》第一卷上,《大正藏》第46册,第1页下—第2页上。

人在不断追求高效率的日常生活里安顿身心、缓解压力。我想,这也正是"生活禅"能吸引大家的魅力所在。天台宗与禅宗的融合,相资互用,是当代中国佛教建设的重要议题。

(李四龙,北京大学哲学、宗教学系教授)

生活禅的修行体系

师　领

作为一种新的修行法门,生活禅的未来是由其内在品格和时代精神决定的。这表现在宗教实践和学术研究两个方面,而且这两个方面相辅相成,缺一不可。对生活禅的研究应包括生活禅的思想渊源、生活禅的时代精神、生活禅的修行体系、生活禅的特质、生活禅的历史定位、生活禅可能存在的问题、生活禅的未来、生活禅的传播、生活禅的世界化和国际化、生活禅的心理治疗和临床实践、生活禅和藏传佛教及南传佛教的关系、生活禅的分科研究、生活禅僧团研究和生活禅文化品牌的打造等方面。[①]

从某种意义上可以说,佛教的核心就是其修行体系,小乘佛教和藏传佛教都有严格的修行次第和体系,而禅宗的修行体系却为人们所诟病。禅宗是否重视修行体系、有无修行体系、有什么样的修行体系都是可以讨论的问题。造成这种局面的原因可能不是禅宗的错,更可能是中国文化本身的特质的结果。中国文化因为生命

[①] 师领:《生活禅研究导论》,载《生活禅研究2》(上),郑州:中州古籍出版社,2012年,第5—12页。

观、整体观和功能观而追求一种神韵,不太重视细致的分析和具体的步骤。

生活禅显然意识到了禅宗这方面的不足,因而根据现代人的修行特点提出了契理契机的修行体系①:第一,发菩提心,主要是四弘誓愿,发菩提心的基础是信,信三宝、信因果、信般若、信解脱;第二,树般若见,包括闻、思、修;第三,修息道观,包括十六字次第和功夫次第;第四,入生活禅,包括修行两个"落实"、两个"融化"、四项要求和做人做事的"二八"方针。

本研究根据生活禅的修行体系和生活禅文本,结合自己作为一个在家修行者(而不是出家修行者)的修行经验,从心理学的角度将生活禅的修行体系进一步分解,并且尽可能地具体化、可操作化和诠释的学术化。

(一)困惑心:人生即烦恼。但是烦恼未必是困惑,有了困惑未必起困惑心。困惑心是对困惑本身的叩问和反思。只有起了困惑心,才可能追问生活的意义,追求生命的真谛,才是求道向佛的基础;也只有起了困惑心,才能真正体会到修行和修炼是生命生活的必需,而不是生命生活的可有可无的奢侈品。没有困惑心,就没有修炼和求道的决心,没有修炼和求道的决心和死心,就难以破禅关。修行和求道这件事太难了!有多大的困惑心,才有多大的决心和死心!

(二)自信心:有了困惑心,接下来就是如何解除困惑心。世界上解除困惑的方法很多,能够解除困惑的信仰和宗教也很多。所谓自信心,就是相信自己心、身和灵的内在潜能能够解除自身的困惑;相信人生终有途径和方法发挥内在心、身、灵潜能解除自身的困惑,而且佛法在所有解除困惑的方法中是最究竟的;相信自己有能力根据佛的教导解除自己的困惑。

---

① 梁世和:《生活禅修行次第体系》,黄夏年主编:《生活禅研究》,郑州:中州古籍出版社,2011年,第404—422页。

(三)菩提心:生物性和神性的内在冲突是人生的悖论,大慈、大悲和大爱就是人的神性的表现,大慈、大悲和大爱就是菩提心,它根植于人性本身之中。人性是本善的,而且是纯善的,恶来自善的遮蔽和人性的潜能没有完全发挥出来。现象界的恶是人性不完善的表现,只有终极人性完全显现,生命善的本质才能得以表达。没有现象的恶,也就没有终极的善,只有克服了现象的恶,才能臻达终极的善。① 反过来讲,也只有终极的善才能克服现象的恶。终极的善就是菩提心,这就是为什么一定要发菩提心的原因。

(四)般若见:如果菩提心是机车的动力,那么般若见就是机车的方向盘。它表现在处于复杂情境下明智的抉择力,相当于禅宗特别推崇的见地。心灵的理智可以表现为精明、聪明、智和慧四种不同品格的能力,只有到了慧的境界才能显现般若见,也只有般若见才能扫除人生的一切浅见、偏见和邪见。

(五)修自心:学佛的根本就是修自心,就是改造自己的人格结构,就是改变自己的脾性,就是自我的灵魂革命,就是自己的心和自己的心的斗争,就是自己和自己的搏杀战。在理念、战略和方法正确的前提下,就要吃大苦,耐大劳,流大汗,忍大痛。学佛不是投机,不是讨价还价,不见血泪,哪能脱胎换骨?世上的革命都是革别人的命,唯独学佛是革自己的命,而且是灵魂的革命。从这个意义上讲,学佛是这个世界上最难的事了。这里尤其要把握好修福和修心的关系。现实中修福容易修心难,人们往往注重修福而忽略修心,甚至以修福来代替修心,似乎本末倒置了。

(六)方便门:佛教和禅宗修行有四万八千法门,极言修行法门之多,甚至不可胜数。这种说法还隐含着这样一层意思:修行法门不是问题,只要你愿意,任何方法都能成为修行的法门。动着可以行禅,躺着可以卧禅。坐可以分为正坐、跪坐和盘坐,观可以观心、音、光、息、相。这里需要强调三点:第一,生活禅以息道观为方便法

---

① 师领:《生命心理学导论》(修订版),载《学鉴》第五辑,2012年。

门,并不是说修生活禅就只能修息道观。这只是一个象征性的提法,这一点在生活禅的文本和净慧老和尚的开示中讲得明明白白。反过来讲,每一个修行者可以根据自己的实际情况选择适合自己的修行法门。不过一般而言,息道观就是最方便的法门,这可能是之所以选择它为生活禅方便门的原因。第二,适合自己的修行法门,可能要经过一段时间的反复摸索才能确定,但是一旦确定,就要守一不移,切忌朝三暮四。第三,任何法门的修行,基本功一定要扎实,而且一定要循序渐进。

(七)生活行:当其他一切都得以确定,在生活中真修实炼就是最后的落脚处和试金石了。清心寡欲的生活才是漫漫修炼之途,才是浴火重生之路。"禅的许多方法真的实施起来并不轻松,而且其严格的'功课'令初修行者莫不'先浴火而后重生'。至于静坐、冥想等手段不过是道前必修而已,仅是求得身心平和与对某些义理的体悟而已,其后的清肃修行、严谨生存态度,才是初步通向真开悟的漫漫之路。正如佛教最基本的要求'以戒为师'一样,虽禅宗亦概莫能外,试问一个'戒'字,大千世界能恒守者几人!"[1]这条路漫长、孤单又寂寞,这是修炼之路,也是生活之路,更是生命之路。生活禅,就是生活中干啥就做啥!这话说起来容易,没有任何大道理,但是做起来就难了。世界上最容易的也就是最难的。生活禅的目标虽然高远宏大,但其下手处在日常生活的小事和点点滴滴。生活禅的修炼,就是从生活中干啥就做啥修起。吃饭就一心吃饭,咀嚼出米的香甜来;走路就一心走路,走出路的威仪来;听课就一心听课,听出课的韵味来。

在生活中修行,把生活本身当作修行,直奔生命的底蕴而来,正所谓开门见山,单刀直入!这是佛教发展史一次伟大的观念革命,其意义甚至可以和佛陀悟道相提并论。这是禅宗修行的特质,更是

---

[1] 陈云君:《当前禅与禅宗在社会上的尴尬与生活禅》,黄夏年主编:《生活禅研究》,郑州:中州古籍出版社,2011年,第510—515页。

生活禅修行的要领。有一点必须强调,在生活中修行并不排斥在禅堂参禅打坐,两者相辅相成,缺一不可。同时也必须指出的是,任何派别的佛教都主张"历缘对境"修,但是"在生活中修行"和把生活变成禅修,即把在生活中修行上升到理念的高度,是有本质差别的。

生活禅之所以强调在生活中修行,主张生活和修行不二,主要是基于两点考虑:第一,没有生活中的修行,修行本身很难上路。一个修行人一天二十四小时,真正用于禅修打坐的时间有限,仔细算起来其实并不多,因为人不得不生活,这是一条铁律。也许某一个人的某一段时间可以一天二十四小时都用于禅修,其实也不可能二十四小时的分分秒秒都用于禅修,但是一个人一生每一天的二十四小时都用于禅修,那就是神话了。如果一个禅修者只在禅堂里打坐时修禅,出了禅堂就妄念纷飞,甚至吃喝玩乐,这个禅恐怕永远也修不出来了。第二,即使修出来了,也没有意义。生活是生命的存在和表现形式,也可以说生活就是生命的目的。如果修禅无助于解决生活中的问题,这个禅还修它干什么?也许小乘认为禅修本身就是目的,大乘认为生活才是禅修的目的,而禅宗认为生活和禅修不二,也即生活是禅修的目的,禅修也是生活的目的。这个理念在生活禅中表达到了极致。一个人不可能一生每一天的二十四小时的分分秒秒都在参禅打坐,但一个人一生每一天的二十四小时的分分秒秒都在生活!因此如何在生活中修行,就成了生活禅的主课题。心为什么浮游不定?如何对治?以什么样的方法才能训练出一种能力逐渐增加心灵的觉照力?怎样才能一心一意于一事?怎样训练事念住、物念住、身念住、心念住?怎样训练说话禅、走路禅、眼睛禅、吃饭禅、睡觉禅?怎样识别并对治贪婪、嗔恨、愚痴、傲慢和偏见?这是生活禅的关键问题,也是生活和生命的关键问题。

(八)修行次第:"安住当下,守一不移,一念不生,灵光独耀",这十六字诀,就是生活禅的修行次第。这个修行次第,乍看起来似乎有点"玄",让人难以把握。话分两头讲:一方面,在学佛的路上,究竟有没有一个修行次第,以及有什么样的修行次第,是有待讨论的问题。毕竟心这个东西看不见、摸不着,哪里有什么次第?反过来讲,正因为心看不见、摸不着,如果有个次第,也好有个下手处。学佛和做任何事情都一样,最艰难的是开始一段时间在黑暗中的摸索,总也找不到感觉。这是一个漫长的等待和折磨,能否挺过来,菩提心的重要性就显示出来了。许多人学佛没有进展或者坚持不下来,就是没有蹚过这条黑暗之河。在这一阶段有个下手的阶梯是必需的。另一方面,一旦过了这一关,踏上了攀登的初阶,方法就不是问题了,关键在见地。一个有见地的人,自会有方法,自会创造出次第来。如果没有见地,给个方法和次第也没有用。这可能是禅宗祖师之所以特别重视见地的主要原因。

这么说并不是否定方法和次第的必要性,而是为了处理好次第和见地的不一不二的关系。见地和次第的关系就如将和兵的关系,见地处于主导地位。还有一个技术层面的问题,就是见地有共性,而方法没有共性,适合一个人的方法和次第可能不适合另一个人。这又引出另外一个问题:如果有或者需要方法和次第,如何教授呢?最有效的方法就是以师父—徒弟的方式来传带。这可能是禅宗特别重视师承的一个原因。

现代人总抱怨禅宗甚至佛教没有修行的方法和次第,但其实现代人学佛修禅的最大障碍和主要困难并不是方法和次第,而是知见。所谓知见,包括知识和见地两个方面。也就是说,现代人不但见地上不来,而且在知识层面上也存在问题,而且这两个方面又互为因果。西方科学变成了科学主义,其表现一是科学万能论,科学能解决人类所有的问题;二是唯有西方才有科学,其他文明的科学都不是科学而是伪科学;三是科学真理论,科学就是真理,是评判一切的标准;四是唯有物理科学才是真正的科学,物理科学的原理不但能解释物理世界的现象,也能解释生物世界、人的世界、心灵世界和人类世界的现象。其结果是佛教的理论诠释系统和实践体系被肢解、扭曲,甚至彻底破坏,佛教甚至成了迷信的同义词。一个文化的知识体系被肢解破坏,信念建立不起来,还谈什么见地呢?佛教的当务之急就是知识体系(包括理论和实际)的重建,这可能是佛教现代化的核心任务。

(九)修行果位(生命真谛):当一个修行者经过漫漫修炼之途,行将走到旅途的终点时,就有收获在等待着他了。这是对苦难的生命和生命的苦难最慷慨的回报。开悟,那是多少求道者梦寐以求的,但那是一系列因缘自然的结果。应该指出的是,开悟其实并不是禅宗修行的最终目的,只是一个象征而已。真正的目的是追求生活的意义和生命的真谛。至于开悟后还有一系列的保任工作,那已是成道者的境界和事业了。

究竟是什么在开悟?人为什么能够开悟?佛教和禅宗曰真如,曰如来藏,曰正法眼藏,其实说白了就是人的真心!人是能量的综合体,是功能—形态的实体,是心、身、灵的格式塔,其核心是人的灵。人的灵是有生命的,是自为的,是生命能量的纯粹存在形式,是宇宙的本源大能在生命的最高表现形式,是人的本真,也必然是纯善的。但在生活状态下被身心欲望和生活的烦恼所污染和包裹,因而其本性无法显露出来。当修炼到一定境界时,也就是不断清除杂质,不断击穿包裹,其本真逐渐显露并占主导地位,其能量纯真到一定程度时,就如凸透镜将太阳光集中到一点引起燃烧,自能贯通身心,统领身心,回归到其本来面目,从而转烦恼为菩提,转识成智。这就是禅宗的开悟。从心理学上讲,其身、心和灵的潜能得以彻底开掘。这个时候,也只有这个时候,才能真正懂得生活的意义和生命的真谛。

所谓开悟,就是人的心灵和宇宙心灵的相通和相应,由于这种相通和相应是人的心灵经过反复修炼上贯下穿的结果,所以也可以称之为人的心灵和宇宙心灵的贯通,这即是开悟贯通论。人的心灵来源于宇宙的大能,因而本质上两者是相通相应的,只是由于生活的污染而阻隔了两者的相通相应。正是由于人的努力和心灵的贯通两者的相通相应,也就意味着人的心灵回归了,回归于宇宙大能,回归于自己的本性。真如的本质决定了成佛一定要发菩提心,一定要大悲、大爱、大愿。只有信仰的纯洁、理念的坚贞和生命大能本质上是契合的,这样的修行才和真如是相应的,也就是修行者努力一分,真如就做出一分的反应。这样才能一步步走进如来藏,最终开启它全部的生命潜能,而它也把它的全部秘密、全部宝藏、全部胸怀向你敞开!因为它是纯洁的,所以要求你的纯洁;因为它是有生命的,所以能识别你是否纯洁;修行中夹杂的任何私念,哪怕是一点点私念,都会被真如识破而立刻遭到排斥。不是说发了菩提心一下子就没有私念,而是最终有一天会没有私念。没有菩提心的人永远也无法根除私念。

真如或真心,并不是基督教意义上的独立自在的精神实体,而是一种功能状态。它的存在也是有条件的,也即佛教的空。它可以表现为一定的结构,也含有一定的信息,而且必须是整体的,不能分解也不能还原。必须指出的是,生命的过程就是如此设定的。就如自然界宝石的形成必然以消耗周围环境的能量为代价,因而宝石必然为矿石所包裹一样,真如也一定为生活的烦恼所包裹。两者的关系按照西方的说法是对立统一,按照中国传统文化的说法是阴阳关系,按照佛教的说法是不一不二。生命的意义就是要在这种化烦恼为菩提,转污染为清净的过程中才能表现出来,生命的真谛就是要在这种转污染为清净的过程中才能显露出来。人们都喜欢菩提,讨厌烦恼,问题是没有烦恼,哪来的菩提?这是生命的悖论在佛教中的表现。

禅宗开悟的过程,往往是不经意间发生的,往往是生活中的一件小事触发的,往往能看到或听到平常看不到或听不到的东西。佛陀睹明星而悟道,这说明释迦牟尼的道是指向宇宙的;所有禅师的开悟都是因为生活中的一点小事而触发的,这说明禅宗的道是指向生活的。

有一点必须强调的是,人们多以为开悟是学佛修禅的事,也只有学佛修禅才能开悟。其实禅宗的开悟,就是心理学上的心、身和灵的潜能的彻底开掘,因而开悟是每一个生命的必需和期盼。不但学佛修禅能够开悟,就是世间的研究和苦思冥想也能开悟。事实上,世间所有伟大的创见和发明都是或大或小开悟的结果。只不过在所有的开悟中佛教和禅宗的开悟最彻底也最直接,也是真正意义上的开悟。

生活禅的修行体系虽然分为困惑心、自信心、菩提心、般若见、修自心、方便门、生活行、修行次第和修行果位九个方面,但是有些话还是不得不指出。第一,这只是一个一般意义上的修行体系,某种程度上带着个人的经验和主观性,没有也无法穷尽生活禅修行的全部,只具有参考作用,不是标准和真理。任何生活禅的修行者,必须回到生活禅文本和生活禅本身。第二,任何一个个体修行,都具有不可替代和无法预料的个体性和个人因缘,不存在一个万能的修行体系。因此任何一个生活禅的修行者,都必须根据自己的身心特质和社会因缘,创造属于自己的修行体系,找到适合自己的修行途径和方法。第三,修行体系的九个方面,是一个你中有我我中有你的整体,是有生命和灵魂的。任何一个生活禅的修行者,只有在生活的反复修炼中,才能逐渐体会到他的生命,接近他的灵魂。

修行体系如果按照信、解、行、证的思路来理解,困惑心和自信心属于信,菩提心、般若见属于解,修自心、方便门、生活行属于行,修行次第和修行果位属于证。这也只是一般的理解,不是绝对的分类。

(师领,武汉大学哲学院心理学系副教授)

行善止恶：一种生活禅的实修路径

段玉明

"积善成佛"化自"积善成仙"，而"积善成仙"则是道教劝善运动中最为响亮的口号。虽然如此，"积善成佛"却不是简单地模仿"积善成仙"，而是有佛教深层的思想理路。试梳理论证于下，并与生活禅之实修联系起来。

一

佛教自创立以来，伴随教理教义的逐步完善和绵密，以及传播过程中的地方化适应，已经变成一个庞大的思想与信仰体系。发展至今，再想简单地回答"什么是佛教"似已不太可能，因为它既是一种宗教（名之曰佛教，对信众而言），又是一种学问（名之曰佛学，对知识群体而言），还是一种文化（名之曰佛教文化，对普罗大众而言）。舍弃任何一方面，都将是佛教的莫大损失，也将对佛教契入时下纷乱之社会发挥影响造成隔阂。

但是，在原始佛教时期，"什么是佛教"的答案原很简单。《增壹阿含经》卷一《序品》称:"诸恶莫作,诸善奉行,自净其意,是诸佛教。"①《法句经》卷二《述佛品》亦称:"诸恶莫作,诸善奉行,自净其意,是诸佛教。"②类似的说法遍见于早期的诸多经律之中,言简意赅地告诉我们,佛教就是一种教人自净其意、去恶从善的宗教。按照大觉《四分律行事钞批》卷一的疏释,佛初成道的十二年里唯说此偈——"于十二年中,为无事僧说是戒经"③,其后方有别说。道宣《毗尼作持续释》卷八与此说法相同,唯其偈语译为:"善护于口言,自净其志意,身莫作诸恶,此三业道净,能得如是行,是大仙人道。"④无论此一说法是否可靠,此四句偈在早期佛教里极受重视应无可疑。

此偈虽仅四句,但以其高度的融摄概括而被早期佛教视为经典。窥基《大乘法苑义林章》卷二引《涅槃经》称:"除修多罗及诸戒律,其余有说四句之偈'诸恶莫作,诸善奉行,自净其意,是诸佛教',是名伽陀经。"⑤所谓"伽陀经",意译为孤起颂、不重颂偈,为"九部教""十二部经"之一,"直以偈言显示诸法"⑥。早期佛教认为,此四句偈可以生出三十七品以及诸法。《增壹阿含经》卷一《序品》记载:

> 迦叶问言:"何等偈中出生三十七品及诸法?"
> 时尊者阿难便说此偈:"诸恶莫作,诸善奉行,自净其意,是诸佛教。所以然者,诸恶莫作,是诸法本,便出生一切善法;以生善法,心意清净。是故,迦叶!诸佛世尊身、口、意行,常修清净。"

---

① 《大正藏》第 2 册,第 551 页上。
② 《大正藏》第 4 册,第 567 页中。
③ 《续藏经》第 67 册,第 220 页上。
④ 《续藏经》第 65 册,第 185 页上、下。
⑤ 《大正藏》第 45 册,第 276 页下。
⑥ 慧远:《大乘义章》第一卷,《大正藏》第 44 册,第 470 页上。

行善止恶:一种生活禅的实修路径　265

> 迦叶问曰:"云何,阿难!《增壹阿含》独出生三十七品及诸法,余四《阿含》亦复出生乎?"
>
> 阿难报言:"且置,迦叶!四《阿含》义,一偈之中,尽具足诸佛之教,及辟支佛、声闻之教。所以然者,诸恶莫作,戒具之禁,清白之行;诸善奉行,心意清净;自净其意,除邪颠倒;是诸佛教,去愚惑想。云何,迦叶!戒清净者,意岂不净乎?意清净者,则不颠倒;以无颠倒,愚惑想灭,诸三十七道品果便得成就。以成道果,岂非诸法乎?"①

由此看到,在早期佛教思想中此四句偈具有很高的统摄地位,不仅可以生出三十七品修道资粮,而且可以生出《增壹阿含经》所具之种种诸法。因其如此,它又被作为普戒广泛推行。《毗尼母经》第二卷:

> 尔时,有众多比丘在一处,皆根钝无所知。有贼难,不得就余寺说戒,法事不成。佛闻已,教诸比丘:"汝等当略说戒。'诸恶莫作,诸善奉行,自净其意,是诸佛教',是名略说戒。"②

面对根性较钝、不能说戒的情况,佛陀教人"略说戒",而"略说戒"就是说此四句偈。据此,道宣《毗尼作持续释》卷八称:"至布萨日,若无能说戒者,差一人说法诵经,下至一偈:'诸恶莫作,众善奉行,自净其意,是诸佛教。'不得不说。"③玄恽《毗尼讨要》卷一亦称:"作如是已,方得散去,不得全不说也。"④

"诸恶莫作"四句偈所具有的经戒具足特性,是佛教其他偈颂所无法比拟的。《成实论》卷一《三善品》高度称扬它的此一特性:"又

---

① 《大正藏》第2册,第551页上。
② 《大正藏》第24册,第809页中。
③ 《续藏经》第65册,第194页上。
④ 《续藏经》第70册,第266页下。

佛法者,不待余经而得成也,如和伽罗那经待五种经然后得成。佛法不尔,于一偈中其义具足,如说'诸恶莫作,诸善奉行,自净其意,是诸佛教',故名具足。"①于佛法中一偈而众义具足者,此四句偈被视为典型。是以湛然《法华玄义释签》卷四称:"当知一期广教不出此也。小乘既尔,例大亦然,故用结之。今对十界,其理尽也,一切大小,咸入其中。"②《分别功德论》卷二又称:

> 阿难知诸天子心中所念,语诸天子:"正使八万四千象所载经,皆作偈颂者,我尽能作偈颂,况复阿难此少法而不能作耶?"欲适诸天意故,复以偈颂诸法,劝喻诸天及利根众生,应闻偈得解者。法即上章:"诸恶莫作,诸善奉行,自净其意,是诸佛教,法也。"言此法能成三乘、断三恶趣、具诸果实,二世受报。③

"诸恶莫作"四句偈不仅具有众义具足的特性,其殊胜之德尚能"成三乘、断三恶趣、具诸果实,二世受报"。故《解脱戒经》卷一将之视为"解脱戒":"三十千众中说此解脱戒:一切恶莫作,当具足众善,自调伏其心,此是诸佛教。"④

因其具足殊胜,"诸恶莫作"四句偈被中国佛教赋予了融通"三学"的意义。道宣撰、元照述之《四分律含注戒本疏行宗记》卷一称:"《阿含》解者,彼云:诸恶莫作,净戒具足,清白之行(戒学);众善奉行,心意清净(心净定学);自净其意,除邪颠倒;是诸佛教,去愚惑想(除倒去愚,即慧学)。"⑤在"《阿含》解者"的基础上,即分别将之与"三学"挂钩。而在景霄《四分律行事钞简正记》卷八更明确地

---

① 《大正藏》第32册,第243页下。
② 《大正藏》第33册,第843页下。
③ 《大正藏》第25册,第34页下。
④ 《大正藏》第24册,第659页下。按:"一切恶莫作,当具足众善,自调伏其心,此是诸佛教"是"诸恶莫作,诸善奉行,自净其意,是诸佛教"的另一种翻译。
⑤ 《续藏经》第62册,第391页上。

说:"阿难答迦叶言,一偈之中便曰三十七品。何者是耶? 即'诸恶莫作'是戒学,'诸善奉行'是定学,'自净其意'是慧学,'是诸佛教'总结属人。"①虽在怎样与戒、定、慧匹配更为妥帖上存在不同看法,但均欲将"三学"与之融通则是共同的思路,说明此一认识具有一定的普遍意义。这样,"诸恶莫作"四句偈就不只是具足殊胜的问题了,而是转变成了一种简便易行的根本道谛。

"诸恶莫作"四句偈以其独具的种种殊胜,被隋唐诸宗竞相引入宗论之中应不奇怪。《大智度论》卷十八《序品》:

> 若人入蜫勒门,论议则无穷,其中有随相门、对治门等种种诸门。随相门者,如佛说偈:"诸恶莫作,诸善奉行,自净其意,是诸佛教。"是中心数法尽应说,今但说"自净其意",则知诸心数法已说。何以故? 同相、同缘故。②

认为此四句偈内蕴含种种心法,而"自净其意"一句更是含尽种种心法。《大智度论》是关河学派至于三论宗的典据,被吉藏视为别论之要。智顗《妙法莲华经玄义》第二卷:

> 又七佛通戒偈云:"诸恶莫作,众善奉行,自净其意,是诸佛教。"四趣相性即是诸恶,人天相性即是众善。自净其意,即有析体净意,是二乘相性。入假净意是菩萨相性,入中净意是佛界相性(云云)。若能解十相性,与众经论律合者,即通达三藏通别,识一切法无有障碍,广明众生法相竟。③

在《修习止观坐禅法要》卷一中,智顗更是将此四句偈置于篇首以为

---

① 《续藏经》第68册,第485页下。
② 《大正藏》第25册,第192页中。
③ 《大正藏》第33册,第695页下—696页上。

宗纲①,其于天台之重由此可知。慧苑《续华严经略疏刊定记》卷一也曾引用此四句偈作为伽陀经的典范。② 慧苑在华严宗的地位虽有争议,但华严宗对此四句偈十分重视当是事实。定宾《四分律疏饰宗义记》卷四:

> "诸恶莫作"等者,一释云:"诸恶莫作"是学戒,"诸善奉行"是定学,"自净其意"是慧学。若准《瑜伽》第十九释:"诸恶莫作"是定学,"诸善奉行"者通明三学,"自净其意"是三学果,"是诸佛教"结成不共也。问:即初句中所明戒学,与第二句戒学何别?基法师及量法师释云:戒学有二义,一者防非止恶,即是初句;二者戒体是善,即第二句,今详。初句显初业地,唯能持戒;次句三学显道中,三学俱时,故不同也。……首律师云:"善调三业,唯是制教,余三通于化制二教。"③

定宾为相部律宗高僧,于此阐释中把"诸恶莫作"四句偈彻底融入了律宗的理论体系之中。按道原《景德传灯录》卷四的记载,鸟窠禅师在回答白居易"如何是佛法大意"的问题时,亦以"诸恶莫作,众善奉行"作为答案。④

显然,无论教理行持如何在具体的处境中增衍丰富,"诸恶莫作"四句偈以其根本性的佛教内涵一直受到佛教僧众的高度重视,乃至成为跳脱轮回、达致涅槃境界的修行基要。

二

按照佛经的解释,"诸恶莫作"四句偈之所以如此具足殊胜,因

---

① 《大正藏》第 47 册,第 465 页中。
② 《续藏经》第 5 册,第 13 页上。
③ 《续藏经》第 66 册,第 143 页下。
④ 《大正藏》第 51 册,第 230 页中。

为它是"多句身",不能简单地从字面加以理解。《阿毗达摩大毗婆沙论》第十四卷:

> 云何多句身?答:诸句能满,未满足义于中连合,是谓多句身。为成此义,引经为证,如世尊说:"诸恶莫作,诸善奉行,自净其心,是诸佛教。"如是四句,各能满足,未满足义于中连合,是谓多句身。如是四句,一一能满各自句中,未满足义于中连合者;于四句中一一各别,连合诸字显未满义。或复连合诸句,显成颂义,为多句身。一一句中,有标有释。谓"诸恶"者是标,"莫作"者是释。乃至"是诸佛"者是标,"教"者是释。故此颂中,有四事满:一标,二释,三句,四颂。若说"诸恶",于标名满,于释、于句、于颂未满。复说"莫作",于标、释、句三种名满;于颂未满。复说"诸善",若于总颂,标、释、句满;若于别句,标满非余。乃至复说"是诸佛"者,若于总颂,标、释句满;若于别句,标满非余。复说"教"者,一切皆满。①

就单句言,每句意思完整;但就整体言,每句则仅是总义的部分,必须合四为一方能全显。因其每句皆有言外之意,故其被给定的句与句的次序内在逻辑非常严谨,不容移动。否则,未满之意将会残损乃至丢失。

什么是佛?什么是佛教?《大智度论》卷二《序品》称:"有常、无常等一切诸法,菩提树下,了了觉知,故名为佛陀。"②也就是说,能够"了了觉知"即应是佛。一行《大日经义释》卷一:"佛陀名觉,是开敷义,谓由自然智慧遍觉一切法,如盛开敷莲花,无有点污,亦能开敷一切众生,故名佛也。"③在早期佛教里,能够"遍觉一切"已

---

① 《大正藏》第 27 册,第 71 页上、中。
② 《大正藏》第 25 册,第 73 页上。
③ 《续藏经》第 36 册,第 523 页上。

是佛陀境界。但到后来,大乘普度理念渗入进来,复有开敷众生的要求。故吕澂先生说:佛教就是"期证于菩提为至",就是为无明众生"开示真相,免除执着"①。"诸恶莫作"四句偈所谓佛教并不别指,依然是以证得菩提觉智为其目标,后来复有开敷众生的社会诉求。尽管如此,就此四句偈本身而言,重心还在证得菩提觉智上面。马祖所谓"迷即众生,悟即是佛"②,就是在此意义上的运用。

那么,怎样证得菩提觉智呢? 四句偈的逻辑诉说是通过"自净其意",也有的翻译成"自净其心"(在此,"意"与"心"为同义,均指心识活动)。在佛教思想体系中,心是最被关注的对象之一,"业由心造,惑从心起,使人流转生死的罪魁祸首是心,能使人超出生死的枢机也在于心"③。故《大乘本生心地观经》卷四《厌舍品》称:"我佛法中以心为主,一切诸法无不由心。"④"自净其心"就是调伏心性,免受业惑系缚。《胜天王般若波罗蜜经》卷二:"若能伏心,则伏众法。"⑤能伏众法,则成佛道,故释迦牟尼自称:"吾与心斗,其劫无数,今乃得佛。"⑥禅宗认为:觉智之心人人皆有,但常被世缘尘垢蒙蔽,像一颗被污泥遮没的珍珠,光亮难以外显,若能自净其心、去尘除垢,即可直下顿悟。唯识认为:阿赖耶识本有清净种子,若能自净其心、转识成智,即可证成佛道。凡此种种,应都是循此伏心思路而来的。

既然心是起惑造业的根本,把住此一根本即可逆转惑业,变无明为有智,出苦海入涅槃。而如何把住,陈兵先生将之分为自知其心、自宰其心、自净其心三个层次:自知其心是对心的认识,要求如实了知自心,免被业惑系缚;自宰其心是对心的控制,要求宰制自心,不起惑造业;自净其心是对心的拂拭,要求通过精勤修持,伏心

---

① 吕澂:《佛教研究法》,扬州:广陵书社,2009 年,第 60—61 页。
② 悟明:《联灯会要》卷五《汾阳大达无业国师》,《续藏经》第 136 册,第 504 页下。
③ 陈兵:《自净其心——重读释迦牟尼》,成都:四川人民出版社,1998 年,第 77 页。
④ 《大正藏》第 3 册,第 306 页下。
⑤ 《胜天王般若波罗蜜经》卷二,《大正藏》第 8 册,第 697 页下。
⑥ 《五苦章句经》卷一,《大正藏》第 17 册,第 545 页上。

为道。① 在其《佛教心理学》一书中,陈兵先生复对自治其心、自净其意的具体方法做了分别论述,提出9种治心净意的方法:(一)以正见正志安心;(二)报恩心、责任心、慈悲心的培养;(三)以正戒约束心;(四)以不放逸防护自心;(五)以方便对治调心;(六)喜舍与忏悔;(七)以禅定炼心;(八)以智慧清净心;(九)以万行庄严心。② 虽然如此,"诸恶莫作"四句偈的建议却没那么复杂,只是提议"众善奉行",即以奉行众善治心净意。其逻辑依据,可以从《大乘本生心地观经》卷四《厌舍品》之"以清净心为善业根,以不善心为恶业根"③得出。既然善业来自清净心的运行,倒过来,通过行善、积善应亦可以治心净意。同时,不善心既是恶业之根,借助行善、积善当也能够阻断恶业。《十住毗婆沙论》卷十三《略行品》:"有一法摄佛道,菩萨应行。云何为一?所谓于善法中一心不放逸。如佛告阿难:'我不放逸故,得阿耨多罗三藐三菩提。'"④所以,若能坚持"众善奉行",已经足可治心净意了,尤其是对一般普罗大众而言。

所谓"众善",《地藏本愿经纶贯》卷一引妙玄释:"诸善乃善三业,若散若静,前后方便,支林功德,悉是清升,故称为善。"⑤而所谓"善三业",即身善、口善、意善"三善业",与身恶、口恶、意恶"三恶业"相对。以此为根本,佛教又发展出了"十善业",并与"十恶业"相对。《四十二章经》第三章称:"众生以十事为善,亦以十事为恶。身三、口四、意三。身三者,杀、盗、淫;口四者,两舌、恶骂、妄言、绮语;意三者,嫉、恚、痴。"⑥凡杀、盗、淫、两舌、恶骂、妄言、绮语、嫉、恚、痴则为恶,而不杀、不盗、不淫、不两舌、不恶口、不妄言、不绮语、

---

① 陈兵:《自净其心——重读释迦牟尼》,成都:四川人民出版社,1998年,第86—91页。
② 陈兵:《佛教心理学》,广州:南方日报出版社,2007年,第441—513页。
③ 《大正藏》第3册,第306页中。
④ 《大正藏》第26册,第92页上。
⑤ 《续藏经》第35册,第420页上。
⑥ 《大正藏》第17册,第722页中。

不嫉、不恚、不痴则为善。其中,意三业也有表述为贪、嗔、痴(邪见)者,如在《佛说大乘菩萨藏正法经》卷二《长者贤护品》中①,内涵实无多大差别,无外乎是将"嫉"之一业归入"嗔"(即"恚")中,而将"贪"之一业从"痴"中分出。在"十善恶业"的构架上,借助疏释扩充佛教发展出了一套非常细密的善恶行为准则,几乎涵盖了世俗行思的方方面面。以报应轮回观念为依托,佛教认为善恶所做可以获得种种果报。在《分别善恶报应经》卷上里,释迦牟尼在回答瑜伽长者"因果善恶报应云何"时明确称:"一切有情作业修因善恶不等,所获报应贵贱上下、种族高低差别亦殊。……众生业有黑白,果报乃分善恶。黑业三涂受报,白业定感人天。"②在《佛说分别善恶所起经》中,佛陀更将"十善恶业"与"五道"(即天道、人道、饿鬼道、畜生道、地狱道)轮回详细加以联系:"分别善恶都有五道,人作善恶有多少,嗔恚有薄厚,天道无亲,常与善人。"在《佛说分别善恶所起经》分说中,从形而下的现世利益到形而上的终极安排,尽与善恶所做关联起来。③ 不只在《佛说分别善恶所起经》中,此一关联也普遍见于别的佛经之中——尤其是在《阿含》《本缘》《经集》系经中,乃至在某些经中现世利益与天堂地狱果报分说更细,说明此一观念在佛教中当极盛行。这样,无论是为此在的好处,还是为来世的幸福,便都有了修善去恶的动力。故在每段分说后,佛陀总不失时机地奉劝世人:"如是分明,慎莫犯杀。""如是分明,慎莫取他人财物。""如是分明,慎莫犯他人妇女。""如是分明,慎莫妄谀人。""如是分明,慎莫嗔恚于人。"总之,佛教不只以"十善恶业"为核心形成了一套完整的善恶行为准则,围绕此准则同时还有一套系统的催迫理念,以求将其落实到具体的实践中去。倘能自始至终修善去恶,矢志不渝,按照《四十二章经》《出曜经》等的说法,最终即可获证佛道。④

---

① 《大正藏》第11册,第783页下。
② 《大正藏》第1册,第896页中、下。
③ 《大正藏》第17册,第516页下—519页下。
④ 段玉明:《佛教劝善理念初议》,《云南社会科学》2005年第5期。

故就社会取向而言,说佛教是一种劝善宗教,无论是从其理念上还是从其可行性上讲都绝对不错。

所谓"诸恶",《地藏本愿经纶贯》卷一引妙玄释:"诸恶即七支过罪,轻重非违,如是等恶,戒所防止。"①而所谓"七支过罪",即身三(杀、盗、淫)、口四(两舌、恶骂、妄言、绮语)恶业。在"十恶业"中,它们因其外显而易为人把握,不像意三业(嫉、恚、痴)着落于欲、情、智上较难把握。尽管如此,"诸恶莫作"并不等于只对"七支过罪"才行戒止,"十恶业"应都在其戒止之中,乃至佛教全套善恶行为准则中的所有恶业都在戒止之内。如果说"众善奉行"的重心放在本心所出,即不待强制而行,那"诸恶莫作"即可理解为一种外在的强制,是以诸佛经将之比附为戒。而"七支过罪"之所以被特别地强调,也因为它们作为外显的行为容易被外在的强制所戒止。就此而言,"诸恶莫作"应是四句偈的修行起点。在尚不能本心为善的阶段,通过外在的强制防非止恶,"一已生恶令除断,二未生恶不令生,三未生善令生,四已生善令增长"②,长此以往,即可达致本心为善的惯习。

通过以上梳理,"诸恶莫作"四句偈的逻辑顺序应已十分清晰,即以强制性的断恶开始,进至本心自为的行善积善,再以行善积善治心净意,最后达致修成佛道的目的。道世《法苑珠林》卷四八《诫学部》释"一偈之中便出生三十七品及诸法义":

> 所以然者,诸恶莫作,戒具之禁,清白之行;诸善奉行,心意清净;自净其意,除邪颠倒;是诸佛教,去愚惑想。……戒清净者,意岂不净乎?清净者,则不颠倒。以无颠倒,愚惑想灭,诸三十七道品果便得成就。以成道果,岂非诸法乎。③

---

① 《续藏经》第 35 册,第 420 页上。
② 《四分律含注戒本疏行宗记》卷四,《续藏经》第 62 册,第 18 页下。
③ 《大正藏》第 53 册,第 650 页上。

道宣《四分律删繁补阙行事钞》卷三解释四句偈间的相互关系时亦称:"诸恶莫作,戒具足,清白之行;诸善奉行,心意清净;自净其意,除邪颠倒;是诸佛教者,去愚惑想。戒净故意净,意净故无倒,无倒故惑想灭。"①很显然,四句偈之间的内在逻辑顺序非常严格,因其内里含有严格的修行顺序。借此顺序,此四句偈转身成了佛教最为简便易行的修行方式。

三

生活禅是净慧老和尚提出的一个禅宗修持理念。以"在生活中修行,在修行中生活"为原则,净慧老和尚将生活禅的具体内容概括为"将信仰落实于生活,将修行落实于当下,将佛法融化于世间,将个人融化于大众"四句:第一句要求做人具有"信仰、因果、良心、道德",并将信仰落实在"三宝、因果、般若、解脱"四大要素上,以强调修习生活禅不能脱离解脱道方向;第二句要求"修在当下,悟在当下,证在当下,庄严国土在当下,利乐有情在当下",以强调修习生活禅应该安住当下;第三句要求"敬信三宝,勤修三学,熄灭三毒,净化三业",以明确生活禅修习的入处与内容;第四句要求"大众认同,大众参与,大众成就,大众分享",以及"感恩、包容、分享、结缘"的做事方针。"将信仰落实于生活"是生活禅做人的基本态度,要求皈依佛法、深信因果、开启良知、提升道德。而怎样落实信仰,净慧老和尚有进一步的解释:"以三宝为正信的核心,以因果为正信的准绳,以般若为正信的眼目,以解脱为正信的归宿。"此四大要素的强调,不仅可以保证解脱道在生活禅中的方向性地位,同时也可以保证生活禅修习不会偏离根本佛法。"将修行落实于当下"是生活禅修习的基本立场,要求始终以当下为落脚点,"在尽责中求满足,在义务中求安心,在奉献中求幸福,在无我中求进取,在生活中透禅机,在

---

① 《大正藏》第40册,第137页下。

保任中证解脱"。"将佛法融化于世间"是生活禅修习的基本方法，要求以戒、定、慧为根本之学，逐渐熄灭贪、嗔、痴"三毒"，净化身、口、意"三业"。"将个人融化于大众"是生活禅做事的基本原则，要求以服务大众、奉献社会为其根本，"以感恩的心面对世界，以包容的心和谐自他，以分享的心回报社会，以结缘的心成就事业"。其中，"信仰、因果、良心、道德"与"感恩、包容、分享、结缘"又被净慧老和尚合称为生活禅做人做事的"二八方针"，认为可以凸显生活禅的入世精神，对治当下物欲横流、诚信缺失的弊病。就此四句，核心全在生活中的实在实修，而又分为内证、外修两重，即净慧老和尚所说的"觉悟人生，奉献人生"，对内是"不断优化自身素质"，对外是"不断和谐自他关系"。优化自身素质就是觉悟人生，就是善用其心；和谐自他关系就是奉献人生，就是善待一切。净慧老和尚认为，这两句话充分体现了大乘佛教智、悲并重的基本精神。①

显然，无论是优化自身素质还是和谐自他关系，都是为了治心净意。优化自身素质旨在掐住起惑造业的根本，令已生恶除断、未生恶不生、未生善萌生、已生善增长，逐步培养出去恶为善的本心；和谐自他关系旨在通过利他行为去除我执、熄灭"三毒"、净化"三业"，逐步培养出去恶为善的惯习，最后转强制的防非止恶为本心的行善积善，达致"觉悟人生，奉献人生"的菩提境界。进一步将其分解为四句，只是为了令之获得具体的落实，更易指导实际的修行。那么，在生活与修行打成一片的情形下，推己及人的去恶行善即成了生活禅最基础的修行方式，不仅可以打通内证外修，且能融通根本四句。这不仅与"诸恶莫作"四句偈教人自世俗生活去恶行善开始修习佛法的主张一致，也是原始佛教以来相承不变的根本道谛。

段成式《酉阳杂俎续集》卷四记载：

---

① 净慧：《关于"生活禅"理念提出二十周年的一点感想》，黄夏年主编：《生活禅研究》，郑州：中州古籍出版社，2011年，第14—21页。

> 释道钦住径山,有问道者率尔而对,皆造宗极。刘忠州晏尝乞心偈,令执炉而听,再三称"诸恶莫作,众善奉行"。晏曰:"此三尺童子皆知之。"钦曰:"三尺童子皆知之,百岁老人行不得。"至今以为名理。①

至宋,此一传说又被讹为了白居易问鸟窠禅师。道原《景德传灯录》卷四:

> 元和中,白居易出守兹郡。因入山礼谒……又问:"如何是佛法大意?"师曰:"诸恶莫作,众善奉行。"白曰:"三岁孩儿也解恁么道。"师曰:"三岁孩儿虽道得,八十老人行不得。"白遂作礼。②

无论怎样,在禅宗高僧那里,禅宗修习本不深奥,无外乎"诸恶莫作,众善奉行"而已,关键在行。同样,在净慧老和尚那里,生活禅修习也不复杂,无外乎行善积善而已,关键也是在行。唯此行善积善,修习生活禅者可以"在生活中实现禅的超越,体现禅的意境、禅的精神、禅的风采"③。

(段玉明,四川大学佛教与社会研究所教授)

---

① (宋)佚名:《分门古今类事》,上海:上海古籍出版社,第794页上。
② 《大正藏》第51册,第230页中。
③ 河北省佛教协会主办:《法喜》2010年合刊(总第35期),封底"净慧老和尚法语"。

生活禅与幸福

梁世和

一

央视调查"你幸福吗"使得"幸福"一词成为人们高度关注的话题。实际上，人类对幸福的探求由来已久，所有重要的宗教和哲学无不涉及幸福问题。幸福始终是人类追求的终极目标。但由于幸福与个人体验和感受直接相关，主观性很强，很难说清楚，以至于千百年来人们对幸福的解释都是莫衷一是、言人人殊。

英国文豪萧伯纳说，经济学是一门使人生幸福的艺术。那么经济学如何看待幸福、如何使人幸福呢？美国著名经济学家萨缪尔森给出了幸福公式：幸福＝效用/欲望。这里所谓效用主要指物质财富对人的满足程度。在欲望既定的情况下，幸福与效用成正比，效用越大，越幸福，即占有物质财富越多，越幸福。在效用既定时，幸福与欲望成反比，即欲望越小，越幸福。由于物质资源对于人类来说总是有限的、稀缺的，如何合理配置资源，就成为经济学研究的主要问题。实现资源利用最大化和个人利益最大化，就是经济学对幸福的理解。按照这个幸福公式,应该是增加物质财富,或减少欲望,都能提升人的幸福感。然而从人类深层心理来看,创造物质财富的终极动力正是欲望,没有了欲望,也就没有了创造动力。反过来,物质财富的丰富,又会促进和开发人们的欲望。效用与欲望是如此紧密地纠葛在一起,要想把两个绑在一起的东西分开,使一个增加,一个减少,简直无法想象。

近百年来的现代社会所创造的巨大物质财富是以往任何时代都无法比拟的,但各种研究表明,物质财富的增长并没有让人们觉得比以往更幸福。一些经济发达国家,以及国内沿海经济发达省市,并不是幸福指数最高地区,有时甚至幸福指数很低。可见物质财富的增加并不能给人们带来幸福。中国人常说人生不如意者十之八九,不如意就是痛苦和烦恼。伴随人一生的竟然主要是痛苦和烦恼,而不是幸福和快乐。因此,增进幸福和快乐,减少痛苦和烦恼,就成为人类奋斗的永恒目标。这样的目标显然不是单凭经济学理论,仅靠增加物质财富就能达到的。解决这样的问题,需要人类的大智慧。

丰子恺在谈到弘一法师李叔同的出家时,将人的生活状态分作三层:一是物质生活,二是精神生活,三是灵魂生活。物质生活是衣食。精神生活是学术、文艺。灵魂生活是宗教。他说人生就是这样一个三层楼。第一种人,也是大多数人住在第一层,满足于锦衣玉食、尊荣富贵、孝子慈孙的物质生活。第二种人,即所谓知识分子、学者、艺术家,不满足于物质生活,爬上二层楼,专心于学术、文艺。第三种人做人很认真,既不满足于物质生活,也不满足于精神生活,必须探求人生的究竟,便再上一层楼。他们视物质财富为身外之物,视学术、文艺为暂时美景。他们不肯做本能的奴隶,必须追究灵魂的来源、宇宙的根本。这种人是宗教徒。世间不过这三种人。丰子恺认为弘一法师因不满足于物质生活,而寻求文艺,而后又由文艺升华到宗教。

近一百年来心理学的发展突飞猛进,取得了不少成果,使得人类愈来愈清楚地认知自我。心理学的理论流派由行为主义、弗洛伊德主义、弗兰克尔的意义心理学、马斯洛的人本主义,到超个人心理学的发展历程,展现了由身走向心,再由心向上提升走向灵的领域的趋势。心理学的研究成果揭示了人的自我结构存在身体(身)、心智(心)、灵魂(灵)三个层面,证实了丰子恺说法的合理性。无论人的自我结构的划分,还是自我发展的趋势,与丰子恺的说法都非常契合。

在认知自我的前提下,人是否幸福以及如何幸福等问题便有了清晰的分析架构。在这样的架构下,人的幸福取决于身、心、灵三个层面的状况。身主要是指自身的肉体,以及由此产生的本能、冲动、欲望等。这部分主要是物质层面的需求(生理需求),如衣、食、住、行等,但仅仅满足这方面的需求是不够的。孔子批评两种人:一种饱食终日,无所用心;另一种群居终日,言不及义,好行小慧。孔子称这两种人"难矣哉",意为这两种人真是没办法啊。这两种人就是仅满足于物质层面需求的人。心是指心智。这部分主要是精神层面的需求,如对各种知识、情感和人格意志的需求与渴望。灵是指灵性、灵魂。它是超越性的层面,关乎人生的意义和目的。

孔子自称:"不怨天,不尤人,下学而上达。知我者其天乎!"[1]孔子能做到"不怨天,不尤人",关键在于他在超越的灵性层面能够上达天命。孔子说:"不知命,无以为君子也。"[2]可见天命之重要。天命既指命运,也指使命。能上达天命,便能将命运转化为使命,在困厄中发现生命的意义。但知天命并非易事,孔子五十才知天命。孔子修养或修行的方法是"下学而上达"。何谓也?皇侃《论语义疏》曰:"下学,学人事。上达,达天命。我既学人事,人事有否有泰,故不尤人。上达天命,天命有穷有通,故我不怨天也。"[3]这是说,通

---

[1] 《论语·宪问》。
[2] 《论语·尧曰》。
[3] 程树德:《论语集释》(三),北京:中华书局,1990年,第1020页。

过在人世间各种事情上的学习和磨炼,逐渐领悟天命的深奥道理。上达天命后,天人贯通,不仅我知天命,天也知道我。孔子不怨天,不尤人,因为有天了解他就够了,他与超越界是相通的。

物质需求的满足,并不能给人带来幸福和安宁。知识、情感和人格意志等精神需求的满足能扩展人的生命向度,但也并不能保证人获得幸福。著名心理学家荣格就表示说,到他那里就医的许多人身体健康,心智正常,但是并不快乐(这里指深层的快乐,即幸福)。也就是说,关乎人是否幸福快乐的主要是人的灵性层面。弘一法师李叔同在拥有很好的物质生活和丰富的精神生活时,仍然选择"遁入空门",就说明了这一点。因此,人能否得到幸福关键在于他是否能进入超越的灵性层面,明了自我的人生意义和目的。现代心理学的研究认为,所谓幸福就是快乐与意义的结合。① 明了自我的人生意义和目的非常重要,从纳粹集中营幸存下来的著名心理学家维克多·弗兰克尔说:"人们一定要有理由才能幸福起来。一旦找到了那个理由,他自然而然会感到幸福。"②"如果说生命有意义,那么遭受苦难也有意义。苦难、厄运和死亡是生活不可剥离的组成部分。没有苦难和死亡,人的生命就不完整。"③明白了这一点,就可以懂得颜回何以"一箪食,一瓢饮,在陋巷,人不堪其忧,回也不改其乐"④。物质的匮乏并没有改变颜回的快乐,因其了解自己生命的意义,所以他虽然贫穷,却是幸福的。《牛津英语大辞典》称"灵性"的含义是"真切地感受到事情的意义"。那么,如何从灵性中发现生命的意义呢?这就需要灵性的修行,只有灵性发展之后,人才会知道生命是怎么一回事。通过灵性的修行,可以使人的身体与心智活动具有意义,最终拥有幸福。禅修就是一种重要的灵性修行方式。

---

① [美]泰勒·本-沙哈尔:《幸福的方法》,北京:中信出版社,2013年,第32页。
② [美]维克多·弗兰克尔:《活出生命的意义》,北京:华夏出版社,2010年,第174页。
③ 同上,第81页。
④ 《论语·雍也》。

二

"佛祖拈花,迦叶微笑"。禅在一朵花和一个微笑之间诞生了。因花微笑,由笑花开,美妙的境界,美好的精神,开启了幸福之门。生活禅理念创始人净慧长老指出:"禅是永恒的幸福、真正的快乐。禅最终的目标,就是要达到永恒的幸福,得到真正的快乐。禅是清凉自在的享受,是超越一切对立的圆满,是脱离生死的大自在,是不住生死不住涅槃的究竟自由。……我们只要通过禅修的方法、通过直指人心见性成佛这样一种超然体验,就能够把我们生命固有的一些能量活力释放出来,最后就能真正一切无碍,究竟解脱十方世界。有缘即住,无缘即去,庄严国土,利乐有情。"①"一切无碍,究竟解脱",是禅的终极目标、永恒幸福。"庄严国土"是指建设和净化自身及周围的世界,"利乐有情"是指为众生谋利益。因此,"庄严国土,利乐有情",就是要在彼岸的西方净土之外,努力建设人间净土、人间天堂。这是世间的幸福。

人类生活的世界除了地震、海啸等无法抗拒的自然灾难外,战争、暴力、疾病等也接连不断。面对这些数不尽的灾难和痛苦,人们不禁感叹:难道人生在此岸,幸福在彼岸吗?长期以来,佛教畸重出世间的传统,一味追求出世解脱,偏于强调来世、彼岸极乐世界。净慧长老有感于此,提出生活禅理念。生活禅不仅继承了佛教解脱出世的超越性精神,而且是原始佛教与大乘佛教的积极入世精神的回归和阐扬。它以大乘佛教"福慧双修""悲智双运"精神为基础,融合解脱道与菩萨道,通过修行实践,力求把生命中的两种祈向——现实与实践、世间与出世间、迷与悟、此岸与彼岸统一起来,实现人间净土与终极关怀的结合。既超越又内在,虽在此岸,却盼望达到彼岸,超脱于超脱又回到人间来生活,便是生活禅的根本精神。

---

① 净慧:《入禅之门》,河北省佛教协会虚云印经功德藏,第15—16页。

有人质疑说,禅本来就是在生活中,用不着再提什么"生活禅"。对于为什么要把禅冠上"生活"二字,长老解释说:"生活禅的提出,并没有在大乘佛教和祖师禅的精神之外添加一些什么新的东西,只是将祖师禅的'将修行与生活打成一片'的特色更加突显出来而已。"[1]这正如"人间佛教"并不是在佛教之外另搞一个什么新佛教,只是更加突出佛教的人间特性,回归原始佛教与大乘佛教积极入世的精神而已。换言之,佛教一定是人间佛教,禅一定是生活禅。生活禅只是突出了禅的生活特性而已。

生活禅践履人间佛教的理念,关注人的生活,其目的是什么呢?净慧长老说:"我们提倡'生活禅'是希望佛法普及于世间,使佛法能够深入人心,净化人心,深入社会,净化社会;使我们的社会变成一个幸福的、祥和的、清净的社会。"[2]净化人心、净化社会,其根本目的便是要把幸福落实在人间,让人间的生活充满幸福。所以,生活禅就是幸福禅。生活禅的修行强调"在生活中修行,在修行中生活"。净慧长老指出,在修行中生活,就是要把出世和入世结合起来,时时观照,时时反省,就会有幸福感,有知足感,就多一些幸福,少一些痛苦。在生活中修行,就是要有感恩的心,要有分享的心,要有包容的心,要有结缘的心。能怀着这样的心态做人做事,就会有幸福感。

生活禅的宗旨是"觉悟人生,奉献人生"。"觉悟人生"是智慧,是修慧,是解脱道,是终极关怀。"奉献人生"是慈悲,是修福,是菩萨道,是人间净土。对照孔子的修行路径来看,所谓"奉献人生"就是下学,"觉悟人生"就是上达。由下学而上达,由奉献而觉悟,由内在而超越,生活禅的修行路径与孔子的精神是一致的。"觉悟人生""奉献人生"是不是幸福人生呢? 简单来说,有智慧,有福报当然是幸福人生。所谓觉悟就是要明本心见本性,就是开悟,就是了脱生

---

[1] 黄夏年主编:《生活禅研究》,郑州:中州古籍出版社,2011年,第18页。
[2] 净慧:《水月道场》,河北省佛教协会虚云印经功德藏,第42—43页。

死,就是见性成佛。所谓奉献就是慈悲,就是善待一切。净慧长老说,能觉悟,心里就有阳光;有奉献,心里就有快乐。心里有满足感,知道惜福、惜缘,才会痛苦少,幸福多。在佛教里,觉悟是最重要的事情。只有觉悟了,才能明白宇宙人生是怎么一回事,所以觉悟当然是最幸福快乐的事情。

灵修活动的意义在于,"能够让生命由发散变成收敛,使生命出现一个能量的核心。这个核心可以作为一个能力来源,让具体的生命在身心活动中可以得到意义"[1]。生活禅作为一种禅宗修行法门,其灵修方法,净慧长老提出"安住当下,守一不移,一念不生,灵光独耀"的修行次第。从安住当下着手,经过守一不移,使妄念不起,一念不生,最后达到灵光独耀的开悟境界。通过这样的禅修过程把生命中固有的一切活力释放出来,使人得以进入超越界,从根本上解决人生的迷惑与烦恼,解决人生的种种不安定。

生活禅讲"奉献人生",讲"在奉献中求幸福"。那么,奉献的快乐在哪里?奉献何以会幸福呢?奉献是舍己,是慈悲,是善。按照积极心理学的观点,善待他人,帮助别人,就是给自己带来意义与快乐,因而是幸福的。所有修行体系中的第一步都是要净化自己,从感官开始,不断降低自己的欲望,不断放空自己。而奉献就是放空自己、净化自己的一种最好方式。放空之后,幸福才能进来,乃至被幸福所充满。正因为如此,善还是入禅之路。吴经熊指出,"发自内心的善念也能使我们挣脱小我的躯壳,打破观念和范畴,而直达真如境界。当我们的善念从内心中流出,而不局限于责任义务等观念时,这就是禅"[2]。"当道德是从赤子之心的净泉中流出时,那也是非常柔和美丽的,它也和蛙声一样,使我们能够大彻大悟"[3]。净慧长老把"奉献人生"作为生活禅的宗旨之一,便是把舍己、慈悲、善作

---

[1] 傅佩荣:《心灵导师》,北京:国际文化出版公司,2006 年,第 19 页。
[2] 吴经熊:《禅学的黄金时代》,海口:海南出版社,2009 年,第 220 页。
[3] 同上,第 221 页。

为入禅之路,作为进入生活禅的一把钥匙。

三

净慧长老晚年尤重良心的作用。长老自称讲良心讲了几十年,他解释说:"良心是一种仁心,也就是利他的慈悲心,同时它又是一种觉照的心,它时刻警觉自己的三业,使之向善、向上。"①这里他揭示了良心的两个特性:一是慈悲,一是觉照。慈悲心是良心的本质,是静态的。觉照心则是良心的功能,是动态的。觉照的功能实际上就是灵性在发挥作用,是人的灵魂深处发出的声音。古希腊哲学家苏格拉底说,他从小的时候内心深处就有一种声音,每当他想做坏事时,内心就发出声音说:"不可以。"身体要做,心里想做,但内在的灵魂却阻止他去做,苏格拉底称这是精灵的声音。净慧长老所谓良心的觉照功能,如苏格拉底所谓精灵的声音一样,会阻止人做不应当做的事,一旦做了,便会良心不安,睡觉不安稳。

净慧长老称良心就是佛性,就是孟子的良知、良能,是最美好的心态,最纯善的心态,最清净的心态。但这善良之心,由于内外不利因素的影响,会渐渐流于不善,因无力加以收摄,习染日深,良知日蔽,以至于弃善就恶,走向善的反面。孟子讲"人之所以异于禽兽者几希",人与禽兽的差别就一点点。而良心就是那一点点差别,但即使这一点点也会丧失,以至于人沦为禽兽,乃至禽兽不如。长老有感于世风日下,道德沦丧,疾呼要守望良心,让失落的良心尽早回归。他语重心长地告诫世人:"只有守住了良心这块阵地,我们人类才真正有希望。""良心这一块阵地失守了,那么我们人类就真的走到终点站了。"②2012年世界末日之说甚嚣尘上,长老不顾衰病之躯南北奔波,数十次演讲批驳末日说之无稽。但长老在这里却沉痛地

---

① 净慧:《中国佛教与生活禅》,北京:宗教文化出版社,2005年,第301页。
② 净慧:《守望良心》,黄梅四祖禅寺印行,第63页。

指出人类自己在制造末日,为此长老忧心如焚。他以救世急切之心,道泣血之哀鸣,闻者无不动容。2011年至2012年度冬季禅七之际,长老开示中多有心境悲凉之语,恐怕与长老对这个世界的忧心不无关系。

1918年11月7日,学者梁济问儿子梁漱溟:"这个世界会好吗?"三天后,梁济投水自尽。一百年后,梁济的发问又重新在我们耳边回响。长老是大智慧、大慈悲。因其大智慧,长老不会不知道答案。因其大慈悲,长老不会不告诉世人。2012年末,长老在一个不太起眼的刊物上,发表了一篇小文,可谓是对这个终极之问的作答,题目为《禅就是幸福的微笑》。文中说:"能当下安顿我们的生命,能当下满足心灵的需求,让生活充满阳光,我们就有幸福感。""禅是在微笑中产生的。用微笑来面对世界和人生,我们就会有幸福。"[1]笃定和自信的语句,一如长老灿烂的笑容,让人对世界充满了希望。只要人能认真修行,及时行善积德,存好心,说好话,行好事,做好人,就能使生活充满阳光,世界就是幸福的世界,人生就是幸福的人生。

净慧长老在他一生的最后阶段留下《守望良心》一书和《禅就是幸福的微笑》一文,可谓是他留给世人的最后嘱托和最后开示。前者是从消极的层面,告诉做人的底线在哪里,告诫世人不要自己制造世界末日,要守望良心。长老慈悲,在警诫世人后,他又从积极的层面,告诉世人希望在哪里,未来是什么。他借由一篇小文,告诉世人禅就是幸福的微笑,借由生活禅的法门,就能开启幸福之门,并最终获得幸福。

(梁世和,河北省社会科学院哲学所研究员)

---

[1] 净慧:《禅就是幸福的微笑》,《中外管理》2012年第10期。

我看生活禅教学

韩凤鸣

禅宗僧人的生活与世俗人的生活相比,表现为某种"孤寂"的特征,但这种孤寂中有上求"无上菩提"的丰富内容。禅僧虽然生活在主流社会的边缘,但他们的心灵却能感知和深入最现实的生活,尤其能感知羁绊的心灵。他们的志愿是在平常生活中接引"无边众生",体现为"生活禅"的特征。虽然禅宗度人度己的目的是成佛,与现代社会的世俗教育目标有着根本差异,但其救度的方法可以为现代教育所用,尤其为生活化、及时性的心理健康教育所用。最根本的是,禅宗的"普度"与传统佛教的普度已有所不同,不大讲六度万行、修桥补路等善行,而强调在当下生活中随缘拾本来心,做个本来人,这与心理健康教育中追求心理安定、人格稳定、情绪和谐等内在标准相应,对于疗治妄想、焦虑、幻觉、自卑等心理障碍有一定的作用。

一、随"缘"的启示

禅宗的生活态度表面上看起来不是积极入世的,不急于积善行德,甚至远避红尘。它的实际是怎样的呢？禅宗一方面这样想:诸恶莫作、众善奉行,是佛教徒的本分而不必明说,是人人当做而不必强调的;另一方面,禅宗与传统佛教的差别在于以"传心"为其教育目标,以随缘"方便"作为接引众生的手段,这是禅宗的"别传"法门,以至于人们看不清它的形式和阶渐。禅宗在世间的任务是让人知道内在清净心是无上法宝,目的就是让人"明心见性",归家稳坐。因此禅宗在具体工作中,其自度、度人显现向内挖掘的特色。它虽然讲即世间求菩提却不大讲修桥补路,虽然讲普度众生却常行在孤峰顶上。

　　无论禅宗用了怎样的别传方法,都能让人感到悲心深切、技巧高明,这从老师与弟子间的关系认知上,首先体现出来。禅门的学习,一般都是师徒相授的,与现代人依靠教育设备和技术的学习方式差别较大,着眼点与下手处都有差别。禅门的"老师"不像今天的学校老师那样以确定的教育规则来规范人,不是用客观的知识来教育人,而是让人深观外在规则和种种客观性的基础,直到发现内在的执着心。禅门的"学生"面临的生活处境也与现代学生迥异,寺院这所"学校"不像今天的学校教育那样是学生的保护伞,把世间的黑暗和苦难挡在校门外,这里的简陋、艰辛超过世俗生活,等待学生自己去经历和发现。禅师们甚至有意把世俗的风风雨雨直接带给学生,把学生暴露在烦恼众生的真实生活情境中,甚至把极端的事件和离奇遭遇丢给学生,让学生自己去寻找和解答。因此禅门的教学总是在具体生活、现实情境的"课堂"里,这里有无穷无尽的教材,这样培养出的人才就具有"八风不动"的现实性。这是善于利用生活给出的"缘",没有跳出生活人为造作,由缘而会的见地是最真实和稳固的。

　　禅门导师的教育方法总是显得很朴素,难以看出科学的规范和严格的模式。比如禅门导师的言语不多,偶尔一言半句也很不完整,夹杂着生活的碎屑,让你时刻在生活中淘金。老师对学生的日常生活似乎不太关注,从不灌输什么给你,更不强调你要读经坐禅,而是让你自己去生活,自己去解开种种心结,去发现本质。"宗师家无实法与人,且如世间工巧技艺,有样子便做得。若是这一解,须是自悟始得。"[①]禅门导师在此显得很无为,很冷峻,像个无缝塔,但却培养了平静的理性和深刻的思考力,不断扫除心灵的无明暗昧。这种"静虑"能力达到一定程度,心理健康就不愁了,人生的苦难都是坦途,人初步具备了"自度"能力。

禅宗老师的这种放任,最好的效果是让人能快速发现自己,救度自己。当然也有那些经年不契的,为师就要深观"缘",度人要有度缘,无度缘不能强行度化,所谓"无缘不强化,机熟自相应"。这个"缘"里隐藏着深刻的现实逻辑和心理逻辑,简单的"缘"深含导师与学人之间简化了的内在、必然关系,与荣格的集体无意识理论有关,或者说荣格在禅宗这里发现了他的理论基础。在这种无边的缘的背景中,学人因对导师的景仰而来,也可以因为不相契而去,有时老师还纵容这种自由,帮助学人寻找更好的心灵出路。

这种"缘"虽然有它无尽的历史,但一样体现为师生之间的和谐交互关系,呈现了绚丽多姿的教学情境。深谙这种缘的人,不因现场的契与不契而产生世俗情绪,老师会指导学生寻找真正的契应,在这样的缘中来去都是自由的。著名的禅者庞蕴居士,在石头老师处久不能悟,后被石头老师推荐到马祖老师处,很快与马祖相契;夹山禅者被道吾老师推荐到船子和尚处,船子一顿棒打,夹山禅者就开悟了。当然,如果有学生找上门来求教,执定不去,老师是没有不教的,这也是缘。那种以"不教"姿态出现的场面或许有,也都隐藏着清净的"棒喝"式教育,师家在做助产工作。当然助产术有高低区别,被教者有契与不契的机缘,师徒之间都随着这种缘,清净地念着佛法。

禅门的学和教都是随缘的,这里有未经世事分化的内在牵引,不是世俗所言"随缘"中包含的无奈、推诿用意。当这种清净的缘建

[①] (宋)蕴闻:《大慧普觉禅师语录》,《大正藏》第47册,第882页。

立起来的时候,在长期的教学过程中,导师能看清对方的根性所在、修为所到,能因其缘使其增上,用相应的教法。"师家勘办学子,策其未至,捣其虚冗,攻其偏重。如烹金炉铅汞不存,玉人治玉碔砆尽废,不拘昏晓,不择处所,无时而行之。"①这个教育过程是始终和永恒的,伴随学生的一生,甚或再结来生缘。如果学生对师门教法抗拒太大,不是教者责任没到,也不是学生个性太强,而是"缘"没到。

    僧问:"有人不通宗教,不达性理,和尚还接否?"师云:"不接。"曰:"为甚不接?"师云:"为伊不通达。"曰:"已通达者即接耶?"师云:"亦不接。"曰:"为甚不接?"师云:"为伊已通达也。"曰:"总不恁么来时如何?"师云:"若得恁么,老僧接之。"曰:"请师接。"师即打。曰:"情知和尚只会恁么。"师连打出。②

此时要做的就是随缘,此时奇特的言教、惊人的棒喝,都随生活的缘而发生。当然也有那种看似缘来却又缘去的,为师的机关用尽,仍不能让弟子悟解,就要等待其他机缘。在这种情况下,如果不分对象和场合用如来教法,希望普度,反而可能增加教学的障碍。这个"缘"的关系告诉我们,在一切教育行为中,重要的是要观察和发现缘的关系,以便有的放矢,增强教育效果。
  禅师与学人的"缘"是以清净自性的开发为中心的,一切缘都是围绕这个中心展开的。禅师不是把学人看成一个个具有独特个性并且要发挥各自特长的人,这与世俗教育有很大区别,禅师以各自具有的内在清净性为中心,使他们各自回归清净心呈现着的世界,要扫除的正是世俗习气。禅师明白学人都具有根深蒂固的世俗习性,围绕这习性,禅师不是想着如何培养它而是如何让人明白它不是本有的,让人明白自性本来是"空"的,现在要认识和回归这个

---

  ① (元)德辉:《敕修百丈清规》,《大正藏》第48册,第1120页。
  ② (清)聂先:《续指月录》,《新纂续藏经》第84册,第147页。

"空"。他告诉学生"一切万法皆从心现,悉无自体,尽称为空"①。禅师不允许个性阻碍这个"空"的显现,他要把一切障碍消归自性。他不停地换角度,让个性的形式继续着自己的世俗形式,至而露现空性。

> 灵默禅师……告辞而去。至门,石头呼之云:"暗黎!"师回顾。石头云:"从生至老,只是遮个汉,更莫别求。"师言下大悟。②

禅师在自性教育时,因其把握了自性本来的见地,故一下子能看穿学人任何带有个性、目的性的心灵角落,哪怕是无意识的。禅宗认为"这个"是本有且清净的,一切有相都是清净的"空性"上的尘屑,空性才是我们的"自性",回到自性的"如是"中就回到了真正的自己。当清净"空性"出现的时候,就取消了一切外在性格特征和世俗确定性,回到唯一可依赖的"空性"上。

对于世俗生活有障碍的人,对于生活扭曲的人,这个基础指示了一个假想的公共平台,即每个人内在都有一个清净纯洁的家园,回到那里就获得了安宁,继而是健康、幸福。因此,那里就是我们的共同天堂,只要你当下认清了,立即就能进入,就能健康。禅宗的"生活禅"在这个意义上被心理健康教育所借鉴,以开启心灵最基础的健康平台,它让我们能随着"缘"的牵引来到一个纯洁平等的起点,获得心灵的平静安宁。虽然这种说教可能被当成是一种价值观,但只要它对现代人的心理治疗确实有效,能帮助那些有焦虑、自卑、固执心理的人端正心态,它就有现代功德。

---

① (宋)延寿:《宗镜录》,《大正藏》第48册,第509页。
② (宋)颐藏主:《古尊宿语录》,《新纂续藏经》第68册,第211页。

二、现"性"的引导

在清净的禅者面前,在清净的自性面前,学人不得不无条件地顺着缘,服从老师清净的指引,一切抵抗都是徒劳的。因为老师是"空"的,没有受力点,引你不得不走向自性的自由。久而久之,抵抗的因素在岁月中听任遗忘,学人表现出对老师的无限服从,其间清净自性渐渐坦露。坦露的自性是众生的洁净心性,这时师生之间的交流就是清净波澜之间的相互运动,相互涤荡。

> 沩山一日指田问师:"这丘田,那头高,这头低。"师云:"却是这头高,那头低。"沩山云:"尔若不信,向中间立看两头。"师云:"不必中间立,亦莫住两头。"沩山云:"若如是,着水看,水能平物。"师云:"水亦无定,但高处高平,低处低平。"沩山便休。①

如果学人未真"悟",清净心灵里就有可看见的东西,它比泰山还要大。此时任其如何高明地伪装,无论生活表现得如何洒脱自在,那个微细的执着在禅者看来都是一清二楚的,老师就要不断地拨除。老师用种种方便告诉弟子,真实的自性是不需要宣扬的自在坦露,它直接呈现自在之身,流露其无羁绊的生存天然。

> 一日,街头见两人交争挥一拳曰:"你得怎么无面目!"师当下大悟。走见宝寿和尚。未及出语,寿便曰:"汝会也!不用说。"师便礼拜。②

---

① (明)郭凝之编:《袁州仰山慧寂禅师语录》,《大正藏》第47册,第582页。
② (宋)道原:《景德传灯录》,《新纂续藏经》第51册,第228页。

清净的人一句话也没说,鲜活的自性活泼地显露出来。禅师凭着多年参禅的体验,一下子可看出你的自性出来了没有,他只要在适当的时候点点头,或恰当地哼一声,或者做个手势,就能把你引出来,给你彻底的自由。但如果你问禅师到底看到了些什么,禅师仍不能明确回答,因为这都是"家里"的事,归家的人心知肚明。

自性及其解释只有在同样是清净者那里才能得到映照,因此老师可能在日常的举手投足间,给人以自性的消息,师生合同着这种清净自在,在时光的磨洗中同生共长。学人因为老师把握了真理,而那是自己梦寐以求的,老师就成了学人的精神中心,只要无牵无挂,老师就赤裸裸展现着真理,老师就是真理。老师这个主体,现在是存在的镜子,是此生因缘的秘密启示。

> 师过净瓶与仰山,仰山拟接。师却缩手云:"是甚么?"仰山云:"和尚还见个甚么?"师云:"若怎么,何用更就吾觅。"仰山云:"虽然如此,仁义道中,与和尚提瓶挈水,亦是本分事。"师乃过净瓶与仰山。[①]

老师时常鼓励和安慰着弟子,老师每天的存在,都让弟子们生活在清净的辉光里。学生对老师的崇拜是由于老师不仅是清净的,还是世俗真理的化身。在学生的眼里,老师由于掌握并时刻履行着共有的自性,所以与真实保持着永恒的联系,学生在清净的光照中习气渐除。学人对禅师的百依百顺就不是献殷勤,而是与真理亲近,分享真理。无论学人达到或未达到究竟真理,这种亲密的关系都依然存在,在根本意义上是清净自性相互映照的、无法分割的联系。

> 黄龙居积翠,困病三月不出。真净宵夜恳祷,以至然顶炼臂,仰祈阴相。黄龙闻之责曰:生死固吾分也,尔参禅不达理若

---

① (唐)灵祐:《沩山灵祐禅师语录》,《大正藏》第47册,第578页。

是。真净从容对曰:丛林可无克文,不可无和尚。①

老师并没有因为学人的崇拜而自我陶醉,因为他是清净者,而由于他是清净者,他也不阻止学人的崇拜和依赖,可以借此引导学生走上追求真理的路。学生在老师的言行中不可能发现什么缺点,即使是最锐利的眼睛也不能做到,因为老师是"无我"的。当学生也达到无我的时候,将带着神圣感来侍奉老师和谈论老师,甚至是牺牲性命。

在学人对老师全心全意的依赖和敬畏中,老师以他的清净心观照一切抵抗的、邪恶的、执着的事物,他可能呵斥、棒打,甚至不惜用刀子。这种严厉和无情不是禅师的情绪,而是一种慈悲,是救人的智慧,是传心的法。《五灯会元》记载了"一指禅"的故事:俱胝禅师悟得"一指禅",凡有来求学的,就竖起一个指头,许多人就此开悟了。小和尚看到老师说法这么简单,有人来求学的时候,也学着老师,竖一个指头。不久这事传到禅师耳里。于是发生了下面的故事:

师一日潜袖刀子。问童曰:"闻你会佛法,是否?"童曰:"是。"师曰:"如何是佛?"童竖起指头。师以刀断其指,童叫唤走出。师召童子,童回首。师曰:"如何是佛?"童举手不见指头,豁然大悟。②

一旦学生开悟后,都立即明白过来,找到自性之道,都会对老师心存一片感激,笑在当下,或哭在当下。如果老师在遥远的地方,或已经往生,他们会向着老师的方向遥祝,焚香祷告。这样的事例在禅宗数不胜数。

---

① (宋)净善:《禅林宝训》,《大正藏》第48册,第1036页。
② (宋)道原:《景德传灯录》,《新纂续藏经》第51册,第107页。

师生之间这种衷情,这种信任和托付,在现代心理健康教育看来也是很好的材料,可以疗治众多固执、偏激、自大等心理疾病,培养谦卑、无我、清净的自性。老师对学生的钟爱,学生对老师的依顺,师生之间的完全付出,诉说心与心之间的完美通道,这是世俗粗暴肤浅的棍棒教育、机械统一的科班教育最稀缺的。

三、同"体"的慈悲

老师深明自己的缘与根本性空,在日用中以种种无形的方法提携,给予学人以无限的开悟机会,这里体现的慈悲心是渊深无边的。首先在老师方面,如果老师发现自己确实存在着缺点,或哪方面不堪作为老师,他会自动停止教导,也可能立即以学生为师。六祖慧能初出道的时候,听印宗法师说法,表露了自己的心得体会。印宗闻说后欢喜道:"某甲讲经犹如瓦砾,仁者论义犹如真金。"于是为慧能剃发,并愿意奉慧能为师。①《五灯会元》有一则类似的记载:

> 福州古灵神赞禅师……遂遣执役。……本师又一日在窗下看经,蜂子投窗纸求出。师睹之曰:"世界如许广阔不肯出,钻他故纸驴年去!"遂有偈曰:"空门不肯出,投窗也大痴。百年钻故纸,何日出头时?"……本师于是告众致斋,请师说法。②

对老师来说,弟子也是自己,是另一个自己。老师在疗治弟子心理疾病的时候,也是在医自己的病,看自己是否存在着类似的执着。老师对学生除了世俗的师徒"责任"以外,更重要的是以清净心为师,在同体共感的清净心中化导众生,要把这清净真心传下去。这是以大智为基础而以大悲为终结,其拔苦、与乐的用心是无私的,这

---

① 《大正藏》第48册,第349页。
② (宋)道原:《景德传灯录》,《新纂续藏经》第51册,第90页。

种同情和帮助是禅门存在和发展的基础力量,也是一切教育形式的情感基础。

在同体悲心中老师上求下化的手法丰富多样,传递的慈悲充满日常生活,他的生活就是度人事业。师者不以劝说的形式俘虏别人,不以权威压迫学生,而是在世人主动前来请求帮助的时候,以清净心映照。这时他用种种方便法门引人离苦得乐,这样的日子也许拖得很长,悲心愈显深切。

> 益州香林院澄远禅师,依云门十八年,为侍者。门凡接师,即呼曰:"远侍者!"师应诺。门曰:"是什么?"如此者十八年,一日方悟。门曰:"我乃今更不呼汝矣!"①

当自性被呼唤出来的时候,那种景仰关系也随之消失,人和景仰之物来到一体清净中。但此时学人可能愈不愿退却,那是一种活在清净中的神圣力量,是一种普遍的、根本的、将万物联系在一起的先天和谐,是一种清净的慈悲引领人进入了存在永恒的波动。到这里双方都看到,这个引导的人不是老师,引导的人是人类原始的清净心,是你我都有的佛性。所以对老师来说,学人由于我的清净智慧而对我信服,不是对我的个人信服,而是对清净家园的景仰,是他的自性清净心开始发现。

> 一初和尚至明,命师领众出迎。初问:"范蠡湖海月光天,你为什被断贯索绊倒。"师曰:"被和尚带累。"初举杖曰:"识得者个么。"师夺得,掷于地。初曰:"者无礼汉,教我师兄打你去。"师曰:"不得倚势欺人。"便与一掌。初拟取棒,师便行。初见明。曰:"者汉恼乱人不少。"明曰:"师弟莫着贼耶。"初曰:"烦师兄替我出场气。"明顾师。师作礼云:"老老和尚,请

---

① (明)瞿汝稷:《指月录》,《新纂续藏经》第83册,第634页。

坐就奉茶来。"抽身便出。初顾明相与大笑曰:"俊哉衲子。"①

师者的清净慈悲心是实际的、实在的、活生生的生活流布,没有停滞,没有修饰,没有篡改。师者越是那种没有执着、没有既定目的地生活,就越能体现世事因缘无边的内涵,就越给学生以无法抗拒的吸引力。这里有最大的悲和最纯洁的爱。

在更广泛的生活层面,我们还看到师生的生存境域已经禅化。没有"我",只有"静虑"中赤裸的实际,无处不是教育的坛场。老师处处在暗示着,实际的生活是相续行进的自在之流,是自然自身的自在画轴,清净的"如来"就是"如其是"的本来。

> 问:"诸圣以何为命?"山曰:"以不间断。"师曰:"还有向上事也无?"山曰:"有。"师曰:"如何是向上事?"山曰:"不从间断。"师于言下有省。②

老师在同体感受中,常常把自己的清净和喜悦带给弟子,这不是我要干预他人,而是人类同体慈悲的律令,引导人如是健康地生息。老师常常把这一点指出来,此时我们好像听到了无声之声,看到无象之象,领会无我之大我,引领我们来到存在的"如是"境域。"鸡啼月晓,狗吠枯椿,只可默会,难入思量。看不见处动地放光,说不到处天地玄黄。"③老师要求学人不要死死抓住从前美好的东西不放,而要无心感知清净的生命,与清净的生命一同自由呼吸。

人生和世俗加于心灵留下了微弱的影子,这些影子与人的真正生命没有实际的联系,但人类常常把它们当成实有之物,当成命根子,心理疾病就出现了。舍弃虚幻无实的东西,放弃后来的和不属

---

① (清)真在:《径石滴乳集》,《新纂续藏经》第83册,第552页。
② (宋)道原:《景德传灯录》,《新纂续藏经》第51册,第283页。
③ 同上,第417页。

于我们的东西,就是清净生命的自然波澜,人到这里都能获得同体感,来到宇宙清净活泼之流,一切心理疾病自然消散,现代心理健康教育应当对此会心而笑。

　　清净心灵里只有清净的事实,没有停滞和污点,没有迟疑和扭曲,只有清净生活宏大的脉息,这是"生活禅"的奥秘。在宅心仁厚的中国,在芸芸众生中,我们常常能看到禅或禅者,看到禅宗的清净生活,这是中国人的生活和心理。禅宗师徒的教学中提供了伟大的谦卑和伟大的爱,表现了广大的智慧和深刻的慈悲,在世俗生活中喊出了人类从没有叫喊过的自由。但禅宗来到人间似乎仍然太早了,当禅宗拉起世俗的手的时候,当禅宗向沉睡的心理呼喊清净和自由的时候,没有多少人明白禅宗的悲心,没有多少人能听懂禅的话语。

(韩凤鸣,河海大学哲学系主任)

生活禅与生活儒

郝晏荣

一

净慧长老在1991年提出了生活禅的概念。最初,这个概念仅仅是柏林禅寺修行弘法的指导思想和实践方针,但二十多年来,随着这一佛教理念和修行方式的普及,生活禅已经成为对佛教的全面改革和提升,成为现时中国佛教的一个主流流派。

净慧长老在多个场合,从各种角度对生活禅做过阐释。在净慧长老看来,禅是佛法的中心,禅的目标是要解决人们生活中的烦恼的,这些烦恼起源于人生的三大问题:生存问题、生活问题、生死问题。实际上,人生在世,无处不是烦恼,无时不是烦恼。从这一句话开始,往下引申再接着说的话,禅就有了更多的意味。按照净慧长老的话,禅是一种境界,禅是一种受用、一种体验,禅还是一种方法、一种手段、一条道路。而归纳起来,禅则是一种生活的艺术、生活的方式,禅能改变生活的环境,净化生活的心态,提升生活的品位,对个人、对社会都具有积极向上的意义。更进一步说,禅就是永恒的幸福、真正的快乐。

禅虽然如此高妙、如此受用,长期以来却一直只有极少数有境界、有缘分的人才能修行到、感受到,大多数人与此无缘无分。于是就出现了净慧长老所说的"万法纷然对立,生活与佛法打成两截,世间与出世间水火不容"的局面。生活禅的提出就是要解决这样一种体用两撅、生活与佛法、世间与出世间不容的状况。佛法本来就有利乐有情、庄严国土的精神,通过学佛,改善普通人精神状态,改变国民的精神素养,本来也是佛教的主旨之一,但就是苦于在佛法与世间没有一座沟通的桥梁。而净慧长老提出的生活禅就是沟通人世间与佛法的一条通道。其实,早在生活禅之前,禅早就有许多分化,有如来禅、祖师禅、安详禅、文字禅、野狐禅等。净慧长老概括生活禅的宗旨为四句口诀:将信仰落实于生活,将修行落实于当下,将佛法融化于世间,将个人融化于大众。这四句话听起来很普通,但道理很深刻,内涵很丰富。什么叫生活?生活就是五蕴,就是色、受、想、行、识五件事,这五件事实际上概括了我们生活的环境和自身的全部的精神世界与物质世界。这是生活的一种表述。生活还有另一层含义,净慧长老把它表述为:"生活就是十法界的生命持续不断互动交流的过程。这一过程前前无始,后后无终,这就是生活。这一过程是将生存和死亡、快乐和痛苦、污染和净化、系缚和解脱、生死与涅槃等相对的生活内容,作为一个彼此相依、连续不断的过程来加以思考的。"[①]这样的生活太富有哲理的意味了,因此又被称作"实相的生活"。

那何为当下呢?净慧长老告诉我们:"所谓禅在当下,就是用禅的精神、禅的方法、禅的见地、禅的功夫,指导我们如何面对生命的当下,生活的当下。……所谓禅在当下,就是要求我们每一当下的起念都与戒、定、慧相应,都与顿悟顿修的祖师禅相应……所谓禅的当下的功夫就在于把握生命的当下,转化生命的迷惑,净化生命的

---

① 净慧:《心经禅解》,北京:文化艺术出版社,2010年,第67页。

污染,提升生命的素质,圆满生命的品格,发挥清净生命自觉觉他、自利利他、自度度他的无限潜能。"①在我看来,当下的意思,还可以用佛家常说的"起心动念"四个字来概括。人的起心动念有三种情况:一种叫善心,一种叫恶心,还有一种叫无记心。人每时每刻的心意心境都逃脱不了这三种情况。所谓学禅、修行,就是要管好我们的"起心动念";所谓佛家有三善:现善、后善与究竟善,类似于我们常说的眼前利益、长远利益和根本利益。把握当下一念,使每一起心动念都有足善之意,这就等于三善具足。

关于生活禅,净慧长老还有另外一种解释,就是禅的生活化、大众化、平民化。禅不在人的日常生活之外,而在人的日常生活之中,这就是禅的生活化;所谓生活化也就是化生活,就是要把日常生活变成落实佛教教义的场所。佛教就是要改变人的日常生活的,佛教的各种戒律,都是要落实并改变生活的每一个细节的。大众化也是禅的一个基本法门。净慧长老认为,达官贵人、贩夫走卒,皆可学禅,皆可悟道,这就是禅的大众化。禅的平民化是指禅的风格活泼自在,通俗明了,超然世外,不与物争,水边林下,随缘饮啄。古代禅师的烧火做饭、挑水择菜、耕田种地,无不是在修行学禅,山河大地就是修行的道场,市井人间也是学佛的去处。这就是禅的平民化。净慧长老认为,禅的生活化体现了禅的实用性,无处不在,无处不是;禅的大众化体现了禅的适应性,人人可学,古今不变;禅的平民化体现了禅的超越性,什么样的人都不拒绝,上层也接引,下层也接待,有一种超然自在的广大的活动空间。禅的生活化、大众化、平民化,给禅带来了无限的生命力,使它从古走到今,普摄群机,与社会和谐相处。

净慧长老还设定了生活禅的宗旨,这就是"觉悟人生,奉献人生"八个字。净慧长老认为,生活禅的这个宗旨,实际上是大乘佛教的智慧与慈悲理念的一种现在诠释。大乘佛教有两个最重要的特

---

① 净慧:《心经禅解》,北京:文化艺术出版社,2010年,第64—65页。

征：一是智慧，二是慈悲。所谓智慧就是自觉觉他；所谓慈悲就是自度度他。这两个道理大家都很熟悉。这是大乘佛教的区别与他者的基本性质和关键所在。觉悟既是佛教修行的过程，也是修行的目标。如何才能成为觉者？成为觉者要经过一个漫长的修行过程，需要在悲天悯人、大慈大悲这两个维度上不断努力、不断实践、不断完善，才能达到菩萨或佛的境界。依照禅宗各祖师的修行经历，净慧长老提出禅宗修行的一大法门，这就是安心。心没有安，则有你我的对立、自他的对立、凡圣的对立。安心的目标是要达到"无自无他"，既没有自己也没有他人，既没有主观也没有客观；把这些二元对立的情绪从心中消失，使我们的分别心、有所能心都集中到一块儿，这就是从迷失走上觉悟的开始。要让我们的心安下来，有四个要点，可以作为修行的途径，它们是：一要凝注壁观，二要无自无他，三要凡圣等一，四要无心。这四点是要一步一步来提升的。基础的功夫是要凝注壁观，在做这个功夫的时候，要把外界的一切干扰都排除掉，使内心没有恐惧，没有不安，做到"外息诸缘"，这样才能进入壁观的境界。

　　净慧长老还为我们提供了安心的另一个重要途径，这就是佛教常说的戒、定、慧三学。这三学本是佛学修行的三大总纲。佛教有很多流派，但讲到修行、修养，无不要提到戒、定、慧三学，佛家称此为"因戒生定，因定发慧"。所谓戒，又叫持戒，就是指坚守佛家的戒律，其最基本的就是那"无戒"。从戒的原意来看，它是主动地培育好的行为习惯，养成良善的品德、素养。一个人只要有良好的道德品质，就不会去做损人利己，甚至是伤天害理、损人不利己的事情。有道德、有戒行的人，不会做出对他人造成伤害、使自己受到良心谴责的事情。所谓定，又叫禅定，就是指内心处于平静、安宁、专一的状态。一个人若达到禅定的境界，其心能够持续地维持在极度喜悦、快乐、宁静和殊胜的状态一段很长的时间。禅定分为八个层次：初禅、第二禅、第三禅、第四禅、空无边处定、识无边处定、无所有处定和非想非非想处定。这些定境是越往高处越殊胜的。在高级禅定中,即使连喜悦、快乐都消失,内心只处于极度宁静、微妙和殊胜的状态。培育定的方法叫作"止",即止息烦恼、致力于内心平静的意思。所谓慧,是指能够彻知人生真相、洞察世间本质的智慧。我们需要透过智慧来观照名色法,了解名色法之后,还必须进一步追查造成名色之因、生命之因,了解名色与名色之因后,还必须观照它们都是无常、苦、无我的。以上所说,就是我们熟知的戒、定、慧的内容。

但是对于生活禅,净慧长老提出了自己的修行途径,也叫安心法门。净慧长老把它概括为四个心,它们分别是:第一,以感恩的心面对世界;第二,以包容的心和谐自他;第三,以分享的心回报大众;第四,以结缘的心成就事业。所谓感恩者,是指感恩父母,感恩众生,感恩国家,感恩三宝。如果我们能以这四种心来面对世界及天地万物,我们的人生就一定是一个非常圆满的人生。我们的人心也是一个非常圆满的人心,我们就能感觉到天地万物时时刻刻有恩于我,感受到父母、众生、国家、三宝时时刻刻在关怀我,感受到父母的温暖、众生的互助、国家的关照以及三宝的慈悲,在时刻护念着我们每一个生命。所谓包容,是指包容我们的仇敌、冤家;包容我们各种不好的际遇;包容我们的成功和失败,不要把人生的目标定得过于迫切;只做该做的事,不做违背真理、违背良知之事。归纳起来,这就是包容的四大内容:报怨行、随缘行、无所求行、称法行。所谓分享,是指以分享的心赢得朋友。佛家有一个专门讲分享的方法,就是"四摄法",即布施、爱语、利行、同事。这四种方法,也可以被当作处理人事关系的四大原则,受用无限。所谓结缘,就是以结缘的心成就善因善果。结缘就是要结四种缘:结人缘、结善缘、结法缘、结佛缘。净慧长老认为,结缘就是创造条件,就是趋善避恶。

二

就在净慧长老一心一意倡导他的生活禅的时候,在远离佛教的

生活禅与生活儒　303

另一个领域,在纯粹的学术圈,有人提出了生活儒的概念。这个概念最初是由四川大学的黄玉顺教授提出来的。黄玉顺教授在他的多篇论文和多部著述中反复重申一个问题,即西方哲学无论是经验主义还是理性主义,都未能彻底解决"原初观念"的问题,也不能解决生存和生活的问题。海德格尔的形而上学批判打通了通过生存领会而接近存在本身的路径,但仍存在自身的困境。而生活儒学主张重建儒家形而上学,通过仁义礼知"四端"的奠基关系,回到作为生活情感的仁爱,回到生活本身。黄玉顺认为,一切哲学的建构,都必须有一个原初观念作为这个哲学体系的基础,在整个西方哲学的进程中,寻求这种原初观念有两个途径:一是经验主义的方法,二是理性主义的方法。经验主义认为,所有的认识都起源于人的感觉,感觉似乎可以充当原初观念的角色,但西方哲学后来发现,感觉是一个靠不住的东西,感觉不完全是客观的,而是主观的、随意的。所以,以感觉为原初观念的经验主义,最后发展到贝克莱的"存在就是被感知"和休谟的不可知论,这等于宣布经验主义走到了尽头。所以,经验主义不能解决我们的生活问题、生存问题。西方哲学的另一条道路是唯理主义,这是一条从笛卡儿到康德的路线,他们把理性作为哲学的原初观念。但这种原初观念同样也是靠不住的。因为理性又被解释为"纯粹先验意识",它只有通过现象学的方法才能被认识。而现象学的方法又使我们"面临着两难:如果我还没有现象学态度,那么,是什么东西、什么人足以让我采取现象学态度?而如果我已经具有了现象学态度,那么,我难道不是已经达到了纯粹意识领域了吗?可是,我是怎么达到纯粹先验意识的?"[①]这样一来,这种先验的唯理主义同样不能解决我们的生存问题。所以,作者认为,"无论经验主义还是理性主义,这两条进路都会使我们陷入

---

① 黄玉顺:《从"西方哲学"到"生活儒学"》,载《北京青年政治学院学报》2005年第3期。

悖谬,不能解决我们的生存问题、生活问题"①。这样一来,西方哲学的形而上学就倒塌了,而西方形而上学的终结,为儒家形而上学的重建提供了可能。所谓儒家形而上学就是"回归生活",儒家形而上学导源于生活,生活是儒家思想的大本大源、源头活水。作者断言:"重建儒学首先意味着:回归生活本身,回归生活情感,回归本源性的爱本身。"②

另一个推动思想观念转向的动力来自价值问题。20世纪的后现代主义,动摇了自启蒙运动以来的价值传统,这使今天的人类陷入了空前的价值危机。黄玉顺说:"如果说,价值的形而下尺度在于相对主体性、价值的形而上根据在于绝对主体性,这样的传统价值观念其实都是值得怀疑的,那么,假如人类今天仍然必须确立自己的某种价值观念,这就产生一个问题:价值的源泉究竟在哪里?这正是我们今天所身处其中的所谓'后现代状况'的价值观念之混乱境况的写照:我们对诸如'基础主义''本质主义'和'人类中心主义'之类的解构,使得我们在价值、道德等问题上似乎陷入了某种'绝对的相对主义',这使得我们甚至以'禽兽伦理''丛林原则'作为引领我们实际生活的价值原则、道德准则。"③这一状况迫使人类寻求重建新的价值体系的途径。而在这一方面,我们只有两种选择:一是回归传统,从传统的形而上学结构中寻求新的价值观念的基础,这是一条所谓原教旨主义的道路;另一条道路存在于中国的儒学传统之中。黄玉顺说:"在中国本土的前轴心期的观念中,以及在原始儒家的观念中,如果说存在是先在于任何存在者的本源,那么,生活即是存在,生活之外别无所谓存在。一切源于生活,一切归于生活。"按照儒家的这种本源观念,生活不仅是形而上学的本源,

---

① 黄玉顺:《从"西方哲学"到"生活儒学"》,载《北京青年政治学院学报》2005年第3期。
② 黄玉顺:《复归生活 重建儒学》,载《人文杂志》2005年第6期。
③ 黄玉顺:《"价值"观念是何以可能的?——基于"生活儒学"阐释的中国价值论》,载《四川大学学报》2007年第1期。

也是作为形而上学的知识论、价值论的本源。那么何为"生活"呢？黄玉顺认为，儒家的生活就是情感，就是生活情感，就是仁爱。据说，这个观点来源于蒙培元先生，因为蒙培元曾经说过：儒家的哲学其实就是"情感哲学"。而在另一个场合，黄玉顺又这样表白："生活不是一个实体，不是一个存在者，不是一个物。生活就是存在本身。这就是我的一个基本的表达：生活即是存在，生活之外别无存在。在这个层面上，我认为生活本身、生活的本源情境、生活的本源结构，才是儒家所说的'大本大源''源头活水'。"①

提出"生活儒学"这一概念，其目的是为了重建儒学。重建儒学并不仅仅是发自构筑某个形而上学体系或价值观念体系的冲动，而是有着严肃的现实目的。在黄教授看来，现代性就是民族性，是各民族传统观念的一种现代转换。而中国的现代化必须是传统儒家观念的现代性的转换，我们过去所采取的对传统全盘否定、全盘批判的方式是不可取的。在这样一个大的现实要求的前提之下，我们必须重建儒学、复兴儒学，使儒学成为我们今日各种现代性的追求中的一个主要函项。黄玉顺说："对我来说，'生活儒学'虽是一种理论的探索，但其关怀则是指向现实生活的。我是希望建构儒学的这样一种当代理论形态：它是儒家的，但不是'原教旨主义'的；它试图解决的乃是现实的问题，而不是'哲学史'的问题。"②

在今日中国哲学界，提倡并鼓吹生活儒学的不止黄玉顺一人。来自台湾，现于中国人民大学、北京师范大学任职的龚鹏程教授也是一位到处宣传生活儒学观念的人。但是，同样是生活儒学，龚先生的观念与黄玉顺的有很大差别。黄玉顺教授的生活儒学是从西方哲学的发展路数和海德格尔对存在的论述出发，延伸到中国儒学的生活化之维的；而龚先生的则是从儒学的原生态与今日儒学的现

---

① 黄玉顺：《"生活儒学"和公民道德》，载《中国文化报》2007年3月22日。
② 黄玉顺：《"儒学"与"仁学"及"生活儒学"问题》，载《四川大学学报》2008年第1期。

状的对比,得出了儒学应该走向生活化的结论,而且,两人对生活儒学的内涵的界定也大不相同。龚先生认为,从清代的乾嘉学派到民初的新文化学者,再到今日的新儒学从业人员,他们都把儒学视作一种知识的载体,认为儒学只管知识传承、文字考订之类,传统儒家所信奉的修身、齐家、治国、平天下等目标,到今天最多只保存了修身一项。项目齐全、内容丰富的传统儒学,变成了干枯无味的性命之儒、形而上之儒与文字之儒,而不是生动活泼的"生活之儒"。针对这一现象,龚先生主张儒学应该恢复其经世性格和政治抱负,参与实际社会政治实践,以自己丰富的政治理念和传统影响社会。此外,龚先生还要重建儒家的礼乐文化,让儒学具体作用于生活世界,让百姓日用生活都充满神圣感和仪礼化。龚先生说:在今日这样一个契约化、法制化、世俗化的社会,"唯有重建礼乐文明,才能真正让生活具有具体性;唯有重新正视儒家在礼乐文教上的表现,才能让我们在世俗生活中体现义与美。要达成这个目标,则我们一方面要对儒学传统进行再诠释,不再仅限于性、道、天、命、心、理、气、仁,而需对礼乐、文教、政刑、井地、制产、社仓、燕居生活各部分再做阐发;另一方面需本儒者之说,积极地进行制礼作乐、整齐风俗的工作。倘能如此,或将可为儒学再辟一天地,令已在社会中如游魂般飘荡多时的儒家学说重新归窍、活生生地呈现于东亚社会。"[①]这就是龚教授心目中的生活儒学。

南京大学的李承贵教授也在宣扬生活儒学。他认为儒学的古典形态就是生活化的,古代的儒学对物质生活、精神生活和公共生活极为讲究,为此制定丰富的仪礼和程式。儒学在两宋之后走上哲学化、形而上学化的道路,主要是为了回敬佛教的挑战。其实,理学化的儒学,并不符合儒学的原生态性质。李承贵教授从内生性要求、经验性要求、生存性要求、意义性要求、可能性要求等多个方面论述了生活儒学的走向。他说:"生活儒学是对传统儒学的一次解

---

① 龚鹏程:《生活儒学的新路向》,载《社会科学战线》2008年第2期。

放。生活儒学既是一种新形态的儒学,又是对儒学价值的生活诉求。儒学所追求的就是改正错误的生活,改善不良的生活,改建健康的生活,儒学要兑现自己对生活的承诺,就不能只满足于书斋里的儒学理论大厦的构造,不能满足于儒学价值的理论上的纯情诉说,不能满足漫无边际的思辨论证,而需要走向生活,与生活融为一体,从而使儒学的思想、理念和价值扎根于生活中。因此,儒学的理念、价值要得到真正的落实和释放,生活儒学是根本的选择。"①

三

从佛教到儒学,在两个相差很大的领域,其领军人物不约而同地借助生活这一概念来展开自己的理念,这绝对不是一个偶然的巧合。净慧长老说:"中国佛教、中国佛学有中国文化的特质,有中国文化固有的精神,所以它叫中国的佛学、中国的佛教。"②如果说佛教带有中国文化固有的精神,那么,儒学则是中国文化的主干,这两者都在中国文化这一点相遇,并且都汇聚在"生活"上,这不能不说是一件大有意趣之事。如果单独看待这两件事,它们只是中国佛教内部的事务或者中国哲学界的意见,但是如果把它们联系在一起的话,它们就是当今中国文化和思想界一件重要指向的隐喻。

首先,从文化的角度讲。20 世纪 80 年代,李泽厚提出了中国文化的实用理性之说,该观点得到了学术界的普遍认可。李泽厚说:"如果说,血缘基础是中国传统思想在根基方面的本源,那么,实用理性便是中国传统思想在自身性格上所具有的特色。"③"中国实用理性的传统既阻止了思辨理性的发展,也排除了反理性主义的泛

---

① 李承贵:《生活儒学:当代儒学开展的基本方向》,载《福建论坛·人文社会科学版》2004 年第 8 期。
② 净慧:《一轮皓月 无限清辉——关于禅与生活禅》,载《中国宗教》2011 年第 3 期。
③ 李泽厚:《中国古代思想史论》,北京:人民出版社,1986 年,第 303 页。

滥。它以儒家思想为基础构成了一种性格——思想模式,使中国民族获得和承续着一种清醒冷静而又温情脉脉的中庸心理:不狂暴,不玄想,贵领悟,轻逻辑,好历史,以服务于现实,保持现有的有机系统的和谐稳定为目标,珍视人际,讲求关系,反对冒险,轻视创新……所有这些,给这个民族的科学、文化、观念形态、行为模式带来了许多优点和缺点。"[1]李泽厚把实用理性与中国的民族性格联系在一起,有许多地方说得都不正确。历史上、现实中的中国人真的是清醒冷静、温情脉脉、既中庸又不狂暴吗?对照一下历史,对照一下现实,我们很容易就会发现这个说法多么可笑,多么简单幼稚;我们能把中国人当作中庸而不狂暴的民族吗?但是反过来说,实用理性还确实是中国文化的一大特征。这个特征就表现在中国人把一切的一切都落实在"实用"上,追求"实用"的价值,是中国人的最终目标。受这种实用理性的左右,中国的观念系统都有很强的现实意识和生活意识,都渴望在现实中、生活中展开自己的追求,在现实中、生活中展示自身的价值。儒家自不必说,它自诞生那一天起就是奔着生活而来的,孔子、孟子都周游列国,游说诸侯,希望自己的理想能被某个君侯理解赏识,成为该国的治国之策;孔子、孟子教育学生的目标都是"学而优则仕",都是要让学生成为治国的要才、良才。虽然中国历史的文化长廊里并不缺少那些不计名利埋头苦干的专业人才,虽然儒家标榜自己的价值层次是"太上立德,其次立言,其次立功",但主流的追求仍然是现实的功名和成就。佛教在历史上一直是以一种独立的价值体系存在的,即使在其最兴盛的隋唐两朝,虽然有众多名僧出入宫廷,参与朝廷政治事务,但在精神上始终保持自己的独立地位。这就是说,此时的佛教还没有被过多地染上中华文化实用理性的色彩。但唐朝中期之后,佛教众门派一齐衰败,唯独禅宗一家兴盛。而禅宗的修行方式,也是从日用生活中寻求解脱途径。这种所谓的中国化的佛教,实际上也是走上了中国文

---

[1] 李泽厚:《中国古代思想史论》,北京:人民出版社,1986年,第306页。

化实用理性的道路。

对于中国实用理性的文化特色,今人批评者有之,赞赏者也有之。儒家文化从业者提倡生活儒,现仅体现在书面上;净慧长老提出生活禅,已经在社会上激起很大的回响。有人认为:生活禅是在生活中通过体悟去发现,或者是呈现,或者是提升出一种人生意义、人生理想和人生价值,由自然的、功利的生活境界上升为道德的、智慧的生活境界,也就是通过觉悟人生进而奉献人生。这对于缓解当前普遍存在的个人自我中心、道德滑坡等现象,以及对积极的心灵建设、心理建设都具有现实的、重要的意义,对于和谐社会的构建具有普遍意义和时代意义。这就是说,生活禅以佛学为要旨,以生活为归宿,进一步宏大了中国文化实用理性的益性功能,它展示的不仅是佛家的观念,也是中国文化的德行。从这一角度来说,生活禅无疑具有多重的文化与社会功效。

其次,从思想的角度讲,改革开放之后,单一僵硬的意识形态观念一统天下的局势被多元的观念和生活方式所取代,进而出现的是极度的感性和物欲;物质供应的快速和丰盈,勾起人们普遍的消费欲、奢侈欲。从这一角度讲,无论是生活儒还是生活禅,它们的努力方向都是对时代需求的极好的回应。从思想史的角度看,任何一个观念的恢宏,都要依靠两方面的因素:一是领军大师在纯观念领域内的不惧生死的创造性的开拓,二是诸多信奉者的默默无闻、不计得失的传播。我认为,生活禅目前就已具备了这两项条件,它已经成为一个新的观念体系,也具备了恢宏发达的诸种因素,在这一方面,它比生活儒要更开拓,更有活力,也更有前景。一位日本史学家说过,对于中国而言,佛教的传入相当于一次个性解放的思潮。"于是,中国历史的发展,在其间出现了奇迹般的'神意'之激活,迎来了贞观之治与开元盛世。"[1]回顾这一历史现象,我们可以推测,生活禅的发扬光大,会不会也对现实的中国来一次新的"激活"。

---

[1] 谭元亨:《中国历史哲学演进新析》,载《现代哲学》1994 年第 4 期。

在第一届河北禅文化讨论会上,方立天教授曾经对生活禅的未来发展提出过几点希望,大致内容包括:希望不断地总结生活禅的修持经验,不断地充实生活禅的内容;希望能逐步形成一套生活禅的修持程序,使生活禅修炼程式化;希望挖掘弘扬禅宗的历史资源,使生活禅能够向深度和广度两个方面推进。这些期望和要求都是对生活禅的未来发展极有益的嘱咐。除此之外,我还想到了马克斯·韦伯对中国文化的论述。韦伯认为,中国传统文化是一种适应性理性。在这种适应性理性的态度之下,人们"对现世的一切既定秩序、人事兴废采取朴素的现实主义立场,以肯定的乐观态度设法调适人与世界的关系,去适应现实,而不是以分析的态度去驾驭现实,改造现实"[1]。中国的文化,无论儒家还是道家,都讲究对社会与生活的适应与理解,观念体系与现实生活讲究和谐融洽,这与西方的讲究驾驭、控制、探究自然与社会的理性方式截然不同。韦伯还提到,作为中国文化主干的儒家思想,没有神的观念,没有对形而上学的追求,"在儒家伦理中,自然与神祇、伦理要求与人的缺陷、原罪意识与救赎需要、现世行为与来世补偿、宗教责任与社会政治之间的任何紧张关系,都付诸阙如。因此,这里没有通过内在力量影响行为使之摆脱传统和习惯的杠杆"[2]。这就是说,儒家文化没有对现实的超越,没有对现实构成一种紧张和压力,也无法对现实作出引导和指向,它的精神的平庸与观念的俗常,使其能够与现实社会保持同步与和谐,却无法推动现实的改革和发展。儒家文化缺乏自身内在的精神支点,也就无力与现实抗争。此种消极心态显然无法生成积极的科学探求精神,也无法生成现代的民主精神。这就造成历史上的儒家与现实的王朝政权长时间地"同流合污",同时也使中国历史几千年的时间僵化停步。对照韦伯的这种观念,我们不禁

---

[1] 苏国勋:《理性化及其限制——韦伯思想引论》,上海:上海人民出版社,1988年,第166页。
[2] 同上,第164页。

想到，今日的中国固然需要思想，但也许我们更需要一种特别伟大的思想，一种能够对现实构成紧张感、压力感的思想，一种富有批判精神的思想；这种思想不再汲汲于讨好现实，不再汲汲于依附现实，使思想不再是现实的遮羞布，不再是现实的润滑剂。从这个角度看，无论生活禅还是生活儒，其取向无疑都是非常准确的，但如何实现各自的目标，还需要在方法上有一番斟酌。

（郝晏荣，河北省社会科学院哲学研究所研究员）

"生活禅"乃"快乐禅"

陈 坚

曹雪芹(约1715—1763)说自己所写的《红楼梦》乃是"满纸荒唐言,一把辛酸泪",而鲁迅(1881—1936)则在《狂人日记》中借"狂人"之口说:"我翻开历史一查,这历史没有年代,歪歪斜斜的每页上都写着'仁义道德'几个字。我横竖睡不着,仔细看了半夜,才从字缝里看出字来,满本都写着两个字是'吃人'!"无论是"满纸荒唐言"还是"满本吃人字",看了都会让人闷闷不乐,怎一个"愁"字了得!不过,我倒是学佛不知"愁"滋味,觉得"四书十三经""三藏十二部",所说无非就两个字:"快乐"。不信你读《论语》,《论语》首篇《学而》,《学而》首章开门见"乐":

> 子曰:"学而时习之,不亦说乎?有朋自远方来,不亦乐乎?人不知而不愠,不亦君子乎?"

说了三件事,这三件事一"说"二"乐"三"不愠",都是"快乐"的意思,何"愁"之有?在孔子看来,不但一切人事皆可乐,就是山水也是可乐的,所谓"知者乐水,仁者乐山"是也。可见,孔子不但是个大圣人,而且简直就是一个"大乐透"。中国人都知道孔子是大圣人,有天大的学问和本事,结果一生颠沛流离,不得其用。他周游列国,劝说大家来完成"尊王攘夷"的大一统王业,结果怎么样呢?不但没人听信,在陈蔡还遭到围困,误会他是阳货,弄得连饭都没得吃。然而,孔子虽然多次处于困厄和险境之中,但他的内心总是那样安详和乐观,"饭疏食,饮水,曲肱而枕之,乐亦在其中矣"①。"其为人也,发愤忘食,乐以忘忧,不知老之将至云尔"②。颜回是孔子最器重的学生,也有很高的学问和品德修养,然而一生亦是穷困潦倒,"回也,其庶乎!屡空"③。"一箪食,一瓢饮,在陋巷,人不堪其忧,回也不改其乐"④。于是"孔颜乐处"就成为一个儒学话题,汉代以来人们不仅把孔子、颜渊这种"安贫乐道"精神奉为儒家最高的人格精神和道德境界,甚至作为一种"孔颜人格"津津乐道与推崇——"孔颜乐处"一直是中国儒家知识分子所追求的人生境界,以至于到了明代,阳明学派的王龙溪(1498—1583)干脆以"乐"取代"仁"来作为心之本体。对于阳明学派所提倡的"乐",梁漱溟先生(1893—1988)也是情有独钟的,他一直希望自己的"实际的生活"能够"跟着王阳明走",宣称自己属于"阳明心学",而且更喜欢王艮(1483—1541)——"在社会里头他是一个下层的人……可是他的生命、生活他能够自己体会"。他不厌其烦地引用王艮的《乐学歌》:"人心本自乐,自将私心缚。私欲一萌时,良知还自觉。一觉便消除,人心依旧乐。乐是乐此学,学是学此乐。不乐不是学,不学不是乐。乐便然后学,学便然后乐。乐是学,学是乐。于乎!天下之乐,何如此学?天下之学,何如此乐?"他希望人们对王艮的"人心本自乐"有所认识,从而"改换那求生活美满于外边的享受的路子,而回头认取自身活动上的乐趣"。

---

① 《论语·述而》。
② 同上。
③ 《论语·先进》。
④ 《论语·雍也》。

明眼人一看便知，无论是王龙溪还是王艮，他们那些"阳明学"表达，哪里是儒学的话语，分明是禅宗的言说。你听永嘉玄觉禅师（665—713）在其著名的《解脱歌》中所唱的"无绳自缚解脱后，大摇大摆大休息。……不变随缘行无碍，自在随心大安乐"；你再听蕅益大师（1599—1655）说："欲为圣贤佛祖，必受恶骂如饮甘露，遇横逆如获至宝。方名素患难行乎患难，方可于秽土植净土因，方如莲出淤泥，超登不退。倘无事则驾言念佛求生净土，一遇不如意，辄悔愠咨嗟，吾恐三昧不成，生西未保。"①这不就是"佛教版"的"人不知而不愠"吗？不但"不愠"，蕅益大师甚至还要求佛教徒们以一位自号"诵帚道人"的比丘为榜样，因为这位比丘平日里能够做到"受恶辣钳锤，如饮甘露"。你想，"如饮甘露"该有多快乐啊！

说到"甘露"，佛教正是以"甘露"来比喻佛法的。在这个比喻意境中，佛经中的一个字就是一滴"甘露"啊！正因为一字一"甘露"，所以汉译佛经往往以"如是我闻"开头，而以"皆大欢喜，信受奉行"或"皆大欢喜，作礼而退"结束。

当我从文字的佛经回到现实的生活，反复琢磨净慧法师所提倡的"生活禅"究竟为何时，我不得不承认"生活禅"其实就是"快乐禅"，其核心就是要让人们快乐，让人们从平凡的看似没有快乐的日常生活中发现快乐。记得《徐霞客游记》的第一篇是《游天台山日记：浙江台州府》。且看徐霞客在"癸丑之三月晦"往天台山去的路上，"自宁海出西门，云散日朗，人意山光，俱有喜态"②，这"人意山光，俱有喜态"就是"生活禅"境界的绝妙写照。

"生活禅"所提倡的快乐乃是佛教之本质所在。佛教常说"庸人自扰，自寻烦恼"，实际上佛教更提倡"智人自悟，自寻快乐"，比如有"弟子问佛祖：'什么是佛？'佛祖答曰：'无忧是佛。'如果一个

---

① 蕅益大师著，弘一法师编订：《寒笳集：一名蕅益大师警训略录》，江苏省佛教协会2012年印行，第40页。
② （明）徐霞客：《徐霞客游记》，北京：中华书局，2009年3月，第1页。

人能够内心没有忧郁、恐惧,充满欢喜、宁静、慈悲、善良,那便是佛。'世上本无事,庸人自扰之。'禅修的目的是让我们去掉忧郁与恐惧,以禅的智慧对所发生的事物作出正确的判断,解脱烦恼与忧愁,达到无忧的境界,达到佛的境界。学佛学禅不是约束自己,是让自己更无忧无虑,得更大的自在,得更智慧的人生",这里的"所谓智慧,是既能明察一切事物的是非、真假,又能正确取舍、断除烦恼、解除痛苦的能力",也就是佛教所谓的"般若",且看《心经》中说:"观自在菩萨,行深般若波罗蜜多时,照见五蕴皆空,度一切苦厄。……依般若波罗蜜多故,心无挂碍;无挂碍故,无有恐怖,远离颠倒梦想,究竟涅槃。""究竟涅槃"即是"究竟快乐"或最终极的快乐。总之,"佛法并非教条,或是宗教,而是和平、喜悦与智慧的生活方式"。当然,佛教或禅宗所说的快乐和喜悦,虽然有时也需要以笑为其表征,但这笑也并不一定就是咧着嘴笑(其实世上并没有那么多足以让你咧嘴笑的事情)。主要还是表现为对世界万物、日常琐事以及芸芸众生无条件地欢喜和接受。"大音希声,大乐不笑",这样的"大乐"来源于内心的宁静,因为我们生活中的许多事情看我们的心态,不管是个人还是公众领域。我们自己或是家庭生活愉快与否,大多数的因素都在我们自己身上。当然,物质条件的确是生活幸福快乐的因素之一,但一个人的心态却具有等同甚至更大的力量,无论是顺境还是逆境,无论是佳人相伴还是爱情无望,无论是功成名就还是身陷囹圄,都会在内心的宁静中归于平等甚至消弭于无。大家看"笑"这个字,上"竹"下"夭","竹下夭更幽",内心幽深宁静的快乐就是佛教的快乐,或者说,佛教的笑乃是心的笑,而不是嘴的笑。

内心宁静的快乐,实际上也就是佛教徒的快乐。有一句我们中国人经常将其当作座右铭立于书桌与墙的格言叫"宁静以致远",这"宁静"又何以能"致远"呢?"宁静"之所以能"致远",就在于"宁静"的本质乃是快乐。快乐者,顾名思义或望文生义或说文解字,不但"乐",而且还"快",一"快"自然就能"远"。可见,"快乐"蕴含着一种"快"的"正能量",有了这种"快"的"正能量",又焉有不"远"之理？当然,若依佛教的解释,那么佛教徒内心宁静的快乐,就是《金刚经》所说的"降伏其心"后的快乐,也就是《法华经·安乐行品》中的"安乐"。人一旦能够降伏自己躁动不安的心,那么"心无所住","一切法皆是佛法"。既然"一切法皆是佛法",那么自然就能像佛一样"安乐随缘",一切随缘。一切随缘,便能越随越远,是为"随缘致远"。如果按照中国古代哲学的谐音释义法,那么随缘者,随远也,从而"宁静以致远"便可佛教化为"随缘以致远"。

随缘的快乐就是佛的快乐,也就是所谓的"法喜"或"禅悦"。"法喜"也好,"禅悦"也罢,都是所谓的心性境界,而不是知识理性,尽管心性境界与知识理性可以相安无事地共存。我以前有意无意地总是喜欢从知识理性的角度来看待甚至要求佛教徒,觉得一个佛教徒就应该懂得佛教的一些基本知识和基本教义,什么"空""有""般若""法相""波罗蜜""阿耨多罗三藐三菩提"等,懂的越多就越像或越是佛教徒。然而,看别人的眼总是不能看到自己的瞳仁,说别人的嘴往往咬着自己的舌头,当有人问我(这是我经常遇到的尴尬问题之一)是不是佛教徒,信不信佛的时候,作为一个佛学博士兼大学佛学教授一肚子佛学知识的我立马陷入"骑驴找驴"的窘境,支支吾吾,不敢说自己是佛教徒,也不敢说不是,心虚得很。如果实在需要回答,那就圆滑地说,"我并没有皈依,但在平时生活工作中还是按照佛教的原则来生活的"或者"佛教比较复杂,佛教所说的信仰不是一般的信仰",接着就煞有介事、如此这般、自圆其说地解释一番,也不管听者满不满意、作何感想。我想听者肯定是不满意的,甚至他可能还会在背后蔑视我、嘲笑我。不过,现在我终于知道什么是佛教徒了,即凡是内心宁静有"法喜禅悦"的人都是佛教徒。不管这个人对佛教了解不了解或有没有佛教知识,就算是他不知道佛教是释迦牟尼创立的也无所谓,就算是他把玄奘说成是宋朝人也不能阻止他成为一个真正的佛教徒;就算是他把"南无阿弥陀佛"理解成"南方没有阿弥陀佛"也不妨碍阿弥陀佛给他带来"法喜"。

我把佛教徒的内涵归结为充满"法喜"和"禅悦"之快乐而不是富有"佛学"和"禅理"之知识,这很合佛意。佛于是就在我这个观念上"盖了个章",算是当作允许我在他的"无忧国"里随意云游的"签证"。

"无忧国"果然名不虚传,我沿路所遇皆是快乐无忧的佛教徒。第一个遇到的是拿着把漏风破棕榈扇唱着"鞋儿破,帽儿破,身上的袈裟破"无烦恼无忧愁的济公活佛(1148—1209),他快乐得连我跟他打招呼他都没时间理,或者他根本就懒得理睬我这个满身俗气的人。所以我也就只好继续往前走,走啊走啊,转过一个弯来到杏花村,见村头一棵蘑菇状的大樟树底下,一群小孩在那里欢呼雀跃。走近一看,原来那帮小孩正围着一个赤着双大板脚、袒胸、露乳、"地为床天当被"地呼呼大睡的"山胖子"嬉戏吵闹。我问其中一个稍大点的孩子才知道这胖子乃是大名鼎鼎的布袋和尚(?—916)。这不,他身旁还放着一个青灰色的用竹竿挑着的半鼓的大布袋呢。我好奇地抻开袋口看看里面究竟装着什么东西,忽然扑棱棱飞出一只小麻雀,吓我一跳,接着是一股冲鼻的霉酸味。里面装着什么?一个烛台、一个葫芦、一个断了头的泥塑佛像、一件破僧衫、一只木屐、一本破旧的厚厚的线装《楞严经》、三个馒头和一个缺了口的大粗碗、很多板栗和几个橘子、一块被咬了几口的生红薯、三根萝卜、两截估计是当筷子用的树枝条、两只小瓷瓶、一个不知里面包着啥的大纸包以及不知是干啥用的瓦片和石子,还有就是鸡毛、树叶、纸片、拨浪鼓、木制小榔头等什物,再还有就是空气和布毛纤尘。这个布袋及其里面的所有东西,除了那本《楞严经》,可以说没有一样是对我有用的。据一个传说,布袋和尚的这个布袋"胃口"大得很。有一次,布袋和尚因为修建寺院需要木材,遂外出化缘,他向福州一户姓陈的居士要一布袋木材,但是布袋怎么装也装不满,结果砍了一大片山林。这个布袋虽然充满,但却一无所有。然而,对于布袋和尚来说,一无所有就是所有一切,挑着这个布袋就是挑着整个世界,真所谓"拄杖两头挑日月,一个布袋游山川",好不快活。我想,如果说济公和尚是醒着快乐,那么布袋和尚却是睡着也快乐。你看布袋和尚样子像"如来",鼾声如雷,睡得多沉多香!一个留着阿福头、戴着红肚兜的小孩儿先是扯了一下他的耳朵,然后又一屁股坐在他的腿上,他居然哈哈大笑一声又接着酣睡。我正走神呢,这时从树后绕过来一个衣衫褴褛像个乞丐的瘦和尚,见小孩儿们戏弄布袋和尚,也许是惺惺相惜吧,就对他们说:"你们这些小猢狲,别闹了,都快到我这边来,我给你们钱买糖吃。"嘴馋耳更灵,大伙一听,呼啦一下全都围了过来,齐刷刷地伸出脏兮兮的小手吵吵嚷嚷着要钱,一个个踮脚引颈,唯恐自己手短。瘦和尚这时笑呵呵地拍拍这个手,摸摸那个头,说:"钱有,钱有,不要急,每个人都有,只是我有个条件,你们答应了我这个条件,我就给钱。"

"什么条件?"

"不管什么条件我们都答应。"

"快说呀,都什么条件?"

"给多少呀?"

"给一百吧。"

"少点也行,一文钱也能买两颗糖。"

……

小孩儿们叽叽喳喳、七嘴八舌并尽量往瘦和尚身上靠,似乎离他越近得的钱越多似的。瘦和尚这时开怀大笑说:"我的条件很简单,保管你们都能做到。你们只要能大声地念'南无阿弥陀佛',我就给你们钱。你们能念吗?"

"能念!"大家翘首以待,异口同声喊得震天响。

"能念就好。那这样吧,大家都排好队,不要乱挤,一个一个轮着来念给我听,声音越大越好,能做到吗?"

"能——做——到!"

喊声震天响,不但引来了很多路人围观,甚至还吵醒了布袋和尚。布袋和尚从地上爬起来,拍拍身上的尘土,打个哈欠,伸个懒腰,双手揉着眼睛,腆着个大肚子像猪八戒一样晃荡着就过来了,见到作为前辈的瘦和尚,立刻唱个大喏合个掌,倒地便拜。

"不拜不拜。"瘦和尚弯腰侧过身以示谦让。一胖一瘦两和尚寒暄过后,孩子们接着便按瘦和尚的要求开始排队念佛。瘦和尚像训话的连长似的站在队伍的前面说着要求,而布袋和尚则慈眉善目乐呵呵立其身后。瘦和尚挨个儿叫孩子们站出来念"南无阿弥陀佛",并要他们先自报家门讲清姓啥名谁。在这个娃娃兵队伍中,排在第一的是还流着鼻涕的狗蛋。瘦和尚摸了一下狗蛋的头,狗蛋铆足了劲儿高喊"南无阿弥陀佛",完了就从瘦和尚手中接过一文钱退下。我看瘦和尚是把手伸进自己的胸口掏出钱来的。第二个是来福,这小子穿戴齐整,看来是个富家子弟。瘦和尚同样摸一下他的头,只见他右手臂用力上扬,大声地念"南无阿弥陀佛",完了也得到了一文钱。我想这区区一文钱对来福来说算不了什么,但他还是很高兴。第三个是小女孩桂花,扎着小羊角辫。她似乎有点害羞,但还是依程序念了"南无阿弥陀佛",尽管与狗蛋和来福比起来声音小了点,但也顺利得到了一文钱。我看瘦和尚在给桂花钱的时候还特意俯身和她嘀咕了什么,这个我离得远听不清楚。

就这样,第四个、第五个、第六个……我数了一下一共 23 个孩子,他们都念了佛得了钱,皆大欢喜,飞也似的买糖去了。冲着他们欢呼雀跃的身影,瘦和尚大喊着:"孩子们,你们以后要多念佛,每天念佛,下次再给你们钱买糖吃。"想必瘦和尚钱也不多,每人也就给了一文钱。我见有几个胆大的想多要一文,都没如愿。后来我听说了这个瘦和尚的一些传奇故事。他其实就是净土宗五祖少康大师(688—763)。少康大师在出道之初,坚持每天出去乞讨些钱,然后用这些钱让小孩子来念佛,其间也吸引了一些大人——当然是那些对一文钱也要掰成两半花的穷人——加入到了念佛的队伍。少康大师就是靠着这种"赏钱念佛"的方法在当地弘扬了净土宗的念佛法门,据说当时还曾经念佛之声"盈于道路"。

等孩子们走后,布袋和尚也和瘦和尚各奔东西了。我当然也像电影散场似的离开,准备翻过西边那座不高的山到大佛头村去。山路弯弯,弯向一个围场,这是一个猎人队的驻地。时近中午,猎人们正聚在一起吃午饭,我看见慧能(638—713)也在里面,别人吃肉,他却吃着"肉边菜"。等慧能吃完饭,我拿着本《涅槃经》向他讨教,他说他不识字,根本就不知道砖头似的佛经中像黑豆一样密密麻麻排列着的字究竟是什么"劳什子",更不知道西方佛国在哪里。他只是"明心见性"很快乐而已。不识字的慧能吃完饭,把我拉到一边,跟我说了很多有关"自性能生万法"的道理,便又出工打猎去了。我似有所悟似悟非悟地继续赶路,傍晚时分便到了大佛头村,村东头有个打铁铺,打铁师傅五十开外,一身粗衣,灰头土脸。他打一记铁念一声佛,念声如唱。我好奇地问:"师傅,打铁怎么还念佛?难道念佛有助于刀快?"他笑呵呵地说:"念佛又打铁,快乐把命延,死后还能往生西方极乐世界,多好!"与打铁师傅聊了几句,我就在他的指引下投宿于与大佛头村隔溪相望的定光寺,开单后随僧"药石"(佛寺将吃晚饭叫"药石"),并早早睡下,一夜无话。

  第二天早早起床,拉帘开窗,只见山清水秀、翠绿欲滴。晚春时节在宁静佛寺休息一晚让我精神倍爽。上殿拜完佛,独步出山门,我站在山门前的台阶上,远眺近闻,真有苏东坡(1037—1101)夜宿东林寺油然而生的"山色无非清净身,溪声便是广长舌"之禅感。"定光寺始建于东晋,历代几经兴废,贞观元年的一场大火……"我正在阅读山门左侧立着的寺碑碑文的时候,忽听背后传来"唰——唰——唰"的扫地声,而且还有伴唱:"扫地扫地扫心地,心地不扫空扫地……"回头一看,只见一位穿着青衫直裰的中年和尚舞着(完全可以用"舞"这个字眼)把很大的竹枝扫帚在大雄宝殿前的小广场上扫地,边扫边唱"扫地歌",声音轻松自然,闻之怡情悦性,这在电视上是绝对听不到的。我本想上前跟他打招呼,甚至还有拽过扫帚代劳的想法,但见他又扫又唱,陶醉其中,怡然自得,亦不忍心毁人之美,就像不忍心穿脏鞋在洁白的雪地上踩一脚一样,于是我就干脆袖手旁观看"演出"。扫地和尚唱一会儿歌,又改"念佛扫地"了。

佛寺乃是阿弥陀佛的一亩三分地,我用过早斋,在这一亩三分地上该看的看,该拜的拜,与碰到的法师合个十,该聊的聊,该寒暄的寒暄,日上三竿便离开定光寺,赶往十里外的回浦小学去拜访韩校长,这是定光寺首座妙明法师建议的。他说韩校长是个虔诚的佛教徒,也很有学问,与我肯定谈得来。在简陋的校长办公室,穿着唐装看上去有四十开外的韩校长热情地接待了我。宾主坐定后,我请他谈谈自己的学佛经历以及对佛教的看法,他笑笑说:"不可说,不可说,没什么好说的。其实,我们这儿四乡八里的人都学佛,我是学得最差的一位,连老婆婆都比我学得好。"于是他就跟我说起去年暑假和教导主任马桂堂老师一起家访途中遇到的一件事,主人公就是一位老婆婆:

路经双庙的时候,我们坐在路廊里买点心吃。桂堂随便说一句:"可惜没有酱油。"旁边一个乡下婆婆笑着说:"我拿些来给你们。"我连忙止住她,她一边走一边说:"你们几次到这里?我家里是现成的。"稍停一歇,拿来了半碗酱油。我们略说几句感谢的话,她早走向他处去了。我想:我们没有穿长衫,又没有坐着轿,她既不想得钱,又不想人感谢,这一点爱的作用,真使我感动得很!我常说:乡下人比城里人本性厚道。

说到快乐的佛教老婆婆,我这里想顺便给大家引见一位张行婆,这是我在明代李诩(1456—1515)所著《戒庵老人漫笔》一书中认识的。该书引司马光(1019—1086)《张行婆传》曰:张行婆乃是宋代潍州昌乐(今山东昌乐县)人,她父亲是个"虎翼军校",可能是个连长之类的军中小官。张行婆七岁的时候,继母暗中托一个市侩将她卖到退隐尚书左丞范公家,然后骗丈夫说孩子走失了。张行婆被卖到范家后改名菊花,后来菊花又被作为范女的丫鬟陪嫁给了泗州(今安徽泗县一带)人"三班借职"金士则。张行婆无论是在范家,还是在金家都勤勤勉勉,深得主人好感。一个偶然的机会,张行婆(或者说张菊花)在范家遇到了阔别二十一年的父亲,悲喜交集,便毅然辞别范府,随父回家。回到家后,父亲对瞒着他把自己的亲生女儿卖了的继母大为恼火,欲殴而逐之休了她,谁想,张行婆对父亲说:"儿非母不得入贵人家,母乃有德于儿,又何怨焉?今赖天之力,得复见父,若儿归而母逐,儿何安焉?"父亲这才息怒住手。当时她父亲已经年届八十,因为膝下无子,所以家境贫困,度日艰难。张行婆既来之则安之,也没有回金家做小妾过富裕生活的打算,而是女大当男,挑起家庭重担,卖柴以维持家计。她发现自家有几亩田园被人长期无偿占用而不还,便和父母一起到衙门告状,赢了官司取回田。后来父亲死了,张行婆照样"养继母尽子道,母老不能行,所适稍远,则张氏负之",其孝心孝行可见一斑。直到继母死后,张行婆才嫁给本村村民王祜并育有一男两女。不幸的是,王祜又早死,结果留下孤儿寡母,但是张行婆誓不改嫁,含辛茹苦地把三个孩子都抚养成人并帮助他们各自婚嫁成家。终于完成了为人妻为人母的责任而松了一口气的张行婆,本可以在家里含饴弄孙安享晚年了。但是有一天,她却对三个孩子道出了出乎他们意料的人生志向,曰:"吾素乐浮屠法,里中有古寺,废已久,吾当率里人修之,弃家处其中,不复为尔母矣。"她出家搬到村中"废已久"的古寺当尼姑去了。也是有佛就有号召力,在张行婆的带领下,村民们纷纷有钱的出钱,有力的出力,建殿设堂,绘塑佛像,麻雀虽小,五脏俱全,不日就将一个行将倒塌的古寺修葺一新。寺成开光那日,张行婆即当众宣布,寺虽十方道场,但其三个子女却不得入内,为什么呢?因为"寺有众人之财,将以兴佛事,吾一毫不敢私也,汝来,使吾无以自明",这其实就是我们现在所常说的"亲属回避"制度。

对于住在自己兄嫂家"园门之傍"的张行婆,司马光"熟察其所为而异之"。有一天,司马光不解地问张行婆:你有儿有女,子孙满堂,不在家里"与之居以终其身,而栖栖汲汲周游四方",这是何苦呢?张行婆答曰:"凡学佛者,先应断爱,彼虽吾子,久已舍之,不复思也。"司马光一时语塞,但却从此对张行婆刮目相看,由衷钦佩,并作《张行婆传》以记之,使其并非惊天地、泣鬼神而是平凡中见伟大的事迹流传后世,堪称"小人物大传记"。我想,大政治家和大史学家司马光平时"高高在上",因而少见多怪,实际上从古至今民间像张行婆那样的优秀平民佛教徒,在中国佛教史上数不胜数。但不管怎么说,能得到司马光的青睐和笔传,那是不容易的。张讷在读了司马光的《张行婆传》后如是评论张行婆:

> 呜呼!世之服儒衣冠读诗书以君子自名者,其忠孝廉让能如张氏者几希,岂得以其微贱而忽之邪?闻其风者,能无怍乎?向使生于刘子政之前,使子政得而传之,虽古烈女何以尚之?惜乎为浮屠所蔽,不得入于礼仪之徒,然其处心有可重者。

张讷虽然是对佛教有点偏见的儒生,但他对张行婆的评价还是很高的,即虽然出身微贱,而且还"为浮屠所蔽",不幸信了佛成了佛教徒,但是其"忠孝廉让"之所作所为还是令"世之服儒衣冠读诗书以君子自名者"汗颜。不过在我的眼中,"老婆心切"、"婆心即佛心",张行婆不是"为浮屠所蔽",而是"为浮屠所悦",她是打心眼里喜欢佛教并因此而信仰佛教成了一位快乐的佛教徒,尽管她作为一个中国老太太,在很大程度上还是在践行儒家的生活方式。实际上,不管是儒家信徒,还是其他宗教的信徒,甚至是那些无神论者,只要他们按照自己的精神追求快乐着,那么无论他们信仰什么,都是佛教徒,因为佛教徒的本质就是快乐,而不是信仰。

(陈坚,山东大学佛教研究中心主任、教授)

佛教"生活禅"的人生启示

祁志祥

"生活禅"是净慧长老提出的标志性的禅学命题,也是他一生的修行追求。所谓"生活禅",净慧长老概括为八个字:"觉悟人生,奉献人生"。如何理解"生活禅"的理论依据和思想含义?《坛经》上说:"佛法在世间,不离世间觉;离世觅菩提,恰如求兔角。"以前佛教认为佛国净土是独立于我们身外的客观存在,净土宗认为它存在于西方世界,禅宗则把净土佛国从我们的身外移到了身内,认为"心净即佛土","随其心净则佛土净","郁郁黄花,莫非般若;青青翠竹,尽是法身"。涅槃不在彼岸,真空不离假有。一方面,"色即是空";另一方面,"色复异空"。所谓"色空",不是说"色灭"而"空",而是说"色之性空","性空"就存在于"色"的假有之中。常言说"大隐隐于市"。正如在闹市中隐居需要更大的定力,在喧嚣的世俗生活中修禅需要更明澈的智慧、更广大的慈悲。由此可见,超越的禅就应当渗透在我们的日常生活之中。

那么,包含禅宗在内的大乘佛教对现代人生的启示意义主要有哪些呢?

一、从生命本质的空幻不实,领悟"向死而生"的道理,活出智慧与澄明

佛教从缘起论出发,说明世间一切物质都是由缘而生、缘尽而灭、没有自体、虚幻不实的;不仅对象性的客观物体是没有真实本体的("法无我"),而且作为认知主体的人也是没有真实本体的("人无我")。由于佛教的时间观非常独特,千年万年只是短暂的刹那,这就更加剧了它的色空观。诸法无常,一切在流,一切在变,没有什么永恒不变的本体。毫无疑问,禅宗继承了佛教的这一基本的世界观。

佛教、禅宗从因缘聚散变化的角度对人生虚幻本质的揭示,是其人生哲学最深刻的地方之一。古往今来,作为具有自我意识的生命体,每一个人来到人世后都会情不自禁地思考人生究竟怎么过才有意义的问题。当他意识到生的偶然性、死的必然性和生命的短暂性时,自然会彻悟到生命存在的虚幻性和生命终极的无意义性。他会醒悟到人在现世一切原以为有意义、有价值的追求,本质上都是无意义的、无价值的,于是便得过且过于人世,并尊重现世的游戏规则,追求起现世有限的意义来,虽然他明白这实际上没有意义。因此,存在主义哲学对此作了反复论证,即便原先比较乐观的大思想家李泽厚,晚年也不免与存在主义发出共鸣:"'活'本荒谬而偶然"①,"我是荒谬、无聊和无家可归"②。其实,佛教对此早有先见之明。佛教反复揭示的生命本质的空幻不实、无常无我,对于启示我们"向死而生"、活出智慧极有意义。"向死而生"是海德格尔提出来的。人世间的许多糊涂昏昧之事,都是由于人们忘记了

---

① 《哲学探寻录》,《李泽厚哲学文存》下册,合肥:安徽文艺出版社,1999年,第515页。

② 《主体性的哲学提纲之三》,《李泽厚哲学文存》下册,合肥:安徽文艺出版社,1999年,第653页。

"人是会死的"这个常识造成的。时刻牢记人是会死的,生命的本质如梦如幻,可以使我们在追求人生的相对意义时变得更加通达与明智。

二、由佛教的"一切皆苦",体认人生并不完美,做好迎接苦难的准备

由生命的空幻不实,佛教进而论述到人生的痛苦真谛。佛教"四圣谛"首先一条便是"苦谛","三法印"最后一条是"一切皆苦",这是对人生本质的价值评判。人生之苦,总的根源是"五取蕴苦"。"五取蕴",指人由五种元素聚合而成。这五种元素是"色""受""想""行""识"。前一种是物质元素,佛典谓之"色",后四种是精神元素,佛典谓之"名"。在"色蕴"中,组成眼、耳、鼻、舌、身等肉身器官的是"四大",即"地""水""火""风"四种基本物质元素。"地"性坚,构成人体的筋骨;"水"性流动,构成人体的精血;"火"性热,构成人体的温度;"风"性空,构成人体的呼吸。正是由于"五蕴""四大"的暂时聚合,产生了人的生命及其种种痛苦,所以"五取蕴"是人生痛苦的渊薮。人生的痛苦有无量数,主要体现为"生苦""老苦""病苦""死苦"以及"求不得苦""怨憎会苦""爱别离苦"。人十月受孕,一朝分娩,在母胎里曾经遭受种种折磨。老了以后头秃齿豁,四大失灵,精神委顿,身心俱疲。一生中还要遭受各种疾病的困扰,同时还要承受死神的逼迫。但人仍必须振作精神、强作欢颜,追求生命的欲望所追求的一切。人之所求者多,所实现者少,这便形成"求不得苦";人是有感情的,明明怨恨某人,偏偏冤家路窄,这便形成"怨憎会苦";人总有亲人朋友,但终不免生离死别,这便形成"爱别离苦"。正所谓"三界无安,犹如火宅",茫茫苦海,无边无际。中国僧人附会说,人的面容就写着一个"苦"字——眉毛是"草"字头,两眼和鼻子合成"十"字,嘴巴是个"口"字。

佛教包括禅宗对人生痛苦真谛的揭示是空前深刻的。西方现

代以马斯洛为代表的心理学将欲望视为人生痛苦的根源,以叔本华为代表的"意志"哲学从生命的本质是"意欲"出发,揭示人永远生活在意志不能充分实现的痛苦之中,其实均不外乎佛教揭示的"求不得苦"。其实,人生并不完美,"黄金世界"并不存在。钱理群在《〈野草〉里的哲学》一文中说鲁迅:"他拒绝'完美'……他固执地要人们相信,有缺陷、有偏颇、有弊病、有限,才是生活的常态,才是正常的人生与人性。""人的生存的无奈,无依托、无归宿","这正是鲁迅要我们正视的"[1]。人刚刚踏上人生旅途时,往往期待着未来的人生到处充满鲜花与欢笑,其实恰恰有大量的野草和荆棘、悲伤与眼泪在等待着你。这就是人生的本来面目。佛教的"苦谛"用触目惊心的方式给涉世不深的乐观主义人生观以当头棒喝,对于人们以充分的心理准备正视缺憾的人生,无疑有人生经验的警示意义。

三、从人生真谛的"非有非无",领悟人生态度的"亦僧亦俗"

佛教发展到大乘时期,出现了非有非空、非有非无的中观派。以往的佛教偏重于非有说空,以有为俗谛、空为真谛,因而有"执空"的嫌疑。而执着于空也是一种有,尚不是"毕竟空"。"毕竟空"应连这种"空"也否定掉,于是出现了"非有""非'非有'"的不断否定、"无所着落"的世界观和人生观。《中论·观涅槃品第二十五》谓:"如佛经中说,断有断非有;是故知涅槃,非有亦非无。"[2]"如来灭度后,不言有与无,亦不言有无,非有及非无。"[3]"无得亦无至,不断亦不常,不生亦不灭,是说名涅槃。"[4]"非有""非无"的最终结

---

[1] 《钱理群文选》,汕头:汕头大学出版社,1999年,第25页。
[2] 吴汝钧:《龙树〈中论〉的哲学解读》,台湾"商务印书馆",1997年,第489页。
[3] 同上,第493页。
[4] 同上,第484页。

果,是"世间与涅槃,亦无少分别",采取不离俗而即真、亦僧亦俗的人生态度。禅宗是宣扬这种世界观和人生观、实践这种生活态度的典范。如《青原惟信禅师语录》云:"老僧三十年前未参禅时,见山是山,见水是水。及至后来亲见知识,有个入处,见山不是山,见水不是水。而今得个休歇处,依前见山是山,见水是水。"这种人生态度给我们的最大启示就是:如果你是出家人,要"僧不离俗""即色游玄",不离世间而求涅槃,在世俗生活中修持禅法,弘扬佛法;如果你是世俗之人,那就应当"俗不离僧",在世俗的生活中保持一份禅的超越。人既有物质欲求,又有精神追求。人的物质属性是精神属性存在的基础,人的精神属性是对物质属性的超越,也是人区别于动物的根本特性所在。有质量的人生是人的双重属性的全面实现。人诚然不能一概否定物欲,离开物欲的基本满足作柏拉图式的纯精神追求;也不能沉溺于物欲之中,忘记对物欲的超越和更高的人生追求。如果把"僧"理解为对世俗物欲的超越,那么,俗不离僧,僧不离俗,亦僧亦俗,就是我们应取的明智的人生态度。

四、从佛教"圆活无住"的思维方法,领悟处理人生矛盾时切忌绝对化

佛教为了说明"毕竟空"的世界观和人生观,运用了双遣双非、不断否定的思维方法。这种方法的最大特点是"圆活无滞"。"无滞",又叫"无执""无住",即不停留、不执着、不用静止僵化的观点看待事物。如说:"如来不在此岸,亦不在彼岸,不在中流。"[①]事物"不生亦不灭,不常亦不断,不一亦不异,不来亦不出"[②]。慧能传法,主张"出语尽双,皆取对法","究竟二法尽除,更无去处(着

---

① 达摩:《少空六门·悟性论》。
② 龙树:《中论·观因缘品第一》,吴汝钧:《龙树〈中论〉的哲学解读》,台湾:"商务印书馆",1997年,第15页。

落)"①。无论对于什么事物或矛盾的哪一方,都用"非……非非……",即"无可无不可"的方法加以对待。如对"有",不执着于"有",亦不执着于"非有"。对"空",不执着于"空",亦不执着于"非空"。对"动",不执着于"动",亦不执着于"非动"。对"静",不执着于"静",亦不执着于"非静"。对"知",不执着于"知",亦不执着于"无知"。对"名",不执着于"名",亦不执着于"无名"。对世俗的功名利禄,不可不看破,亦不可太看破。禅宗对这种中观的方法作了独特的发展,将中观方法扩展为"三十六对"。这"三十六对"包括外境与无情对五:天对地、日对月、明对暗、阴对阳、水对火;法相与语言对十二:语对法、有对无、有色对无色、有相对无相、有漏对无漏、色对空、动对静、清对浊、凡对圣、僧对俗、老对少、大对小;自性与起用对十九:长对短、邪对正、痴对慧、愚对智、乱对定、慈对毒、戒对非、直对曲、实对虚、险对平、烦恼对菩提、常对无常、悲对害、喜对嗔、舍对悭、进对退、生对灭、法身对色身、化身对报身。② 慧能在教导弟子"动用三十六对"时要"出没即离两边","问有将无对,问无将有对,问凡以圣对,问圣以凡对","二道相因,生中道义",从而将中观之道推广为处理一切矛盾关系的准则。这种认识、处理事物矛盾的方法的显著特点显得圆通无碍、灵活万变。

世界上的事情,无论真善美,还是假恶丑,都是相对的,不是绝对不变的。且不说审美里有"仁者见仁,智者见智"的"趣味无争辩"现象,道德中有"此亦一是非,彼亦一是非"、强权即公理的事实,即便是在主观相对性最难以存在的自然科学领域,也有"测不准定律""概率论"和"模糊数学"等。因此,无论什么价值取向,无论什么功名利禄,我们都不应当用绝对化的方法加以对待,而应用变化发展、圆转流动的方法加以观照,避免僵化与偏执。

---

① 《坛经·付嘱品》。
② 同上。

五、从佛教平等自救的意识，领悟自己才是自己命运的主人

佛教强调"众生平等"。首先表现为取消世俗的等级差别，认为君臣、主奴地位是平等的，出家人见到王公贵族无须礼拜。其次表现为取消僧团内部的等级差别，认为僧侣之间是平等的和合众，方丈、住持与僧众都是平等的。再次，佛教认为，众生在人性上也是平等的。人、鬼与诸天神一样，都有修行成佛的可能性，又都是"有情""有漏"的众生，需要通过修行去除与生俱来的"无明"习气和"贪、嗔、痴"三毒。从人人都有佛性而言，"一阐提"也不断善根，修一念善，众生即佛；从人人都有"无明"而言，"诸佛不断性恶"，一念迷处，佛即众生。最后是取消了救世主的观念。佛教之神有许多形态，佛、菩萨、罗汉，欲界天道、色界、无色界诸天都是神，但没有一个能创造万物、带来幸福的主宰神。三界诸神均为平等众生，既无创世之功，也无救世主的神通，不能左右人的命运。即便部派佛教的部分教派和大乘佛教对佛祖释迦牟尼作了神化，将他奉为最高人格神而顶礼膜拜，但释迦牟尼佛仍不是救世主。要获得人生的幸福，只有靠自己多做善行。你作什么业，就受什么报。这就叫"自作自受""自救自度"。因此，菩提不假外求，佛道就在自身的修行、自心的觉悟中。对此，禅宗强调得尤为突出。为了防止僧众弟子误以为佛道就在佛像、佛经中，禅宗后来呵佛骂祖、否定佛经。禅宗语录中充满了扑朔迷离、令人丈二和尚摸不着头脑的"话头""机锋""公案"，为的是促使弟子由疑而悟、自证佛道。

佛教的平等自救意识对于现代人生也很有启示意义。从来就没有什么救世主，也不靠神仙皇帝。人的命运固然割不断外在的机缘因素，但更多地取决于自己。外在的机缘无法掌控，主观的奋斗就在你的脚下。你就是命运的主人。只有通过自己的努力和奋斗，才能获得幸福美好的未来。佛教的自救意识尤其深刻揭示了人在

死亡的大限面前是孤立无助的,任何人都救不了你。只有尽早树立自我救度的意识,才能最后从容面对死亡。佛教的平等意识揭示了先天人性的平等事实,又揭示了后天佛与众生的差别,指出即便是佛菩萨也有去恶的修行需要,即便是芸芸众生都有超凡成圣的希望,粉碎了"上智与下愚不移"的表象,展示了人性问题认识的丰富性和深刻性。自救源于自主意识。佛教尤其是禅宗特别反对"随人脚后""拾人牙慧",切忌"头上安头""屋下架屋",崇尚自作主张、自家见识、自由无碍、自作主宰,与现代学人崇尚的"自由之思想,独立之精神"确有某种相通之处。

六、学习佛教忍辱负重的宽广胸怀,忍受生活中的苦难和屈辱

佛教"教人以忍"。"忍度",是大乘佛教修行的"六度"之一。人生有无数痛苦,需要"忍";人生有许多屈辱,需要"忍";佛教修行有许多戒律,也需要"忍"。佛教的"忍"有二义:一是"忍苦"。如忍人生八苦、忍守戒之苦。特别是具足戒之苦,年轻人忍受不了,佛门规定,一定要成年人方可受此戒律。二是"忍辱"。人耻我不耻,人恼我不恼。忍苦已属不易,忍辱更加困难。这些痛苦和耻辱,是对人的生理底线和心理底线的极大挑战,普通人忍受不了,难免呼天抢地、怨声载道,而佛教则要求"能忍难忍",安之若素,习以为常,体现了忍辱负重的宽广胸怀。常见佛教寺庙天王殿供奉着一尊肚皮巨大的弥勒佛像,对联之一云"大肚能容,容天下一切难容之事",就是对佛教之"忍"的形象诠释。唐代禅师寒山曾问拾得曰:"世间谤我、欺我、辱我、笑我、轻我、贱我、恶我、骗我,如何处治乎?"拾得大师云:"只是忍他、让他、由他、避他、耐他、敬他、不要理他,再待几年你且看他。"寒山云:"还有甚诀可以躲得?"拾得云:"我曾看过弥勒菩萨偈,你且听我念偈曰:'有人骂老拙,老拙只说好;有人打老拙,老拙自睡倒。涕唾在面上,随他自干了,我也省气力,他也无烦恼……'"

在世俗生活中,我们固然无须忍受守戒之苦,但人世中有太多的不顺、苦难和屈辱需要我们去承受,这同样需要我们有忍辱负重的博大胸怀和坚强意志。古往今来,凡成就大事业者,不唯有超人盖世之才,亦有坚忍不拔之志。孟子说:"天将降大任于是人也,必先苦其心志,劳其筋骨,饿其体肤,空乏其身,行拂乱其所为,所以动心忍性,曾益其所不能。"①苏轼《留侯论》云:"古之所谓豪杰之士者,必有过人之节。人情有所不能忍者,匹夫见辱,拔剑而起,挺身而斗,此不足为勇也。天下有大勇者,卒然临之而不惊,无故加之而不怒。此其所挟持者甚大,而其志甚远也。"他举刘邦、项羽为例说:"观夫高祖之所以胜,而项籍之所以败者,在能忍与不能忍之间而已矣。项籍唯不能忍,是以百战百胜而轻用其锋;高祖忍之,养其全锋而待其弊,此子房教之也。"忍无可忍,节节败退;能忍难忍,无往不胜。这就是生活的辩证法。

七、由佛教的勤勉精进,学习积极向上的进取精神

人们常误以为佛教的人生态度是消极的,认为佛教的人生观是出世的。其实这是一种莫大的误解。出世的人生观并不必然导致消极的人生态度。事实上,尽管佛教的人生观是出世的,勘破、超越了世俗的一切功名利禄,但生活态度却是勤勉精进、积极向上的,这就是按照佛教的理想目标和行为规范奋发勤勉、毫不懈怠地追求和修行。佛教称之为"精进"。"精进",又译为"勤",佛教"六度""八正道"之一,意为努力修行,毫不懈怠。内容是破恶扬善。破恶,叫"披甲精进";扬善,叫"摄善精进""利生精进"。不只"精进"直接体现了佛教积极向上的人生态度,"六度"中的其他五度"施""戒""忍""禅""慧","八正道"中的其他七正道"正语""正业""正命""正定""正见""正思维""正念",都间接体现了佛教徒不放纵自

---

① 《孟子·告子下》。

己、按照佛教修行目标和戒律规范克制自己、约束自己、修炼自己的人生取向。如佛教"定学"中有"五调"。"五调"之一是"调心"。"调心"的目的在于破心之"散"——松散、"浮"——浮躁、"沉"——昏沉。破"散"、破"浮",显示出佛教不同于世俗之心的追求;破"沉",则显示出佛教积极进取的旨趣。如果破"散"、破"浮"后什么目标都不追求,整天昏昏沉沉、糊里糊涂、得过且过、不思进取,那才是消极懈怠,佛家恰恰是反对的。弘一大师曾说:"自责之外无胜人之术,自强之外无上人之术。"梁启超说:佛教"是积极而非消极"。这是对佛教积极向上的人生取向和勤勉努力的拼搏精神的精辟概括。尽管每个人的人生理想未必与佛家相同,但在向着美好的理想、更高的目标积极进取、严以自律、不断进取这一点上,佛教的勤勉精进精神是值得学习的。

八、学习佛教与人为善的处世方式,在互利共赢中实现个人价值

戒恶扬善,是佛教的价值取向。佛教的善,外延有不少,其中之一是爱利他人。《优婆塞戒经》说:"不念自利,常念利他。身口意业,所作诸善,终不自为,恒为他人,是名实义菩萨。"佛教的利他,要求不图回报,所以教人们从动机上培养利他之心,即"四无量心"。"无量有四,一慈、二悲、三喜、四舍。"[1]"慈"是"与人以乐";"悲"是"拔人以苦";"喜"是见人离苦得乐而喜;"舍"是破除悭吝,自舍己乐,施与他人。在培养利他之心的基础上,佛教进而主张实践利他之行。如说话使人喜欢,行动解人忧苦,一切随顺众生。"布施",是佛教典型的利他之行,主要有"法施",即传播佛道与人;"财施",包括以财力、体力、脑力施舍他人。以财力与人者叫"外财施",以体力、脑力与人者叫"内财施"。佛教要求,在进行"外财施"时应空掉

---

[1] 《俱舍论》卷二十九。

施者、受施者、施物,达到"三轮体空","施时不求内外果报,不观福田及非福田,施一切财,心不吝惜"[1],认为这才是真正的布施。大乘菩萨是佛教中的利他主义者,主张"普度众生"、利乐他人。当利他与利己发生矛盾时,声称"我不入地狱,谁入地狱",要求"我当为十方人作桥,令悉踏我上过去"!

今天,我们身处的社会是市场经济,市场经济的道德原则之一是"互利"。早在近代中国国门打开、西方商品经济理念进入中国之初,谭嗣同就著《仁学》指出:"通商"的"通",即互通有无、互利互惠,故"通商之义","相仁之道、两利之道也"。严复在《天演论·群治》按语中指出:"两利为利,独利必不利。"市场经济中生活的人不能像过去极左时代那样完全否定个人利益,同时又不能忘记利己的前提是利他,即便如佛教出于纯粹动机的慈悲利他之举,也会受到别人自觉自愿的护法供养福报。由此可见,不求自利,利莫大焉。因此,佛教与人为善、舍己为人的处世方法和悲天悯人、慈悲为怀的人道情怀,在现代市场经济的趋利经济生活中仍然有其可以学习借鉴的生命活力。

(祁志祥,上海政法学院研究院国学所所长)

---

[1] 《优婆塞戒经》卷四。

"以法御心,不觉痛苦"
——记对生活禅的一些思考

中观法师

一

所谓"生活禅",顾名思义,是在生活中参禅。净慧长老提示生活禅宗旨说:"所谓生活禅,即将禅的精神、禅的智慧普遍地融入生活,在生活中实现禅的超越,体现禅的意境、禅的精神、禅的风采。提倡'生活禅'的目的在于将佛教文化与中国文化相互熔铸以后产生的具有中国文化特色的禅宗精神,还其灵动活泼的天机,在人间的现实生活中运用禅的方法,解除现代人生活中存在的各种困惑、烦恼和心理障碍,使我们的精神生活更充实,物质生活更高雅,道德生活更圆满,感情生活更纯洁,人际关系更和谐,社会生活更祥和,从而使我们趋向智慧的人生,圆满的人生。"[1]又强调"在生活中实现禅悦,在禅悦中落实生活"。一言以蔽之,生活禅的特质,在于净

---

① 净慧:《生活禅开题》,《生活禅钥》,北京:生活·读书·新知三联书店,2008年,第164页。

慧长老所总括的将祖师禅、佛法"生活化"和"化生活"两个方面。因此,我们应该在平时的生活中以禅为生活,以禅为生命,以禅为中心,以禅的精神来指导自己的生活!

二

以禅的精神来生活,就要深刻地明白禅的精神,这样,才能由生活禅进而禅生活。谈到生活禅的精神,自然要说慧可大师的禅法。二祖慧可大师(487—593),一名僧可,又名神光,俗姓颐,洛阳虎牢(又作武牢,今河南荥阳市汜水镇)人。慧可其父名寂,在慧可出生之前,每每担心无子,心想:"我家崇善,岂令无子?"于是他便天天祈求诸佛菩萨保佑,希望能生个儿子,继承祖业。就这样虔诚地祈祷了一段时间,终于有一天黄昏,他感应到佛光满室,不久慧可的母亲便怀孕了。为了感念佛恩,慧可出生后,父母便给他起名为"光"。他幼年出家,通晓佛典。四十岁时拜菩提达摩为师。为表求道决心,慧可竟用刀自断左臂,奉献达摩座前。感其赤诚,达摩授法器、赐法名,收他为传法弟子。达摩在嵩山传法时,以四卷《楞伽经》授慧可,并说:"我观汉地,唯有此经,仁者依行,自得度世。"其后慧可传承了达摩的禅法,成为禅学大师。

一想到慧可大师,就令人想到他的"断臂求法"之说,智炬《宝林传》卷八载唐法琳所撰《慧可碑》文,记载慧可向达摩求法时,达摩对他说:"求法的人,不以身为身,不以命为命。"于是慧可乃立雪数宵,断臂表示他的决心。这样才从达摩处获得了安心的法门。因此"雪中断臂"就成为禅宗一个有名的故事而广泛流传。但唐道宣《续高僧传》卷十六《慧可传》只说慧可"遭贼斫臂,以法御心,不觉痛苦",未提到求法事,因而这个故事的真实性值得研究。但后来有关禅学的史籍,如净觉《楞伽师资记》、杜朏《传法宝记》、道原《景德传灯录》卷三、契嵩《传法正宗记》卷六等,多承袭法琳说而否定道宣之说,从而慧可这段"雪中断臂求法"的故事,仍为一般禅家所传诵。

  慧可的禅学思想传自达摩,特别是达摩传授给他的四卷《楞伽经》重视念慧,而不在语言。它的主旨是以"忘言忘念、无得正观"为宗。这个思想经过慧可的整理提倡,给学禅的人以较大的影响。

  达摩"理入"的根本意义在于深信一切众生具有同一真性,如能舍妄归真,就是凡圣等一的境界。慧可继承这个思想,指出生佛无差别的义理,直显达摩正传的心法。

三

  有一天,在禅定中,慧可禅师突然看到一位神人站在跟前,告诉他说:"将欲受果,何滞此邪?大道匪(非)遥,汝其南矣!(如果你想证得圣果,就不要再执着于枯坐、滞留在这里了。大道离你不远,你就往南方去吧)"慧可禅师知道这是护法神在点化他,于是将自己的名字改为神光。第二天,慧可禅师感到头疼难忍,如针在刺,他的剃度师宝静禅师想找医生给他治疗。这时,慧可禅师听到空中有声音告诉他:"这是脱胎换骨,不是普通的头疼。"慧可禅师于是把自己所听到的声音告诉了他的老师。宝静禅师一看他的顶骨,果然如五峰隆起,于是就对慧可禅师说:"这是吉祥之相,你必当证悟。护法神指引你往南方去,分明是在告诉你,在少林寺面壁的达摩大师就是你的老师。"慧可禅师于是辞别了宝静禅师,前往少室山,来到达摩祖师面壁的地方,朝夕承侍。开始,达摩祖师只顾面壁打坐,根本不理睬他,更谈不上有什么教诲。但是,慧可禅师并不气馁,内心反而越发恭敬和虔诚。他不断地用古德为法忘躯的精神激励自己:"昔人求道,敲骨取髓,刺血济饥,布发掩泥,投崖饲虎。古尚若此,我又何人?"就这样,他每天从早到晚,一直待在洞外,丝毫不敢懈怠。这样过了一段时间,有一年腊月初九的晚上,天气陡然变冷,寒风刺骨,并下起了鹅毛大雪。慧可依旧站在那里,一动也不动,天快亮的时候,积雪居然没过了他的膝盖。

这时,达摩祖师才慢慢地回过头来,看了他一眼,心生怜悯,问道:"汝久立雪中,当求何事?"

慧可流着眼泪,悲伤地回答道:"唯愿和尚慈悲,开甘露门,广度群品。"

达摩祖师道:"诸佛无上妙道,旷劫精勤,难行能行,非忍而忍。岂以小德小智,轻心慢心,欲冀真乘,徒劳勤苦。"(诸佛所开示的无上妙道,须累劫精进勤苦地修行,行常人所不能行,忍常人所不能忍,方可证得。岂能是小德小智、轻心慢心的人所能证得?若以小德小智、轻心慢心来希求一乘大法,只能是痴人说梦,徒自勤苦,不会有结果的)听了祖师的教诲和勉励,为了表达自己求法的殷切和决心,慧可暗中拿起锋利的刀子,咔嚓一下砍断了自己的左臂,并把它放在祖师的面前。顿时鲜血染红了雪地。

达摩祖师被慧可的虔诚举动所感动,知道慧可是个法器,于是就说:"诸佛最初求道,为法忘形,汝今断臂吾前,求亦可在。"(诸佛最初求道的时候,都是不惜生命,为法忘躯。而今你为了求法,在我跟前,也效法诸佛,砍断自己的手臂,这样求法,必定能成)达摩祖师于是将神光的名字改为慧可。

通过慧可大师断臂求法的过程,就可以明白"以法御心,不觉痛苦"的道理,可是,又有多少众生确实在生活中可以这样去行持呢?

佛陀释迦牟尼向得大势菩萨,即西天极乐世界的大势至菩萨,讲了如下故事:在无量阿僧祇劫以前,有一位佛出世,名叫威音王如来,其劫名离衰,国名大成,这位佛的寿命和正法住世时间非常久远。在像法时期,非但众人,乃至比丘都升起傲慢之心,而他们还具有很大的势力。这时有一位菩萨比丘,谦虚恭敬,每逢见到出家、在家修行之人,不管其行为如何,都恭敬礼拜,并向他们说:"我非常尊敬你们,不敢有所轻视,为什么呢?因为你们都行菩萨道,将来都要成佛。"此应慧可大师之说"说此真法皆如实,与真幽理竟不殊。本迷摩尼谓瓦砾,豁然自觉是真珠。无明智慧等无异,当知万法即皆如！愍此二见之徒辈,申词措笔作斯书。观身与佛不差别,何须更觅彼无余"①相切,亦是生活禅的真实体现。禅本不计较形式,但用其心,切入如来本怀。

这位菩萨比丘不但读诵经典,而且身体力行礼拜恭敬,甚至远远地看到四众,都要走过去施礼赞叹。四众中那心不洁净、嗔恨心重的人,不但对此不屑一顾,而且破口大骂:"你这个无智比丘来自何方?口中自言'我不轻视你们',还来给我们授记,说我们将来成佛,我们用不着你这种虚妄的授记。"像这样被呵斥辱骂,这位比丘也不生嗔恚,仍然一如既往,长年累月地如此修行。有时嗔怒的众人还用木棒打他,用瓦石投他,他在躲避时仍然高声说:"我不敢轻视你们,你们将来都要成佛。"因为他常作如是说,所以傲慢的出家、在家众都戏称他为"常不轻"。而这位菩萨比丘临命终时,在虚空中听到威音王佛所说《法华经》,无量偈诵悉能受持,因此,眼、耳、鼻、舌、身、意六根皆得清净,并增寿命二百万亿那由他岁,这使他得以大神通力、乐说辩力、大善寂力,广为四众讲经说法。在这种神奇莫测的雄辩事实面前,以前轻蔑、打骂他的人深受震动,无不折服,进而乖顺前来听法受教。由于常不轻菩萨礼遇无数诸佛,受持读诵《法华经》,并广为四众宣读解说,所以最后得以成佛,这位佛就是我们尊敬的本师释迦牟尼佛。

尽人皆知,文殊、普贤、地藏、弥勒、观世音、大势至、虚空藏、除盖障八大菩萨,声名显赫、威力无比,可是世人对他们只是顶礼膜拜、祈求保佑而已,真以他们为榜样,想最后达到他们地位的人可谓寥寥无几。而常不轻菩萨则不然,他所处的环境,跟我们的生活、工作环境没有太大的差别,甚至有不及而无过之,这使我们觉得亲切、自然,心里愿意以他为榜样去尝试修学。他在现实中磨炼、苦修,忍人所不能忍,行人所不能行,最后终登彼岸、见性成佛,其鲜明的象征意义与深刻的现实意义,可以说并不亚于八大菩萨,如若初学菩

---

① (唐)道宣:《大正藏》,《续高僧传》,《慧可传》。

萨行者真正发心,常不轻菩萨的言行,该是可望而可即的。

四

事实常常是说起来容易做起来难,常不轻菩萨之所修持,其实是相当不易的。其也就如生活禅一样,说是生活化,可是,如何才能真正地把禅生活化进而化为生活禅呢?这是真正"软中带硬"的高级内功,一般行人跟他之间至少有三个台阶要攀登。

第一,我们虽然时时自我提醒,要谦虚谨慎、戒骄戒躁,但是无形之中总有"傲慢"的蛛丝马迹出现,即使是这种微弱痕迹,还是逃不过他人的眼睛,甚至被人家的显微镜放大,那结果经常是,轻则关系疏远,重则分道扬镳,这就需要吾人在禅修的过程中能够戒骄戒躁,让吾人的内心可以平静、坦荡。

第二,赞叹别人做得不够,分不清正面赞叹跟阿谀奉承的差别。实际上,正面赞叹是使被赞叹的人正直前行,阿谀奉承则是自己另有利益所图;再者赞叹别人就以为降低了自己,或者称赞别人而没被别人称赞就失去了平衡,而始终找不到合适的可行之路,这亦是生活禅的切要,禅修本身就是要放下身心,如果还在为外物所牵扯,那样的生活自然没有办法与禅相应,也不能禅化生活。

第三,赞叹别人、帮助别人,人家不但不领情,甚至还反过来辱骂、殴打,这是一般人所无法接受的,因此这道坎成了多数行者无法逾越的障碍。而常不轻菩萨的象征意义正在这里,他被人家辱骂甚至殴打时,既能行忍辱行,又无嗔恨之心,而且还要继续赞叹他们,坚称他们将来终能成佛,亦应慧可大师之说:"或在城市,随处任缘,或为人所使,事毕却还。彼所有智者,每劝之曰:'和尚是高人,莫与他所使。'师云:'我自调心,非关他事。'"①

正是这种无比艰难的忍辱精神,使得释迦牟尼佛早已成了佛,

---

① 《祖堂集》卷二。

《妙法莲华经·如来量寿品》中讲得非常清楚,而那些目中无人、狂妄傲慢,甚至污蔑、殴打修行者的愚蠢众生,虽然具有终不泯灭的永久佛性,但其成佛的过程和时间将是非常久远的,他们于千劫的时间在阿鼻地狱里受极大苦楚,在二百亿劫的时间里常不遇佛、不闻法、不见僧。这是从不妄语的世尊告诉大势至菩萨的事实。此次法华会中,跋陀婆罗等五百菩萨,狮子月等五百比丘尼,思佛等五百优婆塞,就是当时戏称、侮辱常不轻菩萨的众生。

那么,如何校正自己的错误心理?如何跨越自己的行为障碍?如何完善自己的高尚人格?这是任何人都要面对的现实。常不轻菩萨是脚踏实地闯过来的,这就是生活禅的真实典范,亦是禅化生活的现实榜样!

(中观法师,广东省社会科学院
佛学研究中心副主任兼秘书长)

论生活禅的"五位一体"性
——以"中国梦"为探究视角

施保国

近代以来,复兴中国梦成为无数仁人志士前赴后继追求不息的目标。2012年11月,习近平总书记在国家博物馆参观"复兴之路"展览时再次阐释了"中国梦"的概念。他说:"大家都在讨论中国梦。我以为,实现中华民族伟大复兴,就是中华民族近代以来最伟大的梦想。"他曾说,建党100年和新中国成立100年分别建成小康社会的目标和富强、民主、文明、和谐、生态的社会主义现代化国家的目标一定能实现,伟大的复兴之梦一定能实现。当代中国所处的发展阶段,决定了"中国梦"的本质内涵是实现国家富强、民族复兴、人民幸福、社会和谐、生态美好。

应该说,从"六祖革命"到"人生佛教"再到"人间佛教",中国佛教完成了印度佛教中国化、中国传统佛教近代化,具有人文关怀和人文精神的佛教现代化,再到生活化佛教的当代转变。这种转变在理论核心上表现为从"佛本"到"人本",从"人本"到"人生",再从"人生"到"人文"到"生活"的转变,这种转变对于当今建设中国特色社会主义的伟大事业具有重大意义,是佛教实现与社会主义社会相适应这一建设目标的重要体现。① 在复兴中国梦的伟大历程中,今天的佛教界提出生活禅理念作为积极响应,在以下五个方面做出阐释和发展,实现研究范式的突破,如能以此为契机,引生智慧,对于佛教实践必将是极大推动,为中国梦的实现增添智慧。

一、生活禅的经济生活观:如法求财、广度众生

生活禅是净慧法师于20世纪90年代初提出的,他强调把祖师禅的精神和人间佛教的思想结合起来,把传统修行与现实经济生活结合起来,即"在生活中修行,在修行中生活"。生活禅覆盖着包括经济生活在内的出世世间法的全部。净慧法师对于佛祖生活的2500年前的经济生活状态很是欣赏。他说:"那是一个农耕社会,人们过着日出而作、日落而息的生活……那时的人们非常朴实,悠然自得,好像还是过着无争的生活,这一点让我体会很深,由是我想到了我们当下社会,竞争那么激烈,人们的心理压力沉重,活着不容易的感叹很多人都有,佛教肩负的担子还很重。"② 在目前经济建设的过程中,有两种错误的观念,即一种是不劳而获,通过投机取巧、贪污腐败等方式过着饭来张口、衣来伸手的生活;另一种是生活金钱化,唯钱是上,或通过透支身体健康的方式获得金钱,过着纸醉金迷的生活,或成为钱的奴隶,这两种经济生活都是片面的。今天的生活禅提倡对社会与人生的贡献,即"觉悟人生,奉献人生",把禅融入到人生之中,既将原来的观心打坐的禅法变成了与生活紧密结合有了活泼泼动力的禅法,又重视经济生活,将经济生活看成修行悟道的活水源头。"临济宗、赵州禅、生活禅看成一个整体,三者都是围绕着禅这个法门来说事,其作用是一样的,都是为了使人们提高

---

① 李霞:《从"六祖革命"到"人间佛教":中国佛教人文精神的建立》,《社会科学战线》2006年第4期,第43页。
② 净慧:《生活禅与临济禅、赵州禅一脉相承》,黄夏年主编:《生活禅研究》,郑州:中州古籍出版社,2011年,第1页。

觉悟,展现美好的一生,过着清醒而惬意的当下生活而设立的"①。生活禅为"当下生活"而设立,"当下生活"离不开经济活动和人们正确的财富观的树立。生活禅所说的缘起色身需要假衣食才能延续。人们需通过自身的劳动获得生活需要的物质财富,又要通过劳动获得的财富去与他人交换所得,这是包括学佛的人在内的所有人的生存保障。生活禅的经济生活观表现如下:

首先,需如法求财。佛教视正当的谋生手段为正命,不正当的谋生手段为邪命。正命提倡的如法求财是合理的谋生手段,是修学佛法的"八正道"之一,认为人们无论何时何种情况下都不能放纵自己的欲望非法求财。净慧法师在2001年曾开示:"不论你信佛有多虔诚,你都不能脱离社会和人群,不能脱离你所从事的工作,也就是说不能脱离你应尽的责任和义务,包括家庭的责任和义务,脱离了这些,你的信仰就悬在半空中,信仰就没有地方落实了。"他在1997年柏林禅寺中元节报恩法会上作了"做人的佛法"宣讲,认为子女的"如法求财"是对父母孝顺的基础。"增益财物,要使父母过得富裕,财产日益增多,生活日益安定。"②在如今的社会主义初级阶段,人的一生中大多数时间都是在"求财"中度过。如果不能"如法求财"、很好地从工作中谋生,会对生活造成影响。对于财富,佛教视来源正当的、清净的财富叫净财,认为净财不但是维持生计的必要条件,同时还能利益社会、造福人类。求财的手段有两方面,即开源和节流。开源就是掌握各种谋生和致富的手段,节流就是勤俭节约、量入为出。只要我们勤修善业、培植福田,财富就会日益增长,这些都是如法求财的表现。

其次,挣钱养家责无旁贷。对于在家信徒来说,挣钱养家、解决个人生计是信仰的基础。他们肩负着家庭责任,如养育后代、赡养

---

① 净慧:《生活禅与临济禅、赵州禅一脉相承》,黄夏年主编:《生活禅研究》,郑州:中州古籍出版社,2011年,第2页。

② 王丽心:《试论净慧长老的佛学思想》,黄夏年主编:《生活禅研究》,郑州:中州古籍出版社,2011年,第213页。

老人等,都需要相应的物质财富。尽管视慈悲一切众生为最高追求,但如果连身边的亲人都无力养活,又怎能谈及其他呢?作为社会的一分子,人人都有一定的社会责任需要承担。若连个人和家庭的生活都无法维持,本身就会成为社会的负担,难以抵达禅宗普度众生之初衷。正如六祖慧能所说:"佛法在世间,不离世间觉;离世觅菩提,恰如求兔角。"这说的是,人们解脱的理想就在现世间,就在眼下的现实经济生活中,而不在遥远的未来以及看不见的西方,人们必须认真面对,责无旁贷。

再次,以物质广度众生。菩萨道的精神实质是不仅要修行自我,更要慈悲他人、普度一切众生。在菩萨奉行的六度四摄中,皆以布施为先,包括财布施、法布施和无畏施。药师琉璃光如来在因地修行时,曾说:"应先以上妙饮食,饱足其身。"可知,物质帮助也是广度众生的方式。发大菩提心的人完全可以去赚钱,拥有很多财富。在此之后,才有相应的能力去帮助众生。不过这样做的前提是去掉贪执之心,否则就难以达到禅宗的最高境界。

此外,如何合理地使用和支配我们的财富呢?佛陀在经典中为我们作了四份分类:第一份保障家庭日用开支;第二份投资增值,避免财富不能持续;第三份储蓄,以解不时之需;第四份用作慈善事业,回馈社会大众。其实这也是一种投资,是对于未来幸福的投资,而我们能从中收获的,绝不是有限的财富所能比拟的。①

二、生活禅的民主政治观:佛与众生,本来平等

生活禅认为,"佛与众生,本来平等",这是民主政治的基础。生活禅的平等理念与今天人们所说的民主政治理念是具有逻辑一致性的。

---

① 济群法师:《佛教的财富观》,《佛教文化》2003年第1期,第33—41页。

首先,平等是传统佛教的理念。传统佛教竭力主张平等,打破政治上的人种与地域界限,将其政治观推广到整个人类、整个生态系统,所谓"一切有情悉有佛性","心佛众生,三无差别","下至禽兽,皆当护视"①。《金刚经》云:"所有一切众生之类,若卵生,若胎生,若湿生,若化生,若有色,若无色,若有想,若无想,若非有想,若非无想。我皆令入无余涅槃而灭度之。如是灭度无量无数无边众生,实无众生得灭度者。"②可见,公平平等是政治理想之基!《坛经》中所载慧能的生平事迹和言论,充满平等智慧的启发。"自性平等,众生是佛;自性邪险,佛是众生。"③自己的本性是公平正直,则众生也可成佛。"法本一宗,人有南北。法即一种,恐有迟疾。何名顿渐,人有利钝,故名顿渐。"④"人虽有南北,佛性本无南北……佛性何有差别?""思量即不中用,见性之人,言下须见。若如此者,轮刀上阵,亦得见之。"⑤不管南方人还是北方人,他们佛性的觉悟完全是平等的,都在于一瞬间的观念转换,哪怕是抡刀上阵,亦可觉悟。"只缘速悟不同,所以有愚有智。"对于顿悟渐悟的差别,慧能也是以平等心态去看,认为只是悟的速度不同罢了,在本质上是没有差别的。

近人认为佛教信仰乃平等而非差别,信仰佛教绝无流弊。如梁启超先生说:"他教者,率众生以受治于一尊之下者也,唯佛不然,故曰:'一切众生,皆有佛性。'又曰:'一切众生,本来成佛,生死涅槃,皆如昨梦。'其立教之目的则在使人人皆与佛平等而已。夫专制政

---

① 王永会:《佛教政治哲学简论》,《社会科学研究》2000年第3期,第82页。
② 《金刚经·第三品大乘正宗分》,钟明译著:《金刚经坛经》,呼和浩特:远方出版社,2004年,第6页。
③ (唐)慧能:《坛经·付嘱品第十》,钟明译著:《金刚经坛经》,呼和浩特:远方出版社,2004年,第190页。
④ (唐)慧能:《坛经·顿渐品第八》,钟明译著:《金刚经坛经》,呼和浩特:远方出版社,2004年,第155—169页。
⑤ (唐)慧能:《坛经·行由品第一》,钟明译著:《金刚经坛经》,呼和浩特:远方出版社,2004年,第70页。

体固使人服从也,立宪政体亦使人服从也,而其顺逆相反者,一则以我服从于他,使他由之而不使我知之也;一则以我服从于我,吉凶与我同患也。故他教虽善,终不免为据乱世小康世之教,若佛教则兼三世而通之者也。故信仰他教或有流弊,而佛教决无流弊也。"①杨度指出,佛与众生,本来平等故,或迷或悟,只在一心故,迷时众生悟时即佛故。佛佛相传,唯传心法故。心外无佛,心外无法故。心佛众生,三无差别故。②

其次,关注现实的平等追求是生活禅的目标。黄夏年先生曾在《二十世纪的佛学研究》(序二)中说,20世纪40年代一些佛学研究刊物的出版出现许多新气象,产生一定影响,其原因是与前三十年相比,"内容更加关注现实,这是历史使然,当时举国上下关心的是未来中国的社会发展,远离政治的纯佛学研究,因而不能成为热点"③。净慧法师指出生活禅源自祖宗禅,是对传统佛教的继承和发展,一脉相承的目的就是使作为平等众生的我们精神生活充实,他说:"所谓生活禅,即将禅的精神、禅的智慧普遍地融入生活,在生活中实现禅的超越,体现禅的意境、禅的精神、禅的风采……解除现代人生活中存在的各种困惑、烦恼和心理障碍,使我们的精神生活更充实,物质生活更高雅,道德生活更圆满,感情生活更纯洁,人际关系更和谐,社会生活更祥和,从而使我们趋向智慧的人生、圆满的人生。"④可见,今天的生活禅被广泛认同,也是与其追求众生平等的热情相关的。如赵州和尚公案所说,有僧问赵州和尚:"如何是道场?"赵州和尚回答说:"你从道场来,你从道场去。全体是道场,何

---

① 梁启超:《论佛教与群治之关系》,王守常、钱文忠编:《人间关怀》,北京:中国广播电视出版社,1999年,第600页。
② 杨度:《我佛偈序赠美国贝博士》,王守常、钱文忠编:《人间关怀》,北京:中国广播电视出版社,1999年,第603页。
③ 黄夏年:《二十世纪的佛学研究》,王守常、钱文忠编:《人间关怀》,北京:中国广播电视出版社,1999年,第16页。
④ 净慧:《生活禅开题》,《生活禅钥》,北京:生活·读书·新知三联书店,2008年,第164页。

处更不是?"①此处之道场即政治之所,我们生活在平等的政治理想中,我们的政治理想需要我们共同去建设。

三、生活禅的幸福文化观:得乐、禅境、家园

生活禅重视文化在生活中的作用,提倡离苦得乐、回归精神家园的幸福文化观。

首先,离苦得乐。近代梁启超先生认为佛教之信仰乃兼善而非独善得乐。他说,凡立教者,必欲以其教易天下,故推教主之意,未有不以兼善为归者也,至于以此为信仰之一专条者,则莫如佛教。佛教说"有一众生不成佛者,我誓不成佛","唯行菩萨行者得成佛,其修独觉禅者永不得成佛",今以众生为目的,以最大之希望而牺牲,所以舍己救人之大业,唯佛教足以当之。净慧法师为生活禅的理念和践行不辞劳苦。他提倡生活禅的本意是,"将祖师禅的修行理念作为一种全新的、积极健康的、引人向上的生活方式加以提倡。这是我们佛教生存和发展的内在需求,更是社会大众寻找精神家园、落实信仰回归的迫切要求"②。他为此而"做出努力",感受着生活的乐趣。

其次,禅的意境。要根据现代人的根性,对传统佛教已有的那些贴近生活、鼓舞上进的教义与修行理念和修行方法作出新的阐释,使之与现代社会思潮相适应,与现代人的生活方式相适应。净慧法师将禅的精神和智慧普遍地融入生活,在生活中实现禅的超越,体现禅的意境、禅的精神、禅的风采,使之成为我们幸福的源泉。他说:"我们的生活到处充满着禅意与禅境,我们每个人本来都应该生活得非常轻松愉快、潇洒自在,但我们大多数人并没有这种感受,

---

① 净慧:《生活禅与临济禅、赵州禅一脉相承》,黄夏年主编:《生活禅研究》,郑州:中州古籍出版社,2011年,第17页。

② 净慧:《关于"生活禅"理念提出二十周年的一点感想》,黄夏年主编:《生活禅研究》,郑州:中州古籍出版社,2011年,第18页。

相反地,都觉得生活得很累、很累。这是什么原因呢? 实在是我们的'闲事'太多太多了,所以才觉得'人间'没有'好时节'。如果我们从生活中找回禅的精神,让生活与禅打成一片、融为一体,我们的生活便如诗如画,恬适安详了。"①

此外,精神家园。净慧法师用佛教"现代化"和"化现代"的统一来构建人们的精神家园。佛教现代化的目的就是化现代,佛教始终应有深远超越的眼光,慈悲摄受现代人,作为时代精神在适应潮流的同时引导潮流。对于佛教来说,在人们追求世俗财富外,佛法这一功德法财更加重要,这一佛法更加让我们获得幸福。在《华严经》中,佛说:"诸供养中,法供养最,所谓如说修行供养、利益众生供养、摄受众生供养、勤修善根供养、不离菩提心供养。"在《金刚经》中,佛说:"若有人以满无量阿僧祇世界七宝持用布施,若有善男子善女人发菩提心者,持于此经乃至四句偈等,受持读诵为人演说,其福胜彼。"也就是说,供养抑或布施,功德法财都远比世间财富更为重要,精神文化层面的幸福更关键。②

净慧法师说自己之所以选择生活禅理念与继承祖师禅的修行特色及现代人的生活方式有直接关系。虽然禅宗历代祖师的开示手段和语言有异同,但其基本精神却是一致的,无非是告诉我们,"道在目前、道在日用","道也者,不可须臾离也"值得相信,即不要离开当下试图向过去和遥远的未来寻找大道,也不要到某个人迹罕至的地方寻找大道。触目是道,平常心是道,幸福在当下,就是这个意思。③ 我们的精神家园就在我们的身边,我们在日常生活中需要去呵护、去发现。

---

① 净慧:《生活禅开题》,《生活禅钥》,北京:生活·读书·新知三联书店,2008年,第165页。
② 济群法师:《佛教的财富观》,《佛教文化》2003年第1期,第33—41页。
③ 净慧:《生活禅与临济禅、赵州禅一脉相承》,黄夏年主编:《生活禅研究》,郑州:中州古籍出版社,2011年,第16页。

四、生活禅的社会和谐观:道德、感恩、功夫

新世纪以来,我们在构建社会和谐方面取得了举世瞩目的成就。同时,人民群众的期望值也在提升,对加快解决民主领域突出问题的期盼也在提高。佛教"和谐"的思想,在其教义之源的"缘起论"中已有足够的体现。所谓"缘起"就是指世间众生相依相存,"和谐"是一切存在的前提和基础,世界由"因缘和合"而成。现代语境下,即万物互相依存,需要和谐相处。"利和同均"要求社会财富公平分配,"身和同住、口和无诤、意和同悦"强调人与人之间的和睦、和谐与团结。多少年来,"和"的思想和精神一直贯穿于佛教的整个教义教规和践履之中。[①] 生活禅对于和谐社会建构的倡导表现在道德建设、感恩教育、具体措施等方面。

首先,道德建设,助推社会和谐。生活禅提出"在生活中修行,在修行中生活",其具体内容是"将信仰落实于生活,将修行落实于当下,将佛法融化于世间,将个人融化于大众"。如何将信仰落实于生活?净慧法师提出"信仰、因果、良心、道德"八字要求,强调修习"生活禅"不能脱离道的方向、道德的方向。如何将"修行落实于当下"?他提出"修在当下,悟在当下,证在当下,庄严国土在当下,利乐有情在当下",突出在前一念心性上用功夫的重要性。[②] 奉献人生就是大慈大悲普度一切众生。"我不入地狱,谁入地狱",这就是奉献人生的精神,就是菩萨精神。[③] 生活禅的宗旨是要求将禅的道德精神,融入到生活中的每一个当下,使道德建设与生活融为一体、

[①] 高曙东、卢生芹:《试论佛教对构建和谐社会的积极作用》,《中央社会主义学院学报》2006 年第 1 期,第 58—61 页。

[②] 净慧:《生活禅与临济禅、赵州禅一脉相承》,黄夏年主编:《生活禅研究》,郑州:中州古籍出版社,2011 年,第 17 页、第 16 页、第 20—21 页。

[③] 杨海文:《人间佛教与传统文化现代化》,《福建论坛》2013 年第 1 期,第 17—19 页。

打成一片。要时时处处照管好自己,要用佛法的道德精神占据我们生活的分分秒秒、所有的时间、所有的空间,这样我们就能成为一个法的化身,成为一个上求佛道、下化众生的菩萨行者。学佛之人要将生活的迷失转化为生活的觉醒,要把佛法的精神食粮吃到肚子里去,真正拥有佛法的珍宝,这样我们才是一个拥有佛法的人、体现佛法的人,真正是一个学习生活禅的人。①也就是说,和谐社会需要人们的"大人格""大人生"。他们能不为时间之"渐"所迷失,不为造物所欺,而收缩无限的时间和空间于方寸的心中,故佛家能纳须弥于芥子。如中国古诗人白居易所说:"蜗牛角上争何事?石火光中寄此身。"英国诗人布莱克也说:"一粒沙里见世界,一朵花里见天国;手掌里盛着无限,一刹那便是永劫。"②

其次,"感恩、包容、分享、结缘"教育。在当今加强感恩教育更具有现实意义。生活禅认为,人类修行的两大愿景即解脱道和菩萨道。解脱道以个人的觉悟和解脱为直接目的,强调的是出离心,而菩萨道则以帮助众生获得解脱为第一要务,强调大悲心,因此,在社会交往中需要感恩之心、包容之心来分享喜悦、结缘纳善。净慧指出:"社会是构成我们生命的一个循环系统,这个循环系统就像我们身上的呼吸系统、分泌系统、血液系统一样重要。当社会这个循环系统出了问题,如空气和水源遭到了污染,交通出现了堵塞,社会秩序被打乱了,人的道德水平下降等,个体的生存和发展也必将受到威胁。由此可见,珍惜和维护社会这个循环系统的正常运转,并各安其位、各尽所能向社会这个大系统输送能量,是个体保证自身健康发展应尽的责任和义务。""社会要和谐,要正常运转,首先要求个体对宇宙万物缘起共生的法则有清醒的认识和真切的体会,从虚妄的'自我中心'观念中摆脱出来,树立起一种真诚的感恩之心。有了

---

① 王丽心:《试论净慧长老的佛学思想》,黄夏年主编:《生活禅研究》,郑州:中州古籍出版社,2011年,第213页、第219页。

② 丰子恺:《渐》,鲁文忠编:《名家谈禅》,武汉:湖北人民出版社,2000年,第60页。

感恩的心,人的心量才会变得广大和宽容。有了感恩的心,人们才会想到要回报社会,回报大众。当大家都按照'感恩、包容、分享、结缘'这八个字去待人接物时,这个社会自然而然就和谐了。"①不能脱离社会生活来空谈佛法,空谈禅理,而要解决实际的问题。禅法告诉我们人生的智慧、人生的生活方式,它启示我们以什么样的心态来认识我们个体生命与整个社会、整个群体生命之间的关系,整个个体生命与大自然的关系、个体生命与天地万物的关系。

此外,"见地"与"功夫"的合奏。净慧法师在提出生活禅理念的同时非常重视生活禅的修行次第和修行方法,使生活禅日益完善圆满。他肯定了禅宗超顿的优越性,但又指出禅宗在见地上要顿超,不讲次第,但功夫上要渐入、要讲次第,这样化解了禅宗在修行次第上的争议。见地不是方法,没有次第,但背后隐藏着方法和次第。净慧法师重视廓庵禅师的《十牛图》次第:寻牛、见迹、见牛、得牛、牧牛、骑牛归家、忘牛存人、人牛俱忘、返本还源、入尘垂手。此图对于见地和功夫合一作了较好的描述,有跳跃性,有渐进性。梁世和先生在《生活禅修行次第体系》中详尽论述了修行次第对于生活禅理论与实践的贡献,他说:"功夫与境界是相辅相成的,而不是彼此矛盾的。不能执着于禅宗顿悟的境界,而否定修行的功夫次第。顿悟本身是不可学的,达到顿悟需要背后长期的功夫积累。"②

五、生活禅的生态节约观:简朴、净化、遮诠

习近平同志指出:党的十八大报告把生态文明建设纳入中国特色社会主义事业"五位一体"的总体布局,意义重大而深远。我们必

---

① 净慧:《何处青山不道场》,石家庄:河北省佛教协会虚云印经功德藏,2006年,第294页。
② 梁世和:《生活禅修行次第体系》,黄夏年主编:《生活禅研究》,郑州:中州古籍出版社,2011年,第408页。

须增强生态文明理念,下力气推进生态文明建设。我们要在全社会形成节约资源和保护环境的空间格局、产业结构、生产方式、生活方式,从源头上扭转生态环境恶化趋势,为人民创造良好的生产生活环境。每个人都希望生活在光明中,远离烦琐、环境疾病、精神疾病的困扰,活得轻松自在。生活禅提倡生态节约观,以通俗、简洁的语言方式对佛教的修行理念和方法,重新作出适合时代要求的阐释,使佛法更好地融入社会现实,便于更好地理解和接受佛法的熏陶,为生态环保尽责。

首先,生活在简朴中。净慧法师推崇"道在目前""道在日用""道也者,不可须臾离也"的说法。他认为,现代人选择信仰和修行时有三种心理倾向:一为简易的倾向,当下就能受用,环境不必太复杂;二为追求休闲的倾向,休去歇去、放下一切烦恼,闲闲无事、身心自在;三为追求生活化倾向,便于人们在日常生活中随时随地提起,与生活打成一片,融为一体。临济禅师的开示值得留意:"道流,佛法无用功处,只是平常无事,屙屎送尿,着衣吃饭,困来即卧。愚人笑我,智乃知焉。古人云:向外作工夫,总是痴顽汉。你且随处作主,立处皆真。境来回换不得,纵有从来习气,五无间业,自为解脱大海。"①这里的开示即强调大道就在当下的见闻觉知处、举手投足处、穿衣吃饭处、日用应缘处,即修行和生活不能打成两截。关于如何将"修行落实于当下""将佛法融化于世间",净慧法师提出了通过"敬信佛、法、僧三宝""勤修戒、定、慧三学""息灭贪、嗔、痴三毒",从而达到"净化身、口、意三业"的目的要求,明确了在日常生活中修行的具体内容。② 在简朴高尚的生活中安顿身心是生态节约观的灵魂。净慧法师在"物质生活要简朴,精神生活要高尚"的开示中说:"在这样的时节因缘下,我感觉到提倡高尚的精神生活、简

---

① 净慧:《生活禅与临济禅、赵州禅一脉相承》,黄夏年主编:《生活禅研究》,郑州:中州古籍出版社,2011年,第17页。
② 净慧:《关于"生活禅"理念提出二十周年的一点感想》,黄夏年主编:《生活禅研究》,郑州:中州古籍出版社,2011年,第20页。

单的物质生活,对于人类的生死存亡有着极其重大的意义。精神生活高尚一点,那么物质生活的追求可能就会淡一点……干净的水变成污水,又排到河流里,把所有的河流都污染了。人类的生存环境多么严峻啊! 如果我们不提倡过一种淡泊的生活、过一种高尚的精神生活,我们明天怎么过实在是一个大问题。"①

其次,生态环境的保护。佛教主张"依正不二""一体不二"。"依正不二""一体不二",说明人类只有与自然"和谐"相处,才能共存与获益,只有在同一自然中"和谐"存在或融为一体,才能保证自身的发展。② 这种尊重他者、爱护自然、人与自然融为一体的理念,是我国生态理论的重要来源之一。可以说,佛教对其生态理念的努力践履在社会上反响良好。在人类生存环境恶化的背景下,许多佛教徒积极与当地群众一起植树造林,共同保护山林、保护生灵,共同反对杀生,取得较好的示范效应。佛教寺庙所在的地方大多风景优美、树木繁茂,野生动物得以自由生存。寺庙为丛林所环抱,不仅增添了佛教圣地的神秘和威仪,且有力地保护了周边的生态环境。保护环境是基本国策,发展必须与生态环境相协调。在构建和谐社会的过程中,人与自然的和谐是人类持续发展的保障,是社会文明发展的最高境界。③

再次,精神生态观的树立。禅宗的空与无不是虚无主义的一无所有或万念俱灰,而是一种容纳和包容万有的空,是实在而又虚的,是有而又无的,是非实非虚、非有非无的,此是禅宗的永远不落入一边的"妙"。人生的诸多烦恼根源于我们执着于边见,形成许多二元对立和精神障碍。世上许多种族歧视、利害冲突、宗教战争等均由人的偏执无明而起,于是不得不将对立的另一边除之而后快。这样

---

① 王丽心:《试论净慧长老的佛学思想》,黄夏年主编:《生活禅研究》,郑州:中州古籍出版社,2011年,第216页。
② 姚卫群:《佛学概论》,北京:宗教文化出版社,2002年,第389页。
③ 高曙东、卢生芹:《试论佛教对构建和谐社会的积极作用》,《中央社会主义学院学报》2006年第1期,第58—61页。

悲剧的后果,就是因为人的精神正见没有树立,没有流动的活水,没有鲜活的甘泉,只是一潭腐臭窒息的死水。① 从边见中解脱出来,是今天持有不同立场的人们更需警醒的。如冯友兰先生说,中国人画月亮的重要方法叫烘云托月,在白纸上涂些颜料作为云彩,使云彩中露出一个白圆块即月亮。他不直接画月亮,只画云彩衬托月亮出来,是不画之画,此即禅家所说的"遮诠"。与"遮诠"一致的是,禅宗关于讲说和修行的方面。在讲说方面,禅宗以不讲说为讲说的"不道之道";在修行方面,禅宗以不修行为修行的"无修之修"②。此"遮诠"法门可谓精神之高妙处,如此可使人的精神从形的束缚、劳累中解脱出来,益于精神生态系统的良性建立。

综上所知,生活禅理念及其实践在净慧等法师的提倡和弘扬下已获得学界和社会各界的广泛共识。在复兴中国梦的今天,生活禅契理契机,它的经济生活观、民主政治观、幸福文化观、社会和谐观及生态节约观内涵丰富、方法独到,在一定程度上广泛地影响着人们的日常生活。生活禅的"五位一体"性与中国特色社会主义经济、政治、文化、社会、生态五位一体目标具有一定契合性。如能加以研究突显,必将助推梦想实现,恒久生辉。

(施保国,广东省嘉应学院社科部副教授、博士)

---

① 叶明媚:《拈花微笑》,鲁文忠编:《名家谈禅》,武汉:湖北人民出版社,2000年,第177页。
② 冯友兰:《论禅宗》,鲁文忠编:《名家谈禅》,武汉:湖北人民出版社,2000年,第243—245页。

解脱道与菩萨道的完美结合

张 平

人间佛教,作为专称,确指20世纪初滥觞于太虚法师(1890—1947)孤明独发的弘教行解,而澎湃于20世纪中后期的佛教复兴运动,以及由之生成的佛教发展之新思潮和新的理论形态;但作为一种宗教品性、一种宗教理趣,则反映着佛陀(约公元前560—前480)前之创教本怀,更是汉传佛教——或切实而言中国禅宗——的本质特征,正如星云大师(1927—)所言,"人间佛教不是太虚大师的创说,而是佛陀的本怀"①。作为祖师禅之标志的慧能将以儒道为表征的中土文化的精神土壤,嫁接印度大乘佛教之神髓,信持不二中道法则,标榜直指本心,见性成佛,一举打通人性与佛性、世间与出世间、世俗与神圣、生活与解脱,开出中国佛教人生化、人间化、生活化的活水源头,树立起后世人间佛教的千年道统。但因传统社会意识形态结构之制约以及其自身一些修行理念之畸重畸轻,导致后世禅宗重智轻悲的种种流弊。生于20世纪初叶的太虚大德,悯世忧

---

① 星云:《建立人间佛教的性格》,载氏著:《往事百语②》,北京:现代出版社,2007年,第70页。

道,意欲以正法解民族国家之危局。他痛感传统佛教之重死重鬼而漠视人生的痼疾之于时局之不济,亟亟于阐发佛陀人间关怀之本怀,正本清源,拨乱反正,表彰"人成即佛成"的"今菩萨行",将佛法世间化落实为圆成人格及人间净土建设,构筑了人间佛教的现代形态。然而作为禅宗末流重智轻悲流弊之反拨,在后来的人间佛教推展又出现重悲轻智极端世俗化的歧变。当今,在净慧的鼓吹和力倡之下,生活禅方兴未艾,它洞烛现代人新的生活样态滋生的新的精神祈愿,赓续祖师禅和人间佛教之法脉,通过禅门,将佛法贯彻落实于大众当下日常生活的具体而微的方方面面,把佛法与生活打成一片,以禅的生活化达成禅化的生活;而对治"重智轻悲"和"重悲轻智"两种流弊,净慧以"觉悟人生,奉献人生"作为生活禅的根本宗旨,力图实现佛教解脱道与菩萨道的完美结合,开出人间佛教的新生面。祖师禅、人生佛教、生活禅之次第推展,人间性、现实性和生活化的品质一脉相承,同时在其不同的历史境遇中,又能够与时相谐,契理契机,重释佛法,不断自我调适、自我修正,引出相宜的修行法门,进而不断开出发展之新境。梳理和寻绎人间佛教嬗变的这一历史辙印,对于把握人间佛教未来之趋向,对于理解生活禅之理趣深致当有所裨益。

一、"佛法在世间,不离世间觉":人间佛教之滥觞

作为一种以超越性为根本特质的宗教,佛教尽管赋有浓郁的人间性品格,但出离世间,了脱生死之解脱义,当是佛陀创教设法、弘化人间之根本价值祈愿与诉求,更是佛教之为佛教乃至佛教之为宗教之核心义理和究竟的所在。作为佛教中国化之大成的祖师禅,以中土文化——主要表现为以儒家心性论——接续大乘佛教,自然未脱其解脱观之核心义理,或可说,正由于对佛教解脱义的承继乃使祖师禅成为印度佛教的中国法嗣,也正由于禅宗六祖对佛教解脱思想所行的儒家心性论的根本性改造而成就了其佛教史上的革命壮

举,开启了中土人间佛教的历史行程。

祖师禅解脱论思想内容概而言之有三:其一,心性观,旨在揭示觉悟解脱亦即成佛的内在可能性和根据;其二,功夫观,旨在阐明修行而解脱的方法和路径;其三,境界观,旨在论述觉悟解脱的止境。由内在根据方法路径而达到终极目的,祖师禅解脱论形成了完整而自洽的逻辑体系。而其中贯彻的恰是人间佛教的思想诉求,所体现的恰是人间佛教的精神特征。

(一)"自性是佛"的心性观揭示了众生成佛的人性根据

在中国儒道,尤其是儒家心性论的思想背景和知识结构下,慧能对佛性论进行了新的解读,或更确切地说是改造,提出了自己所理解的佛学心性论,主要有三层含义:

第一,人人具足佛性,生而平等,皆可成佛,"獦獠"与佛圣并无差别;而且佛即自性。在六祖看来,"菩提般若之智,世人本自有之"①,世人皆可由智慧觉悟成佛;而世间所以有愚人智人之别,不在佛性有无,端在自性(心)迷悟。在此,六祖不仅阐释了众生本性平等,皆具成佛之因性,而更重要的是将此因性归结到现实人性(心)之自悟之上,其心性论的人间性和现实性特征已见端倪。

第二,自性本来清净,只因烦恼尘垢掩覆而不得朗现,众生无以觉入佛境,恰似日月为浮云盖覆一般。但慧能并不以为烦恼妄念是外在于心性之物,毋宁说慧觉本性与烦恼妄念相即不离,共系一心,"即烦恼是菩提,前念迷即凡,后念悟即佛"②。慧觉本性即在烦恼妄念之中,净即在染之中;烦恼是慧觉本性自身的遮蔽,尘染是清净自身的陷溺。是故,唯经由俗世人伦日用中的修行开发自性本在之般若智慧,方能转烦恼为菩提,濯尘染而现清净,最终成就佛果。

第三,自性含生万法。六祖阐释清净自性时,称其"心量广大,

---

① 《六祖法宝坛经》,台湾:毗卢出版社,2011年,第15页。
② 杨曾文校写:《六祖坛经》(敦煌新本),北京:宗教文化出版社,2001年,第31页。

解脱道与菩萨道的完美结合

犹如虚空",但此虚空之性正因其空而含万法,"性含万法是大;万法尽是自性"①。万法在自性,而自性本具般若智慧,因此,不仅含万法,且世间万法之种种,也不外乎自性起用的结果,"思惟一切恶事,即行于恶行;思量一切善事,便修于善行"②。

在六祖,要紧的是心性,只要心性清净朗明,不执不迷,则人伦日用与禅修并未二致,却反是心性安放的所在。于是,生活与修行,世间与出世间,此岸与彼岸,浊世与净土,浑然无间,圆融无碍。

(二)"应无所住而生其心"的功夫观揭示了在寻常日用中修行觉悟的至要方法

既然"万法尽是自性",自性(心)决定一切,则众生个个只需在自性上下功夫,"直指本心"明心而见性。因此,六祖强调"自修自度"方能证入悟境。所谓悟正在于"见自性自净,自修自作,自性法身,自行佛行,自作自成佛道"③,"自性心地,以智慧观照,内外明彻,识自本性。若识本性,即是解脱"④。这可以说是禅宗修行的基本立足点和着力点。如何具体开展呢?《金刚经》的"应无所住而生其心"一语深中肯綮,既提挈禅宗修行之纲领,又落实了禅宗修行之方法,因此提示了禅要根本,更深契六祖心解。"无所住"即是无论何境皆无所挂碍,不著名相,了无妄念,纤尘不染。"生其心"是见性,即见那本来清净之自心。众生个个心念处处不滞不碍,不执不妄,不染不垢,清净自心自然朗现。"应无所住而生其心"之意旨与慧能"明心见性"之意蕴若合符契,故而,在此基础之上,《坛经》进一步提出禅修以"无念为宗,无相为体,无住为本"⑤的"三无"说。

所谓"无相",即"于相而离相",若能离一切名相,清净性体自

---

① 杨曾文校写:《六祖坛经》(敦煌新本),北京:宗教文化出版社,2001年,第30页。
② 同上,第24页。
③ 同上,第22页。
④ 同上,第37页。
⑤ 同上,第19页。

然显现;所谓"无念"即"于念而不念",于一切境上不妄念;所谓"无住",即是于一切时中一切法上念念不住。依六祖之意,思维主体在面对外在事物时,不可能不思不念,不可能罔顾法相之在,而是须不起虚妄分别的念想,不执着对象的相对相、差别相,使自性时时与真如相冥符而生正念,是谓"无者,无何事?念者,念何物?无者,无二相,无诸尘劳之心。念者,念真如本性;真如即是念之体,念即是真如之用"①。六祖关于禅修"三无"的阐释,充分体现了大乘不二中道法门的善解妙用。

基于这样的主张,六祖对传统的避处荒野、安坐树下的"空心静坐""百物不思"的禅修方式提出批评,认为"直言坐不动,除妄不起心,是著了法相;而"看心看净",则著了净相,两者皆"障道因缘",而不是证入智慧解脱的正定。随后,六祖有针对性地开示其"一行三昧"的禅法。

> 善知识,一行三昧者,于一切处,行住坐卧,常行一直心是也。如《净名经》云:"直心是道场,直心是净土。"②

六祖强调,修行时,心须无所执,无所住,在当下的行住坐卧等日常生活活动中一任那清净自性随缘任化,自然流通。但行直心,时时可以修行;具足直心,处处即见净土。这分明是将修行融入生活之中,使修行与日常生活打成一片,当下的行住坐卧中方可证成解脱的佛果。

(三)"顿见真如本性"的境界观揭示了自由自在的解脱止境

在六祖那里,解脱成佛既以自性菩提的顿悟为不二之梁津,又以顿悟为内蕴并由之而体现("佛者,觉也")。因此,顿悟是方法与目的的统一,功夫与境界的统一。而作为禅修的境界,顿悟表现为

---

① 《六祖法宝坛经》,第38页。
② 同上,第35页。

解脱道与菩萨道的完美结合　　361

内心世界刹那间的质的升华,是精神的瞬间超脱。

六祖以为觉悟成佛,只在转念一瞬,"前念迷即凡,后念悟即佛",他谓之"顿见真如本性"①。何以一念悟便可立登佛境,得大解脱? 盖因真如本性即是自心,本为涵摄万法的无限性的整体之在,绝对待而无分别,对之不可取点滴累积、渐次达致之法,即"不由阶渐",悟则彻悟,不悟则不悟;一旦觉悟,则精神世界慧光普照,通体澄明,愚染尽荡,佛我一如。

这样的顿见真如本性的心灵慧觉体现为两种精神境象,即了无分别、不执不迷、不滞不碍、随缘任化,自然无为的所谓"无心",以及空寂澄澈,随时放下,洒脱自在的"无所得"。

首先,无心,即是"无住生心"。无心不是心之死寂或死寂之心,而是说本性上那念念不住之心,不在任何时候、任何外境、任何名相上有所住留,不起分别,不起执着,不起计较;它所表达的在应境待物时无所用心,而随运任化,顺其自然的自由自在超越之境,也即六祖所揭举的"一切尘劳、爱欲境界,自性皆不染著"②"于六尘中无染无杂,来去自由,通用无滞"③的超脱空明。在六祖看来,生活于尘世,而能识其空性,禅心不染,自性清寂,才是真正的解脱。马祖道一的"平常心"可视作"无心"的注脚。他说:"道不用修,但莫污染。何为污染? 但有生死心,做作倾向,皆是污染。若直会其道,平常心是道。何为平常心? 无做作,无是非,无取舍,无断常,非凡圣。……只如今行住坐卧,应机接物,尽是道。"④这所谓的"平常心",就是对于是非、圣凡等不起分别的众生本来面目的心性,也是顺其自然、不加造作的心理状态。马祖道一认为只要众生妙悟平常心是道,各自相信自心是佛,而万法唯心,一切所见的诸境名相尽是

---

① 《六祖法宝坛经》,第22页。
② 同上,第45页。
③ 同上,第23页。
④ (宋)道原著,顾宏义译注:《景德传灯录译注(五)》,上海:上海书店出版社,2010年,第2252页。

佛性之变现,处理日常事务即是修习佛法,"若了此义,乃可随时着衣吃饭,长养圣胎,任运过时,更有何事"①。一颗"平常心",遂将修道与生活、尘世之居与超脱之境圆融一片,浑然一如。

其次,无所得,根柢处讲,实即无心;不过是无心更侧重禅修中破外在诸境、名相的妄执,而无所得的主旨则在破禅修中禅法本身的妄执。正是在此意义上,神会称"无所得者,即是真解脱"②。六祖继承《心经》《金刚经》"无所得"思想,标举无所得为"最上乘"的佛法,"万法尽通,万法俱备,一切不染,离诸法相,一无所得,名最上乘"③。无所得所以为最上乘之境,盖因在六祖那里"一切现成",清净自性世人本自有之,圆满菩提世人本自具足,既然本来自有,便非由外得来,这即意味着世人并不能由法门持修行而获得任何新东西,而所要做,也所能做的一切不过是开发自身般若智慧,涤除染垢,呈现自性本心本来面目。因此,他要求修行佛法而不执于法,悟空而不执于空。只有既不恋住"菩提涅槃",亦不泥守"解脱知见",才能抖落一切束缚,直下彻悟大道,得真正解脱,脱颖为"立亦得,不立亦得,来去自由,无滞无碍,应用随作,应语随答"的"见性之人"。④

由上述祖师禅的解脱论释析,佛教本土化,或者更切实地说,佛教人间化、入世化、生活化的面貌和内蕴判然可见。禅修道场从山间树下、深殿幽堂移至市井坊间,饥食寒衣、行住坐卧无非修行打禅,彼岸佛界、西方净土不外心净行善,昔日幽居林壑、飘然世外、绝情断欲、百物不思、寂静冷峻的觉者在此凡化为饥来吃饭、困来即眠、恩孝父母、敦睦友邻、随缘任化、洒脱自在而又笑容可掬的善者。于是,佛的信仰转化为人的信仰,向佛的修行转化为人格的自我修养,成佛超脱转化为在平常生活中圆成人格善境。通过六祖的重新

---

① (宋)道原著,顾宏义译注:《景德传灯录译注(一)》,第375页。
② 杨曾文编校:《神会和尚禅话录》,北京:中华书局,1996年,第81页。
③ 《六祖法宝坛经》,第63页。
④ 同上,第79页。

阐释,传统佛教得以创造性改造,中国佛教开始了向人间佛教的蜕变。但也应看到,祖师禅在历史机缘中对传统佛教再解读而形成的一些见地及主张,其应机适变而表现出来的鲜明特色与风格,因其畸重畸轻不免为后期禅宗所出现的歧变乃至颓衰埋下伏机。

二、"人圆佛即成":人间佛教的学理建构

六祖对传统佛教的改造虽然引出中国佛教人间化的源头活水,但在之后的历史实践中,人间佛教思想并未得到充分的展开和光大,遑论深入社会,普及大众,敦化人伦,救度世人,反而出现太虚大师所言之汉传佛教"教在大乘,行在小乘"现象。汉传佛教陷入此历史窘境,究其因由,其一,传统社会统治者构筑儒释道三元共轭的思想意识形态格局,即南宋孝宗(1127—1194)《原道辩》所称的"以佛修心,以道养身,以儒治世"[1],社会伦理道德领域为儒家所垄断,佛家难以染指,而只能发挥由"治心"而敦化人伦、辅翼世教之作用;其二,如陈兵(1945—)所言,就禅宗的整体精神而言,慧能虽打破了世间与出世、出家与在家的局限,但偏重心体性的一面、涅槃的一面,而较忽视心性用的一面[2],加之儒家对其社会功用一面的排斥,以禅宗为骨髓和主流的汉传佛教便更向出世一路用力,形成畸重出世的传统。及至清末,佛教游离于世间更为严重,其时之佛教徒,或静隐山林,或赖佛为生,非但不以深入社会、济度苍生为天职,反而自甘沉溺,结果,社会自社会,佛教自佛教。佛教遂近乎堕落为"重死度鬼""重视死后胜进"之消极巫教。而同时,中国社会正经历"三千年未有之大变局",急需新的思想学说激活民族的精神创生力。于是,教内外复兴佛教的要求风生水起。当此之际,一代宗师

---

[1] 曾枣庄、刘琳主编:《全宋文》第236册,上海辞书出版社、安徽教育出版社,2006年,第297页。

[2] 陈兵:《佛法在世间:人间佛教与现代社会》,北京:中国时代经济出版社,2008年,第328页。

太虚法师应运振起,勇当慧命,遥接祖师禅真脉,秉承大乘法绪,缘机逗教,披蔽启明,掀起一场近现代中国佛教革新运动,揭举以圆成人格、建设人间净土为主旨,以今菩萨行为要津的人生佛教,建构了人间佛教的学理体系。

在重建中国佛教这一时代课题上,太虚大师凸显出鲜明的主体精神和严谨的治学风格,强调一方面须探本于佛之行果、境智、依正、主伴,依于全部佛陀真理而适应全人类时机,非依任何古代宗派或异地教派。太虚本人反复申明自己并非独承某宗某派,虽主张异地学法,但反对"另寻来一种方法欲以移易当地原状"①。另一方面,须立足中国佛教传统的主体性,"以中国二千年来传演流变的佛法为根据,在适应中国目前及将来的需要上,去吸收采择各时代各方域的佛教的特长,以成为复兴中国民族中的中国新佛教"②。执是之故,太虚通过判教,撷取汉传佛教的总体特征而得出结论:中国佛教之特质在禅。他说:"现在讲到中国佛学,当然有同于一般佛法的;然所以有中国佛学可讲,即在中国佛学史上有其特殊质素,乃和合一切佛法功用,而成为有特殊面目与系统的中国佛学。其特殊质素为何?则'禅'是也。"③此处所言之禅,并非专指禅宗之禅,而是涵摄禅宗的广义之禅。但太虚也曾指出中国佛教之特质就在于禅宗:"中华佛化之特质在乎禅宗。欲构成佛法之新僧宝,当于律仪与教理之基础上,重振禅门宗风为根本。"④

因此,太虚虽然在宗教实践中,不独承某宗某派,而是八宗兼擅共扬,但于禅宗却最为激赏。他认为禅宗所张扬的自心即佛心,见性成佛之精"为佛学之核心,亦为中国佛学之骨髓。惟中国佛学握得此佛学之核心,故释迦以来真正之佛学,现今惟在于中国"。而且指出"故此为中国佛学最特色的禅宗,实成了中国唐宋以来民族

---

① 《太虚大师全书》第 1 卷,第 380 页。
② 同上,第 382 页。
③ 《太虚大师全书》第 2 卷,第 13 页。
④ 印顺:《太虚大师年谱》,台北:正闻出版社,1990 年 3 月,第 192 页。

思想全部的根本精神"①,揭示了禅宗在中国佛学,在整个佛学乃至在中华民族思想史上的历史地位,进而他相信"中华之佛教,如能复兴也,必不在于真言密咒或法相唯识,而仍在乎禅。禅兴则元气复而骨力充,中华各宗教之佛法,皆借之焕发精彩而提高格度矣"②。以禅宗振兴作为中国佛教振兴之核心,这是太虚对于中国佛教发展道路之根本抉择,反映了其实事求是地梳理汉传佛教历史传统之来龙去脉的客观主义精神。以太虚之睿见,考诸史实,禅宗所以能于唐宋之后在中土佛教界独领风骚,成为中国佛教的主流,实赖诸多历史的文化的现实的因缘之凑泊;同样地,考诸当下,历史的文化的现实的因缘也使重振禅宗成为未来中国佛教复兴之必然进路。

实际上,从学理上讲,太虚大师在其人生佛教③的建构中也正是经由批判地继承以禅宗为代表的中国传统主流佛学引出根本的思想资源的。今取最可表征太虚人生佛教旨趣的两个思想特色以窥其大略。

(一)入世精神

祖师禅的佛法人间化之解行将大乘佛教世间与出世间、世间法与出世间法不二的主张推向极致,从而行住坐卧,不外修行,饿食寒衣,无非体道之类便成为祖师禅的思想标记。对之,太虚法师是深有体会的,尝言:"佛教佛学通出世世间真谛俗谛而言,人乘正法即是人道正义。"④他针对当时传统佛教的种种衰象而揭举的人生佛教理论可谓通体贯彻着禅宗这一思想诉求,富有强烈的入世色彩。

首先,人生佛教是契理契机的。佛教要走进社会,契入人生,进而化导社会和人生,必先得当时当机,认识和把握时代特征,适应时

---

① 《太虚大师全书》第 2 卷,第 333 页。
② 印顺:《太虚大师年谱》,第 219 页。
③ 太虚对其佛学思想,大多时候以"人生佛教"相称,有时亦称之为"人间佛教",名或有别,但其所言内容却基本无二致。
④ 《太虚大师全书》第 28 卷,第 361 页。

代以及生活于其中的大众之要求。太虚认为佛学固有"契真理"和"协时机"两大原则,契真理,指符合佛教真理,即与"宇宙万有实相"相符契;协时机,谓与时俱进,佛教应结合时代变迁及信众情状适时进行相应的变革。太虚考研了当时世界文化之情势,认为其凸显了三个新特征,即"现实的人生化","证据的科学化","组织的群众化"。与此相适应,太虚揭示了人生佛教的"三大要义":

> 佛法虽普为一切有情类,而以适应现代之文化故,当以"人类"为中心而施设契时机之佛学;佛法虽无间生死存亡,而以适应现代之现实的人生化故,当以"求人类生存发达"为中心而施设契时机之佛学。是为人生佛学之第一义。佛法虽亦容无我的个人解脱之小乘佛学,今以适应现代人生之组织的群众化故,当以大悲大智为群众之大乘佛法为中心而施设契时机之佛学,是为人生佛学之第二义。大乘佛法,虽为令一切有情皆成佛之究竟圆满法,然大乘法有圆渐、圆顿之别,今以适应重征验、重秩序、重证据之现代科学化故,当以圆渐的大乘法为中心而施设契时机之佛学,是为人生佛学之第三义。[①]

如此,人生佛教建设便紧贴时代脉动,反映世界文化变迁的现代特征,从而推动了佛教的现代化转变。

其次,人生佛教主张在积极的生活中修行。在《人生之佛教》[②]一文中,太虚要求人们从现实的生活中体悟佛教,认识佛教。他说:"佛教的本质,是平实切近而适合现实人生的。不可以中国流传的习俗习惯来误会佛教是玄虚而渺茫的;于人类现实生活中了解实践,合理化,道德化,就是佛教。"而这正是他一贯主张的人生佛教。他还说,所谓菩萨、佛,虽是出凡入圣的超人,但绝非是远离尘俗、不

[①] 《太虚大师全书》第3卷,第183—184页。
[②] 同上,第207页。

食人间烟火的,"若以合理的思想,道德的行为,推动整个的人生向上进步,向上发达,就是菩萨,亦即一般所谓贤人君子;再向上进步到最高一层,就是佛,亦即一般所谓大圣人,故佛菩萨,并不是离奇古怪的、神秘的,而是人类生活向上进步的圣贤"。在《人工与佛学的新增化》①、《唐朝禅宗与现代思潮》②等文中,他力倡发扬禅宗"一日不作,一日不食"的传统,强调"凡学佛之人,无论在家出家,皆不得以安受坐享为应分,务必随位随力,日作其资生利人事业,不得荒废偷惰"。每个人都应当做正当的事业,而每一份社会工作岗位都可成为成佛之因行。

最后,人生佛教是现世的,倡导人间净土的建设。太虚指出:"佛教并不脱离世间一切因果法则及物质环境,所以不单是精神的;也不是专为念经拜忏超度鬼灵的,所以不单是死后的。在整个人类社会中,改善人生的生活行为,使合理化、道德化,不断地向上进步,这才是佛教的真相。"③针对传统佛教为死向鬼之流弊,他回归佛陀本怀,强调了佛教的人生性、人间性。在太虚看来,五戒十善、六度四摄、利乐众生、庄严国土,都必须在与众生的关系中,主要是在人类社会中实践,在社会责任中完成。离开人类,脱卸社会责任,便无从成就佛果,也难以自了生死。所谓了生死,并非死后方了,并非离社会责任才了,要在于我人生活之当下,以智慧照破自心中的我法二执,证见本来无生的实性。佛教的解脱精神应该是精进于今生的,是现生智慧的行持合于菩萨之道。即使是追求往生他方佛国净土,以人生佛教的立场看,也须佐以建设人间净土的福德之积累。太虚指出,当下人世间固然不完美,但这并不意味着必得弃绝此恶浊之世而另求清净之世,相反,世人应依靠自身的努力改造此不完美世界,致力于在人间创建净土。他特别强调人心之于人间净土创

---

① 《太虚大师全书》第19卷,第318页。
② 《太虚大师全书》第22卷,第186页。
③ 《太虚大师全书》第3卷,第208页。

建的关键作用,指出"若人各改造其心,为善去恶,便能转此苦恼世界而成清净乐邦也"①。

(二) 人本精神

在祖师禅那里,佛性由抽象的超验本体落实为现实人心、人性,于是人佛一如,佛即是人,人即是佛。由此,现实人性人心、现实人生及人生现实登得佛家圣坛,成为考究悟解的所在;佛的问题便化为人的问题。修行而成佛解脱,不再体现为息心灭情,遗世涅槃,而是落实为人性人心的自我悟觉及人伦日用中理想人格的圆证。太虚"人生佛教"所彰显的人本主义精神无疑是祖师禅这一人本化佛学传统的深沉的近代回响。

依太虚之见,佛法虽涵摄一切有情世界,普为一切众生,但其主旨在觉悟和解脱人生,弘化的中心在人间,实践的主体是人,故佛教自是以人为本。他考察分析中国文化传统主流之历史赓续及近现代文化流变之特征,以为如今表彰和推展佛教之人本精神尤为当机。他首先强调在中国一向以儒家人本主义为主潮的文化氛围中,"不得不行"以人为本之人生佛教。② 接着他反复申说现代文化人的价值及地位日益凸显,以为近代思想,以人为本,不同古代之或以天神为本,或以圣人之道为本③,指出"现在世界人心注重人生问题……应当在这个基础上昌明佛学,建设佛学,引人到佛学光明之路,由人生发达到佛。小乘佛法,离开世间,否定人生。是不相宜的"。根据现代社会之现实的人生化的态势,他将以人类为中心,以求人类生存发达为中心而施设契时机之佛学,作为人生佛学之第一义。

太虚人生佛教的人本精神,突出地体现于其由人乘行直趣佛果的主张。在他看来,天乘和声闻、独觉二乘实乃人修行之"歧出",并

---

① 《太虚大师全书》第 5 卷,第 264 页。
② 《太虚大师全书》第 25 卷,第 383 页。
③ 《太虚大师全书》第 19 卷,第 95 页。

非由人而佛必经的次第和阶段；而且，人生是宇宙特殊部分，"佛已证到人生与宇宙一致的实性，所以佛法的法身即宇宙（人生性即宇宙性）"①。由此，佛便是"全宇宙的真相"，是"人的本性的实现"，"是最高人格的实现"；而"人类得到最高觉悟的就是佛"，"把人的本性实现出来的"就是佛。这样，人完全可以超越天、声闻、独觉三乘而径趣佛境。

因此，最要紧的是做好人，"佛学的第一步，在首先完成人格，好生地做一个人"②，唯有"学成了一个完善的好人，然后才学得上学佛。若人都不能做好，怎么还能去学超凡入圣的佛陀呢"③？这就要求首先要生活合理化、道德化，以成就"君子贤圣"之人格。在此基础上，进一步起菩提（觉悟）智慧，修解脱行，求身解脱、心解脱、慧解脱；更要实行六度四摄，救苦救难，普利一切有情的菩萨行，依此不断向上发展，以发达人生而臻于圆满无上之人格——成佛。由是，太虚发扬祖师禅人本化之法脉，把握住做人、完成人格这一根本和关键，一则将传统佛教中被离析的佛与人生有机地契接起来，肯认并凸显人之于修佛之功用与价值，使成佛径直根植于做人之实际；一则为佛学奠基了人学之础石，从而禅宗畸重出世之偏向得以根本校正，更避免佛教重蹈"向鬼为神"之覆辙，同时也为学佛提示了切实可行的切入点，使求佛之人众有具体路向可循而趣之。

三、"解脱道与菩萨道的完美结合"：生活禅之于人间佛教的新开展

人间佛教作为汉传佛教的现代义学形态，由太虚创发，几十年来经由印顺、赵朴初等人的不断充实、修正、发展和完善，其理论建

---

① 《太虚大师全书》第23卷，第140页。
② 《太虚大师全书》第1卷，第204页。
③ 同上，第433页。

构已臻于成熟,其标举的以人为本、注重济世的人间佛教的价值理念获得广泛的社会认同,并转化为如火如荼的社会运动,蔚然而成汉传佛教之主流。而作为必以践修为根本之宗教形态,人间佛教若欲走入人间,导化人生,落实其完善人格、发达人生、利生济世之宏旨,则必要施设世人赖以修持、依法行践方便法门。失了具体法门之支撑,即世间即出世间,即人即佛云云便失了转化之津渡和门径。是故,人间佛教由义学而践修,由见地而功夫,是其教法本身的内在诉求;进而人间佛教走向生活禅乃其契理契机之必然。而与此同时,"禅宗走到今天,禅宗要怎么样才能和今天的文化、今人的文明契理契机地结合起来"①,也是教内外贤学大德所必须深思的问题。正是应了这般逻辑的和历史的机缘,净慧倡扬"生活禅",希望以禅宗的根本禅理、禅法、禅径接引人间佛教走入当代社会生活实践,将佛法贯彻落实于大众当下日常生活的具体而微的方方面面,让佛法与生活打成一片,以禅的生活化达成禅化的生活。

  在生活禅建构的具体过程中,净慧始终十分强调禅宗和人间佛教之于生活禅的理论基础及思想本源之意义,生活禅首倡者净慧言及生活禅来源时说:"'生活禅'来源于祖师禅的精神和'人间佛教'的思想,目的在于落实人间佛教的理念,进而把少数人的佛教变成大众的佛教,把彼岸的佛教变成现实的佛教,把学问的佛教变成指导生活实践的佛教。"②而另一方面,基于历史之省思和现实之体察,净慧对禅宗和人间佛教在历史推展和演变中所出现的问题也保持着清醒的警觉,一贯奉持中道精神,运用不二之法,谨重审慎地对待每一理念、每一观念,乃至每一口号的形成、提出和推展,并使之不断地在实践中得以发展、完善,不仅力图整治传统佛教之流弊,且希冀于理论创设中防微杜渐,以规避生活禅未来发展中的歧变和偏失之可能。

---

① 净慧:《中国佛教与生活禅》,北京:宗教文化出版社,2005年,第126页。
② 同上,第126页。

考诸中国佛教史,无论禅宗或是人间佛教,在其后来的发展中,皆出现某种程度的偏失甚至变异。

禅宗标榜"教外别传,不立文字",主张直契心源,内省自证,轻忽严密的经教和事相的修习,鼓吹"无相戒"而视外在戒规如敝屣,这固然旨在破除各色执着,还原一个自在自由、空寂清净之心体,而直证佛果,但在实际的运用落实中,却因众生根器之异,而致鱼龙混杂、良莠不齐,甚至酿成后世堕落的狂禅之风。禅宗这一流弊,一直以来,尤其是近世以来,深为教界内外所诟病。欧阳渐(1871—1943)指责禅宗后世盲者"徒拾一二公案为口头禅,作野狐参,漫谓佛性不在文字之中;于是前圣典籍,先德至言,废而不用,而佛法真义浸以微矣"①。前述已提及陈兵指出禅宗有畸重出世之面目,而在另一篇文章中谈及禅宗衰落之原因时,他认为从禅宗自身看表现为四方面,其中尤值吾人措意者有二:一是背离了禅即世间而出世间、不离世俗生活的本旨,偏重出世的一面,过于注重个人的生死问题,崇尚山林办道、隐逸高蹈,较少关心社会的伦理教化和众生的现实生活。二是"背离经教,借口'教外别传',不看经论,不修持戒、发心、忏障、集福等加行,不分根器利钝,一入佛门,便只抱定一句话头以为究竟,在无明眼宗师指导印证的情况下,不是久参不悟,便是迷执光影,误认法尘影事为真我,修行多年,烦恼根本分毫未动,我慢增上;或发邪解,或以解为证,堕于狂禅、野狐禅。自认本来是佛,戒定福德,无须更修,烦恼即菩提,无须离断;或如枯木死水,认世间定境为涅槃"②。人间佛教的思想重镇印顺(1906—2005)则更激烈地批评禅宗,因偏重心性的体证,故深邃的义学、精密的论理,都被看作文字戏论而忘却。而它虽自许圆顿大乘,但考其修行作略,所表现出的急证自了倾向、清净无为的山林气息及忽略现实、脱离社

---

① 欧阳渐:《唯识抉择谈》,黄夏年主编:《近现代著名学者佛学文集·欧阳竟无集》,北京:中国社会科学出版社,1995年,第90页。
② 陈兵:《中国禅宗的复兴》,《法音》1996年第4期。

会的作风,却与小乘同。故印顺认同太虚称禅宗为"小乘行"的说法,评论禅宗为"小乘急证精神的复活"①的中国佛教。因此,禅宗末流之根本表现,一言蔽之,重智轻悲,或亦可说,盖因重智轻悲,才导致禅宗之式微。

近现代人间佛教的产生和弘扬,不仅推动佛教回归佛陀本怀,也为传统佛教走向人间、实现现代转型找到了当机的形态和门径,同时为佛教在当代社会推广普及和健康发展注入了活力,拓展了道路。但在实践过程中,也出现了一些问题。这些问题反映了作为传统佛教流弊之反拨,人间佛教在后来的发展中极端强调教义的人间性、现世性、此岸性所致的其向另一倾向的流变,引起研究者们的忧虑与关注。李利安认为佛教的超人间性和佛教的人间性共同支撑着佛教整个的理论架构和实践体系,而佛教的超人间性是佛教最本质特性,离开了超人间性,一切都以人间性为准绳,佛教就不成其为一种宗教,就将失去它的魅力和生命力。在他看来,当今的人间佛教在理论建构和实践推展上,佛教的人间性被不恰当强化,乃至排斥佛教的超人间性,致使佛教的超人间性日趋淡化,人间佛教本身呈现出"过分理性化、世俗化、功利化、现世化、相对化"等特征,随之而来的是神圣性的消减,这是人间佛教进一步发展的理论困境和实践难题的症结所在。② 董平对大多数人间佛教论者"都突出强调了佛教的人间价值,竭力强化其以人的现实生命为本位的固有品格及其关怀生命的人文情怀,而竭力淡化其作为出世间信仰的固有内涵"的理论倾向提出质疑,认为"'人间佛教'固然应以发达人生、利乐有情、建设人间净土为目的,但这种世间目的应由佛法本身的出世间的宗教目的来统摄。应重新凸显佛教所固有的超越品性,并在这一超越品性之下来重新诠释、调适佛教的观行系统,从而在入世

---

① 印顺:《谈入世的佛学》,载氏著:《妙云集》下编之七《无诤之辩》,台北:正闻出版社,1988年,第191页。
② 李利安:《佛教的人间性与超人间性及当代人间佛教的困境与出路》,载《佛教与现代化》,北京:宗教文化出版社,2008年。

与出世、世俗与神圣之间寻得某种平衡的基点,在保持佛教的宗教神圣性的前提下来谈论它的世间价值,而不应倒过来,为凸显其世间价值而纯粹解构掉它作为宗教信仰的超越性的、出世间的精神价值诉求"①。释如石更是尖锐地指责人间佛教的推展偏重社会弘法和救济活动,而忽视定慧的修行,认为"基于定慧的菩萨行才是大乘佛教的核心","若不先讲求出离心与菩提心的长养,和戒、定、慧的落实,便汲汲营营于社会与弘法事务的关怀,那就显得太舍本逐末而深违佛意了"②。由此可见,如果说明清以来禅宗末流走上重智轻悲歧途从而激发太虚这样有识之士的反思,人间佛教之旗帜由此揭起的话,那么,当代人间佛教的推展却出现重悲轻智之态势,不能不引起教界内外明眼人之省察。于是,我们便不难契悟何以净慧以"觉悟人生,奉献人生"八个字为生活禅立宗的良苦用心了。

　　整个佛法的核心理念不外"悲智"二字,整个佛法的根本精神即体现为悲智双运。智是自觉,悲为觉他。生活禅以"觉悟人生"解佛法之智,以"奉献人生"解佛法之悲,可谓深契佛法根本之理,是悲智双运精神的现代诠释,更是悲智双运精神的真正落实。净慧说:

　　　　生活禅的宗旨有八个字:"觉悟人生,奉献人生。"佛教的精神两个字:一"智",二"悲"。"智"就是大智大慧,"悲"就是大慈大悲。大智大慧和大慈大悲,是大乘佛教的精神,是佛法的总体精神,佛教的一切精神都包括在这两个字当中。有大智慧所以觉悟人生,有大慈悲所以奉献人生。"觉悟人生,奉献人生",是把悲与智用现代的语言加以诠释,并且把它落实于生活这个很具体的范围之内。③

----

①　董平:《大陆近二十年关于"人间佛教"的研究及有关理论问题的思考》,发表于台湾"中国哲学会"主办"2005 两岸宗教与社会学术研讨会",转自"学佛网"。
②　释如石:《台湾佛教界学术研究、阿含学风与人间佛教走向之综合省思(下)》,台湾《香光庄严》第 67 期,1990 年 9 月。
③　净慧:《禅在当下》,北京:方志出版社,2010 年,第 123 页。

"生活禅"的目的是要实现"禅生活"。从"生活禅"到"禅生活"其中要落实的理念,就是"觉悟人生,奉献人生"。大乘佛教悲智二门就是指救度众生的慈悲与求证菩提的智慧。此二者中,智慧着重于自利,慈悲着重于利他。若配以人之两手,则悲为左手,智为右手,悲智具足,两手齐全,缺一不可,"觉悟人生"自觉觉他,"奉献人生"自度度他。学佛能以般若智慧求觉悟(菩提),即从"生活禅"进入到"禅生活"的过程;学佛而能以慈悲精神度众生,即从"禅生活"回到"生活禅"的过程。觉悟人生即是观照当下,破除烦恼;奉献人生即是发心在当下,成就众生。

　　生活禅,说到底即是在生活中修行,在修行中生活。在生活禅视域,处处禅机,在在道场,故而修行未必唯有山涧林下、深堂密室,得道未必只在拜师求教、念经打坐,日常生活中的起心动念、扬眉瞬目、举手投足、接人待物皆是修行内容,一颗平常心、一生本分事、一个自在人便是道行。在生活中,时时刻刻、事事物物皆能保持佛法的观照和化导,由"生活禅"而"禅生活",便可实现"觉悟人生,奉献人生"的宏旨。"生活禅"的这一理念,将大乘佛教悲智并重、悲智双运的根本精神发挥到了极致。

　　在佛教的修行理念中,解脱道体现了佛法的智慧一面,以出离心为基础,以自我解脱为目标,以自受用为主,是佛法向上的、出世的一路;菩萨道体现了佛法的慈悲的一面,以菩提心为基础,自觉觉他,自度度人,最后圆满成佛,以他受用为主,是佛法的向下的、入世的一路。依大乘正法、正修,解脱道和菩萨道是一而二、二而一的圆融一体的,亦即向上向下不二,自觉觉他不二,出世入世不二。但在实际修行的践履过程中,由于根性的差异、志趣的差异,修行者往往畸重畸轻、厚此薄彼,致使佛教精神难以真正发扬,佛教的社会功用不能富有成效地显示。有鉴于此,净慧更进一步揭示了修生活禅之于佛教禅修的意义。他强调:"我所提倡的生活禅,如果以佛教的解脱道和菩萨道的理念来归纳,'觉悟人生'就是解脱道,'奉献人生'就是菩萨道。生活禅的宗旨,就是希望把解脱道和菩萨道完美地结合起来,以出世精神做入世的事业"①。在净慧看来,从佛理讲,出世求解脱是每一个学佛人的根本目标;只有在解脱道的熏习下,烦恼才能排除,心灵才能有所归宿而安顿下来。但仅此是不够的,因为佛教强调福慧具足,只有既修慧也修福,才可能在果位上福慧圆满,证成佛境。因此,要求在解脱道的基础上,发起慈悲救世之愿力,奉献牺牲个人身心和生命。另一方面,入世利生行菩萨行,也只有以修证为基础,以出世解脱的觉慧为前提和条件,才能以"无我""无所得"之心,无私奉献,饶益众生,而不致亟亟于现实功利,急于求成。"所以福慧双修在任何时候都不能够有偏差。觉悟人生和奉献人生不是两件事,是一件事。在觉悟中奉献,在奉献中觉悟;在智慧指导下修福田,在修福田中来开发智慧,两者有机结合,相辅相成。……做到福慧双修,做到觉悟人生与奉献人生、解脱道与菩萨道并驾齐驱。修行有基础、有目标,就能稳操胜券,不至于走到误区"②。

贯彻悲智双运、福慧双修,追求觉悟人生与奉献人生、解脱道与菩萨道并驾齐驱、完美结合或可说是生活禅整个理论架构和修行体系的核心理念和根本精神,体现了生活禅开展的根本愿景,从而形成了生活禅的最显著的特征。此一理念作为宗纲,涵摄生活禅的方方面面,从主旨和目标的定位,到修行原则和内容确认,直至修行方法的运用,皆体现着其落实的要求,而所有这些最终又内化为修行主体从观照自心开始的由"生活禅"到"禅生活"真修实证践行过程,从而成就了以祖师禅之道落实人间佛教精神的不二法门。

(张平,河北省社会科学院哲学研究所研究员)

---

① 净慧:《禅在当下》,北京:方志出版社,2010年,第177页。
② 同上,第178页。

文化建设视域中的柏林禅寺与生活禅

郭君铭

自党的十七届六中全会以来,文化建设成为一个热门词语。建设文化强省,推进社会主义文化大发展大繁荣,是今后一段时间河北省文化工作者和各界人士面临的共同任务。建设文化强省是一项浩大工程,涉及诸多领域,需要全社会的共同努力,其中也包括宗教界,尤其是宗教文化建设者的支持与奉献。笔者以为,兴起于燕赵大地,已经走过二十余年历程的生活禅理论及其实践,是当代河北地方文化建设的成果之一,其价值不仅限于宗教领域,深入研究柏林禅寺中兴的过程,也可为河北文化强省建设提供有益启迪。

一、柏林禅寺和生活禅已经成为河北地方文化的名片之一,是河北对外文化交流的重要窗口

不久前圆寂的慧公老和尚是当之无愧的一代爱国高僧。他八十年的人生经历可谓行云流水,足迹遍及大江南北,弘法之声远播海外,是我国佛教界乃至世界佛教界的一代禅门巨匠。应该特别指出的是,净慧法师弘法利生的黄金时期是与河北佛教事业的发展紧

密联系在一起的,他对当代佛教最大的贡献——生活禅的理论及实践即兴起于河北,这既是种种机缘所致,也与河北的文化底蕴和历史传统密切相关。

河北是一个文化资源十分丰厚的省份,燕赵大地不乏资质优良、极具开发价值的历史文化资源,其中佛教文化尤其是禅宗文化资源十分突出。[①] 河北邯郸的匡教寺和元符寺与禅宗二祖慧可有历史渊源;位于正定的临济寺是禅宗临济宗的祖庭所在地,在"临济子孙遍天下"的汉传佛教界,其地位可想而知;有一千七百多年历史的赵县柏林禅寺是唐代赵州从谂禅师的驻锡之地,而赵州和尚在中国禅宗史上是一位响当当的里程碑式的人物,柏林禅寺更被日韩佛教界视为祖庭之一,在佛教界享有盛誉。正是因为拥有如此丰厚的佛教历史文化资源,河北才能成为致力于振兴佛教、续佛慧命的有志佛子的心仪之地。

1988 年,应河北有关部门的邀请,也为了实现恢复祖庭的心愿,正值壮年的净慧法师来到河北,着手筹建恢复宗教政策后的河北省佛教协会。其间种种因缘际会,让净慧法师把恢复重建柏林禅寺作为自己在河北弘法利生的入手处。经过十几年的精心设计、施工、建设,到 2003 年 9 月,随着巍峨辉煌的万佛楼的竣工,素有畿内名刹之称、肇基于汉代的观音院,香火绵延 1700 多年、曾经萧条落魄的古佛道场,已经建设成为殿堂庄严、寺院整洁、翠柏成行的北方著名寺院。柏林禅寺如今既是信众礼佛、百姓观光的一大圣地,又为省会地区增加了一个颇具吸引力的人文景点。经过二十余年的建设和发展,如今的柏林禅寺僧团稳定,管理规范,道风纯正,各种活动如法如律、一派井然,是享誉河北省乃至全国的知名寺院。既在中国乃至世界禅宗丛林中占有一席之地,也是河北省进行爱国主义教育,宣传党的宗教信仰自由政策的重要窗口。这些年来,柏林

---

① 参见拙作《河北宗教历史文化资源的价值与开发前景》,《领导之友》2010 年第 6 期。

禅寺的恢复和发展,为赵县乃至河北省的经济社会发展、社会和谐稳定、对外文化交流都作出了积极的贡献。

柏林禅寺的中兴是和生活禅理论及其实践活动相伴的。在各级党政部门和有关领导的支持下,由净慧法师倡导和首创的生活禅夏令营已经走过了 20 年的历程。实践证明,一年一度的生活禅夏令营活动,切实起到了继承中华民族传统文化,弘扬佛教优良传统的作用,使佛教进一步适应社会,发挥其贴近生活、服务大众的积极作用,生活禅夏令营已成为宣传党的宗教政策、坚持爱国爱教、弘扬正信正行的有效载体,在青年学生和知识分子群体中极具吸引力,是全国同类活动中极为突出的一例。[①] 柏林禅寺和生活禅夏令营,作为践行"人间佛教"思想,推行"生活禅"修行理念的重要载体和平台,是海内外了解河北佛教的窗口,客观上也起到了宣传河北改革开放以来的发展成就、展示河北形象的作用,是河北又一张精致的地方文化名片。从这个意义上讲,柏林禅寺的再度中兴与生活禅理论实践的发展,是近年来河北文化影响力提升的一个具体体现。

再者,净慧法师倡导的生活禅宗旨——"觉悟人生,奉献人生",就佛教自身理论体系而言是大乘佛教菩萨道精神与菩提智慧的当代表现。同时我们也要指出,这一宗旨契合了河北历史文化传统中的担当意识与奉献精神。照此理解,生活禅兴起于燕赵大地也有其历史必然性蕴含其中,生活禅既是佛教教义应时而化、契理契机的成果,也可以视为河北历史文化传统在新的历史机缘中的又一次展现与弘扬。

二、生活禅理论的创立及其实践活动,可以为河北继承弘扬历史传统、繁荣当代文化提供有益启迪

河北建设文化强省的基础与优势在文化资源,河北省委七届六

---

① 《寺院向社会打开一扇窗》,《中国民族报》2005 年 8 月 12 日。

次全会以来,把实现由文化资源大省向文化强省的跨越确立为河北省文化建设的总体方略。要实现这一跨越,需要我们深入研究文化发展的内在规律,不断总结在新的历史条件下发掘历史文化资源的经验,深入探索文化创新之路。生活禅理论及其20余年的实践,为我们思考如何继承和弘扬历史文化传统、繁荣当代河北文化,提供了一个非常具有启示价值的成功范例。

(一)开发历史文化资源,必须同时兼顾软硬件建设,单纯的硬件建设难以达到理想的效果

20世纪90年代初,柏林禅寺中兴伊始,净慧法师就以改革创新的精神,适时提出了以"觉悟人生,奉献人生"为宗旨的"生活禅"理念。生活禅意在将佛教的精髓和禅的智慧融入生活,让人们在生活中体验禅的意境,丰富精神生活,提升道德品质,促进人际和睦,推动社会和谐。柏林禅寺20余年中兴的历史,既是道场恢复与寺院硬件建设不断完善的过程,同时也是生活禅思想不断完善及其在实践中得到越来越广泛认同的过程。

生活禅的提出是近代以来佛教在困境中寻求出路的过程中不断努力的成果之一。生活禅作为一种新的修行理念,是太虚以来"人间佛教"思想在修行上的落实[1],是当代中国佛教理论现代化的重要成果,属于佛教软件建设方面的成就。净慧法师曾经指出,党的十一届三中全会以来,随着党的宗教信仰政策的逐步落实,中国佛教迎来了恢复发展的春天。佛教的恢复在硬件建设方面取得了令人瞩目的成就,而在软件建设方面,从总体发展情况来看,并没有完全走出困境。佛教软件建设面临诸如僧团自身建设与法的建设等一系列的问题,而生活禅理念的提出正是基于对这些问题所做的探索。[2]

---

[1] 净慧:《生活禅的真谛》,《禅在当下》,北京:方志出版社,2010年,第123页。

[2] 净慧:《关于"生活禅"理念提出二十周年的一点感想》,"首届河北赵州禅、临济禅、生活禅学术论坛"论文集《生活禅研究》,郑州:中州古籍出版社,2011年,第15页。

较之全国不少地方佛教道场单纯的香火旺盛,净慧法师及其弟子在柏林禅寺的弘法工作无疑是成功的,其成功首先表现在软硬件建设方面都有长足的发展。柏林禅寺的成功启示我们,开发历史文化资源既要在硬件建设上有所成就,更要在软件建设方面取得进展,因为文化软实力主要体现在软件建设方面。如果仅仅在恢复历史古迹方面做文章,没有在软件建设上做好配套工作的话,恢复再多的古迹也只是建起一些没有灵魂的空壳,不可能对提升软实力有所裨益。

(二)开发历史文化资源,应该内容与形式并重,探索文化传播的路径与现代载体

任何理念与思想,必须借助于特定的传播形式和载体才能产生影响。近代以来,中国佛教界一直在力图扭转明清以来佛教衰微之势,谋求振兴佛教。太虚在20世纪20年代提出了"人生佛教"的概念,并在其后20余年里构建起了"人间佛教"理论体系。其后,印顺在台湾进一步发展了"人间佛教"思想。在大陆,赵朴初先生于1983年,在中国佛教协会第四届理事会第二次会议上,明确提出"人间佛教"是佛教现代化的发展方向。① 以上几位大师对佛教现代化的探讨,都还停留在理论层面,可谓是有内容而无形式。在大陆,从弘法方式上寻求人间佛教思想落实路径的实践,应该始自1993年柏林禅寺的第一届生活禅夏令营。从那一年开始,柏林禅寺每年②都利用暑期举办为期7天的生活禅夏令营,从而实现了佛教现代化的内容与形式的统一。

与柏林禅寺的生活禅夏令营相呼应,净慧法师到湖北黄梅主持四祖禅寺法务之后,又在那里每年举办以"善用其心,善待一切"为宗旨的禅文化夏令营,同样取得了很好的效果。受净慧法师这一做法的影响,全国各地很多佛教团体纷纷在暑期举办不同形式的夏令

---

① 赵朴初:《中国佛教协会三十年》,《法音》1983年第6期。
② 2008年为配合北京举办奥运会停办一届。

营活动,也有些地方仿效台湾佛教团体的做法,举办冬令营。各地组织的活动形式虽有差异,但其针对的对象都以对佛教认同的知识青年为主,旨在谋求佛教与现实人生的结合方式与构建新的教化平台。

生活禅夏令营自举办之始,就受到政府、营员、家长和社会各界的支持与肯定,成为佛教积极参与现实、化导人心的新途径,也为宗教与社会主义社会相适应提供了一个成功的范式。在夏令营活动之外,净慧法师及其门人还利用双休日和"五一""十一"等法定假日,针对前来寺院参学的信众专门开展各种"生活禅加油站"的禅修服务,帮助这些信众解决修禅活动中的各种困惑。针对企业家阶层,柏林禅寺和四祖禅寺主办的几届"企业家高级禅修班",受到企业家们的热烈欢迎。此外,柏林禅寺的《禅》刊日益成为广受欢迎的禅学普及读物,是联系教内外的又一桥梁。

可以说,净慧法师在柏林禅寺的成功不仅仅在于他提出了生活禅的理论,更在于他和门人在多年实践当中摸索出了一系列传播弘扬生活禅的路径与载体。这一点对于我们建设当代文化尤具启发意义。专职的理论工作者和文化工作者,在发掘文化资源的时候往往更多关注文化的核心层面,即精神层面和理论形态的文化内容,对文化的具体存在形式相对重视不够,这不能不说是文化建设领域的一个弊端,因为离开了文化赖以存在和传播的形式与载体,任何文化形态都无从谈起。更为重要的是,如何适应现代传媒的特点,为传统文化探索其现代存在与传播的形式,是我们开发利用历史文化资源不可回避的一大课题。因此,今天我们要建设的文化强省,既要在弘扬燕赵文化传统的基础上探索新时期河北人文精神的内涵,又要通过一系列的实践活动和产业载体,使这种人文精神得以展现并深入人心,最终落实为河北文化凝聚力、影响力的提升。

(三)开发历史文化资源,必须坚持继承与创新并举,在继承基础上的创新才能有生命力可言

净慧法师对自己提出的生活禅理念充满信心。他曾经指出,

"生活禅是中国佛教思想在当代的新探索、新成果,在一定程度上,在未来一定的时期内、一定的范围内,将会成为当代佛教主流思潮和修学的法门"①。净慧法师的信心来自他对佛教发展历史的把握和对时代脉搏的洞悉,"生活禅是在时代的呼唤中诞生的,生活禅的一系列理念,具有鲜明的时代特征,是佛教传统与时代相结合的产物,有着非常旺盛的生命力"②。此即是说,生活禅既是对佛教历史传统的继承,又是在新的时代背景和社会环境之下创新的成果。

中国禅宗历来有将修行与生活打成一片的传统,如赵州禅师留下的"吃茶去""洗钵去"等公案,视生活本身为修行的道场。生活禅的一系列理念,都植根于这样的传统。同时,考虑到现代人选择信仰和修行法门时追求简易、追求休闲、追求生活化的心理倾向③,生活禅将自己的特色定位为"在生活中修行,在修行中生活",一方面突出了大乘佛教和祖师禅的精蕴,同时又契合了现代社会人们对道德信仰的渴求、对社会和谐的渴求和对个体心灵健康的渴求,赋予宗教的修行理念以促进社会和谐和人心净化的积极思想取向,使之具有很强的时代感和现代气息。

文化发展的历史一再为我们揭示继承与创新的辩证关系。没有继承,任何截断众流、横空出世的所谓新生事物,大抵都将成为过眼云烟;如果固守传统、食古不化,只知继承而不知应该与时俱进、有所创新,不论是多么有生命力的文化成果,也难免被时代所抛弃。因此,建设文化强省不是历史上燕赵文化曾经的辉煌在当今的简单再现,而是燕赵文化传统以新的形态在现时代重新焕发生机。

概言之,生活禅理论及其实践,其价值与意义不仅限于信仰领域。净慧法师倡导的生活禅,为我们在新的历史条件下如何开发历

---

① 净慧:《第十五届生活禅夏令营开营式上的讲话》。
② 同上。
③ 净慧:《关于"生活禅"理念提出二十周年的一点感想》,"首届河北赵州禅、临济禅、生活禅学术论坛"论文集《生活禅研究》,郑州:中州古籍出版社,2011年,第18页。

史文化资源、弘扬传统文化创造了一个成功的范例。加强对这一范例的研究,有益于深化我们对文化建设规律的认识,对文化强省建设起到推进作用。

(郭君铭,河北省委党校哲学社会学教研部教授)